非物质文化遗产学教程

FEIWUZHI WENHUA YICHANXUE JIAOCHENG

◇黄永林　肖远平　主编

—文化遗产与文化产业系列教材—

中国语言文学
一流学科建设文库

華中師範大學出版社

新出图证(鄂)字 10 号

图书在版编目(CIP)数据

非物质文化遗产学教程 / 黄永林,肖远平主编. —武汉:华中师范大学出版社,2021. 5
(2023. 4 重印)
ISBN 978-7-5622-8182-5

Ⅰ. ①非… Ⅱ. ①黄 … ②肖… Ⅲ. ① 非物质文化遗产—教材 Ⅳ. ① G112

中国版本图书馆 CIP 数据核字(2021)第 071183 号

非物质文化遗产学教程

©黄永林　肖远平　主编

责任编辑:鲁　丽		**责任校对:**刘少玲	**封面设计:**罗明波
编 辑 室:高等教育分社		**电　　话:**027-67867364	
出版发行:华中师范大学出版社			
社　　址:湖北省武汉市珞喻路 152 号		**邮　　编:**430079	
电　　话:027-67861549(发行部)		**传　　真:**027-67863291	
网　　址:http:// press. ccnu. edu. cn		**电子邮箱:**press@mail. ccnu. edu. cn	
印　　刷:湖北新华印务有限公司		**督　　印:**刘　敏	
字　　数:340 千字			
开　　本:787mm×1092mm	1/16	**印　　张:**16. 25	
版　　次:2021 年 5 月第 1 版		**印　　次:**2023 年 4 月第 2 次印刷	
印　　数:2001—4500		**定　　价:**45. 80 元	

欢迎上网查询、购书

参编人员

（按姓氏拼音排序）

毕　曼　湖北民族大学

池永文　湖北民族大学

邓斯博　江汉大学

高　旸　吉林大学

黄永林　华中师范大学

纪明明　许昌学院

李丽丹　天津师范大学

林安宁　南宁师范大学

刘文颖　大理大学

秦　璇　东南大学

孙　佳　商丘师范学院

王　妮　武汉纺织大学

肖远平　贵州师范大学

张国超　武汉轻工大学

张　瑜　中央民族大学

岑学贵　广西师范大学

邓清源　华中师范大学

高艳芳　安阳师范学院

侯姝慧　山西大学

纪　军　安阳师范学院

黎学锐　广西艺术学院

李　琳　湘潭大学

刘　宸　贵州民族大学

马培红　中央民族大学

桑　俊　长江大学

王　丹　中央民族大学

王伟杰　贵州民族大学

徐金龙　华中师范大学

张武桥　贵州财经大学

庄　黎　华中师范大学

加强文化教育　坚定文化自信

（总序）

黄永林

党的十九大报告指出，“文化是一个国家、一个民族的灵魂。文化兴国运兴，文化强民族强。没有高度的文化自信，没有文化的繁荣兴盛，就没有中华民族伟大复兴”，并提出“坚定文化自信，推动社会主义文化繁荣兴盛”。文化与教育有着十分密切的关系，文化是教育产生与发展的最重要基础；教育是文化延续并不断创新的第一动力。文化自信离不开文化教育，坚定文化自信，必须加强文化教育，只有让更多人更深入地学习理解和传承弘扬中华优秀传统文化、革命文化和社会主义先进文化，中华文化的伟大复兴才能实现。

一、文化是教育发展的最重要基础

人类文明发展史表明，没有文化就没有教育，中华优秀文化是中国教育产生和发展的最重要基础。

首先，中华优秀传统文化孕育了优秀教育传统。中华文明历史悠久，历经几千年的传承，铸就了光辉灿烂的历史文化，是世界上唯一绵延不绝且从未中断的古老文化，并始终充满了生机与活力。五千多年文明发展孕育的中华优秀传统文化，以其丰富的资源、深厚的底蕴，不仅孕育了中国古老的教育，而且为中国教育的发展提供了坚实的基础，并形成了深厚的优秀教育文化传统。

其次，中华现代先进文化指明了教育发展方向。文化本身也是一种教育力量，一方面，特定时空中的文化构成的文化环境、文化氛围，对生存于其中的人产生着潜移默化的教育作用；另一方面，先进的文化导向（价值）也为教育发展指明了正确的方向。中华优秀文化既包括中华优秀传统文化，也包括中华现代先进文化，为中国现代教育发展指明了前进方向，提供了强大精神力量。

最后，文化自信是中国教育自信的底色和底蕴。文化自信是国家兴衰的命脉，是保持民族精神独立性的基石。中华文化自信是对中华文明历久弥新的核心理念、传统美德和人文精神的自觉弘扬，是中华民族伟大复兴的精神根基和内在源泉。文化自信是教育发展的基础，教育乃文化传承创新之基。中华文化自信既是中国教育发展的底色，又是中国教育发展的底气。只有文化自信，才会有真正的教育自信，坚定文化自信，必须坚定教育自信。

二、教育是文化发展的第一推动力

人是文化传承和创新的主体，人对文化的认知和理解源于教育，教育以人为中介，承担着文化传承和创新的双重使命。教育的实质是传播知识和文化，通过教育活动以文化人，文化才得以传递、丰富和发展，没有教育就不可能有文化，因此，教育是文化发展的第一推动力。

其一，教育对文化传承与发展有推动作用。教育是文化传承最主要的手段，传承文化是教育的基本职能。但教育对文化传承的选择有其内在的机制，其选择往往是从有利于受教育者发展、有利于社会发展、有利于国家和民族发展、有利于人类发展的目的出发来进行的。学校教育是文化教育的重要场所。宋朝的苏洵认为，“教化之本，出于学校”。学校教育通过培养目标、教育过程、课程标准、教师群体等途径进行文化的选择，把人类积累的优秀文化传递给学生，培养学生文化创造的能力，使文化薪火相传、充满活力。教育对文化的内容选择和价值取舍机制成为人类优秀文化存续的一种保障，也成为文化自身发展与进步的一种推动力量。

其二，教育对文化价值和精神有建构作用。教育在文化内容的选择上十分重视文化的价值导向，教育的实施保持了文化的同一性与延续性，使民族文化价值得到更广泛的认同，使民族文化精神得到更深入的弘扬。中华优秀传统文化是中华民族的突出优势，是最深厚的文化软实力。当今我国的学校教育必须坚持继承和弘扬中华民族优秀的教育传统，通过教育进一步培育中华民族共同情感和价值、共同理想和精神。

其三，教育对文化传播与交流有促进作用。教育是文化交流和传播的重要途径，从古至今，国家文化、民族文化、区域文化经过长期相互学习、交流、借鉴、融合不断发展提高，促进文化的优化和发展，才有了人类的文明史。特别是国际文化交流增进了不同国家文化的相互学习和借鉴，促进了世界文化多元多样发展。费孝通认为，现在的世界应该是“各美其美，美人之美，美美与共，天下大同”。因为只有将自尊自信与尊敬他人之长结合起来，才是美美与共，才能共同创造多彩文明，为人类提供正确精神指引，达到天下大同的境界。

三、通过文化教育增强文化自信

文化教育与其他文化传承方式相比，其传承的文化是人类文化中最基本、最精华的部分。在新的历史发展时期，我们要通过文化教育，激发全体人民对中华优秀传统文化的文化认同感，形成对社会主义核心价值观的普遍共识，激发全社会的文化创造热情，推动社会主义文化的繁荣兴盛，促进世界文化多元多样发展。

首先，通过文化教育涵养民族情怀，增强文化认同。随着全球化时代的日益发展，以及中国改革开放的不断深入，有人在国际化和现代化的进程中迷失了自我，崇洋媚外，妄自菲薄，轻视中华文化，失去文化自信。中华优秀传统文化是中华民族历经磨难而生生不息的历史积淀与思想宝库，是中华文明赓续传承、屹立于世界文化之林的“基因密码”。我们要深入挖掘中华优秀传统文化的价值内涵，弘扬中华民族传统文化的思想精华和道德精髓，以中华优秀传统文化的学习教育来提升民众的文化素养、文化自觉，涵养民族情怀，增强对中华文化的认同感，进一步激发中华优秀传统文化的生机与活力。

其次，通过文化教育传播优秀文化，强化文化自觉。文化自觉是文化自信的体现，没有文化自信，很难有文化自觉。中华优秀传统文化是中华民族的宝贵财富，是中华文化接续传承的动力与支撑，是中华文化弘扬发展的源头活水，也是国家文化软实力的重要载体。作为中华儿女，我们要通过教育让学习理解和传承传播中华优秀传统文化成为一种自觉行为，将弘扬中华优秀传统文化作为增强民族自信的重要方式，从内心深处强烈认同中华民族文化承载的价值理念。

再次，通过文化教育培养创新精神，激活文化活力。中华优秀传统文化是在不断推陈出新中发展的，一部中华文化史，就是一部中华文化思想创造史，中华文明之所以能够历经五千年沧桑而从未中断，全赖这种创造力、创新力。今天，我们要更加积极主动地通过教育培养创新精神，推动中华优秀传统文化的创造性转化、创新性发展，激活传统文化在现代生活中的生命与活力，使之与人们的现实生活相融相通，形成富有个性、充满时代特征、具有生活气息的文化。

最后，通过文化教育推动文化交流，促进文化传播。古往今来，中华民族一直是命运共同体、文化共同体，开放包容的文化态度是中华文化自信的力量之源。今天，中国应不忘本来，吸收外来，面向未来，依照“尊重世界文明多样性，以文明交流超越文明隔阂、文明互鉴超越文明冲突、文明共存超越文明优越”的文化发展理念，与世界各国各民族开展积极的文化交流。不忘本来，就是要“讲好中国故事”，将中华优秀文化传播出去，提升中华文化的自信心和影响力。吸收外来，就是要创造性地吸收、转化当今世界各国和各民族优秀文化，推动中华文化的发展。面向未来，就是要坚持世界文化多样性和多元性的发展精神，不故步自封、停滞不前，通过广泛开展与世界各国和各民族的文化交流，使中华文化在交流中创新与发展。

一个民族的复兴需要强大的物质力量，更需要强大的精神力量。任何国家的教育都有其文化的使命，这就是传承民族优秀文化传统，增强文化自信，振奋民族精神。在新时代，我们要通过文化教育承担起文化传承的使命，始终热爱、坚守、弘扬中国特色社会主义文化，激发全民族文化创新创造活力，推动社会主义文化繁荣兴盛，建设社会主义文化强国。为了推进高校学生文化理论知识的学习和研究，我们组织编写了这套“文化遗产与文化产业系列教材”，希望以此加强中国文化教育，引导广大青年学生亲近、学习和理解中华文化，增强对中华文化的认同感，坚定文化自信，为继承和弘扬中华文化优秀传统，并努力开创中华文化新纪元做出新贡献。

目　录

绪　论

非物质文化遗产（Intangible Cultural Heritage）作为古老的生命记忆和活态的文化基因，是一个民族的根源、血脉、灵魂，是一个民族走向未来的力量源泉。近二十年来，随着国际国内非物质文化遗产保护运动的兴起，非物质文化遗产的概念日益深入人心，非物质文化遗产的理论研究和保护实践越来越受到重视。以研究非物质文化遗产的抢救保护、传承传播、利用发展的理论与实践为对象的非物质文化遗产学应运而生，日臻成熟。

第一节　非物质文化遗产学的兴起

一、非物质文化遗产保护的国际背景

20 世纪下半叶，随着国际政治格局的逐渐稳定，世界经济走向复苏，科技的发展促进了全球化和现代化的进程。伴随社会经济的发展，人们的文化意识不断提升，各国政府开始意识到保持文化多样性和文化持续发展的重要作用，同时意识到保护本国文化传统和表达自身诉求在全球博弈中的重要性。各国有识之士和专家学者强烈呼吁关注人类共同文化遗产的发掘、抢救、保护、研究、传承、传播等问题。20 世纪 70 年代以来，保护非物质文化遗产、守护共有的精神家园被逐步纳入全球整体资源和人类共同利益的框架下加以思考，并在世界范围内经历了一个从逐步提高认识到启动保护实践的过程。

1997 年，“人类口头和非物质文化遗产”作为一个重要的概念，正式进入联合国教科文组织文件。随后，联合国教科文组织启动了“宣布人类口头和非物质文化遗产代表作计划”，并于 2001 年 5 月宣布第一批共 19 项人类口头和非物质文化遗产代表作，其中包括中国的昆曲。

2003 年 10 月，联合国教科文组织第三十二届大会通过了《保护非物质文化遗产公约》（Convention for the Safeguarding of the Intangible Cultural Heritage），指出了保护非物质文化遗产的必要性，界定了非物质文化遗产的概念、范围，规定了非物质文化遗产保护的机构设置、实行措施和保护方式等，在世界范围内开展抢救和保护非物质文化遗产的工作。从此，“非物质文化遗产”在国际准则性文件中作为一个国际法律术语而定型，非物质文化遗产保护形成跨国

二维码 1

的全球行动，成为许多国家政府推动的一项整体性、系统性的文化工程。世界各国纷纷将非物质文化遗产的抢救和保护提高到国家战略的高度加以重视，并采取措施积极行动起来。

二、中国非物质文化遗产保护的热潮

中国拥有数量众多、绚丽多姿、异彩纷呈的非物质文化遗产，这些资源与中华五千年文明有着深厚的渊源，深深植根于民族民间的沃土之中，蕴含着中华民族特有的精神价值、思维方式和文化意识，体现着中华民族的生命力和创造力，是中华民族身份的象征。中国自古以来就有保护民族民间文化的优良传统，我国文学史上第一部诗歌总集《诗经》就是对民间歌谣的记录和整理，它在收集、整理、保护和传承民族民间文化方面所形成的传统，对中华文化的发展产生了深远的影响。改革开放以来，以十套“中国民族民间文艺集成志书”为代表性成果的民族民间文化遗产抢救工作取得了令人瞩目的成就。

二维码 2

进入 21 世纪之后，“非物质文化遗产”这一术语正式被中国人所认知和接受。人们真正自觉进入非物质文化遗产的抢救和保护中，这既与中国的传统和现实考量有关，也与世界性的认识和推进相关。

2001 年，中国的昆曲入选第一批人类口头和非物质文化遗产代表作名录，使得非物质文化遗产保护进入国人和学界的视野，更引起政府和相关组织的重视。2002 年，中国民间文艺家协会启动了“中国民间文化遗产抢救工程”。2003 年，中华人民共和国文化部、财政部、国家民委、中国文联等八部委联合启动“中国民族民间文化保护工程”，计划用 17 年的时间建立起比较完备的非物质文化遗产保护体系，基本实现我国非物质文化遗产保护工作的科学化、规范化和法制化。这两项工程有力地推进了中国非物质文化遗产保护工作的全面展开。2003 年 11 月，联合国教科文组织宣布 28 项文化艺术表现形式入选第二批人类口头和非物质文化遗产代表作，中国的古琴艺术名列其中。截至 2020 年底，我国入选联合国教科文组织人类非物质文化遗产代表作名录的项目有 34 个（联合国教科文组织将《保护非物质文化遗产公约》生效前宣布的人类口头和非物质文化遗产代表作纳入人类非物质文化遗产代表作名录），入选急需保护的非物质文化遗产名录的项目有 7 个，入选优秀实践名册的项目有 1 个，共计 42 项，成为世界上入选项目最多的国家。

2004 年 8 月 28 日，经全国人民代表大会常务委员会批准，中国加入联合国教科文组织《保护非物质文化遗产公约》，成为第六个缔约国，也是最早加入该公约的国家之一。为了履行公约义务，2005 年 3 月 26 日，国务院办公厅印发《关于加强我国非物质文化遗产保护工作的意见》（国办发〔2005〕18 号），就进一步加强中国非物质文化遗产保护工作提出指导性意见：充分认识中国非物质文化遗产保护工作的重要性和紧迫性；提出非物质文化遗产保护工作的目标和方针；建立名录体系，逐步形成有中国特色的非物质文化遗产保护制度；加强领导，落实责

二维码 3

任，建立协调有效的工作机制①。这是国家最高行政机关首次就我国非物质文化遗产保护工作发布权威指导意见。同年 6 月，文化部部署了全国范围内的非物质文化遗产大普查，成为 21 世纪中国的一次大规模文化资源普查工程。同时，国务院确定从 2006 年起，每年 6 月的第二个星期六为中国的“文化遗产日”。2006 年 5 月 20 日，国务院公布了第一批 518 项国家级非物质文化遗产名录。截至 2020 年底，国务院批准公布了四批国家级非物质文化遗产代表性项目名录，共计 1372 项。我国在普查的基础上建立非物质文化遗产名录体系和保护制度，非物质文化遗产保护工作逐步进入全面的、整体性的保护阶段，非物质文化遗产保护意识日益深入人心。

二维码 4

2011 年 2 月 25 日，中华人民共和国第十一届全国人民代表大会常务委员会第十九次会议通过《中华人民共和国非物质文化遗产法》，这是中华人民共和国成立后文化领域内的第二部专门法（文化领域内的第一部专门法是《中华人民共和国文物保护法》）。该法专门为加强非物质文化遗产保护、保存工作而制定，对中国的非物质文化遗产保护作了整体性规定，为中国非物质文化遗产保护工作的科学性、规范性和持久性开展奠定了基础，也标志着中国的非物质文化遗产保护已进入依法保护阶段。

当前，中国非物质文化遗产保护工作已掀起热潮，呈现政府强力推行和节奏快速的特点。在这一过程中产生的普查、体系建立、确认代表性传承人、建设非物质文化遗产博物馆、保护传承非物质文化遗产以及合理利用非物质文化遗产资源等实际问题，均需相应的学科专业知识进行理论阐释并作为行动指南。“‘非物质文化遗产’这一新的对象世界的发现和这一新的概念的熔铸形成，同时也意味着人们对于这一新的对象世界的认识的飞跃，意味着以这一新的对象世界为研究内容的新的学问或新兴学科，即‘非物质文化遗产论’或‘非物质文化遗产学’诞生的可能与必要。”②

由非物质文化遗产保护工作而生发出的与此紧密相连的非物质文化遗产研究强烈呼唤着非物质文化遗产学科的建立，迫切需要“从基本范畴、基本理论、基本原则、基本方法等方面对非物质文化遗产进行学科化的梳理，建立起独立的、科学的、系统化的非物质文化遗产学，以使用更科学、更系统、更专业的知识体系，来指导非物质文化遗产抢救和保护”③。

三、非物质文化遗产学的初步构建

“非物质文化遗产”关键词进入大众视野以后，特别是伴随着专业化、系统化的非物质文化遗产保护工作如火如荼地展开，学界针对这一热门现象和相关问题开展了学术研究，运用多学科、交叉学科、新学科的知识，从问题的原点生发出去，从非物质文化遗产概念的厘清界定到非物质文化遗产传承与发展文化生态的深入分析，从微观上针对

① 国务院办公厅关于加强我国非物质文化遗产保护工作的意见 [EB/OL].（2005-08-15）[2020-10-05]. http://www.gov.cn/zwgk/2005-08/15/content_21681.htm.

② 王文章. 非物质文化遗产概论 [M]. 北京：教育科学出版社，2008：6-7.

③ 谭宏. 非物质文化遗产学科化建设问题与对策 [J]. 民族艺术，2009（4）：9-14.

具体地区、相关民族的具体非物质文化遗产项目进行研讨到宏观上对我国非物质文化遗产保护的整体思考，从非物质文化遗产的本体论研究到非物质文化遗产传承人的传承研究，有关非物质文化遗产的研究逐渐走向专业性、多学科的深层研究，这直接催生了非物质文化遗产学的建立。

学科分类的国家标准《中华人民共和国学科分类与代码国家标准》给“学科”下的定义是：“学科是相对独立的知识体系。”向云驹在梳理非物质文化遗产学的缘起与发生后指出，非物质文化遗产学有自己独立存在的必要性，其他的学科还不能代替，“我们经常把非物质文化遗产作为这样一个独特概念定义它，把它单独地在遗产、在文化中分类，确立非物质文化遗产的性质、对象、概念，它就必然还有独特的学术结构，它会利用其他的学科但自己又形成了独特的学科”①。非物质文化遗产学作为一门新兴学科，是适应国际国内非物质文化遗产保护需要而兴起的，虽然与民俗学等传统学科有很大程度上的交叉重叠，但非物质文化遗产具有独特的性质、对象和概念，这是它能够成为一门新学科的现实基础和根本前提。这些年来，非物质文化遗产研究相关领域涌现了乌丙安、刘魁立、刘守华、刘锡诚等一批代表性专家学者，他们积极参与非物质文化遗产保护的理论与实践工作，纷纷著书立说，发表了一系列高水平的研究成果，为非物质文化遗产学的建设和发展贡献了智慧力量。因此，有学者认为：“无论从联合国教科文组织和各国政府在推动非物质文化遗产保护的宗旨和目的来看，或者从非物质文化遗产对人类文明可持续发展的伟大意义来说，还是从传统学科发展的需要而言，以及从非物质文化遗产专家学者安身立命的角度而言，非物质文化遗产学都不仅仅是有关非物质文化遗产的研究之学，而且是有关非物质文化遗产的学科之学。”②

非物质文化遗产学的学科建设，是当前非物质文化遗产保护工作的迫切需要，也是实现其可持续发展的必由之路。所谓非物质文化遗产学，是指以非物质文化遗产为研究对象，研究民众创造、享用并以活态形式世代传承的，具有重要历史价值、文化价值、艺术价值、社会价值和科学价值的民族民间传统文化保护与传承规律的一门学问。它既是一门相对独立的新兴学科，也是一门专业性和综合性都很强的人文科学；它与民俗学、民间文学、历史学、民族学、艺术学、人类学、语言学、考古学、宗教学、建筑学等传统学科有着密切的学术联系，但更有自己独特的研究领域和相对独立的理论视角，同时它也具有很强的应用性和实践性。非物质文化遗产学对于指导非物质文化遗产的抢救、保护、传承、传播、利用和发展具有十分重要的意义，可为正在实施的中华优秀传统文化传承发展工程、中国民族民间文化保护工程提供科学系统的理论和实践的指导。

2002 年，中央美术学院率先在高校建立非物质文化遗产研究机构。同年 10 月，中国高等院校首届非物质文化遗产教育教学研讨会首次将民间文化艺术作为人类文化遗产正式引入高等教育，发布《非物质文化遗产教育宣言》，拉开了高校非物质文化遗产学

---

① 向云驹．论非物质文化遗产学学术独立与学科新创［J］．民间文化论坛，2012（3）：76-83.

② 宋俊华．非物质文化遗产研究的学科化思考［J］．重庆文理学院学报（社会科学版），2009（4）：1-6.

科建设的序幕。2004 年，中山大学中国非物质文化遗产研究中心正式入选教育部人文社科重点研究基地，标志着非物质文化遗产研究正式成为我国高校学科发展的一个重要方向。2006 年 8 月，教育部公布了一级学科范围内自主设置学科、专业名单，中山大学在“中国语言文学”一级学科下自主设置的“非物质文化遗产学”二级学科名列其中，标志着非物质文化遗产学在高校研究生教育序列被正式确认[①]。2006 年，中山大学率先设立国内首个非物质文化遗产学研究生专业（2008 年开始招生），十几年间培养了 300 多名硕士和博士研究生。此后，数十所高校和研究机构相继在中国语言文学、民族学、艺术学、社会学等学科下设立非物质文化遗产方向的研究生专业。2009 年，国家学科分类体系适应新变化，对学科分类作了相应调整，由国家质量监督检验检疫总局、国家标准化管理委员会通过的《中华人民共和国国家标准：学科分类与代码》（GB/T 13745-2009）新增设了“民族学与文化学”一级学科（原名为“民族学”，代码 850），并在其二级学科“文化学”（代码 85070）之下增设了“文化遗产”三级学科，非物质文化遗产作为“文化遗产”三级学科的一个方向。

作为一门新兴交叉学科，目前非物质文化遗产学的学科地位与其保护和研究的热度极不相称，学科建设任重而道远，还需要政府、学界、社会的共同努力，让其名正言顺地列入国家学科分类体系，以便构建起完善的非物质文化遗产学的学科框架，形成独立的学术知识体系、人才培养体系，使之成为一门真正意义上的“显学”。

第二节　非物质文化遗产学的学科定位与建设实践

一、非物质文化遗产学的学科定位

非物质文化遗产学是人文社会科学领域内正在构建的一门大交叉、大综合的学科，既是基础性研究学科，更是应用性学科，其研究与社会科学和人文科学的许多学科发生横向渗透或边缘交叉。尽管非物质文化遗产学与一些关系密切的学科在研究中有相当程度的一致性或重合性，但是，非物质文化遗产学由于与其他学科的主要研究任务不同，因此研究的对象、范畴、理论和方法也不尽相同。具体说来，与非物质文化遗产学关系非常密切的学科主要包括但不限于以下六个：

（一）非物质文化遗产学与文化遗产学

非物质文化遗产是文化遗产的一个种类，因此，非物质文化遗产学自然是属于文化遗产学的范畴。但是，它又是一种特殊的文化遗产学，它研究的是非物质文化遗产的基本概念、不同地域或时期、不同形态或种类的非物质文化遗产及其相互关系、综合价值，非物质文化遗产的保护和发展原则、机制、方式及其与社会经济文化发展的关系和发展规律等。非物质文化遗产具有口头性、活态性、非物质性，与一般的文化遗产很不相同，因此，纯粹使用文化遗产学的方法很难全面地揭示非物质文化遗产的本体特点与

---

① 宋俊华. 论构建非物质文化遗产学科共同体［J］. 文化遗产，2019（2）：1-7.

发展规律。

（二）非物质文化遗产学与民间文学

非物质文化遗产作为反映广大民众生活的一种文化表现形式和文化空间，兼具群众性、民族性、艺术性、传承性等特点。民间文学同样来自人民群众，它是非物质文化遗产的重要组成部分。民间文学在长期的流布、传承实践中，是以口头语言作为最重要载体，而非物质文化遗产中的第一大类“传统口头文学以及作为其载体的语言”实则涵盖了民间文学。中国在建立非物质文化遗产保护名录体系的过程中，根据实际情况划分了10大类别，其中有6个类别属于民间文艺或与民间文艺相关的表演艺术。“可以说，民间文艺在其中占了半壁江山。”① 由此可见，尽管两者关系十分紧密，但民间文学只是非物质文化遗产学中的主要组成部分也是不争的事实。

（三）非物质文化遗产学与民俗学

民俗学是一门研究民间生活文化传承的学科，而社会风俗、人生礼仪、岁时节庆、民间信仰、民俗活动等活动和仪式都是非物质文化遗产的重要组成部分。从国际社会认识过程来看，联合国教科文组织通过的《保护非物质文化遗产公约》所界定的非物质文化遗产绝大部分属于民俗学研究的对象和范畴。“我们很自然地会发现，‘非物质文化遗产’的范围就是英文的Folklore所包含的内容，也就是我们所熟知的‘民俗’或‘民间文化’的内容。”② 事实上，在该公约正式确立非物质文化遗产的国际公认概念之前，走过了“民间创作”“民间传统文化”“民俗”“口头与非物质文化遗产”等概念的历程。民俗学为非物质文化遗产保护和研究奠定了坚实的基础，为非物质文化遗产学的建构做出了巨大贡献。

（四）非物质文化遗产学与历史学

非物质文化遗产是不同民族或不同群体独具特色的历史文化积淀，在特定的历史条件下产生，反映了人类社会漫长历史进程中所形成的文化和传统。如果不了解人类社会发展的历史，不了解特定民族与地区的文化史，不了解特定时期劳动人民的生活状况，那么对于许多非物质文化遗产事象的产生与传承就难以理解。反过来，非物质文化遗产也是历史学研究的重要资料之一，无论是在史料还是史观上，都具有重要的历史研究价值。正如高尔基所言：“如果不知道人民的口头创作，那就不可能知道劳动人民的真正历史。”③ 尤为重要的是，非物质文化遗产以其活态的、口传的、民间的、野史的历史文化价值，可以弥补官方正史的某些局限，有助于更全面、更真实地去认识历史本原。

---

① 刘守华. 非物质文化遗产保护工程与中国民间文学［J］. 华中师范大学学报（人文社会科学版），2011（5）：103-107.

② 高丙中. 迈向学术概念的“非物质文化遗产”［EB/OL］.（2014-05-07）［2020-10-05］. https：//www. chinesefolklore. org. cn/web/index. php? NewsID=12540.

③ 尼·皮克萨诺夫. 高尔基与民间文学［M］. 林陵，水夫，刘锡诚，译. 北京：中国民间文艺出版社，1980：142.

（五）非物质文化遗产学与民族学

非物质文化遗产是各民族智慧的结晶，是连接民族情感的纽带，是增进民族团结和维护国家统一及社会稳定的重要文化基础，也是维护世界文化多样性和创造性、促进人类共同发展的前提。现存的非物质文化遗产事象呈现出很强的民族性、地域性的特点，从内容到形式都有着深深的民族文化的烙印，尤其是少数民族地区的非物质文化遗产丰富多彩。例如入选联合国教科文组织非物质文化遗产代表作名录的蒙古族长调民歌，是由中国内蒙古自治区和蒙古国草原游牧民族在畜牧业生产劳动中创造的并在野外放牧和传统节庆时演唱的一种民歌。长调产生于一千多年前蒙古族的祖先由狩猎业转变为畜牧业的时期，经过漫长的演变发展，集中体现了蒙古游牧文化的特色，并与蒙古族的语言、文学、历史、宗教、心理、世界观、生态观、人生观、风俗习惯等紧密联系在一起，贯穿于蒙古族的全部历史和社会生活中①。

（六）非物质文化遗产学与艺术学

非物质文化遗产有很多天才的艺术创造，饱含着丰富的艺术技巧和艺术形式，是不同民族或不同群体在不同历史时期艺术精神的沉淀，展示着一个民族或群体的审美情趣和艺术创造力，涵盖音乐学、戏剧学、舞蹈学、美术学、工艺美术学等内容，存储了大量的艺术创作的原型和素材，充满了艺术生命力，具有极高的艺术审美价值。非物质文化遗产事象在展演过程中，在追求实现艺术的功利性目的的同时，也追求艺术的审美价值，特别是在传统音乐、传统舞蹈、民间美术、传统戏剧、曲艺等类别中表现得更为明显。

非物质文化遗产学还与哲学、语言学、文化人类学、社会学、考古学、宗教学等人文社会科学关系密切，甚至与建筑学、医学、生物学等有关联，它们对人民大众的日常生活和文化活动进行科学探索，从不同的方面揭示出一个民族或一个群体的文化特征和价值，有利于拓展和深化非物质文化遗产的研究。

尽管非物质文化遗产学与许多学科关系密切，在保护和研究过程中必须积极借鉴并吸收它们的方法与成果，但非物质文化遗产学仍有自己独特的研究对象与研究范式，且已初步形成了较为完备的知识体系。毫无疑问，其作为一门独立的学科是必然也是必需的。

二、非物质文化遗产学的建设实践

经过近二十年的发展，中国的非物质文化遗产保护已经在全国上下掀起了热潮，“非物质文化遗产”作为一个特定的专业术语进入学术界的视野，引起了多学科观照、学者广泛参与的学术研讨，最后形成了政府主导、学者推动、社会参与、知识分子与传承人联袂出场的文化景观。一些高等院校、科研院所的专家学者在积极介入具体的非物

① 周和平. 第一批国家级非物质文化遗产名录图典·上［M］. 北京：文化艺术出版社，2006：57.

质文化遗产保护和研究的同时，也将非物质文化遗产学科逐步建立起来。

很多高等院校、科研院所纷纷设立非物质文化遗产研究中心等研究机构，开设相关课程，形成了完整的人才培养体系。如2002年中央美术学院在原民间美术室的基础上成立非物质文化遗产研究中心，2004年创建了文化学系，招收本科生和研究生，后又设立博士点，主要培养非物质文化遗产研究与规划管理方面的专门人才。2003年2月，中国民族民间文化保护工程国家中心在中国艺术研究院挂牌成立，并于2005年12月更名为中国非物质文化遗产保护中心。2003年中山大学成立传统戏曲与口头和非物质文化遗产研究中心，后更名为中国非物质文化遗产研究中心，被列为教育部人文社会科学重点研究基地，2008年设立非物质文化遗产学专业硕士、博士点，该校还面向全国招收非物质文化遗产学（又称文化事业与文化产业管理，简称MCN）专业硕士[①]。中国艺术研究院、北京师范大学、中央民族大学、天津大学等一批高校或设置相关院系，或成立非物质文化遗产中心培养非物质文化遗产本科、研究生[②]；有的职业中专学校（如福州旅游职业中专学校）还招收非物质文化遗产保护专业推荐免试生；还有很多高校相继开设了与非物质文化遗产相关的课程[③]。特别值得一提的是，刘守华教授领衔的华中师范大学中国民间文学学科作为“双一流学科”中国语言文学的特色学科，多年来为非物质文化遗产的保护利用和传承发展做出了突出贡献。该学科从20世纪50年代就开设民间文学课程，1986年春设立民间文学硕士点，2003年设立民间文学博士点，2006年1月正式成立湖北省高校首家非物质文化遗产研究中心，并于2007年获得“文化部非物质文化遗产保护工作先进集体”称号，这是全国首届表彰的40个非物质文化遗产保护工作先进集体中唯一的高校代表。该学科的民间文化与文化产业研究方向积极对接社会现实需求，在非物质文化遗产数字化、非物质文化遗产资源创造性转化、文化科技融合与创意产业发展等研究领域具有明显优势。

二维码 5

一批学者秉持强烈的学科意识，聚焦非物质文化遗产教育，呼吁构建非物质文化遗产学甚至是构建学科共同体，并提出了加强学科建设的思路构想，如向云驹的《论非物质文化遗产学学术独立与学科新创》，黄永林的《中国民间文学、民俗学学科归属及地位的历史与现状》，苑利、顾军的《是什么让原生态保护理念无法真正落实——谈非遗学学科建设滞后给非遗保护带来的负面影响》，高丙中的《作为公共文化的非物质文化遗产》《民俗学的学科定位与学术对象》，乔晓光的《非物质文化遗产与大学教育》，宋俊华的《非物质文化遗产研究的学科化思考》《论构建非物质文化遗产学科共同体》等。

基于非物质文化遗产学学科建设的视角，现已出版了不少专业性教材、论著，较有代表性的如王文章的《非物质文化遗产概论》，苑利、顾军的《非物质文化遗产学》，牟

① 黄永林．中国民间文学、民俗学学科归属及地位的历史与现状［J］．华中师范大学学报（人文社会科学版），2013（4）：100-106.

② 康保成，等．2001—2010年度我国非物质文化遗产保护发展报告［M］//康保成．中国非物质文化遗产保护发展报告（2011）．北京：社会科学文献出版社，2011：3-71.

③ 王文章．非物质文化遗产概论［M］．北京：教育科学出版社，2008：183-184.

延林、谭宏、刘壮的《非物质文化遗产概论》，王巨山的《非物质文化遗产概论》，陈淑姣、白秀轩的《非物质文化遗产概论》，王肃元的《非物质文化遗产学》，贾银忠的《中国少数民族非物质文化遗产教程》，刘锡诚的《非物质文化遗产：理论与实践》，乌丙安的《非物质文化遗产保护理论与方法》，刘守华的《非物质文化遗产保护与民间文学》，宋俊华、王开桃的《非物质文化遗产保护研究》，向云驹的《人类口头和非物质文化遗产》，陈平的《中国非物质文化遗产发展报告 2015》，肖远平的《中国少数民族非物质文化遗产发展报告》，杨红的《非物质文化遗产数字化研究》等。

第三节　非物质文化遗产学的学习目的与具体要求

一、非物质文化遗产学的学习目的

非物质文化遗产学重点探讨非物质文化遗产的内涵与分类、特征与价值、保护与利用、田野作业与理论研究等方面的问题，并对民间文学、表演艺术、传统艺术、传统技艺、技能与技术、民俗文化、文化空间等非物质文化遗产的重要类别和传承人进行深入研究。非物质文化遗产学的学习是以丰富多样的非物质文化遗产为对象，通过田野实践和科学研究，使学生对中华优秀传统文化的了解更为全面和深刻，使学生能够在多元文化语境中保持正确的价值判断，为学生从文化多样性角度对中华优秀传统文化加以审视提供有效的理论工具，为学生运用田野作业的方法深化专业理论和加强实践技能奠定坚实的基础。

（一）丰富文化知识体系，充盈人文思想内涵

英国著名的文化人类学家马林诺夫斯基关于文化功能的这段论述广为人知："一切文化要素，若是我们的看法是对的，一定都是在活动着，发生作用，而且是有效的。文化要素的动态性质指示了人类学的重要工作就在研究文化的功能。"① 许多非物质文化遗产项目正是由于它有着服务于人们生产生活的社会功能，才有积极的价值而得以世代传承，存活至今。而这些非物质文化遗产的积极价值不仅仅体现在它们能丰富人们的文化知识，而且还体现在它们能充盈人们的思想内涵，给人们带来精神上的愉悦和满足感。在首批国家级非物质文化遗产保护名录中，湖北长阳土家族的跳丧歌舞——"撒叶儿嗬"是一项表演艺术类的非物质文化遗产项目。据清代《长乐县志》的记载："家有亲丧，乡邻来，至夜不去，曰伴亡；于柩旁击鼓，曰丧鼓，互唱俚歌哀词，曰丧鼓歌。"② 丧鼓歌既悼念亡人，也以歌唱古人、古事、古训来延续民族传统；亲友乡邻热心参与慰藉丧家，饱含乡里和谐的深厚情谊；将老人丧事作为"白喜事"来办，展现出中华民族乐观旷达的胸怀。从这一项非物质文化遗产项目中，人们不仅仅能感受到土家人对亡人的思念和对祖先崇拜尊敬的虔诚，而且还能深切感受到土家人团结的精神和互帮互助的优良传统。

① 马林诺夫斯基．文化论［M］．费孝通，等译．北京：中国民间文艺出版社，1987：14.
② 刘守华．非物质文化遗产保护与民间文学［M］．武汉：华中师范大学出版社，2014：43.

（二）强化民族文化认同，传承中华优秀文化

中国作为世界上唯一一个拥有五千多年文明发展历史且不曾中断的国家，文脉深厚、源远流长，虽然历史上遗留下很多史书文献，但仍不能够完全绘出中国历史文化的全貌。我们知道，非物质文化遗产主要是由中下层的社会成员以口传心授的方式不断创造和传承下来的，其关键就在于创作和传承的口头性与集体性，而民族文化记忆是集体性的重要体现。一个民族的文化记忆是十分顽强的，许多少数民族，特别是那些没有自己文字的民族，其民族起源、迁徙，所经历的战争、劫难，以及民族英雄的丰功伟绩等民族发展历史，差不多都是靠口头的史诗、传说等，一代又一代传承下来，绵延至今。也正是因为有了这些口传心授的史诗、传说等，才使得中华文化如此丰厚充盈，兼具民族的广度和历史的厚度，才使得中华民族在文化上得到认同。

中华文化流传千古、形态各异却也和谐共生，最突出的是在中华大地上先后出现或者传入的各种宗教信仰能相互融合、和谐共存并绵延至今，成为许多地区人们的精神寄托。如云南傣族的“泼水节”，又称“浴佛节”，源于印度，本是婆罗门教的一种宗教仪式，后被佛教吸收，由南亚地区传入云南，成为傣历新年的一种庆祝活动。虽然也有去佛寺聆听佛经和浴佛、礼佛等活动，但其主体却是以互相泼水和歌舞表演来欢庆新年。随着时代的发展和文化的变迁，它的宗教性、神圣性逐渐消退，而世俗性、娱乐性不断增强，在发展中获得了新的生命。学习非物质文化遗产学能够让人开阔眼界、了解丰富的中华文化形态，体验不同文化形态带给人的启迪和智慧。

（三）培育中华文化精神，增强文化自觉自信

在全球化背景下，“中华民族的文化精神是什么”的问题日益成为人们关注的一个焦点。世界文化是多元的，不同文化之间相互依存又相互交流，保护不同民族文化的独特性，乃是保持人类文化多样性的前提。《世界遗产保护伊斯坦布尔宣言》在强调非物质文化遗产的重要性时指出，非物质文化遗产是“文化多样性的熔炉”和“可持续发展的保证”①。每一个民族和群体保护了自己本土文化的独特性，也就是为世界文化的多样性和人类的创造性做出了一份自己的贡献。中华文化也是人类多元文化中的重要成员，在国外文化霸权渗透的危机下，学好非物质文化遗产学，不仅能使我们了解和拥有丰富的历史财富和文化财富，而且更有利于我们民族精神的弘扬，有利于树立起中国人的文化自信。

习近平总书记在庆祝中国共产党成立 95 周年大会上讲道：“文化自信，是更基础、更广泛、更深厚的自信。在 5000 多年文明发展中孕育的中华优秀传统文化，在党和人民伟大斗争中孕育的革命文化和社会主义先进文化，积淀着中华民族最深层的精神追求，代表着中华民族独特的精神标识。”非物质文化遗产蕴藏着中华民族的文化基因和精神特质，这些维系民族血脉的元素反过来又塑造并延续了中华民族一脉相承的生活态度和社会行为，形成民族特有的精神传承。这些在长期的劳动生产、社会实践中积淀而

---

① 刘锡诚. 非物质文化遗产：理论与实践［M］. 北京：学苑出版社，2009：49.

成的民族精神，是一代代积累而来的发展经验、生存智慧，是具有凝聚力、号召力的民族精神，是世代相传积淀下来的民族的思想精髓、文化理念，是民族的灵魂、民族文化的本质和核心。学习非物质文化遗产学是了解中华文化的重要窗口，也是增强文化自信的必要选择。

二、非物质文化遗产学的学习要求

中国的非物质文化遗产门类繁复、丰富灿烂，作为这门学科的学习者、研究者、建设者，不能仅从旁观者的角度去“围观”各类非物质文化遗产，更应该以具体的文化实践去锤炼自身，只有当我们融入其中，才能切身感受非物质文化遗产的真正魅力。因此，非物质文化遗产学的学习必须注重理论学习与田野实践相结合，做到学以致用。具体学习要求如下：

（一）眼观耳听会鉴赏

非物质文化遗产种类繁多，内容复杂，各具特色，或表现为具体的行为方式、礼仪、习俗等，或表现为传统技艺技法，或表现为抽象的思想智慧，这些特点要求我们学习非物质文化遗产学首先就要学会认识不同非物质文化遗产的独特价值。例如我国民间美术中特有的剪纸艺术，它不仅具有很普通的装饰用途，同时也是一种象征符号，充满了丰富的意义，我们不仅要懂得剪纸形式的美，还应该了解剪纸中蕴含的传统元素与饱含的民族记忆。而这些才是非物质文化遗产存在的意义，是民族赖以存在和发展的根基。

（二）学习实操懂门道

非物质文化遗产虽然有物质的因素、物质的载体，但其价值并非主要通过物质形态体现出来，它属于人类行为活动的范畴，有的需要借助于行动才能展示出来，有的需要通过某种高超、精湛的技艺才能被传承下来。非物质文化遗产的传承主要靠语言和行为，是一个动态的过程，这就需要我们进入具体的非物质文化遗产事象中，成为非物质文化遗产的参与者。只有切身体会非物质文化遗产的传承过程，才能更加理解非物质文化遗产的灵魂。例如，学唱一首脍炙人口的民歌、学讲一个耳熟能详的民间故事、学绣一方美丽的绣花手巾……只有在真实的、具体的非物质文化遗产传承生态环境中，掌握其诀窍，我们才能更加懂得非物质文化遗产的价值和意义。

（三）学以致用助传承

非物质文化遗产学这门新兴的学科还有待更多专业人士的研究成果去彰显影响力，这就要求学习非物质文化遗产学的学生在懂得欣赏非物质文化遗产、能够操作非物质文化遗产事象后还要能够辩证地思考，运用专业的学术研究方式进行研究。田野调查是研究非物质文化遗产的重要方式，它对于我们把握非物质文化遗产价值意义，总结非物质文化遗产传承规律，解决非物质文化遗产保护问题具有不可替代的意义。田野调查不仅需要我们进入具体的非物质文化遗产事象中，而且要以专业的视角全面地考察某一非物质文化遗产事象。非物质文化遗产主要依靠世代相传保留下来，一旦停止了传承活动，也就意味着死亡。非物质文化遗产在当下，最重要的是要研究如何保护，如何延续，如何为我所用。例如藏族史诗《格萨尔》被誉为“东方的《伊利亚特》”，它与蒙古族的《江格尔》、柯尔克孜族的《玛纳斯》并称为三大英雄史诗。这部史诗全面而形象地反映了藏族从原始氏族社会向封建社会转变的历史过程，是一部反映当时藏族社会状况的百科全书。这部史诗完全是依靠民间传承得以流传和保存的，正因为如此才需要我们尽快去抢救、整理，从而使它完整地保存下来，继续流传下去。青年学生要学以致用，活学活用，将所学的非物质文化遗产知识运用到非物质文化遗产的保护与传承中去，为中华优秀传统文化的保护与传承做出贡献。

关键概念

《保护非物质文化遗产公约》　非物质文化遗产学　文化传承

主要论点

1. 非物质文化遗产作为古老的生命记忆和活态的文化基因，是一个民族的根源、血脉、灵魂，是一个民族走向未来的力量源泉。

2. 抢救、保护、利用、研究好非物质文化遗产，对于继承和发扬民族优秀文化传统，增进民族团结和维护国家统一，增强民族自信心和凝聚力，促进社会主义精神文明建设，实现中华民族伟大复兴都具有重要而深远的意义。

3. 非物质文化遗产学，是指以非物质文化遗产为研究对象，研究民众创造、享用并以活态形式世代传承的，具有重要历史价值、文化价值、艺术价值、社会价值和科学价值的民族民间传统文化保护与传承规律的一门学问。

4. 非物质文化遗产学既是一门相对独立的新兴学科，也是一门专业性和综合性都很强的人文科学，它与民俗学、人类学、民族学、民间文学、语言学、历史学、考古学、宗教学、艺术学、建筑学等传统学科有着密切的学术联系，具有自己独特的研究领域和理论视角，也具有很强的应用性和实践性。

5. 非物质文化遗产学作为一门新兴学科，是适应国际国内非物质文化遗产保护需要而兴起的，虽然与民俗学等传统学科有很大程度上的交叉重叠，但因其独特性和重要性在国家现行的学科体系里是任何一门学科都无法完全代替的，这是它能够成为一门新学科的现实基础和根本前提。

延伸阅读

1. 乌丙安. 非物质文化遗产保护理论与方法［M］. 北京：文化艺术出版社，2010.

2. 刘守华. 非物质文化遗产保护与民间文学［M］. 武汉：华中师范大学出版社，2014.

3. 刘锡诚. 非物质文化遗产：理论与实践［M］. 北京：学苑出版社，2009.

4. 王文章. 非物质文化遗产概论［M］. 北京：教育科学出版社，2008.

5. 向云驹. 论非物质文化遗产学学术独立与学科新创［J］. 民间文化论坛，2012

(3)：76-83.

6. 黄永林. 中国民间文学、民俗学学科归属及地位的历史与现状［J］. 华中师范大学学报（人文社会科学版），2013（4）：100-106.

7. 宋俊华. 论构建非物质文化遗产学科共同体［J］. 文化遗产，2019（2）：1-7.

思考问题

1. 为什么要抢救、保护、利用、研究好非物质文化遗产？
2. 为什么说非物质文化遗产学是一门新兴学科？
3. 为什么要学习非物质文化遗产学？
4. 如何学好非物质文化遗产学？

（徐金龙　邓清源）

第一章　非物质文化遗产的范畴

非物质文化遗产所代表的人类优秀文明成果是历史留给当代社会的文化馈赠。实践证明，人类在历史上创造出的，并通过不间断文化实践而流传至今的非物质文化遗产仍然具有重要的文化价值。非物质文化遗产中蕴藏的经验知识、审美观念、伦理规范等精神成果是人类文明发展史的见证，保护非物质文化遗产就是保护人类的历史记忆。而要实现对非物质文化遗产的有效保护，则需要对非物质文化遗产的概念和范畴予以恰当界定。

第一节　非物质文化遗产的概念

非物质文化遗产是世界各地人类群体在漫长历史过程中创造、传承下来的宝贵文明成果，是世界文明多样性的重要体现。正因如此，保护人类文化遗产的重要性在世界范围内引起了广泛重视，继日本、美国等发达国家提出《文化财保护法》《人类环境行动计划》等与非物质文化遗产相关的早期法律文件之后，联合国教科文组织先后公布了《保护世界文化和自然遗产公约》和《保护非物质文化遗产公约》两个重要文件，为非物质文化遗产概念的最终形成奠定了基础，也为非物质文化遗产保护工作提供了最重要的文件依据。

二维码 1-1

一、非物质文化遗产概念的产生

由于世界各地经济发展水平、文化资源禀赋、社会文化结构等方面的差异，各国对文化遗产保护的认知和态度各不相同，因而“非物质文化遗产”这一概念的形成也经历了一个较长的过程。从 1950 年日本颁布的《文化财保护法》中提出“无形文化财”这一概念，到 2003 年联合国教科文组织公布的《保护非物质文化遗产公约》中对非物质文化遗产给出明确定义，历时半个世纪。应该看到，“非物质文化遗产”这一概念在全世界范围内逐步得到认可的过程，正是世界各国对非物质文化遗产保护逐步形成共识的过程。

（一）无形文化财——日本、韩国关于非物质文化遗产的早期概念

日本是最早提出有关非物质文化遗产保护法律性措施的国家。1950 年，日本颁布了《文化财保护法》，将文化财分为有形文化财、无形文化财、民俗文化财、史迹名胜、天然纪念物等几类。其中，无形文化财和民俗文化财与今天的非物质文化遗产概念十分接近，可以看作非物质文化遗产的早期概念之一。同时，该部法律文件还作了政府部门具有对无形文化财进行认定、解除认定的权力及其相应工作程序的规定。这一做法为后来的非物质文化遗产名录的评定、管理等工作提供了具有实践价值的参考。

由于历史原因，20 世纪上半叶，韩国传统文化受到日本殖民势力的压制，二战结

束之后，由于美国等西方强势文化的介入，韩国的本土文化又受到了巨大冲击。为应对这一文化压力，韩国在20世纪60年代颁布实施了自己的《文化财保护法》，力图弘扬本国传统文化。在这一法律的影响下，韩国的传统文化活动得到极大的恢复和发展。

以日本、韩国为代表的亚洲发达国家在文化遗产保护方面做出的重要贡献，表现在对文化遗产进行“有形”和“无形”的划分的首创意义，以及“无形文化财”这一概念对后来非物质文化遗产概念的提出产生的较大影响。

（二）全面登记、系统保护——法国对非物质文化遗产范围认定的早期尝试

法国是欧洲各国中较早对本国文物古迹实施保护的国家之一。20世纪60年代，法国就开始对国内文化遗产实施了有力的保护措施。在二战结束之后，随着经济迅速恢复，法国的社会发展和文化遗产保护之间产生了矛盾，为保护本国文化，法国政府将保护本国文化遗产作为社会发展的重要指标，采取了全国性的文化遗产普查，为文化遗产保护工作提供了全面、翔实的依据[①]。1964年，法国对“大到教堂，小至汤匙”的文化遗产进行总量调查。普查不仅加强了国民对文化遗产的保护意识，也有利于国家掌握“遗产家底”，还有利于对本土文化的研究[②]。值得称道的是，法国的文化遗产普查的范围非常广泛，尽管当时还没有非物质文化遗产概念，但是法国的文化遗产普查已经包含了舞蹈、民歌、烹饪技艺等今已属于非物质文化遗产项目的内容。并且，法国还采取了税费优惠和津贴、补贴政策鼓励个人和企业主动保护传统文化。这些措施对于今天非物质文化遗产保护中的传承人保护、传统技艺传承等政策的制定仍然有着重要的启示意义。

（三）限制开发、整体保护——意大利的文化空间保护

意大利很早就意识到文化空间对于非物质文化遗产的重要性，较早采取了对文化遗产实施区域性整体保护的措施。意大利是欧洲的文明古国，留下了大量罗马时代的文明遗迹。20世纪中叶，在战后经济复苏时期，意大利房地产开发与文化古迹保护之间发生冲突，为保护历史文明遗迹，意大利政府对具有历史文化价值的建筑进行整体保护，即采取“人和房子一起保护”的措施[③]。1967年，意大利政府出台《城市规划法》，其中制定了古城保护的条款，文物保护的概念也从广度和深度上发生了认识上的变化。文物保护的对象从博物馆文物、纪念碑扩大到历史性建筑物和历史地段，保护也逐渐演变为从建筑本身到周围的历史文化环境，从一个单体到一组群体，从只限于对材料的保护扩大到对历史街区的保护[④]。通过对原居住在历史建筑中的居民实施倾斜性政策，确保原居住者和历史建筑不分离，达到整体保护的效果。事实上，在意大利实施区域性整体保护措施之时，“非物质文化遗产”这一概念尚未诞生。这说明，非物质文化遗产是在

① 王文章．非物质文化遗产概论［M］．北京：教育科学出版社，2013：208-209.

② 李永群．寻找现代化和文化认同的平衡点［N］．人民日报，2014-12-4（23）.

③ 王文章．非物质文化遗产概论［M］．北京：教育科学出版社，2013：209.

④ 张广汉．欧洲历史文化古城保护［J］．国外城市规划，2002（4）：36-37.

实践基础上产生的，具有普遍意义和可操作性的较为科学的概念。更为重要的是，意大利的区域性整体保护措施为非物质文化遗产中的重要概念——文化空间提供了极为重要的实践基础。

（四）非物质文化遗产概念的诞生——联合国作出的世界性确认

第二次世界大战结束之后，发展中国家为加速进入现代化，大多选择了工业化发展的道路。在取得成绩的同时，大量的文明古迹也遭到破坏。为应对这一情况，联合国教科文组织1972年在巴黎通过了《保护世界文化和自然遗产公约》。这一公约的颁行，对世界范围内的文化与自然遗产的保护发挥了非常重要的推动作用。但是《保护世界文化和自然遗产公约》中所说的“文化遗产”，实际上指的是物质类的文化遗产。非物质文化遗产的概念仍未被提出。随着文化遗产保护实践的不断深入，人们逐渐认识到仅仅对物质性的、有形的文化遗产进行保护并不能涵盖文化遗产的全部内容。1989年，联合国教科文组织通过了《保护民间创作建议案》（又译作《保护传统文化与民俗建议案》，以下简称《建议案》），尽管该《建议案》尚未正式提出“非物质文化遗产”这一概念，但是已经将文化遗产保护从有形的物质文化遗产范围扩展到了无形的民间创作，而民间创作的内容则包含语言、文学、音乐、舞蹈、神话、礼仪、手工艺等主要非物质文化遗产文化事象。这些内容和后来的非物质文化遗产概念的界定范围已经非常接近，可以说《建议案》为“非物质文化遗产”概念的正式提出奠定了基础。1997年，联合国教科文组织通过了《人类口头和非物质遗产代表作宣言》，进一步对“非物质文化遗产”（Intangible Cultural Heritage）的内容进行了界定。2001年，在第31届联合国成员大会中，大会文件使用“非物质文化遗产”替代“民间创作”。2003年，联合国教科文组织通过了《保护非物质文化遗产公约》，这是目前国际上关于非物质文化遗产保护最重要的权威文件，表明“非物质文化遗产”成为国际通用的正式概念。

（五）中国非物质文化遗产概念的产生

早在中华人民共和国成立之前，中国就有了零散的文化遗产保护活动，然而并没有使用“非物质文化遗产”这一概念，但我国曾使用了“民俗”“民间文学”“民间美术”等与非物质文化遗产密切相关的具体概念。20世纪20年代，北京大学刘半农等人就筹办了《歌谣周刊》，收集民间歌谣。1923年，北京大学又举办了风俗调查会，开展民俗调查活动。20世纪40年代，在中国共产党领导下的解放区也开展了民间文艺作品的收集、整理活动，特别是在1942年延安文艺座谈会之后，解放区民间文艺的发掘、整理工作取得一定进展。新中国成立以后，民间文艺的整理、研究工作得到了进一步的推动，创办了《民间文学》《民间文艺集刊》《曲艺》等刊物，收录了大量的民间文艺作品。在国家的支持下，少数民族文化遗产，如中国三大民族史诗《格萨尔》《江格尔》和《玛纳斯》也在这一时期得到较为系统的整理。由于特殊历史原因，20世纪六七十年代，这些工作一度停滞。改革开放以后，中国文化遗产保护工作再度焕发活力，开始新征程。1979年起，由文化部牵头，会同国家民委和中国文联等发起编纂《中国民族民间文艺集成志书》工程。前后十几万工作人员参与，耗时近20年完成的《中国民族民间文艺集成志书》共4.5亿字、298部省卷（400册），主要包括《中国民间歌曲集成》《中国戏曲音乐集成》《中国民族民间器乐曲集成》《中国曲艺音乐集成》《中国民族民间舞蹈集成》《中国戏曲志》《中国民间故事集成》《中国歌谣集成》《中国谚语集成》《中国曲艺志》。1990 年《中华人民共和国著作权法》第一次对民间文学艺术作品享有著作权进行规定，这也是我国首次从民事权利方面对传统文化知识进行法律确认。1997 年 5 月 20 日，国务院颁布了《传统工艺美术保护条例》，这部行政法规规定了作为民族民间文化一部分的传统工艺美术的具体保护措施。《传统工艺美术保护条例》是我国第一个关于传统工艺美术行业发展、人才保护的行政法规。

二维码 1-2

直至 2004 年，我国成为联合国教科文组织《保护非物质文化遗产公约》第六个缔约国，才采用了“非物质文化遗产”这一概念。我国依据《保护非物质文化遗产公约》对非物质文化遗产的界定，结合我国的实际情况，正式开展了系统性的非物质文化遗产保护工作。2005 年 3 月 26 日，国务院办公厅发布了《关于加强我国非物质文化遗产保护工作的意见》（国办发〔2005〕18 号），明确提出建立非物质文化遗产代表作名录体系的要求。同年，在国务院发布的《关于加强文化遗产保护的通知》中，又进一步提出建立国家—省—市—县四级非物质文化遗产名录体系，并用三年时间开展非物质文化遗产普查，加强少数民族文化遗产和文化生态区保护等多方面的要求。2006 年 5 月 20 日，国务院发出通知，批准文化部确定并公布第一批国家级非物质文化遗产名录，中国国家级非物质文化遗产名录正式诞生。之后，依据国务院相关文件的要求，各省、自治区、直辖市也先后公布了省级非物质文化遗产名录。目前，我国已经建立起国家—省—市—县四级非物质文化遗产名录体系。简而言之，我国的文化遗产保护活动起源很早，在经历漫长的保护实践之后，于 21 世纪初正式采用了“非物质文化遗产”这一概念，并开始了非物质文化遗产的系统性保护。

二维码 1-3

二、非物质文化遗产的定义

非物质文化遗产概念的形成是一个历史性的过程，体现出人类对文化遗产保护的认识是一个不断深化、不断扩展的动态过程。横向来看，不同地区的非物质文化遗产又体现出地域性差异。因此，尽管联合国对非物质文化遗产的定义已经为国际社会所广泛接受，但是世界各国基于各自的国情，必须采用更加符合本国非物质文化遗产保护特殊需求的定义。这就使得各个国家和地区对本地非物质文化遗产的定义会存在一定的不同。

（一）联合国非物质文化遗产定义

联合国教科文组织在《保护非物质文化遗产公约》中，将非物质文化遗产定义为：被各社区、群体，有时是个人，视为其文化遗产组成部分的各种社会实践、观念表述、表现形式、知识、技能以及相关的工具、实物、手工艺品和文化场所。这种非物质文化遗产世代相传，在各社区和群体适应周围环境以及与自然和历史的互动中，被不断地再创造，为这些社区和群体提供认同感和持续感，从而增强对文化多样性和人类创造力的尊重。

（二）中国非物质文化遗产定义

国务院办公厅《关于加强我国非物质文化遗产保护工作的意见》的附件《国家级非物质文化遗产代表作申报评定暂行办法》第二条，将非物质文化遗产定义为：各族人民世代相承的、与群众生活密切相关的各种传统文化表现形式（如民俗活动、表演艺术、传统知识和技能，以及与之相关的器具、实物、手工制品等）和文化空间。其第三条规定，非物质文化遗产可分为两类：传统的文化表现形式（如民俗活动、表演艺术、传统知识和技能等）和文化空间（定期举行传统文化活动或集中展现传统文化表现形式的场所，兼具空间性和时间性）。

为了确保我国非物质文化遗产保护的长期性和稳定性，我国将非物质文化遗产保护纳入法治化轨道。2011 年 2 月 25 日，第十一届全国人民代表大会常务委员会第十九次会议通过了《中华人民共和国非物质文化遗产法》（以下简称《非物质文化遗产法》）。该法的颁布实施为中国非物质文化遗产提供了最具权威性的法律定义。《非物质文化遗产法》将非物质文化遗产定义为：各族人民世代相传并视为其文化遗产组成部分的各种传统文化表现形式，以及与传统文化表现形式相关的实物和场所。

二维码 1-4

《非物质文化遗产法》在过去出台的一系列文件的基础上，又对非物质文化遗产的定义和范围作出进一步规定和确认。它作为具有法律地位的权威性文件，需要考虑文本的可操作性和可执行性，因此，相比于之前发布的相关文件，该法在非物质文化遗产定义的表述和范围的确认上具有明显的具体性和指向性。这些说明中国对非物质文化遗产的认识正朝着保护实践的方向不断迈进，非物质文化遗产保护工作正在有条不紊地开展。

三、非物质文化遗产定义中的中国特色

通过比较联合国教科文组织的《保护非物质文化遗产公约》、中国政府制定的非物质文化遗产保护相关政策和法律可以发现，联合国教科文组织和中国对非物质文化遗产的定义在总体上是一致的，都强调了非物质文化遗产的实践性、生活性、认知性和社会性等重要特征。而中国对于非物质文化遗产的表述又更多地满足了中国作为传统文化大国的特殊保护需要，体现出非物质文化遗产保护的中国特色。具体来看，体现在以下几个方面：

（一）突出非物质文化遗产的传统性特点

联合国教科文组织在《保护非物质文化遗产公约》中有“表演艺术”这一表述，在中华人民共和国国务院办公厅颁发的《关于加强我国非物质文化遗产保护工作的意见》中则将其表述为“传统表演艺术”，而在我国的《非物质文化遗产法》中，强调“传统”的表述则更加突出。这一表述的增加是基于我国具体国情而言的，我国悠久的历史文化留下大量传统表演艺术，但是在生活娱乐方式日益增多的当下，这些传统表演艺术面临较大的生存危机。例如，中国是戏剧大国，仅传统戏曲剧种至少就有三百六十多种，但

是很多传统戏曲，特别是地方戏剧正面临着观众大量流失、传承后继无人的窘境。因此在我国官方表述的非物质文化遗产定义中，增加“传统”这一具体指向，加强了我国非物质文化遗产保护的针对性和有效性。这种定义上的细节差异是各个国家依据自身情况，对国际通行非物质文化遗产定义做出的针对性调整。

（二）强调非物质文化遗产的民间性特点

联合国教科文组织在《保护非物质文化遗产公约》中有“有关自然界和宇宙的知识和实践”的表述，而在中华人民共和国国务院办公厅颁发的《关于加强我国非物质文化遗产保护工作的意见》中的相关表达则是“有关自然界和宇宙的民间传统知识和实践”。我国民间传统文化中关于自然和宇宙的朴素认识和经验知识也是我国非物质文化遗产的重要构成，但是这些民间的朴素认知和经验性知识与现代科学知识有所区别。在我国的非物质文化遗产定义中突出“民间”二字，有利于准确表达出我国非物质文化遗产的内涵。

（三）强化非物质文化遗产概念的可操作性

联合国教科文组织非物质文化遗产保护文件主要是为世界各国非物质文化遗产保护提供一个具有普适性的总体参考框架，各国家和地区还需要依据自身的实际情况制定出具体的、具有操作性的政策文件指导本国、本地区的非物质文化遗产保护工作，这是一般与特殊的关系。中华人民共和国国务院办公厅于2005年颁布的《关于加强我国非物质文化遗产保护工作的意见》，以及2011年颁布实施的《非物质文化遗产法》等政策法规，不仅针对我国非物质文化遗产的特点进行了准确定义，还规定了我国非物质文化遗产评选的原则、标准、责任主体、工作程序等一系列的重要内容，为我国非物质文化遗产保护提供了权威性的法律依据和政策指导。

第二节 非物质文化遗产的内涵

从概念的萌芽到诞生过程来看，“非物质文化遗产”这一概念是人们在文化遗产保护实践过程中认识不断深化的结果，也是世界各国在文化遗产保护交流中达成的共识性认知，因而非物质文化遗产的内涵是十分丰富的。

一、非物质文化遗产的释义

在联合国教科文组织《保护非物质文化遗产公约》中，“非物质文化遗产”一词使用的是“Intangible Cultural Heritage”。第一个词“Intangible”是指“无形的，不可触摸的”，该词对应“Tangible”（有形的，可触摸的）。“Intangible”一词源于日语“无形文化财”一词的英译。从字面上看，日本在1950年颁布的《文化财保护法》中，对“有形文化财”和“无形文化财”进行了划分，其中“无形文化财”一词后来逐渐在联合国被广泛使用。随着联合国教科文组织对非物质文化遗产保护运动的推广，该词成为国际社会所广泛接受的称呼。第二个词“Cultural”为名词“Culture”的形容词形式，

“Culture”有“文化、培养”之意。因而相对于自然遗产，非物质文化遗产更强调人类通过劳动实践将自然之物转化为社会之物的能力、技艺和精神等。第三个词“Heritage”意为“遗产”，该词的拉丁文词源为“父亲留下的财产”，至20世纪下半叶之后，意思逐步改变为“祖先留下的财产”①。可见，“Heritage”（遗产）一词意指由祖先留给后代的财富。因而“非物质文化遗产”中的“遗产”更强调其历史属性。正因为非物质文化遗产是历史的产物，是漫长历史时期人类用劳动和智慧创造出来，流传至今的文化遗产，因而中国对非物质文化遗产的定义和解释也特别强调“传统”这一维度。

可见，联合国教科文组织《保护非物质文化遗产公约》中的定义对世界范围来说，是具有一定普遍意义的。需要注意的是，《保护非物质文化遗产公约》的中文文本与英语文本同样具有法律效力，虽然在中译本《保护非物质文化遗产公约》中“非物质文化遗产”不是对“Intangible Cultural Heritage”的汉语直译，但二者表达了同样的意思。

二、非物质文化遗产的内在含义

非物质文化遗产是文化遗产的重要组成部分，区别于自然遗产、物质性文化遗产等其他人类遗产形式。要准确理解非物质文化遗产的内涵，可以从四个方面来分析。

（一）作为非物质载体的非物质文化遗产

物质文化遗产是一种有形实体，而非物质文化遗产则是一种非物质载体，承载的是人类的精神、技艺、智慧等。联合国教科文组织《保护非物质文化遗产公约》将非物质文化遗产描述为“文化遗产组成部分的各种社会实践、观念表述、表现形式、知识、技能以及相关的工具、实物、手工艺品和文化场所”。这表明，非物质文化遗产侧重于人类的实践活动，并以观念、技艺、知识、表现形式等非物质性的、无形性的载体形式而存在。尽管在《保护非物质文化遗产公约》的定义中也包括了工具、实物和手工艺品等物质载体，但是这些物质载体主要是参与人类实践活动的器物，而非文化遗产那样独立的物质载体。因而可以说，相对于文化遗产，非物质文化遗产的存在方式是非物质性的，这是非物质文化遗产的根本属性。

（二）作为特定文化空间中的非物质文化遗产

无论是在国际性权威文件中，还是中国政府发布的政策中，“场所”和“空间”都是非物质文化遗产保护中极为重要的内容构成。联合国教科文组织《保护非物质文化遗产公约》将“文化场所”作为非物质文化遗产的重要构成，而中华人民共和国国务院发布的《关于加强我国非物质文化遗产保护工作的意见》则直接使用了“文化空间”一词，并在对非物质文化遗产的范围界定中，明确表示“与上述表现形式相关的文化空间”也是非物质文化遗产的重要构成。我国后继出台的《非物质文化遗产法》再次重申了“场所”是非物质文化遗产的构成要素。从学术上看，“文化空间”是一个文化人类学概念，它体现出非物质文化遗产的实践活动所具有的一种重复性；从实践上看，只有

---

① 王文章．非物质文化遗产概论［M］．北京：教育科学出版社，2013：39.

在特定的文化空间之中，非物质文化遗产的活动才能显示出其特定文化意义。文化空间事实上为非物质文化遗产提供了一个活态的实践场域，只有在这一场域之中，附着在非物质文化遗产中的人类意义才能得到充分的展现和传递。

（三）作为动态性存在的非物质文化遗产

非物质文化遗产作为人类实践活动的一种方式，意味着其存在形式不是一成不变的。知识、技艺、能力、表现形式等非物质文化遗产存在形式是植根于人类动态的生活、生产实践之中的，知识会因为实践活动的积累而增长，技艺会因反复的研习而精进，表现形式会在人类认知进步、技术改进、文化转向等外部条件的改变过程中发生变化。例如，中国的传统戏曲就在漫长的历史进程中通过相互交流、影响而发生流变，甚至产生新的戏曲形式。因此，不同于物质文化遗产的静态性特征，非物质文化遗产的存在方式本身就是一个动态性的过程。

（四）作为多样性文化存在的非物质文化遗产

文化的价值在于其多样性、丰富性和独特性。非物质文化遗产对于当代社会的重要价值之一就在于，它是世界文化多样性的历史见证，并且还将作为人类多元文化的重要构成继续发展。在人类千百年的漫长历史时期，世界各地人民创造了属于自己的文化、艺术、道德体系、自然知识等丰富的非物质文化成果。但是在历史进程中，由于各种主客观因素的影响，很多文化创造没有被保留下来。今天，留存于世界各地的非物质文化遗产正是这些优秀人类文明成果中的幸存者，先辈在过去历史中的伟大创造为当代人留下了宝贵的文化遗产。留得住过去，才看得清未来。只有继承好这些前人的文化成果，保护好当代世界文化的多样性，才能确保人类在文明发展中保持旺盛的创造力，避免单一经济文化发展方式和认知模式对人类未来发展可能性的限制。

三、比较视野下的非物质文化遗产

人类遗产是一个有机整体，既包括自然产生的，也包括人类创造的；既有民间基层的文化创造，也有精英群体的文化产物；既包括有形的文化遗产，也包括无形的文化遗产。事实上，各种人类遗产类型划分是为了更好地服务于保护人类文化遗产实践。因而为了更好地理解非物质文化遗产，我们有必要采用比较的视野审视非物质文化遗产。

（一）非物质文化遗产与世界文化遗产之间的关系

世界自然遗产是联合国教科文组织为了保护自然遗产而设立的保护名录。1972 年，联合国教科文组织通过了《保护世界文化和自然遗产公约》[①]。1985 年，中国加入了该公约。《保护世界文化和自然遗产公约》对于“文化遗产”的定义包括：

1. 文物

从历史、艺术或科学角度看，具有突出的普遍价值的建筑物、碑雕和碑画，具有考

---

① 1972 年 11 月 16 日，联合国教育、科学及文化组织大会第十七届会议通过了《保护世界文化和自然遗产公约》。

古性质成分或构造物、铭文、窑洞以及景观的联合体。

2. 建筑群

从历史、艺术或科学角度看，在建筑式样、分布均匀程度或与环境景色结合方面具有突出的普遍价值的单立或连接的建筑群。

3. 遗址

从历史、审美、人种或人类科学角度看，具有突出的普遍价值的人类工程或自然与人的联合工程以及包括有考古地址的区域。

而在联合国教科文组织公布的《执行世界遗产公约的操作准则》中则进一步规定了文化遗产的评选标准：

(1) 代表一种独特的艺术成就，一种创造性的天才杰作；

(2) 在一定时期内或世界某一文化区域内，对建筑艺术、纪念物艺术、城镇规划或景观设计方面的发展产生过重大影响；

(3) 能为一种已消逝的文明或文化传统提供一种独特的或至少是特殊的见证；

(4) 可作为一种建筑物或建筑群或景观的杰出范例，展示出人类历史上的一个重要阶段；

(5) 可作为传统的人类居住地或使用地的杰出范例，代表一种文化，尤其在不可逆转之变化的影响下容易损坏；

(6) 与其特殊普遍意义的事件或现行传统或思想或信仰或文学作品有直接或实质的联系。

可以看出，世界文化遗产和非物质文化遗产所关注的都是人类的历史性创造。虽然世界文化遗产更侧重于人类在历史发展过程中遗留下来的文物、建筑群、历史遗迹等文化的物质存在形式，但是这些物质载体都是由人类创造或者与人类活动有关的、不可能再重新创造的文化遗产。这种有形的物质载体是人类精神、知识和劳动的外部显现。不同的是，非物质文化遗产所侧重的是在生产这些物质载体，以及从事相关非物质文化遗产实践活动（民俗活动、社会仪式等）过程中，承载着人类智慧、技艺等内容的非物质载体。因而相对于文化遗产，非物质文化遗产更加突出实践性、活态性、流变性等动态特征。

（二）非物质文化遗产与自然遗产之间的关系

世界自然遗产同样为联合国教科文组织的《保护世界文化和自然遗产公约》所保护，该公约中的自然遗产，是指从审美或科学角度看，具有突出的普遍价值的由物质和生物结构或这类结构群组成的自然面貌；从科学或保护角度看，具有突出的普遍价值的地质和自然地理结构以及明确划为受威胁的动物和植物生境区；从科学、保护或自然美角度看，具有突出的普遍价值的天然名胜或明确划分的自然区域。自然遗产评选的标准是：

(1) 构成代表地球演化史中重要阶段的突出例证；

（2）构成代表进行中的生态和生物的进化过程和陆地、水生、海岸、海洋生态系统和动植物社区发展的突出例证；

（3）独特、稀有或绝妙的自然现象、地貌或具有罕见自然美的地带；

（4）尚存的珍稀或濒危动植物物种的栖息地。

根据上述表述可以发现，非物质文化遗产是内部指向的，它指向人类社会的内部，强调人类通过劳动实践将自然之物转变为人化之物的能力、精神和智慧等。而世界自然遗产是外部指向的，它指向自然界中的“自在之物”。当然，自然遗产的这种外部指向也只是相对意义上的，因为对自然遗产的评价仍然是站在人类社会的基础之上的，是从人类的审美需要和科学价值两个方面来进行判断和看待的。因此，自然遗产与非物质文化遗产一样，都是与人类社会相关的事物，不同的是，非物质文化遗产是人类社会的直接创造，自然遗产则作为自然的产物与人类发生联系。

（三）非物质文化遗产与文化景观遗产之间的关系

文化景观遗产是联合国教科文组织在 1992 年第 16 届世界遗产大会上所提出的概念，它是指罕见的、目前无法替代的文化景观，是全人类公认的具有突出意义和普遍价值的自然和人类的共同作品，即自然与文化复合遗产和文化景观。文化景观一般可以分为由人类有意设计和建筑的景观、有机进化的景观以及关联性文化景观。简而言之，文化景观是自然力量与人类改造力量共同作用下的产物，它是自然与人类社会在长期的相互影响中产生的造物，是人类与自然关系的历史见证。从保护的角度来说，尽管文化景观遗产也涉及一些与文化景观遗产相关的，具有独特价值的人类技艺、知识等非物质文化遗产，但是文化景观遗产更加侧重于对文化遗产的物质形式进行保护。这与非物质文化遗产围绕文化遗产无形载体进行保护的核心特征是不同的。

（四）非物质文化遗产与传统民族民间文化之间的关系

对于世界上大多数国家而言，传统民族民间文化主要是农业文化、游牧文化、渔猎文化等前工业时代或者工业时代早期阶段的生活、生产方式的产物。当下非物质文化遗产面临的根本危机也正是这些产生于前工业时代或者工业时代早期阶段的文化遗产在工业和后工业社会的生活、生产方式中失去了生存和发展所需要的社会、经济、文化等原有外部条件。事实上，传统民族民间文化中蕴含了大量的非物质文化遗产。因此，保护传统民族民间文化和保护非物质文化遗产具有共通性，但是二者之间又有所区别。其一，非物质文化遗产可能是民间文化的产物，也可能是精英文化的产物。尽管大多数非物质文化遗产是民间社会的传统文化创造，但是还有一些非物质文化遗产是由过去的精英阶层所创造，而由民间社会传播、传承下来的。例如，被评为中国国家级非物质文化遗产的安顺屯堡地戏就极有可能是由明代军队中的“军傩”演变而成的。所以，非物质文化遗产具有传统性、民族性的特征，但并非所有的非物质文化遗产都是民间文化的产物。其二，传统民族民间文化并非全部是非物质文化遗产。国际社会和我国都对非物质文化遗产的定义和评选标准作出了相关的规定，保护的急迫性和独特的文化价值是评选非物质文化遗产的重要条件。在民族民间文化中，只有高度符合相关指标的文化事象才会入选各级非物质文化遗产名录。因此，虽然传统民族民间文化与非物质文化遗产有很多相互关联之处，但是在实践层面上也有重要的差别。

第三节　非物质文化遗产的分类

由于非物质文化遗产的自觉的保护实践以及自觉的理论研究工作时间都不长，因此目前还未有某种权威的、能够被世界各国普遍接受的非物质文化遗产的分类方法。但是，在国际上，在《保护非物质文化遗产公约》公布之前及公布之后的一些相关国际文件中都涉及了非物质文化遗产的分类问题。我国在开展非物质文化遗产保护工作的过程中，也根据我国的具体情况，对非物质文化遗产的分类做了有益的探索。

一、联合国教科文组织有关非物质文化遗产分类的演变

在联合国教科文组织有关非物质文化遗产的国际文件中，最具代表性和权威性的文件无疑是联合国教科文组织 2003 年第三十二届会议正式通过的《保护非物质文化遗产公约》。根据此公约，我们可以将联合国教科文组织对非物质文化遗产分类的认识和界定的演化过程划分为两个阶段。

（一）第一阶段：《保护非物质文化遗产公约》公布之前

二维码 1-5

二维码 1-6

关于《保护非物质文化遗产公约》公布之前的分类，联合国教科文组织的一些相关文件已经多次涉及非物质文化遗产的界定及分类的问题。1989 年，联合国教科文组织第二十五届大会在巴黎召开，通过了保护非物质文化遗产的原始雏形文件《保护民间创作建议案》（以下简称《建议案》），并根据其表现形式将其分为语言、文学、音乐、舞蹈、游戏、神话、礼仪、习俗、手工艺、建筑术及其他艺术 10 种类型。1998 年，为配合《建议案》的后续活动，联合国教科文组织又颁布《宣布人类口头和非物质遗产代表作条例》（以下简称《条例》），将“民间创作”改为“口头和非物质遗产”，并在前期 10 种的基础上增加了“传播与信息的传统形式”，使其形式达到 11 种；同时将其分为两大类，第一类是各种“民间传统文化表现形式”，即 11 种民间传统文化表现形式；第二类是文化空间，即定期举行传统文化活动或集中展现传统文化表现形式的场所，兼具空间性和时间性①。

（二）第二阶段：《保护非物质文化遗产公约》公布之后

作为国际非物质文化遗产保护领域迄今为止最有权威、影响最大，并且最具法律效力的联合国教科文组织文件，《保护非物质文化遗产公约》总结和概括了此前有关传统

① 王文章．非物质文化遗产概论［M］．北京：教育科学出版社，2013：247-248.

民间创作和口头与非物质文化遗产研究成果，同时对1998年《宣布人类口头和非物质遗产代表作条例》中有关“口头与非物质遗产”的定义作了修正，并在其新的定义中对人类非物质文化遗产进行了新的分类，形成了目前在各国广泛使用的把人类非物质文化遗产划分为五大类的分类方法：

（1）口头传统和表现形式，包括作为非物质文化遗产媒介的语言；
（2）表演艺术；
（3）社会实践、仪式、节庆活动；
（4）有关自然界和宇宙的知识和实践；
（5）传统手工艺。

然而，在2001年联合国教科文组织公布的第一批人类口头和非物质遗产代表作名录中，多米尼加共和国的圣灵同道文化空间、几内亚的索巴拉文化空间、摩洛哥的加玛广场文化空间、俄罗斯的塞梅斯基文化空间和口头文化、乌兹别克斯坦的波桑地区的文化空间都属于文化空间类。不难看出，《保护非物质文化遗产公约》建立的非物质文化遗产分类体系实质上是两层六类，两层即传统的文化表现形式和文化空间，前者包含五种形式，后者则是与前五类相对应的文化空间，为第六类。

在2003年公布的第二批和2005年公布的第三批世界非物质文化遗产代表作名录中，也有属于文化空间的非物质文化遗产项目。因此，无论是公约的“定义”规定，还是联合国教科文组织认定和公布世界非物质文化遗产代表作项目的具体操作实践，都已把某些作为传统文化表现形式的非物质文化遗产存在和展示的文化场所（文化空间）作为非物质文化遗产中的一个十分重要的类别来对待了。

二、世界各国非物质文化遗产分类

世界上主要发达国家根据本国的实际状况，对本国的非物质文化遗产进行了相应的分类。早在联合国教科文组织公布《保护非物质文化遗产公约》之前，日本就已经制定了无形文化财的分类体系，如《文化财保护法》将其分为演剧、音乐、工艺技术以及其他无形文化的产出品等种类①。韩国将非物质文化遗产统称为“口头和非物质文化遗产”，并详细分为音乐、歌曲、舞蹈、喜剧、文学、仪式、节庆、手工艺和口述史等多种形式。在美国，非物质文化遗产主要分为民俗、语言、文学、音乐、舞蹈、游戏、神话、礼仪、习俗、手工艺品、建筑艺术及其他十二个大类②。澳大利亚则将非物质文化遗产分为语言、口头传承、手工技艺和表演艺术四大类。

通过对非物质文化遗产分类的横向比较可知，各国在非物质文化遗产分类方面既有

① 林和生. 日本对非物质文化遗产保护的启示［N］. 中国社会科学院院报，2006-6-1.

② 周耀林，王咏梅，戴旸. 论我国非物质文化遗产分类方法的重构［J］. 江汉大学学报（人文科学版），2012（2）：30-36.

统一，又有差别。各国模仿联合国分类范式的痕迹较为明显，但也有自己的独到之处。具体来看，联合国先后颁布的建议案、条例将非物质文化遗产划分为两类十二种，《保护非物质文化遗产公约》则将非物质文化遗产分为两类六种，从而形成世界上较为明晰的两类非物质文化遗产分类范式。日本、澳大利亚及我国的《非物质文化遗产法》分类较为简单，属于非物质文化遗产分类的第一范式（暂称为《公约》范式）；韩国、美国及我国名录的分类则较为详细，从而形成了非物质文化遗产分类的第二范式（暂称为《条例》范式）。在《条例》范式中，缺乏对戏剧（日本称演剧、韩国有类似喜剧）、民间美术、节庆类民俗的统计分类。韩国将口头传统和表达分为文学和口述史两种，缺乏对民族语言的分类，而在表演艺术类里面没能将游戏、体育和游艺作为其合理成分，对习俗类的民俗及文化空间更是没有谈及。美国分类虽较为齐全，对戏剧类、体育和游艺类表演艺术却没有涉及。《公约》范式分类较为笼统，却基本上涵盖了各国出现的已有的非物质文化遗产类别。日本的分类法缺乏对口头传统和表现形式、舞蹈、游戏、体育、游艺等表演艺术类以及民俗类的划分，将其统称为“其他无形文化的产出品”。澳大利亚对民俗和文化空间没有涉及。

总的来讲，由于国外对非物质文化遗产的分类大多从本国的具体实践出发，不符合我国非物质文化遗产的实际状况。尤为不足的是，国外基本没有对非物质文化遗产进行多层次的分类研究，甚至二级分类体系都较少涉及，且大多停留在一级分类层面，因此国外在非物质文化遗产分类体系方面的成果对我国的借鉴意义也只体现在一级分类上。

三、我国非物质文化遗产分类

我国的非物质文化遗产分类较为复杂和多元化，主要有四类法、六类法、八类法、十类法、十三类法和十六类法。向云驹认为“非物质遗产除了特定的口头文化外，就是指人的行为文化或人体文化即传人文化”①，进而采取了以文化的载体性特征作为分类原则的人体文化分类法，把非物质文化遗产视作一种典型的人体文化，将其具体形态分为四大类，即口头文化、体形文化、综合文化、当下的造型文化②。

我国 2011 年颁布的《国家级非物质文化遗产代表作申报评定暂行办法》（以下简称《暂行办法》）将非物质文化遗产分为传统的文化表现形式和文化空间两类，主要包括六种形式：口头传统，传统表演艺术，民俗活动、礼仪、节庆，有关自然界和宇宙的民间传统知识和实践，传统手工技能以及与上述表现形式相关的文化空间。不难看出，《暂行办法》两类六种的分类方法与《保护非物质文化遗产公约》两层六类的分类方法如出一辙，更符合中国实际。

《中华人民共和国非物质文化遗产法》第二条明确规定非物质文化遗产包括六种形式：传统口头文学以及作为其载体的语言，传统美术、书法、音乐、舞蹈、戏剧、曲艺和杂技，传统技艺、医药和历法，传统礼仪、节庆等民俗，传统体育和游艺以及其他非

① 向云驹. 人类口头和非物质遗产［M］. 银川：宁夏人民教育出版社，2004：22.
② 向云驹. 人类口头和非物质遗产［M］. 银川：宁夏人民教育出版社，2004：1.

物质文化遗产。苑利等人在借鉴联合国教科文组织非物质文化遗产分类方法的基础上，在《非物质文化遗产学》中，将非物质文化遗产分为八类：民间文学类、表演艺术类、传统工艺技术类、传统生产知识类、传统生活知识与技能类、传统仪式类、传统节日类、文化空间类。但同时，又通过合并将其分为表演艺术、传统工艺技术、传统仪式与文化空间四大类①。

我国2006年公布了第一批国家级非物质文化遗产名录，将非物质文化遗产分为十大类，分别是民间文学、民间音乐、民间舞蹈、传统戏剧、曲艺、杂技与竞技、民间美术、传统手工技艺、传统医药、民俗。2008年6月，国务院又公布了第一批国家级非物质文化遗产扩展项目名录和第二批国家级非物质文化遗产名录。与第一批国家级非物质文化遗产名录不同的是，第二批国家级非物质文化遗产名录将十大门类调整为民间文学，传统音乐，传统舞蹈，传统戏剧，曲艺，传统体育、游艺与杂技，传统美术，传统技艺，传统医药和民俗。之后公布的所有国家级非物质文化遗产名录都是沿用调整后的类别名称。

王文章在《非物质文化遗产概论》一书中提出了十三类法："语言（民族语言、方言等），民间文学，传统音乐，传统舞蹈，传统戏剧，曲艺，杂技，传统武术、体育与竞技，传统美术、工艺美术，传统手工技艺及其他工艺技术，传统医学和药学，民俗，文化空间。"②《中国非物质文化遗产普查手册》（以下简称《手册》）对非物质文化遗产的分类最为精细，包含民族语言、民间文学（口头文学）、民间美术、民间音乐、民间舞蹈、戏曲、曲艺、民间杂技、民间手工技艺、生产商贸习俗、消费习俗、人生礼俗、岁时节令、民间信仰、民间知识以及游艺、传统体育与竞技十六类。为使在普查中的非物质文化遗产项目获得标准化和序列化的登记、存档、保管，《手册》又对十六类进行了细分，列出每类的二级分类，并在每类二级分类中均设一个"其他"类作为收容类③。

本书借用我国关于非物质文化遗产名录的分类，即十分法：民间文学，传统美术，传统音乐，传统舞蹈，传统戏剧，曲艺，传统技艺，传统体育、游艺与杂技，传统医药和民俗。

关键概念

文化遗产　无形文化财　非物质文化遗产　非物质文化遗产分类

主要论点

1. 非物质文化遗产是在文化保护实践中产生并逐步完善的概念。
2. 非物质文化遗产是世界人民在生产、生活实践中创造的精神成果，是人类社会

---

① 苑利，顾军．非物质文化遗产学［M］．北京：高等教育出版社，2009：14-17.

② 王文章．非物质文化遗产概论［M］．北京：教育科学出版社，2013：265.

③ 中国艺术研究院·中国非物质文化遗产保护中心．中国非物质文化遗产普查手册［M］．北京：文化艺术出版社，2007：13-17.

宝贵的文化财富。

3. 世界各国对非物质文化遗产的定义和分类各有差异，我国的非物质文化遗产定义及分类建立在中国国情和文化保护实践基础之上，符合我国非物质文化遗产保护的客观需要。

4. 当代人应当认识到非物质文化遗产保护的重要性和迫切性，积极参与到非物质文化遗产保护工作中。

延伸阅读

1. 国际国内有关非物质文化遗产的权威性文件及相关法律可查阅中国非物质文化遗产网·中国非物质文化遗产数字博物馆：http://www.ihchina.cn/。

2. 王文章. 非物质文化遗产概论［M］. 北京：教育科学出版社，2013.

3. 向云驹. 人类口头和非物质遗产［M］. 银川：宁夏人民教育出版社，2004.

4. 苑利，顾军. 非物质文化遗产学［M］. 北京：高等教育出版社，2009.

思考问题

1. 物质文化遗产与非物质文化遗产有什么区别与联系?

2. 如何理解非物质文化遗产保护的中国特色?

3. 关于非物质文化遗产的保护与传承，当代大学生能做些什么?

4. 保护非物质文化遗产与弘扬中华优秀传统文化之间有什么关系?

（肖远平　王伟杰　刘宸）

第二章　非物质文化遗产的特征

非物质文化遗产是人类的特殊遗产，从形式到内容都有自己的特殊性。非物质文化遗产的特殊性体现在其外部形态与内在规定性两个方面，存在着共时与历时两个维度的内涵，集中表现为无形性、传承性、活态性、地域性、多元性等特征。正确认识非物质文化遗产的这些特征，是科学认识和保护非物质文化遗产的前提。

第一节　无形性

联合国教科文组织《保护非物质文化遗产公约》这样定义非物质文化遗产：“非物质文化遗产指被各社区、群体，有时是个人，视为其文化遗产组成部分的各种社会实践、观念表述、表现形式、知识、技能以及相关的工具、实物、手工艺品和文化场所。这种非物质文化遗产世代相传，在各社区和群体适应周围环境以及与自然和历史的互动中，被不断地再创造，为这些社区和群体提供认同感和持续感，从而增强对文化多样性和人类创造力的尊重。”在这个定义中，关于工具、实物、手工艺品和文化场所的有形性表述，有时会让人对“物质”与“非物质”的概念产生疑惑，产生对非物质文化遗产无形性的怀疑。但如果结合该公约产生的背景及其订立目的来分析，就能理解无形性这一非物质文化遗产的本质属性。

一、物质文化遗产与非物质文化遗产

联合国教科文组织在 1972 年 11 月 16 日公布了《保护世界文化和自然遗产公约》，但是此公约规范的仅仅是有形的（tangible）遗产，在这里，文化遗产的概念仅指有物质形态的文化遗产，具体包括文物、建筑群和遗址三大类，这实际上是狭义的文化遗产。文化（culture）作为广泛而极富人文意义的概念，其外延和内涵十分丰富。从宏观和广义的角度来看，文化是人类生活要素形态的统称。文化很显然不应该局限于有形的物质财富，没有固定形态的精神财富也应该被包含其中。人类在长期的社会实践中不仅创造了有形的物质财富，同时还创造出了无形的精神财富，二者共同构成了丰富的文化遗产，只有将无固定形态的精神财富也囊括于文化遗产的范畴中，才能完整而全面地继承和弘扬祖辈的文化遗产。

联合国教科文组织出台《保护世界文化和自然遗产公约》是为保护世界上濒危的物质文化遗产，但是无形文化遗产却没有在被保护之列，这或多或少存在学理和立法上的缺憾。1989 年，联合国教科文组织通过了《保护民间创作建议案》，对“民间创作”的概念做了以下阐释：“民间创作（或传统的民间文化）是指来自某一文化社区的全部创

作，这些创作以传统为依据，由某一群体或一些个体所表达并被认为是符合社区期望的作为其文化和社会特性的表达形式；准则和价值通过模仿或其他方式口口相传。它的形式包括语言、文学、音乐、舞蹈、游戏、神话、礼仪、习俗、手工艺、建筑艺术及其他艺术。”“民间创作”概念的提出虽然在一定程度上弥补了《保护世界文化和自然遗产公约》不包括“无形文化遗产”的缺憾，但其内涵和外延显然过于狭窄。于是，1997 年 11 月联合国教科文组织第二十九届大会通过了建立“人类口头和非物质遗产代表作”的决议，用“人类口头和非物质遗产”取代了“民间创作”的概念。随后，在 2001 年联合国教科文组织第 31 届全体大会上正式提出了“非物质文化遗产”的概念，取代了之前的“人类口头和非物质遗产”概念。联合国教科文组织对“非物质文化遗产”的定义为：“人们学习的过程及在学习过程中被告知和自创的知识、技术和创造力，还有他们在这一过程中创造的产品以及他们持续发展所必需的资源、空间和其他社会及自然构造。这些过程给现存的社区提供了一种与先辈们相连续的感觉，对文化认定很重要，对人类文化多样性和创造性保护也有着重要意义。”从这个定义可以看出，“非物质文化遗产”这一概念拓展了“民间创作”“人类口头和非物质遗产”等概念的外延。“非物质文化遗产”强调了其无形性这一特征，同时也关注到与无形相依附的有形物质，如产品、资源、空间、社会及自然结构等。

2003 年 9 月 29 日至 10 月 17 日，联合国教科文组织在巴黎召开了第三十二届全体大会，在会上正式通过了《保护非物质文化遗产公约》。《保护非物质文化遗产公约》对非物质文化遗产的定义作了进一步的调整与完善，具体表述如下：“非物质文化遗产指被各社区、群体，有时是个人，视为其文化遗产组成部分的各种社会实践、观念表述、表现形式、知识、技能以及相关的工具、实物、手工艺品和文化场所。这种非物质文化遗产世代相传，在各社区和群体适应周围环境以及与自然和历史的互动中，被不断地再创造，为这些社区和群体提供认同感和持续感，从而增强对文化多样性和人类创造力的尊重。”这一表述使“非物质文化遗产”概念的定义更加全面与准确，并在 2001 年定义的基础上增加了具有专门意义的非物质文化遗产类属的“文化场所”项目。

对联合国教科文组织“非物质文化遗产”概念的形成进行梳理，可以看出，“非物质文化遗产”概念是与“物质文化遗产”相对提出的。二者最大的区别在于有形与无形。无形性是非物质文化遗产的根本性特征。关于如何判定非物质文化遗产，也应该从其本质特征即无形性来判断。结合《保护非物质文化遗产公约》产生的历史背景及其订立目的与目标诉求，我们可以看出非物质文化遗产定义中的有形物质不具有独立性，是依附于非物质文化遗产的无形形态之上的。

二、非物质文化遗产“无形”与“有形”的关系

那么，何为“无形”呢？所谓“无形”，一般是指人的眼、耳等感觉器官不能或者不容易感知到的特性，也可以是意识层面的非物质或者是以能量等形式存在的概念。《礼记·曲礼上》云：“听于无声，视于无形。”《老子》云：“大音希声，大象无形。道隐无名。夫唯道，善贷且善成。”《天论》云：“以目而视，得形之粗者也；以智而视，

得形之微者也。焉有天地之内有无形者耶?”《嫏嬛记》云：“驾无形之马，御太虚之车，一息之顷，无不出也，无不游也。”“无形”的主要意思为不见具体形态。非物质文化遗产的无形性，是指非物质文化遗产的存在是一种变动的、抽象的、依附于人的存在。《保护非物质文化遗产公约》中的非物质文化遗产的对象主要有五大类：①口头传说和表现形式（包括作为非物质文化遗产媒介的语言）；②表演艺术；③社会实践、仪式、节庆活动；④有关自然界和宇宙的知识和实践；⑤传统手工艺。这五大类均难以触摸到其实物，没有具体固定的形态。非物质文化遗产很多时候体现为一种抽象的文化思维，其以人为载体，且随着人的发展而发展，如知识、技能、技艺、信仰、习俗、仪式等。从本质意义而言，非物质文化遗产是无形的，一方面，它不像物质文化遗产那样是有形可感的物质；另一方面，它也不像物质文化遗产那样具有稳定性。所以，非物质文化遗产在传承上具有与物质文化遗产不同的特点，它不是通过物本身而是通过人的活动来进行的。需要说明的是，非物质文化遗产的无形性并不排斥其存在和传承时的有形性。比如，剪纸艺术是非物质文化遗产，是无形的，但其表现和传承却是通过工艺品等有形物质完成的，这又是有形的。

需要进一步说明的是，《保护非物质文化遗产公约》中非物质文化遗产定义中的“有形物质”不具有独立性，是依附于无形性之上的。在非物质文化遗产定义中，有“工具、实物、工艺品”的表述，而“工具”“实物”“工艺品”无疑均为有形物质，但其皆是非物质文化遗产传承人进行创作、演示、展演所借助的工具、载体、道具，或者是制作或创作出来的产品。这些有形物质皆不具备非物质文化遗产本体性特征，只是依附性存在，发挥的作用也只是辅助性与派生性的。更为重要的是，这些有形物质不能独立存在，比如川剧变脸的戏服离开变脸这一传统技艺，就没有了文化遗产的意义。由此，我们可以判断，非物质文化遗产定义中的“有形物质”不具有独立性，或者说它们独立存在时不具备文化遗产的意义，而只是一种普通的事物。而且，定义中的“有形物质”也不具有普遍性的意义，例如民间文学，很多都是通过口口相传流传至今，并不需要这些有形物质。因此，定义中提到的“有形物质”只是某些非物质文化遗产才具备的，并不具备普遍性。

非物质文化遗产具有无形性，这是对非物质文化遗产本质特征的概括。我们在理解这个特点时，既要注意到其与物质文化遗产的区别，同时也要注意非物质文化遗产本质的无形性与依附于其上的有形性的区别，要避免思考问题的简单化与绝对化。

第二节　传承性

非物质文化遗产能够流传至今，其突出的特点在于其传承性。《保护非物质文化遗产公约》中“非物质文化遗产”定义的表述特别强调传承性这一特征：“这种非物质文化遗产世代相传，在各社区和群体适应周围环境以及与自然和历史的互动中，被不断地再创造。”传承性是指非物质文化遗产的世代相传性，即具有被人类一代又一代享用、继承或发展的特性。非物质文化遗产就是在长期的生产、生活、劳动中，经过一代又一代劳动人民的锤炼、积累、沉淀，并通过传授、继承、改造，逐渐形成的口头文学、民间习俗、传统技艺等。非物质文化遗产的传承性主要体现在其不能脱离人民群众的生产生活方式，必须依托于人本身而存在，以声音、形象和技艺为表现手段，并以身口相传作为文化链而得以延续。从这个角度而言，对于非物质文化遗产传承的过程来说，人是最关键的因素。值得注意的是，非物质文化遗产大多没有具体的创造者，这里的“人”主要是指多数人的集合体，当然这个“人”也不能排除特定情况下单体的个人的作用，但即便如此，该项非物质文化遗产形成和传承过程中许多人的加工和创新的重要作用也是不可忽视的。非物质文化遗产的传承性主要体现在两个方面。

一、非物质文化遗产的传承性体现在以古人的活动为认定对象

《保护非物质文化遗产公约》列出的社会实践、仪式节庆等活动皆是现今尚存的古人重要的日常性或周期性活动。这些古人的重要活动，在长期的日常生活中逐渐成为一种文化积淀，产生普遍性的文化意义，并获得群体内的认同和接受，逐渐成为其日常生活的重要组成部分，人们在自觉与不自觉中将这种活动传承与发扬，从而使其得到永续发展。以苗族节日“四月八”为例，每年的农历四月初八，贵州贵阳、黄平、松桃与湖南湘西等地的苗族群众会举行各种活动，如蒸制花糍米饭，聚集到固定的地方吹笙、跳舞或对唱情歌。这些活动不是现在才有的，而是承袭了民族历史文化“四月八”这个节日纪念苗族英雄亚努发展而来的。这些纪念活动是对民族传统活动的再现，是对集体记忆的唤醒，展现了古人的价值认同与生活意义。哈布瓦赫的《论集体记忆》指出：“一个特定社会群体之成员共享往事的过程和结果，保证集体记忆传承的条件是社会交往及群体意识需要提取该记忆的延续性。”① 哈布瓦赫认为“集体记忆”可以借助于仪式活动而被强化。这里的“集体记忆”从某种意义而言，应该是一种文化记忆，而非物质文化遗产正是这种文化记忆重要的承载者。

二、非物质文化遗产的传承性体现在将过去与现在相连

非物质文化遗产的传承性体现在文化遗产是一个过去的文化集合，其传承不是简单的复制，而是文化的积累。而文化的积累必然包含着继承与创新两个方面。继承强调的是非物质文化遗产真实的历史性和传统的文化形态，是对非物质文化遗产唯一性历史文化价值的延续。而创新强调的是紧随时代性，代表的是使非物质文化遗产适应现代生活方式的部分。在创新的过程中，也要对非物质文化遗产的文化基因进行护持，在继承的基础上创新。

非物质文化遗产有着自己的基因、要素、能量以及生命链。其传承性就是要切实维持和增强其文化生命力，守住其基因谱系和生命之根。非物质文化遗产也可作为一种“生命体”存在，其发展有正负两个方向：正向便是吐故纳新、自我完善，始终保持着

---

① 莫里斯·哈布瓦赫. 论集体记忆［M］. 毕然，郭金华，译. 上海：上海人民出版社，2002：235.

基因谱系的连续性；负向为扭曲变形，走向消亡。认识到非物质文化遗产的传承性，就要科学地处理好继承与创新的关系。所谓“科学地处理”，就是要遵守科学规律和原则，在不失非物质文化遗产的固有生态本元、顺应自身发展流变规律的基础上，进行合理的创造性转化与创新性发展。中国五千多年文明未曾断裂，其连续发展而积淀的文化遗产十分丰厚。非物质文化遗产是古代先人创造的由历史凝聚并沿传着、流变着的诸多文化因素的总和，是中华优秀传统文化的主要载体，其不仅凝结在习俗、记忆与文化观念中，而且深藏于人们的内心。只有充分认识到非物质文化遗产的传承性，才能获得守正创新的从容，鼓起奋发进取的勇气，增强文化自信，推动文化发展。

第三节　活态性

活态性是非物质文化遗产的本然形态，也是其生命线的展现。非物质文化遗产的文化内涵是通过人的活动表现和传达的，这一点与物质文化遗产明显不同。非物质文化遗产不是指过去的陈迹，只能收藏在博物馆里供后人参观，而是具备从过去到现在直至未来的动态延续性，这也是非物质文化遗产十分重要的一个特性，即活态性。

一、非物质文化遗产活态性的文化特征与价值

活态性体现了非物质文化遗产的时代发展性，非物质文化遗产不是单纯的静态存在，而是一个既不脱离原有传统又增添新时代因素的动态过程。美国社会学家爱德华·希尔斯在《论传统》一书中认为，“传统”包含了三个要点：一是人们代代相传的事物；二是具有内在的同一性；三是具有持续性①。其中，“持续性”在非物质文化遗产中的表现就是活态性。非物质文化遗产之所以流传至今，是因为其包含了人的价值与鲜活的、动态的、精神的因素，重视人的创造力，寄托人的心理情感，承载人的思维方式与审美价值观，都不是固态的恒定不变的。非物质文化遗产虽然也会以物质为载体，但其意义与价值却远非单纯的物质所能够体现的，它需要借助于人的活动才能展现出来，其本质属于人类行为活动的范畴。人类的行为活动注定是一个动态的过程，是一个变化发展的过程。非物质文化遗产既承载着人类过去某个特定历史时期的文化，又不断叠加着新的文化记忆，是被人类不断传递的活态遗留，其传承方式也应该是活态的。

非物质文化遗产具有活态性特点，是活的文化，它在与自然、现实、历史的互动中，不断生发、变异和创新。所以，在非物质文化遗产保护中，要不断为其赋予新内涵、注入新活力，使其当代价值得以彰显，服务于人们的社会需求。2016 年，中国申报的“二十四节气——中国人通过观察太阳周年运动而形成的时间知识体系及其实践”被联合国教科文组织列入“人类非物质文化遗产代表作名录”。“二十四节气”申报“人类非物质文化遗产代表作名录”成功，有着较为特殊的意义。与许多处于濒危状态的非物质文化遗产项目不同，“二十四节气”作为一项在中国广为人知的特定节令，至今仍

① 爱德华·希尔斯. 论传统 [M]. 傅铿，吕乐，译. 上海：上海人民出版社，1991：15-21.

二维码 2-1

然鲜活地存在于人们的日常生活与生产中，并持续发挥着影响。

在人们的认识中，非物质文化遗产往往与濒危性相联系，但是中国的“二十四节气”目前并不具备濒危性的特征，其体现的恰恰是非物质文化遗产活态性的价值与意义。“二十四节气”历经数千年，至今仍然在当代中国人的生产生活中具有多方面的文化意义和社会功能，彰显了中国人对宇宙和自然界认知的独特性及其实践活动的丰富性，鲜明地体现了中国人尊重自然、顺应自然规律和可持续发展的理念，具有极其丰富的现代价值与现代意义。从“二十四节气”申报“人类非物质文化遗产代表作名录”成功可以看出，传统的文化事象究竟能否成为非物质文化遗产，其濒危性并非衡量的标准，活态性才是最关键的因素。文化事象要成为非物质文化遗产，必须是一种“活着”的存在，其在现实生活中能够活态传承，与人的（活生生的）社会生活实践密不可分。

在现代化潮流的冲击下，任何事物要获得自身的发展都必须积极融入现代化的进程之中，非物质文化遗产也不例外。“在现代性的语境下，变化的自我作为联结个人改变和社会变迁反思过程的一部分，被探索和建构。”① 非物质文化遗产具有吸取新元素、扬弃旧元素的特质，具备完成文化转型的功能。每一种文化样式面临新的环境时，总会或多或少地体现出排外性和抗拒力。但是，正是这种矛盾实现了不同文化间的碰撞与交流，使文化的融合与自我发展成为不可抗拒的历史规律，而这种特性就是非物质文化活态性的最好概括。

二、非物质文化遗产活态性的表现形式

（一）非物质文化遗产从过去到现在直至未来的延续的活态性

非物质文化遗产绝非一种过去的文化存在，在变动不居的环境中，其自身也在不断地变化发展。非物质文化遗产以文化传承的形式存在于当下，又以革故鼎新的姿态面向着未来。对于非物质文化遗产，我们应该以活态保护的方式主动创造既反映当代又承载历史的新价值。所谓“活态保护”强调的是对创新性内容的彰显，这个过程不是简单的复制、搬运、移植，而是创新性地开辟路径，在创新中寻求生机。对非物质文化遗产活态保护的过程是不断激发其生机与活力的过程，也是我们对非物质文化遗产进行继承与弘扬的过程，表现出由基础到高端并依次递进的承接关系，即保存保护—挖掘利用—传承弘扬—转化发展。这个过程既包含前后相继、由此及彼的层次和阶段，也是一种互为补充、相生相济的支撑关系。

（二）非物质文化遗产传承、传播过程中变异与创新的活态性

非物质文化遗产的活态性特征还体现在传承、传播过程中的变异与创新，这种变异与创新的内在动力是由非物质文化遗产内在性质和外在条件双重作用决定的，当这种文

---

① 安东尼·吉登斯. 现代性与自我认同：现代晚期的自我与社会［M］. 赵旭东，方文，译. 北京：生活·读书·新知三联书店，1998：35.

化遗产进入异时异域时，不变异不创新就不能传承与发展，在外在机制的促逼下，非物资文化遗产内在的调适机制被触发，以达到可持续发展。可持续发展道路是当代社会发展的必由之路。可持续发展寻求的是人与自然、人与社会和谐发展的道路，其终极目的是人的全面发展。人的全面发展指的是物质文明和精神文明均衡发展，没有文化的弘扬和繁荣就谈不上人的全面发展。在全球化愈演愈烈的今天，以人的全面发展而非经济的增长作为目的是可持续发展的必然要求。可持续发展能力是民族文化的重要特征，也是非物质文化遗产的重要特征，这也是我国发展繁荣现代文化的巨大优势。了解非物质文化遗产的活态性，实现对非物质文化遗产的创造性转化与创新性发展，是时代发展的需要。

第四节　地域性

地域性通常被作为一个空间概念，文化的地域性指某一空间领域内文化样式所呈现出来的突出特质。从非物质文化遗产的角度而言，地域性往往表示的是某一文化事象的地域特色。地域性突出了这一文化事象与环境之间的关系以及文化之间的差异性。文化事象在与其所处的文化环境进行交往互动中形成了自身的内容和形式，形成了极具特色的地域特征。非物质文化遗产一般都需要在一定的地域条件下产生，该地域的自然环境与文化环境从各个方面决定了其特点与传承。

一、地域性与民族性

非物质文化遗产的地域性与民族性紧密相关，民族性的概念可由地域性来构成，地域性的表述既体现又深化了非物质文化遗产的民族性。每一个民族大都有自己特定的生活地域，该地域的自然环境对该民族有很大影响，进而会在此基础上形成该民族的文化特征。生活在共同的地域空间是一个民族形成的基本前提，当然，当其生活空间发生改变后，同一民族还会在不同地域形成不同的地域文化，从而使同一民族的人群在不同地域表现出文化上的差异性。从这个角度而言，文化与环境的地域性是民族形成的基本因素。所以我们在描述不同民族和地域的非物质文化遗产的差异性与独特性时，更偏向于选取“地域性”这个表述，因为相较于“民族性”而言，“地域性”是一个更基础、更具代表性的概念。需要引起注意的是，“地域性”是一个相对的概念而非一个绝对的概念，它是不同区域、不同民族文化相互比较的结果，是对这种比较结果的描述。

《保护非物质文化遗产公约》指出：“非物质文化遗产世代相传，在各社区和群体适应周围环境以及与自然和历史的互动中，被不断地再创造，为这些社区和群体提供认同感和持续感，从而增强对文化多样性和人类创造力的尊重。”非物质文化遗产是一个民族的文化基因，在帮助后人认识本民族文化传统的同时，也为人类新文化的发展保留下更多的种源。从这个角度而言，非物质文化遗产的地域性也体现了非物质文化遗产增强文化自信与文化认同感的社会功能。非物质文化遗产能唤起特定的历史记忆，是增强群体凝聚力的情感纽带。

二、地域性与集体记忆

法国社会学家莫里斯·哈布瓦赫提出“集体意识”的概念，在很大程度上回应了非物质文化遗产的地域性特征。所谓“集体意识”，指的是同一个地域的成员共有的信仰和感觉的综合构成具有本身社会特征的一定的体系，用以区分个人记忆。在哈布瓦赫的《论集体记忆》一书中，“记忆”被置于社会框架的分析范畴，具有了社会学的意义①。法国学者皮埃尔·诺拉则将集体记忆的载体称为“记忆之场”。通过“记忆之场”，一个民族抑或一种文化会获得“凝聚性结构”，将过去与现在相连。而非物质文化遗产的地域性很显然是构成这个“记忆之场”的关键性因素。现代社会的文化乡愁不仅呈现了人们的忆旧思绪，同时也折射出人们的文化想象与文化期望。非物质文化遗产的地域性特征无疑能满足现代人的这一心理诉求。现代大众对乡土味浓厚而又具有异质性的文化的认同与偏爱，决定了非物质文化遗产能在当今文化发展的语境中不忘本来，开辟未来。

必须要强调的是，非物质文化遗产地域性的形成是一个动态的过程，因此，非物质文化遗产中“地域”的概念包含了空间和时间的双重属性。从这个角度而言，地域性既概括了过去，又维系着未来，它不是一种固定不变的存在。地域差异的存在是客观和必然的，因此，地域性和多样性必然是文化的存在方式，同时也是人的存在方式。“人与地、地域与文化、特定族群与其繁衍、生息的土地存在从物质文化、社会组织到精神信仰等千丝万缕的纠葛。而由此形成的地域意识行为，发挥着构建和维护社会的重要功能。”② 人们的认知、情感、意志以及行为都或多或少地要打上地方的烙印，“地域”不单单是关于过往视域的建构，更是从回溯过往到面向未来的整个过程。

第五节　多元性

世界是多元的，文化的多元共存是当下世界的基本样态。非物质文化遗产的多元性主要是就非物质文化遗产的存在形态而言的，不同的非物质文化遗产有不同的形态，同一种非物质文化遗产在不同时期和不同地域的形态也不尽相同。

一、人类实践的多元性决定了非物质文化遗产的多元性

非物质文化遗产通过人的实践来生成与传承，而人的实践活动本身即是多元的存在，有物质生产实践、精神生产实践、科学文化实践、人与人关系的实践等，其中每一种实践都可以生成与传承为丰富多样的非物质文化遗产。人类实践的多元性决定了非物质文化遗产的多元性。当今世界，约有200多个国家和地区2500多个民族以及6000多种语言。不同民族、不同历史文化背景的人们拥有着不同的生产生活实践，共同创造了

---

① 莫里斯·哈布瓦赫．论集体记忆［M］．毕然，郭金华，译．上海：上海人民出版社，2002：235.

② 何群．人与地之纠葛：鄂伦春社会中的地域意识行为和功能［J］．中国历史地理论丛，2010(1)：5-15.

丰富多样的文化事象。不同文明之间的交往互动、碰撞交流融汇成绵延流长的人类文明。多样性不仅是世界文化的基本特征，也是人类文明进步的重要动力。我国是一个统一的多民族国家，五十六个民族都有自己独特的文化，各民族独特的非物质文化遗产是一个民族区别于另一个民族的重要标志，也是中华文化的重要组成部分。非物质文化遗产多元性特征应当从人类生存与发展的角度予以承认和肯定。

二、文化多样性发展是可持续发展的重要前提

进入 21 世纪以来，随着世界多极化、经济全球化的不断推进，文化多样性的意义更加凸显。不同文化的碰撞与交流丰富了世界多样文化的形式和内涵，实现可持续发展与多样化生存是大多数国家的共同愿望。美国学者欧文・拉兹洛认为，环境生态问题的解决必须以维护人类文化的多元性和共同发展为前提[①]。文化多样性发展是可持续发展的一个重要前提，这就从某种层面上把尊重、保护和推动世界文化多样性与人类和平发展联系在了一起。国际社会促进文化多样性的努力从未停歇。1995 年，世界文化发展报告《我们创造力的多样性》问世，这份报告充分肯定了世界文化多元发展的必要性，鼓励在自由创造的基础上，尊重与保护世界文化多样性。1998 年，在斯德哥尔摩召开的政府间文化政策促进发展会议通过了《文化政策促进发展行动计划》，强调要承认文化的多样性，既要考察各国在协调本国文化政策方面的努力，又要考虑保护基层文化行动多元化的需求。2001 年 11 月，联合国教科文组织第三十一届会议通过的《世界文化多样性宣言》指出：文化在各不相同的时空中会有各不相同的表现形式。文化的多样性表现形式，构成了各人类群体的独特性与多样性。多样性是人类生存与发展的基础与源泉，保护人的多样性发展就像保护生物多样性而维持生态平衡一样必不可少。2005 年，联合国教科文组织第三十三届会议通过《保护和促进文化表现形式多样性公约》，标志着国际社会形成了关于文化多样性问题的共识，《保护和促进文化表现形式多样性公约》成为保护人类文化多样性的一座里程碑。这是首次确定的保护文化多样性的世界性法律文书，记载了国际社会为捍卫世界文化多样性所进行的努力，意味着文化多样性原则被提升到国际社会应该遵守的伦理道德高度。

二维码 2-2

二维码 2-3

三、维护非物质文化遗产多元性是推动人类文化多元发展的时代需要

文化多元性在当今世界受到越来越多的关注，恰恰是因为文化的多元性存在与多样化生存面临着危机，其中突出的表现是：越来越多的非物质文化遗产正在遭到冲击乃至消失，非物质文化遗产的多元性正在遭受破坏。非物质文化遗产依附于人而存在，一些非物质文化遗产的式微也主要是人的原因，从表面上看是传承人的去世导致其后继无

① 欧文・拉兹洛．人类的内在限度：对当今价值、文化和政治的异端的反思［M］．黄觉，闵家胤，译．北京：社会科学文献出版社，2004．

人，而深层的原因则是由于人与此项非物质文化遗产之间的关系发生了变化。联合国教科文组织之所以制定《保护非物质文化遗产公约》，也正是深刻认识到了这种变化，认识到了非物质文化遗产多元性的价值，从而力图保护不同国家、民族、地区非物质文化遗产的多元性和活力，使人类文化保持自身的丰富性，源源不断地获得营养而发展。

在全球化时代，各个国家、各个地区的联系日趋广泛与亲密，全球化因素已经全面影响着我们的生活，渗透在政治、经济、文化和社会生活的方方面面。在全球化趋势背景下，发展显然具有二重性特点：一方面，一体化、普遍化、均质化的文化被推行；另一方面，多样化、异质化、个性化的文化被强调。多样化生存是人取得自我定义和身份定位的重要途径，特别是在当代全球化浪潮中，非物质文化遗产所展示的价值显然已经超出了作为人类共同记忆、共同财产的意义，多元性已经成为非物质文化遗产生存与发展的支点。联合国教科文组织《世界文化多样性宣言》指出：在日益走向多样化的当今社会中必须确保属于多元的、不同的和发展的文化特性的个人和群体的和睦关系和共处。2014 年 3 月 27 日，习近平主席在联合国教科文组织总部发表演讲时强调，文明因交流而多彩，文明因互鉴而丰富。文明交流互鉴，是推动人类文明进步和世界和平发展的重要动力。文明之间的交流互鉴，不仅是国际社会的普遍期待，也是中国推进全球治理改革、解答时代命题的重要主张。从这个角度而言，维护非物质文化遗产的多元性，是促进文化多样化发展，推动世界文明发展的时代需求。“多民族是我国一大特色，是我国发展的一大有利因素。要着力增强民族地区自我发展能力和可持续发展能力，尊重民族差异、包容文化多样。”① 多元性是我国文化的重要特征，也是我国发展繁荣现代文化的巨大优势。

和羹之美，在于合异。需要注意的是，对文化多样性的强调并不意味着对全球化的对抗。习近平主席在布鲁日欧洲学院发表演讲时，曾讲述了这样一个生动的例子：“正如中国人喜欢茶而比利时人喜爱啤酒一样，茶的含蓄内敛和酒的热烈奔放代表了品味生命、解读世界的两种不同方式。但是，茶和酒并不是不可兼容的，既可以酒逢知己千杯少，也可以品茶品味品人生。”这个比喻说明了文化交流的可能性。异质文明之间可以和谐相处，更可以创新出一种新的生活或者思维方式。其实这也是传统文化在当今时代创造性转化与创新性发展的思路。在对非物质文化遗产进行保护的同时，促进非物质文化遗产的现代性转化，使非物质文化遗产体现时代特征是时代发展的需要。可持续发展的时代趋势，文化与经济的深度融合，为非物质文化遗产的创造性转化与创新性发展提供了重要的“生存场”②。

需要说明的是，无形性、传承性、活态性、地域性、多元性是非物质文化遗产的基本特点，但并不意味着非物质文化遗产仅有以上特点。这些基本特点还会派生出其他特点，这些特点也同样有助于加深我们对非物质文化遗产的认识和理解。比如非物质文化

① 习近平参加青海代表团审议［EB/OL］.(2016-03-10)[2020-10-05]. http：//www. xinhuanet. com/politics/2016lh/2016-03/10/c _ 1118286141. htm.

② 毕曼. 从“女儿会”到“女儿城”：少数民族文化的产业转化研究［M］. 北京：人民出版社，2019：175-176.

遗产还具有集体性、民族性、历时性等特点，但这些特点都可以由以上基本特点衍生而出。非物质文化遗产的集体性和传承性密切相关，是由传承性派生出来的特性。从非物质文化遗产的传承来讲，其传承人可以是个体也可以是一个群体。但总的说来，非物质文化遗产的传承不是个体性的，不是单个人的行为，而是集体智慧的结晶，是集体智慧和集体创造出来的产物。这里所说的集体，具有极为鲜明的社会性，它可以是一个民族、一个区域、一个社区、一个村落，也可以是一个人群、一个行业等。非物质文化遗产的许多具体事象往往没有明确的固定的创造者，其每一个事象的具体内涵多由集体赋予。也许最初是由某个具体的人的偶然行为所触发，或者是通过某一个人、某一个家族得以流传，但非物质文化遗产事象的创造、完善和传承，仍然是由集体完成的。非物质文化遗产主要是集体创造的产物，吸收和积累了许多人的聪明才智、经验、创造力、技艺。当某一非物质文化遗产事象的内涵被集体确认后，便会在这个集体中发挥作用、显露价值，然后开始传播并介入集体的生产生活，逐渐显现出其对维护社会平衡、推动社会发展的作用。总的说来，非物质文化遗产各个事象都是经由集体创造、集体传播与集体传承的。非物质文化遗产的传承性是由其价值确定的，其传承性体现出的原则就是：一方面需要一代代集体去延续非物质文化的内涵，另一方面也需要不断丰富其主体内容。而这一原则的践行者很显然不是个人，而是群体。创造与发展、延续与传播、传承与保护，这一切都是集体活动，所以非物质文化遗产具有集体性。再比如非物质文化遗产的民族性特征可以由地域性与多元性派生而出，也是非物质文化遗产的重要特点。非物质文化遗产的民族性是指其为某一民族所有，被深深打上了该民族的烙印，体现了这个民族独特的生活方式、思维方式、审美意识与价值情感等。随着文化交流的深入，某种非物质文化遗产事象流传到了其他地方、其他民族，但该民族为这一事象打下的烙印却不会消失。非物质文化遗产的民族性具有很强的稳定性，不太容易改变。而非物质文化遗产的历时性特征可以由传承性与活态性派生而出。所谓历时性，主要是指非物质文化遗产并非一时一世的产物，而是在人类漫长的历史中形成的，有着极为丰富的社会历史文化信息。在当今时代，非物质文化遗产不仅要“活下去”，更要“火起来”，不忘本来、吸收外来、面向未来，才能让非物质文化遗产永葆生机与活力。

关键概念

无形性　传承性　活态性　地域性　多元性

主要论点

1. 不要被非物质文化遗产定义中“有形物质”的表述所干扰，无形性乃是非物质文化遗产的本质性特征，这是其与物质文化遗产的本质区别。

2. 非物质文化遗产的传承性主要体现在两个方面：其一，以古人的活动为认定对象；其二，将过去与现在相连。

3. 非物质文化遗产的活态性主要体现在：从过去到现在直至未来延续的活态性，在传承、传播过程中的变异与创新的活态性。

4. 非物质文化遗产的地域性与民族性紧密相关，地域性的表述既体现又深化了非物质文化遗产的民族性。

5. 非物质文化遗产的多元性特征应当从人类生存与发展的角度予以认识和肯定。

延伸阅读

1. 于海广. 传统的回归与守护：无形文化遗产研究文集［M］. 济南：山东大学出版社，2005.

2. 莫里斯·哈布瓦赫. 论集体记忆［M］. 毕然，郭金华，译. 上海：上海人民出版社，2002.

思考问题

1. 为什么说《保护非物质文化遗产公约》中非物质文化遗产定义中的“有形物质”不具有独立性？

2. 非物质文化遗产的传承性体现在哪几个方面？

3. 怎样理解非物质文化遗产的地域性特征？

4. 对文化多样性的强调是否意味着与全球化的对抗？

（毕曼　池永文）

第三章　非物质文化遗产的价值

非物质文化遗产作为全人类的宝贵财富，记录着人类社会的生产生活方式、风俗习惯、风土人情、文化理念等重要特性，蕴藏着世界各民族的文化基因、精神特质、价值观念、心理结构、气质情感等核心因素，是全世界各民族无形传统文化的历史聚合体。非物质文化遗产同其他人类文明的创造物一样，其功能的多样性，决定了其价值的多样性。在价值体现上，非物质文化遗产形成了包括文化价值、历史价值、精神价值、艺术价值、教育价值、科学价值、经济价值等多层次、多维度的价值体系。

第一节　非物质文化遗产的文化价值

非物质文化遗产的文化价值，着重强调它作为不同族群、地域的文化之根、精神之魂的内涵。同时，能推动世界认识和理解某一族群、地域或社区文化的世界意义、人类意义和全民意义。非物质文化遗产作为不断变化着的活态文化事象，有着丰富的文化内涵和重要的文化价值。本节主要就世界文化多样性的展示与交流、国家民族文化符号的认同与传播以及民族、地域或社会群体文化的彰显与互鉴三个方面的价值进行介绍。

一、世界文化多样性的展示与交流

文化多样性是人们文化交流、革新和创作的源泉。自 2003 年 10 月 17 日联合国教科文组织第三十二届大会通过《保护非物质文化遗产公约》至 2020 年底，已有 178 个缔约国，被列入人类非物质文化遗产代表作名录、急需保护的非物质文化遗产名录和非物质文化遗产优秀实践名册的项目共有 584 项[①]，涉及亚太地区、非洲、欧美和拉美等地域。被选入代表作名录的作品都是被该国家、地区或民族认为是其文化遗产组成部分的各种社会实践、观念表述、表现形式、知识、技能以及相关的工具、实物、手工艺品和文化场所。如泰国孔剧面具舞蹈剧，巴拿马共和国刚果文化的仪式与节日表达，哈萨克斯坦共和国的哈萨克斯坦牧马人的传统春季节日仪式，埃及的黑拉里亚史诗等[②]。不同文化间非物质文化遗产的译介工作也在切实地促进着人类社会相互间的了解与沟通。2001 年，联合国教科文组织发布《世界文化多样性宣言》，提倡保护世界文化多样性，正是注意到人类在相互信任和理解的氛围下，尊重文化多样性、宽容、对话及合作是国

---

① 联合国教科文组织非物质文化遗产名录（名册）［EB/OL］．［2020-12-31］．http：//www.ihchina．cn/directory _ list．♯target1．（本章出现的非物质文化遗产项目均参见此网站）

② 联合国教科文组织非物质文化遗产名录（名册）［EB/OL］．［2020-12-31］．http：//www.ihchina．cn/directory _ list．♯target1．

际和平与安全的最佳保障之一，希望能够在承认文化多样性的同时认识到人类是一个统一的整体，在进一步发展文化间交流的基础上在世界范围内开展更广泛的合作。来自世界各个族群、文化区域的非物质文化遗产的评选与展示正是世界文化多样性的生动体现。

跨界族群非物质文化遗产是值得关注的文化现象。从历史上看，跨界族群非物质文化遗产在文化互动过程中具有既冲突又合作的特点。随着族群文化互动的日益增多，跨界族群非物质文化遗产在促进地区稳定、推动国际交往与合作等方面的和谐价值也日渐体现。联合国教科文组织的人类非物质文化遗产代表作名录中有很多项目都是国家间、地区间联合申报的，如蒙古国和中华人民共和国联合申报的蒙古族长调民歌（人类非物质文化遗产代表作名录，2008 年），阿塞拜疆共和国、哈萨克斯坦共和国、土耳其共和国联合申报的《科尔库特之书》遗产、史诗文化、民间故事和音乐（人类非物质文化遗产代表作名录，2018 年）。在世界文化多样性保护的语境下，国家间跨界族群非物质文化遗产的联合申报为各种文化和文明之间进行新的对话创造了条件，对国家间、族群间、族群内部文化的互动、交流与互鉴起着积极的推动作用。

二、国家民族文化符号的认同与传播

非物质文化遗产是每个国家、民族优秀文化的重要组成部分，是人类文化“活的记忆”，负载着丰富的民族、地域文化信息，是连接民族情感、民族精神的纽带，是民族凝聚力的重要源泉。《保护非物质文化遗产公约》指出：“非物质文化遗产世代相传，在各社区和群体适应周围环境以及与自然和历史的互动中，被不断地再创造，为这些社区和群体提供认同感和持续感，从而增强对文化多样性和人类创造力的尊重。”从符号学的角度来说，非物质文化遗产是特定文化形态的内容、意蕴、特征和关系的具象化，具有地域性和民族性等特征，在不断发展过程中形成了鲜明的地域特色，成为极具代表性的民族文化符号。这种在长期的集体传承、诠释中不断发展而来的文化符号一旦形成，就会在国家、民族共同体成员中产生强烈的认同感和归属感，进而可能成为民族身份认同和国家身份认同机制中重要的组成部分。作为文化符号的非物质文化遗产，它的传播效应是任何文献和图像记录都无法取代的，其形式与内涵既稳定又富含时代气息，其传播过程中既有传统途径的因循又有新路径的开拓，在文化间的传播与交流中起着重要的促进作用。

二维码 3-1

如被称为“草原音乐活化石”的蒙古族长调民歌，在蒙古族形成时期就已经存在，其发展与草原、蒙古民族游牧生活方式息息相关，承载着蒙古族的历史，讲述着蒙古族人民对历史文化、人文习俗、道德、哲学和艺术的感悟，展示着蒙古族的生产生活文化和精神性格特征。这种类型的非物质文化遗产项目被集中在联合国教科文组织官网“互联网服务版块”，在国际层面宣传和弘扬博大精深的中华文化，既能增强民族、群体的认同感和自豪感，还可以激发国民传承、保护传统文化的自觉性和积极性。

三、民族、地域或社会群体文化的彰显与互鉴

非物质文化遗产是各个国家、族群和社区推选出的能代表国家、族群、社会群体的文化形态和文化内容的特色项目。因此，非物质文化遗产的遴选、介绍和展示等活动实质上是民族、地域或社会群体文化的彰显与互鉴的过程。入选人类非物质文化遗产代表作名录的“塞梅斯基的文化空间与口头文化”（2001 年）、“埃尔弗纳广场的文化空间”（2001 年）和“安第斯卡拉瓦亚世界观”（2003 年）等项目都是典型代表。其中“塞梅斯基的文化空间与口头文化”是较为封闭的社会群体的独特文化，属于俄罗斯边远的特兰斯贝卡地区的古老的信徒群体塞梅斯基。塞梅斯基的信徒们忠实信奉 17 世纪前的东正教，保存着原地域文化和旧时俄罗斯的生活方式，在家庭庆祝和节日时演唱源自中世纪俄罗斯的礼拜音乐歌曲，几百年来形成了自己鲜明独特的社会群体文化。新疆维吾尔木卡姆艺术①主要分布在中国南疆、北疆、东疆各维吾尔族聚居区，是反映维吾尔人民生活和社会风貌的百科全书，被誉为“打开维吾尔族文化的金钥匙”。热贡艺术分布在中国青海省黄南藏族自治州同仁县隆务河流域，是藏传佛教的重要艺术流派，主要指唐卡、壁画、堆绣、雕塑等佛教造型艺术，发端于 13 世纪，其内容以佛本生故事、历史人物和神话传说等为主，有着浓郁的宗教色彩和鲜明的地域特色，为信仰藏传佛教的各族僧俗群众所喜爱，其影响范围远远超出了藏传佛教盛行地区，甚至受到世界各地艺术爱好者们的推崇。

还有一部分非物质文化遗产是影响了不同国家、民族以及更广大地域的观念与文化，如玻利维亚的“安第斯卡拉瓦亚世界观”，是由神话、宗教仪式、价值观和艺术表现形式等组成的相互联系的整体。这种别开生面的宇宙信仰形式源于古老土著居民的信仰，又通过传统医术表现出来。这种医术的成效在玻利维亚及其他有卡拉瓦亚术士医师的许多南美国家都得到了承认，成为地域文化的标识。又如以福建省莆田市湄洲岛为中心的妈祖信仰，崇奉和颂扬妈祖的立德、行善、大爱精神，传播到世界 20 多个国家和地区，为两亿多民众所崇拜并传承至今。以上列举的非物质文化遗产项目或者是民族文化的代表，或者是地域文化的标识，吸引和凝聚着有共同文化传承或者更广大范围的人们，促进了多元文化间的交流与互鉴。

还有一部分非物质文化遗产是同一或邻近地域的民族共同孕育、发展形成的。如传统戏曲剧种二人台，流行于内蒙古自治区中西部及山西、陕西、河北三省北部地区，是汉族和蒙古族人民在长期文化艺术交流与互动过程中产生的珍贵民间艺术品类。二人台的唱腔传承了内蒙古中西部地区传统民歌、晋北民歌、陕北民歌、蒙古族民歌、冀北民歌，牌曲基本上是民歌基础上的器乐化，吸收了许多晋剧曲牌、民间吹打乐和宗教音乐的特点。二人台以独特的艺术形式彰显着清代农耕文化与草原文化交融的深刻内涵，堪称蒙汉两族文化交流的见证。非

二维码 3-2

① 十二木卡姆是维吾尔族优秀的古典音乐，特指大型古典音乐套曲，有“东方音乐明珠”之称。新疆维吾尔木卡姆艺术是集歌舞于一体的大型综合艺术形式。

物质文化遗产丰富了世界文化的多样性，当下全球非物质文化遗产的展示、交流与互鉴，有利于启迪人们的智慧，激发人们的创造力，推进文化的创新和发展，孕育出更加绚丽的人类文明。

第二节 非物质文化遗产的历史价值

非物质文化遗产是承载着悠远厚重的人类文明发展史的内容和表现形式，包括族群发展史的展演与传承、民众生活史的叙述与传承、传承人文化生命史的记录与延续等不同层面的内容，正是这些内容体现出它们独特的历史价值。

一、族群发展史的展演与传承

非物质文化遗产记录着特定民族、地域文明和文化形成与发展的历史。入选人类非物质文化遗产代表作名录的“博逊地区的文化空间”（2001 年）、“黑拉里亚史诗”（2003 年）和“格萨（斯）尔”（2009 年）具有很强的代表性。博逊是世界上最早的人类定居地之一，该地区位于从小亚细亚到印度的通道上，至今仍保留着古老的文化和诸多宗教遗迹，如拜火教、佛教和八世纪时传入的伊斯兰教以及前伊斯兰信仰，包括萨满教和图腾崇拜，这些现在仍是人类了解伊斯兰族群发展历史的活态田野资料。黑拉里亚史诗讲述的是贝都因人巴尼·黑拉勒（Bani Hilal）部落在公元 10 世纪从阿拉伯半岛移民至北非的传奇故事。这个传奇式的部落曾统治北非中部的大片领土长达一个多世纪，后来被摩洛哥人消灭。此外，史诗还记录了阿拉伯民族的历史、习俗以及宗教信仰。中国“格萨（斯）尔”，2006 年被列入中国国家级非物质文化遗产代表性项目名录，2009 年入选联合国教科文组织人类非物质文化遗产代表作名录。史诗《格萨尔王传》有两条主线，一条是格萨尔统一四方，另一条是佛教战胜苯教。这两条主线将英雄诞生与创业、率队出征与抗击侵略、安定四方与统一天下的内容贯穿起来。同时，史诗叙述交织着战争与日常、神话与现实、佛教与苯教的内容，生动再现了古代藏族社会生活图景，在异常广阔的背景下表现了古代藏族人民走过的生活道路，印刻着民族发展、社会变迁的历史记忆。这些都是展演与传承某一族群发展史的实例。

此外，非物质文化遗产还记录着民族和民族文化交流发展的历史。如 2006 年被列入中国国家级非物质文化遗产代表性项目名录的“江格尔”，最早产生于中国卫拉特蒙古部，在卫拉特蒙古人中流传了数百年。17 世纪，从阿勒泰草原前往伏尔加河下游定居的卫拉特部土尔扈特人把它带到了迁徙路途的沿线族群，使它流传于俄罗斯布里亚特、图瓦、阿尔泰等地以及蒙古国境内，成为跨国界的大史诗，在研究蒙古族社会发展史、文化史、思想史等方面有着重要价值。江格尔故事大多发生在西域，其语言是活的土尔扈特蒙古语，其中夹杂着不少维吾尔、哈萨克、布鲁特等西域族群的词汇，是多民族文化交流、发展的“活化石”。

二维码 3-3

二、民众生活史的叙述与传承

非物质文化遗产传承着人类社会生活史的信息，包括衣食住行、社会生活、风俗习尚、文化娱乐等诸方面的变迁轨迹。特别是在全球语境下非物质文化遗产保护工作开展以来，学者们开始注意研究整理非物质文化遗产的相关信息和资料，非物质文化遗产对民众生活史的记录与传承的价值和功能也逐渐凸显。非物质文化遗产从历史而来，烙刻着丰富的历史印痕，同时又随着民众生活的变迁而发生着变化，是民众生活史的直接反映和忠实记录者。

从传承主体的角度来说，社区成员往往是文化传承的实际承担者。作为联合国教科文组织所发起的非物质文化遗产保护运动中的核心概念之一，“社区成员”是被理解为可以与“传承人”相互置换的一个概念来加以强调的，对社区在非物质文化遗产保护中的参与、知情乃至引领权的强调，体现了联合国教科文组织力图通过文化的保护来保护普通人的权益的根本目标。每个社区都具有非均质的、多样性的特点，社区成员在传承和实践非物质文化遗产项目的过程中，往往存在着作为非物质文化遗产知识保存者的实践者同单纯实践者之间的不同和相互协作，他们通过不同的分工，共同促成了相关非物质文化遗产项目的延续与实施[①]。这在群体性非物质文化遗产项目中表现得尤为突出，如中国国家级非物质文化遗产“那达慕大会”，是全体蒙古族人的节日，节日的形成与蒙古族群长期以来的游牧生活传统密不可分，贯穿其间的口头传说、表演艺术、传统体育、游艺活动、民族美食、传统手工艺及传统艺术表现形式如长歌、呼麦泛音歌唱、贝尔格民间舞蹈、马头琴以及节日期间特殊的仪式和做法展演等，多角度、全方位地反映出蒙古族政治、经济、生产、生活、民俗、宗教、审美等方面的真实面貌，传承着蒙古族民众的社会生活史。

三、传承人文化生命史的记录与延续

非物质文化遗产记录着传承人和他所在的社区每个个体的文化生命史。非物质文化遗产的传承往往伴随传承人的一生，甚至几代人代代相传的情况也是较为普遍的。我们翻开非物质文化遗产传承人的资料，常常能够看到传承人从幼年时期就开始学习他们所要传承的文化，直到终老。以口头传说类非物质文化遗产为例，黑拉里亚史诗的传承人、专业诗人很多从五岁开始学习，坚持学习十年，在此期间要进行提高记忆能力的特殊培训、声乐和器乐的学习演练，同时必须学会即兴评说，使故事情节更加贴近现实生活。由于吟唱史诗是诗人唯一的收入来源，因此，他们的一生与史诗吟唱、文化的传承紧密地融合在一起。再如中国国家级非物质文化遗产项目“格萨（斯）尔”的代表性传承人王永福，从小聪明伶俐，记忆力强，在父亲的精心教授下，少年时期便掌握了土族格萨尔说唱技艺，成为甘肃天祝境内唯一能够完整说唱长篇土族《格萨尔》史诗的民间

① 安德明. 非物质文化遗产保护中的社区：涵义、多样性及其与政府力量的关系［J］. 西北民族研究，2016（4）：74-81.

艺人。同批苗族古歌代表性传承人王明芝，五岁起随母亲与祖母学习苗族古歌，由于苗族没有自己的文字，古歌的创作与传承只能口口相传，到三十岁她才正式成为歌师。湖北长阳都镇湾民间故事家、国家级非物质文化遗产传承人孙家香，她的人生与民间文学的传承紧密地结合在一起，在不同的年龄阶段，孙家香将人生经历、阅历习得和她讲述的内容、方式有机融合，用自己的智慧传承了数百则民间故事。

许多传统体育、游艺与杂技、传统技艺、传统戏剧、传统音乐等非物质文化遗产类别的传承人都要自幼学习基本功，传承人一生的际遇和命运与其所传承的技艺水乳交融。如国家级非物质文化遗产项目“朱仙镇年画”代表性传承人郭太运，13 岁入开封云记门神店当学徒，从事木版年画制作工艺 80 多年，90 多岁高龄依然坚持指导徒弟和为游客讲述年画知识。维吾尔族“达瓦孜”代表性传承人阿迪力·吾休尔出身于达瓦孜世家，他是家族第六代传人。“达瓦孜”是一项难度高、危险性大的高空表演项目，它要求表演者具备超人的胆识与勇气，必须自幼学习基本功。阿迪力七岁就开始学艺，积极探索，学得一身精湛技艺，并形成了自己独特的风格。如今，阿迪力全身心投入传承人的培养中，为达瓦孜艺术的传承继续贡献力量。中国民间剪纸艺术的传承人库淑兰，她的人生与民间剪纸的传承和发展同样融为一体，一生的际遇与思想情感影响着她剪纸艺术风格的发展与变化。

二维码 3-4

第三节 非物质文化遗产的精神价值

以人为本是非物质文化遗产的精神内核，契合了人类社会所倡导的尊重人的能力和促进人的全面发展的核心价值。从这个意义上讲，非物质文化遗产的精神价值是指非物质文化遗产对人类精神，如人的意识、思维和心理状态产生积极影响的价值。非物质文化遗产是各民族古老的生命记忆和活态的文化基因库，代表着世界各民族的智慧和民族精神，对塑造健康人格和美好品德，激发人类的创造活力等众多方面有积极的意义。非物质文化遗产积累了各民族、社区、行业、家族等群体性组织生存的智慧，体现了凝神聚气的民族精神、团结互助的社区观念、崇业尚道的工匠精神等。

一、凝神聚气的民族精神

非物质文化遗产根植于不同文化社区独特的生存方式中，体现着不同社区各自独特的思维表达方式和行为模式。非物质文化遗产蕴涵着民族的文化基因、精神特质，且作为传递和保存人类文化生动有效的存在，能够很好地将民族精神传递到每一个人、每一代人身上。有的非物质文化遗产项目具有显著的民族凝聚力，有的则更多地反映出民族精神、气质，还有的对人与自然的关系有着特有的理解和链接方式。

中国新疆柯尔克孜族史诗《玛纳斯》描写了英雄玛纳斯及其七代子孙前仆后继地率领柯尔克孜族与外来侵略者和各种邪恶势力进行斗争的历史故事，体现了柯尔克孜人顽强不屈的民族性格和团结一致、奋发进取的民族精神。流传于中国青藏高原的藏、蒙、土等民族中的千年史诗《格萨（斯）尔》叙写了古代藏族英雄格萨尔王为救护生灵而投身下界，率领岭国人民降伏妖魔、抑强扶弱、安置三界，完成人间使命，最后返回天国的英雄故事。《格萨（斯）尔》对大大小小近百场战争的描写，反映了当时藏族人民水深火热的现实生活，表达了他们渴望结束分散的氏族、部落、部族和民族之间的长期混战，结束颠沛流离的苦难生活，期盼强大统一的国家的心声。因此，《格萨（斯）尔》是对藏族团结御敌、百折不挠的民族精神的集中表现，是藏族、蒙古族、土族等族群共享的精神财富，至今仍是这些族群历史记忆和文化认同的重要依据。

二、团结互助的社区观念

在联合国教科文组织有关非物质文化遗产的一系列政策中，“社区”被赋予了极其重要的地位，但也很难被抽象地界定。学者们对社区的本质尽可能作出解读：就非物质文化遗产保护的语境而言，“是直接或者间接地参与相关非物质文化遗产项目的施行和传承的人”。也就是说，联合国教科文组织强调非物质文化遗产领域的社区、群体和个人，其最终目的，还是指向那些直接或间接参与某一非物质文化遗产项目的实践或传承、并以该非物质文化遗产项目为其文化遗产的一部分的人，社区不过是对这类人在不同语境下不同表现形式的一种表述而已①。因此，社区更强调非物质文化遗产的共享性内涵。很多集体仪式、传统节日、文化空间类非物质文化遗产，都是通过社区民众集体开展各类活动，使得团结互助的社区观念得以彰显和传承的。

拉丁美洲的狂欢节就是其中的典型代表。人们通过狂欢性的集体活动，表达着一种归属于某个社会群体、某个区域或某个民族的认同感，为社区民众提供着交流沟通、表现自我的机会。有些非物质文化遗产则是某一区域不同民族、社群间团结互助的见证。如法属留尼旺岛本土音乐、舞蹈和歌曲形式“玛洛亚”（Maloya），最初由甘蔗种植园的非洲奴隶创造，随着时间流逝，日益觉醒的奴隶通过“玛洛亚”表达出对自由的向往和对权益的争取，并受到其他族群的支持和帮助。在官方禁止演出“玛洛亚”的几十年中，岛上的人们仍在私下进行“玛洛亚”表演，“玛洛亚”由此得以保存，并成为岛上民众共同传承的文化传统，也因此融合了不同种族的文化元素，成为一种文化认同、文化融合的典范。如今，“玛洛亚”已经成为留尼旺岛的文化象征，岛上几乎所有的文化、政治和社会事件都伴以“玛洛亚”表演，它也因此成了争取政治权利的媒介和手段。在克罗地亚的杜布罗夫尼克的守护神圣布莱斯节这天，所有的教堂鸣钟，象征和平的白鸽被放飞。这一节日不仅把城市居民聚集在了一起，也把尊重自由与和平权利的人们聚集在一起，增强了杜布罗夫尼克居民对该城市的守护神圣布莱斯的认同。由此可见，非物质文化遗产有着养成文化社区精神，促进社区内部团结与互助的功能和价值。

三、崇业尚道的工匠精神

工匠精神是非物质文化遗产活的灵魂，也是其文化传承的核心内容，这在传统手工

① 安德明．非物质文化遗产保护中的社区：涵义、多样性及其与政府力量的关系［J］．西北民族研究，2016（4）：74-81．

艺类别的非物质文化遗产中体现得尤为突出。工匠精神在技艺上主要表现为精益求精的品质，在习俗上表现为对先祖的敬仰和对传统的崇敬，在行业中则表现为崇业尚道、勇于创新的精神。中国传统木结构营造技艺、中国传统桑蚕丝织技艺、中国南京云锦织造技艺、龙泉青瓷传统烧制技艺、宣纸传统制作技艺等诸多传统技艺类项目最显著的特征就是传承人群体有着极为崇高的敬业精神，对技艺传承发展有着极强的使命感。如南京云锦织造技艺，一根纬线的完成，需要小纬管多次交替穿织，自由换色，工艺十分复杂，上下两人配合，一天只能织 5～6 厘米。因此，云锦织造技艺对传承人就有相比于其他行业更加精益求精的技术要求。国家级传承人周双喜、金文等在历次复原考古丝织品的过程中，多方查找资料，反复研究织品技艺，成功复制了万历龙袍等珍贵文物，显示出云锦织造技艺传承人的责任感和使命感。

创新是工匠精神的重要体现，也是民族兴旺发达的动力之源。非物质文化遗产本身蕴含着丰富的创新理念和创新精神，激发着人们的创新意识。非物质文化遗产传承人在各个历史阶段、不同的生态环境中努力摸索着文化创新的路径，展现出与时俱进、革故鼎新的开放胸怀。这些宝贵的精神财富都在非物质文化遗产中传承下来，帮助社区一代又一代的青年掌握生存技能、扩大知识面、开拓文化视野。

第四节 非物质文化遗产的艺术价值

非物质文化遗产的艺术价值是指非物质文化遗产能够呈现给我们的认识艺术发展规律、给人以艺术启迪和美感享受的价值，主要表现在与生活方式密切相关的日常生活空间中的实用艺术价值，与民间信仰相结合的信仰空间中的仪式性艺术价值以及在殿堂艺术空间中作为族群文化标识的文化美学价值等方面。

一、日常生活空间中的实用性艺术价值

非物质文化遗产是社区日常生活文化的一个重要组成部分。其中口头传统、民间手工艺是日常生活空间中最能集中体现非物质文化遗产美学价值的门类。以口头传统为例，其中口耳相传的民间文学是民俗生活中的重要组成部分，常与音乐、舞蹈等传统艺术相结合，形成协作型表达的美学特色。如新疆维吾尔木卡姆艺术（中国国家级非物质文化遗产名录，2006 年），木卡姆歌曲包含哲人箴言、文人诗作、先知告诫、民间故事等门类，既有叙咏歌，又有叙事歌；演唱方式既有合唱，又有齐唱、独唱；唱词格律与押韵方式复杂多样，是集文学、音乐、舞蹈、说唱、戏剧等各种艺术成分和民族认同、宗教信仰等文化意义于一体的综合性艺术，是新疆民众日常习俗的重要组成部分，被誉为反映维吾尔人民生活和社会风貌的百科全书。木卡姆是传统意义上与民众生活融为一体的民间文学艺术类遗产的典范。当下，这类遗产正在以新的形式融入当代人的艺术与生活之中，包括与新媒体形式的融合，这些体现着非物质文化遗产面向当下的实用性艺术价值。

民间手工艺类型的非物质文化遗产兼具实用性和装饰性特征，在材料选择上就地取材，以成本低廉、取用便捷为主。某一地域的民间手工艺传承人往往是群体性存在，艺

术家们的作品风格体现出浓郁的地域文化特征。这些承载着千百年地域文化与历史的美的载体，对我们认识和研究人类艺术发展史有着独特的价值。乌克兰民间装饰艺术佩特里基夫卡（Petrykivka）装饰画（人类非物质文化遗产代表作名录，2013 年）是佩特里基夫卡村的村民们的艺术创作。这门艺术的传承人并不是专门的画家或者艺术家，而是每个家庭中的绘画者。绘画者将他们的起居场所、日常用品以及乐器都装饰上富有象征主义风格的绚丽花朵和其他自然元素的绘画。在当地民间信仰中，这些绘画可以保护人们远离悲伤与邪恶。中国苗族的民间刺绣、剪纸、拼布艺术在日常服饰、生活用品中广泛应用，苗族人把他们对民族历史的记述、对生命的理解都表现在作品上，使之具有丰富的文化内涵和独特的美感，体现出质朴而厚重的实用性艺术价值。

二、民众信仰空间中的仪式性艺术价值

民众信仰空间内非物质文化遗产的艺术价值与日常生活有所不同，虽然仍是就地取材，但整体价值取向是为信仰祭祀的仪式活动服务，具有仪式性。这些艺术行为和艺术品，是民众精神层面的艺术表达，是民众想象力符号化的集中展示，体现着他们如何思考人与自然、社会的关系。仪式性非物质文化遗产保存着民族的文化艺术基因，对于探索民族传统文化艺术的本质，理解民族根基性文化内涵有着重要意义。傩戏，被称为“中国戏剧活化石”，是反映非物质文化遗产仪式性艺术价值的典型代表。从 2006 年至今，已有 15 项来自不同地区的地方傩戏被列入中国国家级非物质文化遗产代表性项目名录。作为最古老的民俗仪式，各个地方的傩戏都保持着古朴、粗犷的原始风貌，以及最具民族和地方特色的艺术价值。傩戏源于原始社会的图腾崇拜，大约到商代逐渐形成了一种固定的用以驱鬼逐疫的祭祀仪式，周代时被称为“傩”。古老的图腾崇拜和鬼神信仰，包括日月星辰、风师雨师、五岳山林、天地社稷都是民众祭祀的对象，是他们渴望驱逐苦难、追求幸福生活最朴素的表达。国家有大傩，民间有乡傩。祭祀仪式中要配歌舞礼乐，活动中的人都饰有傩面具。萍乡湘东傩面具是 2006 年被列入首批国家级非物质文化遗产代表作名录的遗产项目。傩面具制作技艺根植于民间，凝聚了世代民众的审美情趣，反映出人的一种本质力量。傩面具的艺术风格浑厚、粗犷，民间工匠制作时凭着传统雕刻技艺，用简洁明快的刀法、柔美流畅的线条、丰富饱满的色彩，刻画各类不同性格和身份的人物形象。这些面具被赋予生命活力，是神是鬼、是男是女、是老是少、是文是武、是和尚还是道士，一眼就能辨明。其表现手法主要是通过五官的变化、装饰和色彩来完成形象的塑造，或剽悍、凶猛、狰狞，或威武、严厉、稳重，或狂傲、奸诈、滑稽，或忠诚、正直、刚烈、和蔼、温柔、慈祥，十分灵动。傩面具制作工艺的传承人用他们的刻刀和色彩形象地刻画出民间神话中的神灵、鬼怪及传说中各类人物的喜、怒、哀、乐，表情丰富，性格鲜明，令人叹为观止，代表着仪式性艺术的典范。

二维码 3-5

三、殿堂艺术空间中的文化美学价值

非物质文化遗产在殿堂艺术空间内的美学价值不仅是艺术精湛之美，更为突出的是

其作为族群文化标识的文化美学价值。在建筑艺术方面，中国传统木结构营造技艺是中国传统建筑的杰出创造。它是以木材为主要建筑材料，以榫卯为木构件的主要结合方法，以模数制为尺度设计和加工生产标准的建筑营造技艺体系。这种营造技艺体系延续传承了七千多年，遍及中国全境，并传播到日本、韩国等东亚国家，是东方古代建筑技术的代表，也是东方美学的重要载体。中国古建筑营造技术的登峰造极之作是故宫，几百年来，围绕故宫的建造和维修形成了一套完整的、具有严格形制的传统宫殿建筑施工技艺，被称为“官式古建筑营造技艺”。这套营造技艺包括“瓦木土石扎、油漆彩画糊”八大作，其下还细分了上百工种，2008 年被列入第二批国家级非物质文化遗产代表性项目名录。这套传统技艺守护着故宫，在故宫大修的每一个环节，无论是选材还是工艺、用色等，工匠都严格遵循营造则例，力求遵循几百年前的传统。故宫作为木结构营造技艺中殿堂美学的典范，是最具代表性的中国符号。

在手工技艺方面，南京云锦织造技艺彰显了中国皇家织造技艺之精良，是中国织锦技艺最高水平的代表。它将“通经断纬”等核心技术运用在构造复杂的大型织机上，由上下两人手工操作，用蚕丝线、黄金线和孔雀羽线等材料织出。云锦华贵辉煌，具有典雅庄重之美，既集结物质精华，又承载着中华民族的审美精神，凝结着中华民族五千年丝织技艺的智慧。在传统戏剧方面，京剧是极具文化之美的代表剧种，是中国古代戏曲艺术的集大成者，被誉为中国“四大国粹”之一，有“国剧”之称。京剧融合了唱、念、做、打，剧本遵循着一系列严格的艺术形式和韵律规则进行创作，各剧目讲述着中国古代的历史、政治、社会和生活等故事，音乐依据设定好的演出节奏营造戏剧气氛，通过塑造人物引导故事发展。“文场”使用管弦乐器，如音质高亢的京胡和长笛，而“武场”则使用班鼓、大锣等打击乐器来烘托。演出的特点是演员表演公式化与象征风格，这些都是通过既定的手、眼、身、脚动作编排来实现的。传统上舞台布景和道具保持在最低限度，但服饰华丽，脸谱夸张，并用简洁的符号、颜色和图案来描绘人物的个性与社会身份。京剧被视为中国传统社会戏曲审美理想的集大成者，作为东方戏剧表演艺术体系的代表，其中的诸多艺术元素也常被用作中国传统文化的象征符号，为世人所熟知。

第五节　非物质文化遗产的教育价值

非物质文化遗产的教育价值是指民众在参与生产、生活实践等活动的同时，创造、传承着非物质文化遗产，其中包含着群体性的生产生活知识与技能以及复杂的价值观念、社会规范、审美趋向等内容，对一代又一代人了解生活文化的历史知识、形成价值观具有一定的作用。对非物质文化遗产的习得与传承，可以提高人们对本民族文化的认知程度，增强民族自豪感和自信心。非物质文化遗产的教育价值主要体现在群体性三观的培育与养成、民族性审美取向的接受与传承和地方性知识的生成与传播三个方面。

一、群体性三观的培育与养成

非物质文化遗产被认为具有确认各民族和文化社区特性的作用，并能够拉近各民族、社区之间及各民族、社区内部关系。这种作用产生的根源是非物质文化遗产是由群体创造、享用和传承的生活文化，蕴藉着代代相传的群体性世界观、人生观和价值观。由蒙古国申报的“蒙古图利”（联合国教科文组织急需保护的非物质文化遗产名录，2009年）是由英雄史诗组成的口头传统，史诗从数百行到数千行不等，其中包含有祝福、颂词、咒语、习惯用语、童话故事、神话和民歌，被视为蒙古族的活的百科全书。蒙古史诗经历了多个世纪的演变，反映着蒙古人民的游牧生活、社会习性、宗教、心态和想象力。唱史诗的歌手以惊人的记忆力和表演技巧闻名，他们在许多社会活动和公共活动上演唱史诗，包括国家大型活动、节日、人生仪礼和祭拜圣地等。史诗的学习、表演和传承在家族内代代相传，从父亲到儿子得以延续。史诗传统通过一代又一代的史诗歌手不断传承和发展。通过史诗，蒙古人向年轻一代传递他们民族的历史知识和价值观，有效地提高了年轻人对民族特征的认识，增强了他们的民族自豪感和自信心。

在中国，非物质文化遗产历久弥新，是传统文化中爱国主义与和谐教育的优质资源，能在一定程度上满足当下爱国主义教育的需求。如四川“都江堰放水节”祭祀活动，不仅是纪念两千多年前建造都江堰水利工程的李冰父子，颂扬他们造福岷江、天府的丰功伟绩，同时也彰显着古代中国劳动人民顺应自然、改造自然的聪明智慧，更体现了华夏儿女“吃水不忘挖井人”的强烈感恩心态。再如中华老字号胡庆余堂的治病救危、“真不二价”、诚实守信、童叟无欺的高尚为人、为商之道；济公传说中伸张正义、抑恶扬善、扶危济困、乐善好施的人文情怀等，无不为人们辨别是非、善恶、美丑，树立新时期的荣辱观、人生观、价值观注入生机与活力，为当下的思想品德教育赋予传统文化的诠释。随着社会的发展，非物质文化遗产在当代对培育和提升公民的国家意识、提高公民文化的自觉和自信、凝聚公民的价值理念等方面将起到越来越显著的促进作用。

二、民族性审美取向的接受与传承

非物质文化遗产是族群性的文化事象，其传承是全民性的习得与接受。非物质文化遗产的每一种具体形态，包括口头文学、传统艺术、衣食住行、节庆仪式等，都带有集体性的审美体验和审美创造，是民族个性、民族审美习惯的“活”的显现。这种集体性的审美实践往往依托于群体本身的生存实践，与人们生产生活的各项事务联系在一起。如秧歌、山歌、面人、竹编、卓编等往往结合了农耕生活；印染和刺绣离不开纺织业；各类彩绘、陶瓷装饰、扇面绘画、年画、剪纸、龙舞、狮舞、傩戏等都结合着人们的日常生活起居和传统节日的风俗，其中的每一项都能体现出传承主体倾入其中的族群心理和审美意识。在这种集体性的审美体验和审美实践中，民族的审美取向得以不断传承。

民族性审美取向是一种群体性审美观的体现。它是感性与理性、认识与体验、表现与再现、接受与创造、意识与无意识融会贯通的复杂的心理过程。对非物质文化遗产来说，这种审美取向包括围观者的审美感知与认同、参与者的审美理解与共鸣、传承人的审美传承与创造等内容。如武陵山区土家族手工技艺类非物质文化遗产“西兰卡普”，记录着土家族的集体记忆，是土家族在形成、发展、融合中各个历史阶段文化、民俗、政治、经济、信仰等的综合反映，其内涵与价值是土家族几千年历史沉淀的结果。“西

二维码 3-6

兰卡普”传承人在继承与创新过程中完成了审美取向的传承和创造。传承人在制作“西兰卡普”的过程中，不断地对其色彩、造型等各方面的审美元素进行感知，从传统社会保留下来的“西兰卡普”中汲取艺术形式的力量，又通过模仿和艺术创作，深入理解“西兰卡普”各种图案作品表现出来的内容主题、文化内涵、构图意味、色彩使用，最后达到对“西兰卡普”艺术审美取向的整体把握和创造性传承。非物质文化遗产传承人的一个重要功能就是在技艺传承中发现美、理解美和创造美。整个族群的审美感知则通过传承人技艺展示而获得，在此过程中，社区与审美对象产生情感交流，达到情感共鸣，获得审美享受，进而使民族性审美取向在社区中得以接受和传承。

三、地方性知识的生成与传播

根据联合国教科文组织《保护非物质文化遗产公约》对非物质文化遗产的定义和分类，有关自然界和宇宙的知识和实践是非物质文化遗产的重要类别，突出了非物质文化遗产本身作为地方性知识的价值所在。从广义上来说，任何类型的非物质文化遗产都包含着丰富的地方性知识内涵。这些知识扎根于社群民众的生存实践，反映着人与自然、人与社群的复杂动态关系。地方性知识包括认知体系、利用体系与观念体系三个层面，往往是经验性的、源自生产生活实践的知识体系，以解决或满足人们的实际需求为目的。同时又与一定区域的自然环境和社会环境有机结合，形成地域性、本土性、实用性的特点。地方性知识作为一种内生性文化知识体系，在地域社会中发挥着重要的教育作用，维持着社群的可持续发展。

非物质文化遗产中民族性、地域性的观念体系有着重要的教育价值。一些非物质文化遗产包含着对自然界的尊重、爱护，甚至崇拜、敬仰，认为人作为自然的一部分，并不具有特殊的地位和权力。这种观念体系往往由禁忌、习俗及特定的宗教信仰构成，并嵌入日常生活，形成了以顺应自然规律为核心的人与自然的道德秩序。通过非物质文化遗产的传承与传播，这样的道德秩序深入人心，影响着人们的观念与行为。如蒙古族深受萨满教的影响，形成了尊奉、崇拜和供祭树神、山神、土地神的习俗。在祭山、祭地、祭敖包等祭词中充满了对土地的赞美和爱护之情。在日常生活中，还有不少有关限制随意动土和破坏草场的禁忌。这些民间禁忌虽然是通过宗教的方式作用于民俗生活，但其中既包含着爱护自然、尊重自然并保护自然的提示，也蕴含着人与自然和谐相处的朴素环境哲学和生态伦理观。地方性知识与外在环境之间相互契合，在传承中有充分的灵活性和可持续性，有助于区域生态环境的修复与改善，也有助于地域社会中人与自然、人与人之间的和谐统一。因此，地方性知识的生成、推广、接受和应用，是非物质文化遗产教育价值的重要体现。

关键概念

文化价值　文化多样性　历史价值　精神价值　艺术价值　教育价值

主要论点

1. 非物质文化遗产的文化价值主要体现在世界文化多样性的展示与交流，国家民族文化符号的认同与传播，民族、地域或社会群体文化的彰显与互鉴等方面。

2. 非物质文化遗产的历史价值体现在其承载着悠远厚重的人类文明发展史的内容和表现形式，包括族群发展史的展演与传承、民众生活史的叙述与传承、传承人文化生命史的记录与延续等不同层面。

3. 非物质文化遗产的精神价值体现在其传递着热爱自然的生态意识，蕴含着人与自然和谐共生的朴素的环境哲学，积累着各民族、社区、行业、家族等群体性组织的生存智慧，主要包括凝神聚气的民族精神、团结互助的社区观念、崇业尚道的工匠精神等。

4. 非物质文化遗产的艺术价值主要表现在日常生活空间中的实用性艺术价值、民众信仰空间中的仪式性艺术价值以及在殿堂艺术空间中作为族群文化标识的文化美学价值等方面。

5. 非物质文化遗产的教育价值主要体现在群体性三观的培育与养成、民族性审美取向的接受与传承、地方性知识的生成与传播等方面。

延伸阅读

1. 向云驹. 世界非物质文化遗产［M］. 银川：宁夏人民出版社，2006.

2. 冯骥才. 中国非物质文化遗产百科全书［M］. 北京：中国文联出版社，2015.

3. 中国非物质文化遗产网・中国非物质文化遗产数字博物馆：http://www.ihchina.cn/。

4. 刘魁立. 非物质文化遗产的共享性、本真性与人类文化多样性发展［J］. 山东社会科学，2010（3）：24-27.

5. 安德明. 非物质文化遗产保护中的社区：涵义、多样性及其与政府力量的关系［J］. 西北民族研究，2016（4）：74-81.

思考问题

1. 非物质文化遗产的文化价值主要体现在哪些方面？

2. 非物质文化遗产的历史价值主要体现在哪些方面？

3. 非物质文化遗产的艺术价值体现在哪些方面？

4. 如何理解非物质文化遗产的精神价值？

5. 举例说明非物质文化遗产是如何实现群体性世界观、人生观、价值观的培育与传承的。

（侯姝慧　孙佳）

第四章　非物质文化遗产的保护

非物质文化遗产保护是人类面对全球文化危机日益凸显所采取的必要行动，如今已成为最具共识、最富成效的全球性文化保护运动。自 20 世纪 70 年代以来，人类对非物质文化遗产保护重要性的认识不断提升，逐渐形成了一整套系统化、科学化、规范化的保护理念、保护原则、保护方式及保护机制等。人类非物质文化遗产保护的理念原则、方式机制等并非一成不变的，而是会随着全球文化危机及各国文化环境的变化而不断地进行调整。

第一节　非物质文化遗产保护的意义

全球化背景下的非物质文化遗产保护工作具有重要意义，它既是全人类的共同任务，也是世界各国的重要职责。一方面，对世界而言，推进非物质文化遗产保护工作有利于维护世界文化的多样性，有利于促进人类基本文化权利的实现，有利于推动不同国家及民族间的文化交流与合作，有利于解决全球文化冲突，维护世界和平与发展；另一方面，对中国而言，推进非物质文化遗产保护工作有利于维护中华民族文化的丰富性及多样性，有利于增强文化认同、促进文化自觉，有利于铸造民族精神、提高文化自信，有利于推进文化创新、实现文化自强。

一、非物质文化遗产保护的国际意义

（一）有利于维护世界文化的多样性

维护世界文化的多样性是世界非物质文化遗产保护的核心。联合国教科文组织第三十一届会议于 2001 年 11 月 2 日通过的《世界文化多样性宣言》第 1 条对“文化多样性”的表述如下：“文化在不同的时代和不同的地方具有各种不同的表现形式。这种多样性的具体表现是构成人类的各群体和各社会的特性所具有的独特性和多样化。”① 联合国教科文组织大会第三十三届会议于 2005 年 10 月 20 日通过的《保护和促进文化表现形式多样性公约》第 4 条第 1 款对“文化多样性”的解释是：“各群体和社会借以表现其文化的多种不同形式。这些表现形式在他们内部及其间传承。”② 世界各国各民族

① 世界文化多样性宣言［EB/OL］.（2001-11-02）［2020-10-05］. https://www.un.org/zh/documents/treaty/files/UNESCO-2000.shtml.

② 保护和促进文化表现形式多样性公约［EB/OL］.（2007-03-18）［2020-10-05］. https://www.un.org/zh/documents/treaty/files/ppdce.shtml.

都有各自独特的文化，每种文化都处于平等地位，没有孰高孰低、孰优孰劣之分。中国著名社会学家、人类学家费孝通先生的十六字箴言“各美其美，美人之美，美美与共，天下大同”，最能体现维护世界文化多样性的重要意义。十六字箴言指出人们既要懂得欣赏自身的美，还要懂得欣赏他人的美，只有自身之美与他人之美共生共荣，才会实现天下大同之美。这就要求人们既要尊重自己的文化，也要尊重别人的文化，即尊重文化的多样性，只有这样才能共同推动人类文明的发展和繁荣，世界文化才更加丰富多彩。当下世界各国政府极力推进本国非物质文化遗产保护工作，“从根本上反映了国际社会对非物质文化遗产在文化多样性以及多元文化存在方式合理性、合法性问题上的共同思考，也反映了国际社会在全球化与现代化、全球化与地方化语境下，探索本土文化发展模式以及寻求传统文化向现代转型的广泛诉求”①。可见，非物质文化遗产保护工作在维护世界文化多样性的同时，也维护了世界文化生态的平衡，使得世界各地保存下来的各类非物质文化遗产能够求同存异、相互补充、取长补短，促进世界文化的和谐发展。

（二）有利于促进人类基本文化权利的实现

联合国教科文组织《世界文化多样性宣言》第 5 条关于“文化权利”是这样认定的：“文化权利是人权的一个组成部分，它们是一致的、不可分割的和相互依存的。富有创造力的多样性的发展，要求充分地实现《世界人权宣言》第 27 条和《经济、社会及文化权利国际公约》第 13 条和第 15 条所规定的文化权利。”《世界人权宣言》第 27 条和《经济、社会及文化权利国际公约》第 13 条、第 15 条所规定的公民文化权利，主要包括文化参与权、文化共享权、文化收益权和文化平等权四种权利。当下世界各国政府推进非物质文化遗产保护工作，有利于促进人类基本文化权利的实现。

1. 文化参与权

文化参与权即参加文化生活的权利，指公民在制定文化政策以及组织、开展文化活动等方面所享有的平等、全面、依法参与的权利。联合国大会于 1948 年 12 月 10 日通过的《世界人权宣言》第 27 条第 1 款规定：“人人有权自由参加社会的文化生活，享受艺术，并分享科学进步及其产生的福利。”② 联合国大会于 1966 年 12 月 16 日通过的《经济、社会及文化权利国际公约》第 15 条第 1 款规定：“本盟约缔约国确认人人有权：（子）参加文化生活。”③ 联合国教科文组织大会第三十二届会议于 2003 年 10 月 17 日通过的《保护非物质文化遗产公约》第 15 条规定：“缔约国在开展保护非物质文化遗产活动时，应努力确保创造、延续和传承这种遗产的社区、群体，有时是个人的最大限度的

---

① 胡惠林，王媛．非物质文化遗产保护：从“生产性保护”转向“生活性保护”［J］．艺术百家，2013（4）：19-25.

② 世界人权宣言［EB/OL］.［2020-10-05］. https：//www. un. org/zh/universal-declaration-human-rights/.

③ 经济、社会及文化权利国际公约［EB/OL］.［2020-10-05］. https://www. un. org/zh/documents/treaty/files/A-RES-2200-XXI. shtml.

参与，并吸收他们积极地参与有关的管理。”① 文化参与权具有全面性、彻底性及合法性。文化参与权不是被动参与，而是自主自由自愿参与。

2. 文化共享权

文化共享权是公民平等、普遍分享文化发展和繁荣的成果和利益的权利。《经济、社会及文化权利国际公约》第 15 条就文化共享权作出规定：“本盟约缔约国确认人人有权：……（丑）享受科学进步及应用之惠。”非物质文化遗产是全人类的财富，享受非物质文化遗产是世界各国公民的基本需要和基本权利。文化共享权意味着公民有接触、获取并分享非物质文化遗产的自由。公民分享非物质文化遗产的自由不应受到公权力的恣意阻拦和垄断，其他人也不能对此进行不正当的干涉和妨碍②。

3. 文化收益权

文化收益权又称文化成果保障权，是指公民所创造的文化成果及其相关利益受到保护的权利。《世界人权宣言》第 27 条第 2 款规定：“人人对由于他所创作的任何科学、文学或艺术作品而产生的精神的和物质的利益，有享受保护的权利。”《经济、社会及文化权利国际公约》第 15 条就文化收益权作出规定：“本盟约缔约国确认人人有权：……（寅）对其本人之任何科学、文学或艺术作品所获得之精神与物质利益，享受保护之惠。”文化活动可以产生一定的收益，这种收益既可能是精神上的，也可能是物质上的，或者两者兼有。因此，文化收益权可区分为文化精神收益权和文化物质收益权③。

4. 文化平等权

文化平等权是指人类各地区、各民族的文化虽有强弱之分，却无贵贱之别，每一种文化都有平等的生存权。人类文明是由各种不同文化组成的。一方面，全世界有数量众多的不同文化，这些文化有着自己独特的价值；另一方面，不同文化的存在价值和状态之间的关系是不平衡的。作为弱势文化（主要是指存在状态上的一种弱势），非物质文化遗产普遍面临着生存空间被挤压，甚至是“文化灭绝”或“文化群体灭绝”的威胁。针对非物质文化遗产生存空间被挤压的事实，国际社会积极提倡文化平等并加强对弱势文化的保护，这对文化平等权利的实现起到了积极的作用④。

（三）有利于推动不同国家及民族间的文化交流与合作

联合国教科文组织《保护非物质文化遗产公约》第 19 条规定：“1. 在本公约中，国际合作主要是交流信息和经验，采取共同的行动，以及建立援助缔约国保护非物质文化遗产工作的机制。2. 在不违背国家法律规定及其习惯法和习俗的情况下，缔约国承认保护非物质文化遗产符合人类的整体利益，保证为此目的在双边、分地区、地区和国

---

① 保护非物质文化遗产公约［EB/OL］.［2020-10-05］. https://www.un.org/zh/documents/treaty/files/ich.shtml.

② 何锦前. 公民基本文化权利的权能范畴解析［J］. 新疆社科论坛，2012（4）：30-34.

③ 何锦前. 公民基本文化权利的权能范畴解析［J］. 新疆社科论坛，2012（4）：30-34.

④ 刘永明. 权利与发展：非物质文化遗产保护的原则（上）［J］. 西南民族大学学报（人文社会科学版），2006（1）：191-199.

际各级开展合作。”世界各国丰富多样的非物质文化遗产，不仅是一个国家、一个民族的文化财富，也是属于全人类共有的精神财富。因此，加强非物质文化遗产保护工作有利于推动世界各国及各民族间的文化交流与合作。一方面，非物质文化遗产不仅是一个国家和民族历史成就的标志，也是许多民族、群体、社区的基本识别标志；另一方面，文化又具有普遍性，它是不同文明之间增进理解、促进交流的重要基础之一[①]。可见，不同文化之间通过对话而展开的交流与合作，有利于丰富世界多元文化的形式和内涵，促进人类文明历史的进步与发展，增进世界各国及各民族间的共识和友谊。

（四）有利于解决全球文化冲突，维护世界和平与发展

世界各国各民族文化的独特性、多样性一方面要求不同文化间相互交流与合作，另一方面也必定会造成不同文化间的摩擦与冲突。尤其是全球化、现代化给世界各国各民族文化带来发展与进步的同时，也带来了许多问题和危机。“在全世界所有的非物质文化遗产中，绝大部分非物质文化遗产都是各民族、族群、社区人民在自己特殊的生活生产方式中为解决某种特定的社会问题或规避某种可能产生的问题而创造形成的。”[②] 可见，世界各国各民族加强非物质文化遗产保护工作，能够在一定程度上强化文化在人类社会发展中的地位和作用，以应对各种现代性危机以及严重的社会问题。不同文化间的疑虑和隔阂，必须要通过交流和对话来消除，非物质文化遗产保护让不同文化都获得自由的生长空间，使之在相互竞争中取长补短，在求同存异中共同发展，从而减少摩擦与冲突，维护世界和平与发展。

二、非物质文化遗产保护的国家意义

（一）有利于维护中华民族文化的丰富性及多样性

《中华人民共和国非物质文化遗产法》第1条将立法宗旨高度概括为三句话，即“继承和弘扬中华民族优秀传统文化，促进社会主义精神文明建设，加强非物质文化遗产保护、保存工作”[③]。习近平同志多次强调，中华优秀传统文化是民族的“根”和“魂”，是中华民族的精神命脉，是涵养社会主义核心价值观的重要源泉，也是我们在世界文化激荡中站稳脚跟的坚实根基。中国非物质文化遗产保护的核心内容就是保护、保存中国五十六个民族传统文化的丰富性及多样性。当下，全球化趋势的加强和现代化进程的加快，给世界文化带来单一化的危险。强势文化对弱势文化的侵吞逐步加剧，一些独具特色的民族文化正在消亡[④]。因此，作为发展中国家，中国非物质文化遗产保护工作的最根本出发点就是维护中华民族文化的丰富性及多样性，这关系到中华民族文化血

① 王文章，陈飞龙. 非物质文化遗产保护与国家文化发展战略［J］. 求是，2007（17）：81-89.

② 刘永明. 权利与发展：非物质文化遗产保护的原则（下）［J］. 西南民族大学学报（人文社会科学版），2006（2）：183-190.

③ 中华人民共和国非物质文化遗产法［EB/OL］.（2011-02-25）［2020-10-05］. http://www.gov.cn/flfg/2011-02/25/content_1857449.htm.

④ 单雾翔. 保护民族文化遗产 维护文化多样性［J］. 中国民族，2014（2）：28-33.

脉的传承，关系到民族文化身份和国家文化主权的维护。

（二）有利于增强文化认同，促进文化自觉

《中华人民共和国非物质文化遗产法》第 4 条明确了非物质文化遗产保护应当“有利于增强中华民族的文化认同，有利于维护国家统一和民族团结，有利于促进社会和谐和可持续发展”。在这三个“有利于”中，文化认同起着不可替代的、连通血脉的作用，它是民族归属感提升的一种表现，能够推动国家的统一、民族的团结、社会的和谐及可持续发展。保护自己民族的非物质文化遗产，是各民族人民在文化认同的基础上生发出文化自觉后的具体行动，而各族人民保护非物质文化遗产意识的觉醒正是文化自觉的核心①。与此同时，各民族人民文化自觉的生发，又有力地反作用于非物质文化遗产的保护。可见，非物质文化遗产保护有利于增强中华民族的文化认同，有利于促进各族人民的文化自觉，也是实现中华民族伟大复兴的必由之路。

（三）有利于铸造民族精神，提高文化自信

党的十九大报告明确指出“文化自信是一个国家、一个民族发展中更基本、更深沉、更持久的力量”，“文化是一个国家、一个民族的灵魂。文化兴国运兴，文化强民族强。没有高度的文化自信，没有文化的繁荣兴盛，就没有中华民族伟大复兴”②。文化不自信对个体而言会导致精神的萎靡不振，对民族国家而言会导致凝聚力及向心力的衰弱解体，因此党的十九大报告特别将文化自信提升到了事关民族精神独立以及国家兴衰成败的高度，目的就是警醒国人，要对自己的文化有正确的认识，要对自己的文化充满信心。非物质文化遗产保护与文化自信的提高密不可分。一方面，非物质文化遗产保护为文化自信的提高提供了有力支撑；另一方面，只有坚定文化自信，非物质文化遗产保护才有坚实的根基。中国丰富多样的非物质文化遗产是中华民族五千多年文明历史孕育出来的，凝聚着千千万万中华儿女的聪明才智，是中华民族核心价值观的体现。可见，非物质文化遗产潜移默化地影响着民族心理和民族性格，是铸造民族精神的肥沃土壤，是提高文化自信的核心元素。

（四）有利于推进文化创新，实现文化自强

当下中国非物质文化遗产保护工作的最终目的，是在保护的基础上对非物质文化遗产进行创造性转化、创新性发展。中国非物质文化遗产在过去很长的时间段里一直处于沉睡状态，未被开发利用，有些甚至被冠以“落后”“糟粕”的帽子而遭抛弃。进入 21 世纪以后，随着非物质文化遗产保护工作受到重视，许多被埋没已久的非物质文化遗产得以重见天日。“非物质文化遗产不仅需要抢救，需要传承，也需要通过技术创新和文化创意将非物质文化遗产资源转化为创意产业，创造产业价值……在现代科学技术的开

---

① 单霁翔. 保护民族文化遗产 维护文化多样性［J］. 中国民族，2014（2）：28-33.

② 习近平. 决胜全面建成小康社会 夺取新时代中国特色社会主义伟大胜利——在中国共产党第十九次全国代表大会上的报告［EB/OL］.（2017-10-27）［2020-10-05］. http://www.gov.cn/zhuanti/2017-10/27/content_5234876.htm.

发下，许多以往被排斥在经济领域之外的文化形态，都可以进入经济学家和投资人的视野，成为产业资源。”① 由此，一部分适合于开发利用的非物质文化遗产在新的历史条件下得以重焕生机，有些优质的非物质文化遗产资源甚至被国外公司加以挖掘利用而在全球大放异彩。比如美国迪士尼公司对中国著名非物质文化遗产项目“木兰传说”进行包装打造，推出的动画片《花木兰》在全球赢得了数亿美元的票房收入。可见，丰富多样的非物质文化遗产资源是推进文化创新、实现文化自强的前提与基础，当下的中国非物质文化遗产保护，必须要在保护的基础上借助高新技术手段，合理地进行创新利用，使之符合现代化的要求，使之在自我超越中获得新的生命力。

二维码 4-1

第二节　非物质文化遗产保护的原则

非物质文化遗产具有无形性、传承性、活态性、地域性、多元性等特征，其传承保护体系主要是围绕传承人及其传习活动建立起来的。因此，非物质文化遗产保护要根据其自身独特的传承发展规律，制定正确的保护原则，在实施保护的过程中应遵循真实性、整体性、活态性、科学性、伦理性等原则。

一、真实性原则

真实性原则又称为原真性原则，第一次被引入遗产保护领域是在 20 世纪 60 年代，并逐渐在世界范围内达成共识。真实性原则认为在保护非物质文化遗产的时候要保护原生的、本来的、真实的历史文化形态，保护它所遗传的全部历史文化信息，这要求在实际保护工作中坚决反对混淆真伪的现象。近年来，一些地方在进行非物质文化遗产保护、传承、利用时，对原初的非物质文化遗产进行随意篡改，导致其失去了原有的内涵和意义，这就违反了非物质文化遗产保护的真实性原则。因此，在进行非物质文化遗产保护时，政府部门要进行有力监管，非物质文化遗产传承人要严格自律，要尽可能地辨别真伪、去伪存真，努力保护非物质文化遗产原本的样子。

二、整体性原则

非物质文化遗产保护的整体性原则，就是要保护非物质文化遗产所拥有的全部内容和形式，包括传承人、非物质文化遗产的本体及其生存的文化生态环境。遵循整体性保护原则，要处理好局部与整体的关系：一方面要对非物质文化遗产自身具有的艺术形态和文化内涵进行整体性保护，不能仅仅选取非物质文化遗产某个部分进行保护，必须对其全部技艺、技能和技术实施整体保护；另一方面要对非物质文化遗产的文化生态环境进行多角度、多方位、多层次的整体性保护。非物质文化遗产与特定的文化生态环境息息相关，保护非物质文化遗产，就要最大限度地保护其赖以生存的文化生态环境。

---

① 黄永林. 数字化背景下非物质文化遗产的保护与利用［J］. 文化遗产，2015（1）：1-10.

三、活态性原则

非物质文化遗产保护的根本目的就是使其得以活态传承。非物质文化遗产区别于物质文化遗产的一个显著特点，便是其存在形式的活态性，它随着所处环境、与自然界的相互关系和历史条件的变化而不断创新，正是这些特征决定了非物质文化遗产的保护工作重在活态传承。非物质文化遗产的存在和发展不单体现在传承人创作的作品中，更在于传承人所拥有的技艺、技术，因此必须依靠人的实际参与。而人的实际参与是一种能动活动，这种能动活动本身就是活的、动态的因素。可见，非物质文化遗产以人为载体，是人承载着非物质文化遗产的薪火，失去了传承者，失去了生存土壤，非物质文化遗产就不复存在。

四、科学性原则

坚持科学保护的原则，就要正确认识非物质文化遗产的保护传承规律。非物质文化遗产保护的首要任务是保护传承，之后才是创新利用。需要重点保护传承的是非物质文化遗产中为集体所认可的恒定性的东西，进而在此基础上使之适应时代、环境以及人们审美趋向的变化，获得创新性发展。这样做就是为了确保非物质文化遗产的核心内涵被保存下来，同时又使其不至于在不断进步的社会中一成不变。可见，科学地保护非物质文化遗产，既不是随意地改变它按照自身规律展开的自然演变进程，也不是使之静止、凝固、不再发展，而是保护它按照自身发展规律去自然演变。正因为保护必须建立在尊重客观规律的基础之上，才使其能够一直保持稳健而持久的健康发展态势①。

五、伦理性原则

非物质文化遗产保护的伦理性原则，就是把社区、群体和个人置于非物质文化遗产保护的核心位置。2015 年，联合国教科文组织保护非物质文化遗产政府间委员会第十届常会审议并通过了《保护非物质文化遗产伦理原则》，总共提出了 12 条非物质文化遗产保护的伦理原则。这些原则指出，要确保社区、群体和个人在非物质文化遗产保护过程中起主要作用，要确保非物质文化遗产的存续力，要尊重彼此不同的非物质文化遗产，要确保非物质文化遗产保护的所有互动以合作、对话、协商、咨询为特征，要尊重公众接触非物质文化遗产的习惯做法，要尊重不同非物质文化遗产的价值，要确保创造和传承非物质文化遗产的人群从中受益，要尊重非物质文化遗产的动态性和活态性，要评估可能影响非物质文化遗产保护的实践活动，要确保非物质文化遗产保护免受去语境化、商品化及歪曲等威胁，要尊重文化多样性及社区、群体和个人的自我认同，要促进各个层面的非物质文化遗产保护交流与合作②。

---

① 王文章. “非遗”保护的中国经验［N］. 人民日报，2013-6-7（24）.

② 巴莫曲布嫫，张玲. 联合国教科文组织：《保护非物质文化遗产伦理原则》［J］. 民族文学研究，2016（3）：5-6.

第三节　非物质文化遗产保护的方式

人类非物质文化遗产内容丰富、形式多样，并与特定的自然环境及社会环境相依存。不同种类的非物质文化遗产的保护方式各不相同。目前非物质文化遗产保护的方式主要有整体性保护、活态性保护、抢救性保护、数字化保护和生产性保护等。

一、整体性保护

整体性保护就是要保护非物质文化遗产所拥有的全部内容和形式，以维持非物质文化遗产传承的历史延续性。

非物质文化遗产的整体性保护，是对社会发展中世代相传的精神（技艺）层面文化的动态保护。非物质文化遗产保护的核心元素是群体优质文化基因，这种文化基因在历史传承中凝聚了群体的宗教信仰、审美观、价值观、生活观和思维模式，是群体发展的源泉。不管时代如何变迁，其文化核心元素都被代代保留，成为群体的遗传基因和文化身份基本标识。在保护好群体优质文化基因的同时，也要保护好原生态文化生长的文化空间，引导好原生态文化的良性变迁。

中国非物质文化遗产的整体性保护重点经历了从对少数民族民间文化的保护，到对民间传统文化的保护，再到对非物质文化遗产的保护；保护范围经历了从一个具体文本、一种类型到一个传承人、一个村落的保护，再到区域性的保护，直至建立一个文化生态区的保护；保护方式经历了抢救性保护、活态性保护，到整体性保护、生产性保护；保护级别从一般性保护，到国家级、省（直辖市、自治区）、地（市）和县（市）级的多级保护。

中国在非物质文化遗产整体性保护方面进行了积极探索。1998 年 10 月，中国与挪威合作在贵州六盘水市六枝特区梭戛乡建立中国第一座生态博物馆——梭戛苗族生态博物馆。1999 年 12 月 9 日，贵州省建立贵阳市花溪区镇山布依族生态博物馆、黎平县堂安侗族生态博物馆、锦屏县隆里古城生态博物馆，分别用以保存布依族、苗族、侗族和在锦屏当地占人口少数的汉族传统文化。2004 年 11 月，中国第一座瑶族生态博物馆——南丹里湖白裤瑶生态博物馆在广西南丹开馆。至 2006 年，中国已有各种形式的生态博物馆十余个，保护对象包括了苗、侗、瑶、布依等民族村寨的传统文化。在中国第二个文化遗产日（2007 年 6 月 9 日），文化部宣布第一个国家级文化生态保护区——闽南文化生态保护实验区设立。截至 2020 年 12 月，文化和旅游部已批准设立了闽南、徽州、热贡等 24 个国家级文化生态保护实验区，各省（区、市）也设立了 146 个特色鲜明的省级文化生态保护区。2018 年 12 月，文化和旅游部出台《国家级文化生态保护区管理办法》并于 2019 年 3 月 1 日起正式施行。2019 年 12 月，文化和旅游部公布了 7 个国家级文化生态保护区名单。

二、活态性保护

非物质文化遗产蕴含的文化、艺术和技艺依附于人本身，如何进行活态性保护是一大难点。活态性保护是让非物质文化遗产在变化的环境中进行传承，它区别于以现代科技手段对非物质文化遗产进行“博物馆”式保护的方式（即用文字、音像、视频的方式记录非物质文化遗产）。

不同类别的非物质文化遗产项目面临着不同的活态保护任务。传统技艺类的非物质文化遗产，其内容虽然可用影像记录与传播，比如记录壮族绣球和六堡茶的手工制作技艺，但它们的文化背景却很难加以保护。绣球曾是壮族青年男女的定情礼物，传统的六堡茶通常吊放于瓦房的炉灶之上加以保存，这些民俗随着时代的变迁而消失。艺术类非物质文化遗产的传承，同样存在着类似的情况：非物质文化遗产的技术或艺术容易被记录，但其文化背景却难以记录或传授。

民间文学类非物质文化遗产项目的活态性保护更困难。社会生活环境、信仰民俗语境已发生了重大变化。讲故事作为传统的娱乐方式，已被电视、电脑、手机等带来的娱乐方式代替。神话、史诗赖以传承的祭祀仪式逐渐简化甚至消失。民间文学类非物质文化遗产迅速式微，如广西壮族民众能讲述百鸟衣故事的人越来越少；随着广西布努瑶“大还愿”仪式的消失，《密洛陀》史诗宏大的叙述场景不复再现，《密洛陀》史诗传承人只能凭回忆复原史诗的部分内容。

非物质文化遗产的活态性保护，最终要依靠民众的参与，使群体真正成为保护的主体。民众积极参与，人人都成为非物质文化遗产的传承人，非物质文化遗产的活态性保护就会呈现一派生机。如广西传统歌圩虽已衰落，但各地山歌协会的成立和网络对歌的兴盛促进了对歌习俗的复兴，在民众的积极参与下，新的歌圩正在形成，对歌活动得以活态传承，成为地方重要的娱乐活动。

三、抢救性保护

抢救性保护是指对濒临灭绝的非物质文化遗产采取紧急的记录、整理，使其得以存活、传承的特殊性保护措施。“抢救第一”是中国非物质文化遗产保护方针之一，为此实施的抢救性保护，是非物质文化遗产保护的重要方式。要实施抢救性保护，首先要做好全面的非物质文化遗产普查，真正摸清非物质文化遗产资源的“家底”；其次要建立起名录体系，对具有重大价值又濒临灭绝的非物质文化遗产进行重点、优先的抢救保护；最后要培养传承人，以人为载体将非物质文化遗产保护传承下去。中国的非物质文化遗产抢救性保护取得了令人瞩目的成果。大部分国家级非物质文化遗产代表性项目因为抢救性保护而得以传承并为世人所熟知。如广西对壮族史诗《布洛陀》实施抢救性保护，出版了《壮族麽经布洛陀影印译注》等典籍，不断推出布洛陀神话史诗研究专著，辅以媒体广泛的宣传，使得越来越多的民众参与传承壮族始祖布洛陀的故事。中国濒临灭绝的非物质文化遗产数量众多，抢救性保护工作，仍然任重道远。就中国环北部湾地区的傩文化而言，由于师公唱本等傩书数量众多，整理、翻译、研究和出版的任务很重，随着众多傩文化传承人逐渐衰老，存在人去艺亡的危险。如何进一步加强傩文化的抢救性保护力度，仍是当下面临的迫切问题。此外，如南方的传统体育、游艺与杂技类非物质文化遗产项目，由于专业人才的缺乏，得不到有效的抢救与保护，情况让人担忧。

四、数字化保护

联合国教科文组织《保护非物质文化遗产公约》指出："鼓励开展有效保护非物质文化遗产，特别是濒危非物质文化遗产的科学、技术和艺术研究以及方法研究。"非物质文化遗产数字化保护是指采用数字采集、数字存储、数字处理、数字展示和传播等技术，将非物质文化遗产转换成可共享的数字形态并加以保存。

非物质文化遗产依托于人本身而存在，以声音、形象和技艺为表现手段，是活的动态文化。早在 20 世纪上半叶就有学者利用影像手段，对民间文学（口头传统）类非物质文化遗产作了详尽的记录和深入的研究。进入 21 世纪之后，随着数字化手段的丰富，对非物质文化遗产的记录和研究也进入了一个全新阶段。图文扫描、立体扫描、全息拍摄、数字摄影、运动捕捉等现代数字技术，为非物质文化遗产保护提供了全新的记录方式。数字化存储技术通过数据库、磁盘阵列、光盘塔、光纤、网络存储以及云盘存储等，实现了对非物质文化遗产信息进行采录、存储、管理和访问等功能。

非物质文化遗产的数字化保护，是要把数字化技术与非物质文化遗产的活态传承相结合。黑龙江达斡尔族的乌钦、赫哲族的伊玛堪、鄂伦春族的摩苏昆三种曲艺音乐作为第一批国家级非物质文化遗产代表性项目，就是借助数字化手段记录传承下来的。电影《刘三姐》保留下来的壮族山歌曲调被广西各族民众广泛运用在日常对歌中，是非物质文化遗产数字化保护的典范之一。目前还有很多非物质文化遗产项目迫切需要数字化手段加以保护，如《苗族古歌》《密洛陀》等史诗，仫佬族、毛南族、壮族和汉族的傩文化项目，全面的数字化记录将为活态传承提供永久的数字资料，也为其返回社区提供保障。

五、生产性保护

联合国教科文组织《保护非物质文化遗产公约》指出："保护指确保非物质文化遗产生命力的各种措施，包括这种遗产各方面的确认、立档、研究、保存、保护、宣传、弘扬、传承（特别是通过正规和非正规教育）和振兴。"生产性保护是指非物质文化遗产项目通过生产过程得到活态保护和发展。

2005 年国务院办公厅发布的《关于加强我国非物质文化遗产保护工作的意见》指出，非物质文化遗产保护工作的指导方针是"保护为主、抢救第一、合理利用、传承发展"；要正确处理保护与利用的关系，坚持非物质文化遗产保护的真实性和整体性，在有效保护的前提下合理利用。同年，国务院发布的《关于加强文化遗产保护的通知》强调要"正确处理经济社会发展与文化遗产保护的关系"。早在 2011 年就有学者提出："非物质文化遗产既有意识形态属性，又有商品属性。非物质文化遗产真正的价值在于其所蕴含的丰富的文化因子，这些文化因子可以通过生产、流通、销售等方式转化成为体现独特的民族风格和地方特色的优秀文化产品，使之重新融入现实社会，走进人们的日常生活，这种对非物质文化遗产的生产性保护是最具文化延续性和创造力的保护。"①

---

① 黄永林. 生产是最好的保护 [N]. 光明日报，2011-10-7 (4).

由于非物质文化遗产项目蕴含着巨大的经济价值，地方政府申报的初衷往往蕴含着经济开发动机，这无可厚非。但不同的非物质文化遗产项目生产性保护的可能性不一样。手工艺类、艺术类、医药类和体育竞技类的非物质文化遗产项目，其生产性保护可能性高一些；与民间信仰相关的非物质文化遗产项目，它的生产性保护可能性低一些。比如壮医药、瑶医药通过生产性保护，经济效益、社会效益获得较大提高；广西钦州坭兴陶技艺保护与经济开发相辅相成，促进了社会与经济的发展；广西的彩调、邕剧与表演市场接轨，较好地促进了地方戏剧的良性发展。

二维码 4-2

第四节 非物质文化遗产保护的机制

非物质文化遗产保护要遵循自身特点，在社会各界的共同参与下，充分发挥各方面的优势和积极性，形成有利于传承发展的保护机制。

一、政府主导、专家指导和民众为主的多方合作保护机制

政府主导、专家指导和民众为主的多方合作保护机制，是指政府、学者和社区群体三者的合作关系。在非物质文化遗产保护中，政府负责立法、评定项目、评定传承人、给予政策与财政的支持、传承与传播活动等工作。在政府主导的工作中，专家参与指导，确保工作的有效性与专业性。要确保对非物质文化遗产的文化基因库内容进行有效保护，即对非物质文化遗产传承人、传承群体、文化传统与文化空间等进行综合保护。文化基因库的保护与实践，民众是主体。民众对非物质文化遗产项目的保护作用有几种情况：第一，一直虔诚地传承着非物质文化遗产，因为政府和学者的推动，民众更积极参与到非物质文化遗产保护工作之中。江西省的“南丰跳傩”即是这种情形。第二，某项非物质文化遗产面临着濒危、灭绝的状态，政府和学者大力推动该项目的抢救和保护工作，民众受到鼓舞，重新传承该非物质文化遗产项目。云南省富宁县的“坡芽情歌”和西畴县的“女子太阳山祭祀”等即是如此。第三，某项非物质文化遗产具有很强的当代应用价值，传承人主动与政府、学者合作，踊跃地对它加以保护、宣传和推广。大量技艺类的非物质文化遗产项目的保护工作都属此情况。

事实证明，政府、学者和民众的有效合作，是促进非物质文化遗产保护的有效措施。以广西民歌保护为例，政府申报了民歌的各级非物质文化遗产代表性项目，一批民歌专家参与民歌的传承、传播工作。随着南宁国际民歌艺术节、武鸣“三月三”活动的开展，民众提升了民歌文化自信。广西各族民众参与新的歌圩对歌，或以新的方式（网络）对唱，使民歌重新成为生活的重要组成部分。广西民歌的保护，是政府主导、专家指导和民众为主的多方合作保护机制的成功运用。由于非物质文化遗产对象性质的不同，这三者合作的机制要根据不同情况加以运用。总体而言，传统技艺类、传统体育类、民间文学类等非物质文化遗产项目，要实现三者合作的机制较为容易，以民间信仰为重要依托的非物质文化遗产项目，本体保护的工作不容易开展。

二、加强依法保护、落实问责制度的保护机制

随着非物质文化遗产保护工作的深入推进，中国不断出台相关的法律、法规和条例，让保护工作有法可依。

自成为联合国教科文组织《保护非物质文化遗产公约》缔约国以来，中国制定了《中华人民共和国非物质文化遗产法》，奠定非物质文化遗产保护的重要法律基础。国务院和各省、自治区、直辖市制定了一批非物质文化遗产保护行政法规和地方性法规。非物质文化遗产保护工作得以顺利进行，离不开相关法律法规的保驾护航。一些地方政府还制定地方性保护条例，把非物质文化遗产保护工作落到实处。但也有一些地方政府的非物质文化遗产保护工作重申报、重经济开发而轻保护。落实《保护非物质文化遗产公约》责任，必须从法律上进一步完善，有必要对已申报成功的一系列各级非物质文化遗产代表性项目进行巡视，对保护不力、政府不作为的现象进行警示、亮牌，直至取缔其各级非物质文化遗产代表性项目称号。这需要进一步加以完善，真正落实非物质文化遗产保护的问责机制。2019 年，文化和旅游部同意对 793 个涉及更名、撤销、职能调整的保护单位进行调整和重新认定，对 14 个检查不合格的保护单位给予限期整改，对 38 个检查不合格的保护单位取消其保护单位资格①。这是对非物质文化遗产有关法律法规的执行。

中国申报、评审非物质文化遗产项目的操作方法，还有进一步提升的空间。一些地方对非物质文化遗产申报、保护的积极性有待增强。有的部门申报非物质文化遗产项目时，不是从社会、经济可持续发展的愿望出发，而是从部门的利益出发，影响了非物质文化遗产申报工作的科学性与公正性。要进一步发挥专家在非物质文化遗产保护工作中的作用，加强专家考核机制建设。要细化不同非物质文化遗产项目种类的相应管理条例。这需要在法律上加以完善，明晰职责，进一步促进非物质文化遗产保护工作深入开展。

三、文化与科技融合的保护机制

非物质文化遗产数字化保护就是通过数字采集、储存、处理、传播等技术，将非物质文化遗产转换、复原成可共享、可再生的数字形态，以新的方式加以保存和利用。2005 年，国务院在《关于加强我国非物质文化遗产保护工作的意见》中提出：“要运用文字、录音、录像、数字化多媒体等各种方式，对非物质文化遗产进行真实、系统和全面的记录，建立档案和数据库。”② 2010 年文化部启动“中国非物质文化遗产数字化保护工程”，将其作为文化部“十二五”时期规划项目，凸显了非物质文化遗产数字化保护的重要地位。2011 年颁布的《中华人民共和国非物质文化遗产法》进一步对非物质文化遗产数字化保护工作做出规定，使数字化保护有法可依。国家加大保护非物质文化

---

① 文化和旅游部办公厅关于公布国家级非物质文化遗产代表性项目保护单位名单的通知（办非遗发〔2019〕150 号）［EB/OL］.（2019-11-29）［2020-10-05］. http://www.ihchina.cn/zhengce_details/19398.

② 关于加强我国非物质文化遗产保护工作的意见［EB/OL］.（2005-08-15）［2020-10-05］. http://www.gov.cn/zwgk/2005-08/15/content_21681.htm.

遗产的力度，批准了“中国节日影像志”“中国节日文化数据库”和“中国史诗百部工程”等项目。数字技术为非物质文化遗产保护提供了强大的技术支持。但数字化保护不能“重技术、轻文化”，应把文化与科技相融合，让政府、学者和民众有效合作，让非物质文化遗产信息取之于民、还之于民。

不同的非物质文化遗产种类，科技与人文融合的途径、方式不同，效果也有差异。以技术、艺术为主的非物质文化遗产项目，科技与人文融合的方式便捷、有效。剪纸艺术、传统制作茶叶技术等项目，以科技的方法记录下来，方便传承与传播。曲艺、戏剧等传统艺术，通过现代技术得以保存、传播，效果不错。以观念为主的非物质文化遗产项目，或者观念与实践并重、高度依赖民俗环境的项目，科技与人文融合的保护方式存在以下问题：一是制作成本高。用科技还原、记录非物质文化遗产项目，需要大量投入。二是科技产品不容易为民众获取。由于技术产品的版权问题，普通民众很难轻易获得这些资源。三是人才素质要求高。要制作出通俗易懂且受老百姓所喜爱的科技产品，需要很多专业人才。如何进行科技与人文融合，有效地进行非物质文化遗产保护，还有很多探讨的空间。

四、濒危性非物质文化遗产优先保护机制

在非物质文化遗产保护中，对于急需保护的，我们要采取必要的措施优先保护。中国的非物质文化遗产门类多、范围广，因国家财力所限，宜对之采取轻重缓急的策略，濒危性的项目，从项目申报到研究和保护，都应采取优先的保护机制。由于优先保护机制的落实，一批濒危性非物质文化遗产项目及时得到了记录和保护，专家、学者抢救了一批壮族《布洛陀》史诗文本，出版了《壮族麽经布洛陀影印译注》，为布洛陀史诗的保护与传承做出了杰出的贡献。其他民间文学也是如此，影响巨大的藏族《格萨（斯）尔》、蒙古族《江格尔》和柯尔克孜族《玛纳斯》三大英雄史诗因为得到及时保护，为后代留下了珍贵的财产。

其他门类的非物质文化遗产项目同样如此。如广西的邕剧因为被列入国家级非物质文化遗产名录而得到保护和发展。尽管如此，濒危性非物质文化遗产保护仍是一项非常紧迫的重要工作。如南宁平话师公戏的剧目“板凳龙”（类似于剧目“大酬雷”）已几近失传，若社会对它加以重视，重新挖掘、整理，它一定能得以保留、传承。类似的濒危性优秀非物质文化遗产还很多，需要更多的专家、学者深入调查、论证，并加以呼吁，以引起政府、民众及其他社会各界人士的重视。

五、适应文化发展、交流大势的保护机制

非物质文化遗产保护不可能对所有的传统文化都进行保护。时代在发展，一些传统习俗退出社会舞台是历史必然，保护工作要适应社会文化的发展趋势。很多非物质文化遗产具有独特的文化交流价值，如书法、京剧等，是促进中国与世界交流的重要载体；新疆维吾尔木卡姆艺术、蒙古族长调民歌等项目，也为世界艺术的丰富性做出了贡献。这些人类口头和非物质文化遗产参与国际文化交流，既发挥了文化的交流作用，又实现

了非物质文化遗产的价值。一些非物质文化遗产项目由多国、多民族共同拥有，对于促进国际交流和民族交往具有独特的意义。如京族哈节对于促进中越文化交流就具有独特的意义。一些人士过多地强调非物质文化遗产项目本身的特殊性、民族性和地方性，忽视文化融通性特点和文化互鉴性功能。优秀的非物质文化遗产都是文化交流的产物，它蕴藏了促进交流的功能。以国家级非物质文化遗产《布洛陀》为例，《布洛陀》所依存的民间经书（壮族麽经），是各民族神话交流的结果。在保护工作中，若把这些文化交流信息传递出去，一定能更好地促进壮族和其他民族的文化交流。随着国家文化走出去战略的实施，非物质文化遗产项目得到越来越多的展示机会。

六、少数民族非物质文化遗产的平等、公平保护机制

少数民族文化是中华文化的重要组成部分，少数民族的非物质文化遗产对于丰富中华文化的多样性具有特殊意义。中国的大型歌舞晚会若缺少了少数民族的歌舞，将缺乏艺术多样性。同样，如果对少数民族非物质文化遗产不加以保护任其消失，将是中国文化甚至世界文化的灾难。中国对少数民族非物质文化遗产项目加大保护力度，正是出于平等、公正保护的需要。

少数民族地区专业人才较缺乏，国家应加大对该地区人才的培养与研究力度。少数民族民众的文化自觉意识比较薄弱，需要加强文化自信的传递，让民众真正成为非物质文化遗产的传承主体。对少数民族非物质文化遗产的保护，需要从法律上进一步加强。《中华人民共和国非物质文化遗产法》关于少数民族非物质文化遗产保护的条款较少，相关法律法规体系亟待完善；民族自治地区关于非物质文化遗产保护的立法工作有待加强；少数民族非物质文化遗产法律保护缺乏有力的执法机构和队伍；少数民族地区亟待进行法律知识宣传①。这些，都是影响少数民族非物质文化遗产获得公平、平等保护的重要因素。

总之，非物质文化遗产的保护，是全人类文化传承发展的需要，更是当代人类社会可持续发展的需要。只有充分认识非物质文化遗产保护的重要意义，树立科学的保护观念，运用合理的保护方式，形成良好的保护机制，才能真正把非物质文化遗产传承下去，为千秋万代造福。

关键概念

文化多样性　文化权利　保护原则　保护方式　保护机制

主要论点

1. 对世界而言，推进非物质文化遗产保护工作有利于维护世界文化的多样性；有利于促进人类基本文化权利的实现；有利于推动不同国家及民族间的文化交流与合作；

---

① 法律保护：少数民族非物质文化遗产保护的法治建设研究［M］//肖远平，柴立. 中国少数民族非物质文化遗产发展报告. 北京：社会科学文献出版社，2018：25-27.

有利于解决全球文化冲突，维护世界和平与发展。对中国而言，推进非物质文化遗产保护工作有利于维护中华民族文化的丰富性及多样性；有利于增强文化认同，促进文化自觉；有利于铸造民族精神，提高文化自信；有利于推进文化创新，实现文化自强。

2. 文化多样性是指文化在不同的时代和不同的地方具有各种不同的表现形式。这种多样性的具体表现是构成人类各群体和各社会特性所具有的独特性和多样化。

3. 公民文化权利，主要包括文化参与权、文化共享权、文化收益权和文化平等权四种权利。

4. 非物质文化遗产保护应遵循真实性原则、整体性原则、活态性原则、科学性原则、伦理性原则等保护原则。

5. 非物质文化遗产保护方式主要有整体性保护、活态性保护、抢救性保护、数字化保护和生产性保护等。

延伸阅读

1. 文化部非物质文化遗产司. 非物质文化遗产保护法律法规资料汇编 [M]. 北京：文化艺术出版社，2013.

2. 文化部外联局. 联合国教科文组织保护世界文化公约选编（中英对照）[M]. 北京：法律出版社，2006.

3. 王文章. 非物质文化遗产概论 [M]. 北京：教育科学出版社，2008.

4. 乌丙安. 非物质文化遗产保护理论与方法 [M]. 北京：文化艺术出版社，2016.

5. 王文章，陈飞龙. 非物质文化遗产保护与国家文化发展战略 [J]. 求是，2007 (17)：46-49.

6. 单霁翔. 保护民族文化遗产　维护文化多样性 [J]. 中国民族，2014 (2)：28-33.

7. 巴莫曲布嫫，张玲. 联合国教科文组织：《保护非物质文化遗产伦理原则》[J]. 民族文学研究，2016 (3)：5-6.

8. 黄永林. 数字化背景下非物质文化遗产的保护与利用 [J]. 文化遗产，2015 (1)：1-10.

思考问题

1. 推进中国非物质文化遗产保护工作有何重要意义？
2. 非物质文化遗产保护应遵循哪些原则？
3. 为什么要对非物质文化遗产进行数字化保护？
4. 对非物质文化遗产进行整体性保护的实践难点在哪里？
5. 为什么要遵循少数民族非物质文化遗产的平等、公平保护机制？

（黎学锐　林安宁）

第五章　非物质文化遗产的利用

在现代社会经济文化发展语境下，非物质文化遗产利用是实现文化遗产资源向文化资本转化的重要途径，也是促使非物质文化遗产资源寻求新发展的必由之路。非物质文化遗产资源与一般文化资源在文化内涵、资源特性上均存在许多不同之处，漫长的历史演变与积淀使其具有深厚的文化内涵和底蕴，而与人类社会生产生活紧密结合又赋予非物质文化遗产文化多样性和灵活性的特征。因此，非物质文化遗产利用存在着自身的特殊性。本章主要从非物质文化遗产利用取向、媒介及途径三个层面阐述非物质文化遗产利用相关问题，并就非物质文化遗产利用前景进行展望。

第一节　非物质文化遗产利用的取向

非物质文化遗产利用取向主要是指在现代社会文化语境中非物质文化遗产将何去何从的问题。从词意层面解释，非物质文化遗产利用的取向问题，具体是指非物质文化遗产的利用向度。人类社会文化因所处环境变化而始终处于演变过程中，非物质文化遗产正是在文化演变历史长河中形成了不同的文化样式和特征。对非物质文化遗产利用取向进行分析，其根本目的在于把握非物质文化遗产资源利用的方向与重心，更为科学有效地开展非物质文化遗产资源利用实践。如美国学者丹尼尔·贝尔在对后现代社会进行研究时提出的中轴理论模型所述：在肯定社会矛盾关系复杂性和多元性的同时，强调人们可以根据主观需求，在复杂的矛盾关系中选择一种最为重要的关系或因素作为轴心展开研究①。从当前非物质文化遗产的利用现状来看，主要可从经济取向、文化取向和社会取向三个方面把握非物质文化遗产资源利用重心。

一、经济取向

随着文化市场日渐发展成熟，非物质文化遗产得以以资源形式进入市场领域，通过科学系统的资源开发利用最终创造出相应经济价值。关于文化从资源向资本转化问题的研究，自 20 世纪 30 年代起便已出现。西方社会学家皮埃尔·布尔迪厄在场域理论中对文化的资本属性进行了论证，并提出有关文化资本转换的经典模型。在场域理论中，文化被视作个体参与社会实践的一种资本样式，文化资本指人类各种教育行动传递的文化物品，主要有三种存在形式：一是身体化的形态，具体表现为人们的文化性格；二是物

---

① 刘少杰. 国外社会学理论［M］. 北京：高等教育出版社，2006：272.

化的形态，具体表现为文化物品；三是制度化的形态，蕴含在人类社会的各类制度中[①]。布尔迪厄对文化物品的论述揭示了文化的资本属性，为后来文化经济相关研究奠定了基础。在工业革命兴起之后，法兰克福学派也从批判性视角出发，对文化工业概念及其社会影响进行了论证，并就文化资源如何借助工业化生产最终转化为产品形式展开分析。尽管法兰克福学派对文化工业持以精英主义的悲观性批判态度，但其所产生的诸多研究成果为论证文化资源市场化运作提供了借鉴。从法兰克福学派到伯明翰学派，人们对文化资本化的态度发生了更为积极的转变——包容性地认识到文化在市场经济领域所能发挥的作用。及至今日，文化的资本属性和经济价值已然得到了较为广泛的认可。

关于非物质文化遗产利用的经济取向，主要是指以非物质文化遗产资源的经济性为利用重心，将非物质文化遗产资源与市场经济活动相结合，充分发挥非物质文化遗产的多样性和稀缺性特征，以社会大众文化需求为导向，在市场供需结构关系中进行科学合理的资源规划与利用。非物质文化遗产资源利用的经济取向，就是要尊重市场经济自发调节作用，借助与资本的融合使其进入市场经济领域，推动非物质文化遗产从文化资源样态转化为文化资本样态。中国经过十余年的文化产业经济发展，民众文化消费观念得到了进一步的培养和更新。当前大众对市场中供给的文化产品服务有着多样化需求，在消费娱乐性文化产品的同时，大众对具有深厚文化内涵和文化特色的产品服务也表现出比较强烈的需求。非物质文化遗产是经过较长历史积累和传承形成的社会文化资源，与现代社会文化相比存在着一定的文化稀缺性。深厚的文化底蕴和丰富的文化内涵，使非物质文化遗产与大众文化消费需求存在着诸多契合点。从市场经济领域来看，非物质文化遗产的文化稀缺性经过市场力量的形塑能够转变为商品的稀缺性，从而为非物质文化遗产的持有者和生产者群体带来相应的市场收益。非物质文化遗产利用的经济取向侧重于其自身的资本属性，是在特定市场场域环境中实现的。换言之，非物质文化遗产的资本属性需要经过市场机制形塑，才能在市场经济实践中转变为相应的经济价值。因此，脱离了特定市场场域或是缺少相应的市场供需结构关系，非物质文化遗产利用的经济取向便很难实现。

二、文化取向

文化取向是非物质文化遗产利用的基本方向之一，从本质上讲，非物质文化遗产正是人类社会文化的一种形式。因此，如何盘活非物质文化遗产，使其成为大众社会文化生活中的显性文化元素，是非物质文化利用所必须思考的问题。就人类社会的文化性质而言，西方学者泰勒曾提出："文化乃是包括知识、信仰、艺术、道德、法律、习俗和任何人作为一名社会成员而活动的能力和习惯在内的复杂整体。"[②] 由此可见，文化存在和发展的根本在于人类个体的实践活动，因此文化的生命力源自人类个体的不断实践。从文化属性上看，非物质文化遗产资源属于人类社会的精神文化范畴，其与一般精

① 刘少杰. 国外社会学理论［M］. 北京：高等教育出版社，2006：351.

② 张岱年，方克立. 中国文化概论［M］. 2版. 北京：北京师范大学出版社，2004：5.

神文化的区别主要表现为时空差异。可以说非物质文化遗产资源是前代社会的文化遗留，是在前代社会文化生产和传播中较为活跃的文化元素，而在现代社会则因人类社会环境和个体实践活动变化处于一种相对隐性的状态。虽然非物质文化遗产脱离了其原有文化生存环境而处于一种“遗产”状态，但却以族群共有文化记忆方式遗存在现代社会文化生活之中。在社会教育实践层面，非物质文化遗产作为历史文化知识，成为教育实践的内容之一。在异民族的文化交往层面，非物质文化遗产以文化象征的形式，成为异民族之间进行文化识别的标识所在。在外部文化环境的影响下，在文化持有群体的社会实践作用下，非物质文化遗产与现代社会生产生活相结合，不断建构出新的社会文化样式，成为现代社会文化的元文化。

非物质文化遗产文化取向的利用目标在于，结合现代社会文化环境赋予非物质文化遗产新的生机与活力，使其能够再次与人类个体社会实践活动有机结合，在实践过程中提升非物质文化遗产的生命力和传播力。把握非物质文化遗产利用的文化向度，有助于引导社会成员正确认识非物质文化遗产的性质和特征，在非物质文化遗产利用过程中保证非物质文化遗产资源的文化原真性。尊重非物质文化遗产的文本意义，借助科学有效的社会传播途径可使大众更多地接受、了解非物质文化遗产所蕴含的文本信息，实现非物质文化遗产的文化传承和教化作用。非物质文化遗产是经过漫长历史演变积累而成的，对于后来者了解先辈社会文化生活有着十分重要的价值。非物质文化遗产的文化取向利用需要将其视为一种鲜活的文化样态，而不是仅仅停留在脑海中的“记忆”。我们应正视非物质文化遗产的文化生命力及其对现代社会文化构建的积极作用，以活化利用模式引导非物质文化遗产与日常生活实践相结合，以非物质文化遗产为基础构建具有鲜明文化特色的空间环境，丰富我们社会生活中的文化空间功能。非物质文化遗产利用，既要尊重其作为人类社会共同遗产的珍贵价值，也要认识到非物质文化遗产蕴含着较强的文化延展性和可塑性，应以相关技术手段使其在现代社会文化塑造中发挥更为突出的作用。非物质文化遗产所蕴含的文化信息既凝练丰富又珍贵脆弱，因此非物质文化遗产利用的文化取向不仅要做到对非物质文化遗产的科学保护，而且也要做到推动非物质文化遗产广泛传播。应在传播中培养社会大众对非物质文化遗产的认同，使非物质文化遗产从社会的集体性文化记忆转变为实践性文化生活，在实践过程中赋予非物质文化遗产更多的表现形式。

三、社会取向

文化是人类社会的黏合剂，是人类由自然人向社会人过渡的推动力量。文化自人类社会形成初期便已存在，是社会存在和发展的重要因素。从人类社会发展历程来看，文化既经历了由宗教神学文化到政治阶级文化的发展历程，也经历了由精英文化向大众文化的演变进程，但无论是何种形式的文化皆与其所处社会环境形成伴生关系。社会与文化相互作用，相互影响，推动了人类社会结构的维持和发展。人类在早期探索自然实践中，创造了带有神秘和敬畏色彩的图腾文化，图腾文化使人类由分散的小群体发展成为整合的大社群，以生理血缘关系为基础、以共同信仰崇拜为纽带的社会雏形开始诞生。

随着人类社会规模不断扩大，对自然世界的改造程度也进一步加深，在改造自然过程中人类创造了繁复的宗教神学文化。宗教神学文化与封建君权相结合，成为封建君主专制制度的根基所在，并以此为核心在封建时期形成了更为强大的社会团结。工业革命的出现不仅实现了社会生产力的极大提高，也使人类社会文化走向了多样化。文化的多样化为社会大众提供了更多关于生活自由想象的空间，因此也导致后现代社会呈现出多元化和碎片化的基本特征。由此可见，文化与社会之间的伴生关系，使任何社会形态的存在、发展和演变中都存在着文化作用力，因此社会取向也是非物质文化遗产利用的题中应有之意。

西方学者帕森斯在分析人类社会的结构分化与社会发展问题时，提出了著名的“A-G-I-L”模型，其中“L”特指人类社会的潜在模式维持功能，而发挥潜在模式维持功能的基础便在于人类社会的文化要素。帕森斯认为，模式维持功能是人类社会文化系统的结构性功能，是行动规范、价值理想等普遍化为文化模式后对社会发生的影响①。非物质文化遗产是人类社会文化传承发展的产物，是贯穿一个地区、一个民族繁衍生息历史的文化记忆。因此，在现代社会生活中对非物质文化遗产加以利用，需要充分考虑非物质文化遗产的社会取向。就社会取向而言，非物质文化遗产的功能价值主要表现在社会记忆和社会团结两个方面。首先，非物质文化遗产资源是一个民族群体发展历程中经过不断创造和积累的产物，因此非物质文化遗产资源是所属民族群体的文化读本、历史记忆和民族心性。在现代社会的文化语境下，非物质文化遗产资源有着特殊的文本图示价值。对非物质文化遗产资源加以利用，需要充分考虑其所承载的社会记忆功能，为社会大众进行历史文化的传承和习得提供媒介。其次，非物质文化遗产资源作为人类社会历史文化的一部分，在民族社会内部具有联结功能，是维系民族内部团结的纽带。文化人类学研究表明，历史文化中所包含的祖先记忆和历史心性，对人类个体寻求集体归属和认同有着积极作用。与血缘关系不同，文化在社会团结中发挥的作用更为隐性也更为稳固，因此非物质文化遗产资源的利用还需充分发挥其社会团结的功能。

第二节　非物质文化遗产利用的路径

随着国内外学界对非物质文化遗产资源关注度的逐渐提升，近年来非物质文化遗产利用路径体系实现了显著拓展。从目前的学术研究和利用实践来看，非物质文化遗产利用的路径属于跨学科研究范畴，其构建依赖于多学科研究成果转化，因此也促使其呈现出多样化特征。本节将结合前文分析，具体从经济价值利用、教育价值利用和社会价值利用三个层面介绍非物质文化遗产利用路径体系。

一、经济价值利用

非物质文化遗产的经济价值利用取向，主要指将非物质文化遗产资源置入市场经济

① 刘少杰. 国外社会学理论［M］. 北京：高等教育出版社，2006：167.

领域，借助市场资本盘活非物质文化遗产资源，形成多产业融合的资源利用路径，其中文旅融合式利用路径较具典型性。文化和旅游经济相融合是旅游产业发展的必然趋势，也成为非物质文化遗产资源利用的路径之一。从人类社会旅游经济发展历程来看，从古代社会的外出游访到现代社会的休憩活动，文化猎奇心理是驱动旅游者开展旅游行为的内在动力，因而社会文化多样性、差异性和原生性始终是助推旅游经济发展的核心。非物质文化遗产资源作为民族社会历史文化的凝聚和积淀，是所属地区和族群文化特质的集中体现。在当前很多地区旅游经济发展中，非物质文化遗产以旅游资源形式得以开发利用。在区域旅游经济场域中，非物质文化遗产作为一种稀缺性资源，在相关利益群体的参与和协作下实现推广以及相应经济资本增值。在非物质文化遗产的文旅经济业态融合式开发利用过程中，需要注意解决不同参与群体的权利义务和参与方式问题。结合市场发展实践经验，可以看出当前非物质文化遗产在文旅经济业态利用中的参与群体主要有政府部门、文旅企业和民众。

在文旅经济场域对非物质文化遗产资源进行利用的过程中，政府、企业和民众围绕着这一资源处于相对协作和博弈中。政府作为宏观政策制定者和非物质文化遗产保护利用的主导者，在非物质文化遗产资源利用过程中体现了国家意志的权力在场。因此，在非物质文化遗产资源利用过程中，政府部门需从国家社会整体利益层面出发，科学合理地制定非物质文化遗产资源旅游化开发框架，既要鼓励非物质文化遗产资源在文旅经济中实现一定的资本增值，也需借助非物质文化遗产资源利用实现民族文化的弘扬和传播。文旅企业是非物质文化遗产资源利用的主要推动者，企业主体与政府部门不同，文旅企业在非物质文化遗产资源利用中具有更为灵活的实践性，凭借自身的资本优势能够为非物质文化遗产资源利用与盘活创造良好的市场环境。文旅企业在非物质文化遗产资源利用过程中，主要是通过产品生产、创意设计以及有偿购买等方式将非物质文化遗产资源转化为非物质文化遗产产品和服务，使非物质文化遗产资源以多种产品服务样式展现在受众面前，并借助受众购买支付等方式实现企业盈利。民众作为非物质文化遗产这一文化样式的创造者和持有者，在非物质文化遗产文旅经济利用过程中承担着文化载体的作用。需要注意的是，任何非物质文化遗产资源开发利用若是离开其传承主体，则必将因文化生命力的缺乏而走向流失和消亡。因此，民众在非物质文化遗产资源利用中需发挥更为积极主动的作用。一方面应着力提升非物质文化遗产资源持有群体的文化自信心和自豪感，使其能够充分认识到非物质文化遗产资源的文化价值和意义，在日常生活中形成相应的文化自觉；另一方面还需鼓励民众参与到非物质文化遗产资源的产品化生产之中，将所持有的非物质文化遗产资源转化为相应的产品服务并从中获得一定的收益或补偿。

皮埃尔·布尔迪厄从社会结构分析入手，认为人类社会由无数个网结形成，在不同的结点有着不同的资源并对应着个体成员在社会生产生活中的不同位置。社会成员获得位置的基本条件便在于具有相应资源，并在社会互动中实现各自的资源交换和转化。若从场域理论出发，政府、企业和民众参与到文旅融合业态的非物质文化遗产资源利用之中，同样存在着政治资本、经济资本和文化资本的交换和转化现象。政府部门凭借政治资本获取自身的位置，并借助政

二维码 5-1

策制定和宏观调控等方式实现政治资本向经济资本和文化资本转化。企业以有偿支付和产品生产等方式，将其所具有的经济资本转化为文化资本，在推动非物质文化遗产文化资源传承保护和提供社会公共文化服务过程中，将经济资本转化为政治资本。民众作为非物质文化遗产传承者，通过参与非物质文化遗产产品生产和文化传播等活动获取相应经济收入，并在社会文化生活中占有文化持有者的主体地位。因此，在非物质文化遗产文旅经济利用过程中始终存在着政治资本、经济资本与文化资本的相互转化，并以此建构着非物质文化遗产资源利用的文旅经济场域，如图 5-1 所示。

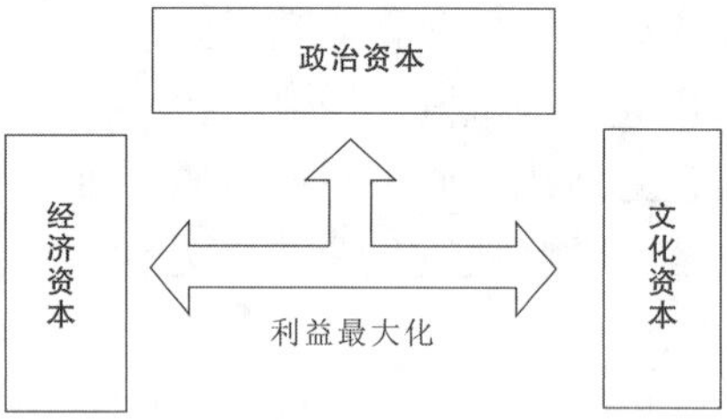

图 5-1　非物质文化遗产利用的文旅经济场域结构

二、教育价值利用

教育是文化的基本功能，中国传统经典《周易》中有“关乎人文，以化成天下”的论述，由此可见，在中国古代社会中文化的教化意义便已得到了关注和重视。在现代社会中，非物质文化遗产利用同样应当回归其文化教化本质。构建非物质文化遗产数据平台，是当前世界各国进行非物质文化遗产文化传播推广的基本手段。以非物质文化遗产资源为主要内容，开展多种形式的普及教育活动，既包括非物质文化遗产的常识性普及，同时也涵盖专业性的遗产传承保护知识和相关技能培训。学者陈思琦和李雨竹在研究中提出非物质文化遗产教育的 PDCD 模式，从纵向渗透、横向共推、链向传承和活态衍生四个层面对非物质文化遗产教育问题进行了剖析，见表 5-1①。

表 5-1　非物质文化遗产教育的 PDCD 模型

纵向渗透 Directive Penetration 非物质文化遗产通识、技艺、推广课程多层级教育	横向共推 Cross Dissemination 高等院校、科研院所、社会机构、文化企业等力量共同参与
链向传承 Inherit Chain 优化教育资源，形成链条式教育体系	活态衍生 Active Derivatives 增强非物质文化遗产教育的成果创新转化能力

其中纵向渗透（Directive Penetration）环节，主要是指在高等院校和学术研究机构中构建以非物质文化遗产教育为主题的课程，使非物质文化遗产教育融入专业人才培养的各个环节之中，具体包括非物质文化遗产通识课程、非物质文化遗产技艺课程以及非

① 陈思琦，李雨竹．非物质文化遗产教育传承“PDCD”模式初探［J］．中华文化论坛，2018（4）：124-128.

物质文化遗产推广课程等。在非物质文化遗产教育中将非物质文化遗产相关知识和技艺融入高等教育课程体系，使其得到有效的利用。如当前国内很多高等院校均开设了“汉服工艺”“汉绣工艺”“羌绣技艺”等选修课程或第二课堂，以实现相关非物质文化遗产的普及性教育。横向共推（Cross Dissemination）环节则是指将非物质文化遗产教育从高等院校、学术机构这类专业研究教育机构，向社会教育、科普等公共文化服务机构推广；形成非物质文化遗产教育向社会大众的横向渗透，实现非物质文化遗产教育的多元化发展；鼓励利益相关群体和社会大众积极参与，借助多种教育技术手段实现受众在非物质文化遗产教育中的沉浸式、体验式学习，增强受众对非物质文化遗产教育的理解和认识。链向传承（Inherit Chain）环节是指在非物质文化遗产教育中形成系统性、链条式的教育模式，避免非物质文化遗产教育中的零散化问题。链向传承模式构建的目的在于克服非物质文化遗产教育缺乏系统性、连贯性的问题，形成较为科学完善的非物质文化遗产教育链条。借助层级性的培育体系，构建从普及性教育到专业教育的连贯体系，进一步发挥非物质文化遗产的教育功能。活态衍生（Active Derivatives）范畴更为侧重的是非物质文化遗产作为一种文化样态的生命力，随着外部文化环境的变化，非物质文化遗产必然会出现相应的自我调适，而在教育功能方面则表现为非物质文化遗产的一种活态衍生：将非物质文化遗产教育由单层面的知识技能传授向多维度的产品创意生产拓展，赋予非物质文化遗产普及教育更为多样性的内涵。

在高等院校“非遗”教育实践中，较为常见的方式是借助信息化数据平台开设“非遗”教育的第二课堂。非物质文化遗产数据平台构建，是非物质文化遗产资源数字化利用的一种实践表现。非物质文化遗产数字化利用以数字化采集和存储技术为支撑，为非物质文化遗产资源的完整保护提供保障，数字化复原和再现技术为非物质文化遗产资源有效传承提供支撑，数字化展示与传播技术为非物质文化遗产资源的广泛传播和共享提供了空间①。非物质文化遗产数据平台是实现非物质文化遗产资源由保护到利用的基础性渠道，既包含数据资料采集、整理、汇编等保护环节，也涉及模拟、展示等利用环节，如图 5-2 所示。非物质文化遗产数据平台的运营管理主体多为国家政府部门、学术研究机构以及部分文化企业，其中高等院校占有较大比重。在我国，中央民族大学、华中师范大学、云南大学等高校均立足于各自学科特色搭建非物质文化遗产数据平台，并在科学研究和日常教学中普遍运用。

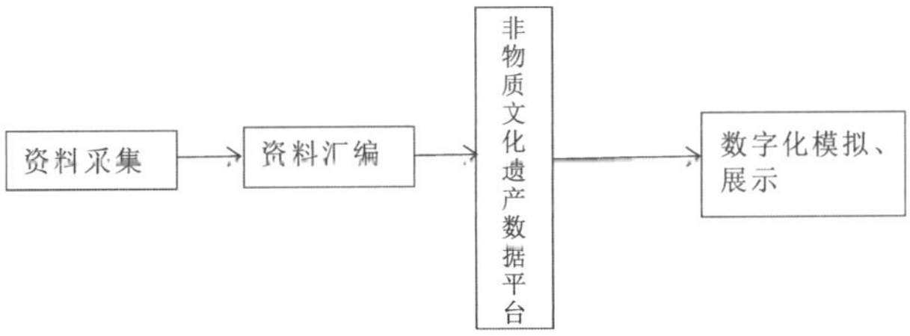

图 5-2　非物质文化遗产数据平台结构简图

① 张效娟．“非遗”数字化保护中的“在场”问题研探：以青海刺绣艺术数字化保护为例［J］．青海民族研究，2018（2）：106-109.

三、社会价值利用

非物质文化遗产的社会价值利用，主要体现在社会文化传承和文化记忆两个方面。推动非物质文化遗产在全社会范围内实现稳定、广泛传播，有助于加强民众对中华民族优秀传统文化的理解和认识，强化中华民族传统文化自信。因此，非物质文化遗产资源利用不仅要开展非物质文化遗产教育展示，推动非物质文化遗产资源的创意生产和转化，还需注意非物质文化遗产信息的常态化宣传。只有逐渐提升非物质文化遗产在现代社会文化生活中的影响力，才能为非物质文化遗产传承、保护和利用创造优质的社会文化环境。现代信息媒介技术使人类社会信息传播进入新阶段，从纸质媒介到互联网媒介，媒介不仅实现了大规模信息数据的有效储存，同时也使信息传播突破了传统时空条件限制。因此，借助媒介平台开展非物质文化遗产信息传播，有助于为大众创造更多接触非物质文化遗产信息的机会，塑造社会整体文化氛围。

就非物质文化遗产信息传播式利用而言，主要可采用三种模式展开。

首先，门户网站式的信息传播是当前非物质文化遗产传播的主要渠道，通过搭建官方门户网站上传非物质文化遗产数据信息，可以为受众提供自由的信息检索和阅览机会。目前中国非物质文化遗产网、光明网以及中国网等网站均为大众提供非物质文化遗产相关信息以供浏览，在非物质文化遗产信息传播中发挥着积极的媒介作用。

其次，移动数据终端也成为非物质文化遗产信息传播的渠道之一。手机等移动终端的普及使大众的信息传播行为偏好发生了明显转变，这些移动终端成为民众日常浏览信息的重要媒介，而移动平台的零散化信息传播模式能够有效填充社会大众的碎片化时间。很多政府部门、科研机构以及文化企业均开设有非物质文化遗产文化信息传播的移动平台，为受众随时随地获取非物质文化遗产信息创造了条件。

最后，非物质文化遗产的社群式传播，也是目前非物质文化遗产信息传播的一种新方式。社群传播基于人类社会化网络的社群性特征，基于现实社会关系形成信息传播网络。社群传播以个体间的社会信任和情感联结为基础，在传播过程中可显著提升受众对传播内容的接受效果。

需注意的是，非物质文化遗产社会化传播不仅有助于社会整体文化氛围的塑造，同时也可丰富群众的日常精神文化生活。非物质文化遗产与建筑等遗产资源不同，精神性特征使其很难带给受众直观的空间感受，非物质文化遗产利用效果多表现为受众的心理愉悦。随着非物质文化遗产资源利用方式的日趋多样化，节庆式非物质文化遗产展示成为非物质文化遗产资源利用的一种新方式。在人类社会文化生活中，节庆文化是较为活跃的一类，节庆以短时间内的文化活动集聚带给参与者丰富的文化体验，从而使参与者在狂欢过程中获得内心的愉悦和放松。学者巴兆祥从民俗学学科角度将节庆活动定义为某一区域或民族从生产庆祝、祖先祭祀等需求出发而组织的集体纪念活动①。

非物质文化遗产节庆式利用具体表现在两个维度，其一是将节庆本身作为一种非物

① 巴兆祥．试论民俗旅游［J］．旅游科学，1999（2）：36-39.

质文化遗产资源加以利用，其二是合理规划布局，将多种非物质文化遗产资源在同一时空内进行集中展示，形成相应的节庆式效应。上述两种模式在非物质文化遗产资源利用中均已得到了普遍运用，对非物质文化遗产资源展示、推广产生了积极的推动作用。前者在中国西南民族地区应用较多，西南地区是我国少数民族主要聚居地。不同民族群体在历史发展过程中形成了各具特色的节庆文化，进入现代社会后，其在非物质文化遗产保护利用的文化语境下成为宝贵的节庆文化资源。如四川省凉山自治州的彝族火把节，便是对彝族传统节庆的合理利用和转化，成为彝族民族传统文化一张亮丽的名片，在国内外产生了显著的文化影响。民族传统节庆依托所处地区文化环境，构建出独具特色的节庆空间场景。在非物质文化遗产资源的节庆式展示中，非物质文化遗产节庆功能正从娱神向娱人方向过渡。宗教仪式逐渐简化，而娱乐化的世俗文化元素正在增多。受众以参与非物质文化遗产节庆活动的方式，在特定时空内与非物质文化遗产文化元素实现高频次的接触，进而加深了对非物质文化遗产的理解和认识。

二维码 5-2

以节庆展示非物质文化遗产的第二种方式则是创造节庆的模式，即经过深入调研和分析，对非物质文化遗产资源进行整理并将具有相同文化属性或较强相关性的资源进行集中展示。将同类或相近的非物质文化遗产资源进行集中展示从而形成节庆类活动，其所追求的是非物质文化遗产资源集聚后所产生的耦合效应。借助非物质文化遗产资源集聚提升文化影响力，引导受众在特定时空内参与到非物质文化遗产资源的展示和传播活动中，不仅可以带给受众更为强烈的文化震撼，也可以使非物质文化遗产资源在区域文化生活中发挥更为积极的作用。如北京、上海、成都、深圳等城市，均已经成功举办多届非物质文化遗产节会，在国内外形成广泛的文化影响，为众多非物质文化遗产文创项目落地构建了平台。

第三节　非物质文化遗产利用的前景

非物质文化遗产利用是一项不断发展的事业，不同历史时期、不同社会环境以及差异化的大众文化需求均对非物质文化遗产利用前景产生影响。进入后现代社会以来，人类社会生产生活的诸多方面发生了显著变化，文化作为人类社会中最为活跃的因素，也在与社会环境相互作用过程中走向了多样性道路。本节主要从资本利用、科技融合和共生理念三个角度，展望非物质文化遗产利用前景。

一、非物质文化遗产的资本利用前景

文化产业是文化与经济融合后形成的新业态，与传统产业经济不同，文化产业在推动社会经济发展中表现出前所未有的活力，极强的产业延展性以及资源吸附能力，使文化产业吸引了大量社会资本流入。随着文化市场经济日趋健全，在市场机制的驱动下文化与经济将会寻找到更多的契合点，非物质文化遗产作为一种市场资源也将会与市场实现更为深入的融合。非物质文化遗产与市场相融合，以市场为推力将进一步盘活非物质

文化遗产的资源活力，实现非物质文化遗产资本化运作，从而在市场经济和社会文化的双重领域中发挥更为积极的影响作用。非物质文化遗产资本利用不仅要注重非物质文化遗产的使用价值，同时也应突出非物质文化遗产的精神价值。通过创意化生产推动非物质文化遗产资源向非物质文化遗产文创产品转化，从而增强非物质文化遗产的功用性。一些原本无法广泛传播和使用的非物质文化遗产资源，经过合理设计生产成为适应现代生产生活需要的产品。消费者在使用非物质文化遗产文化产品过程中，也对非物质文化遗产文化进行了再认识和再实践。非物质文化遗产资源经过市场化运作可以使大众更易接触非物质文化遗产，对于非物质文化遗产持有者、生产者而言则能够借助文化产品供给换取相应的资本收入，更新非物质文化遗产持有者、生产者对非物质文化遗产文化经济价值的认识。如故宫博物院与文化企业合作生产了一系列非物质文化遗产文创产品，在社会上引起了民众对非物质文化遗产的追崇热潮。

除了进行非物质文化遗产产品创意性生产之外，非物质文化遗产与市场融合还表现在商业性非物质文化遗产保护利用机构的创立方面。在我国，非物质文化遗产保护和利用多作为政府公共文化的一部分开展，多从政府行政管理、文化服务角度展开非物质文化遗产利用实践，因此非物质文化遗产利用活动更多体现着无偿性、公益性特征。这也造成非物质文化遗产资源利用并未正确认识市场机制价值。而随着我国文化市场经济日趋完善以及文化事业单位企业制改革力度加深，商业性非物质文化遗产保护利用机构将逐渐成长为非物质文化遗产资源利用的重要补充力量。因此，需要通过市场生产运作实现非物质文化遗产资源的资本增值。商业性机构在进行非物质文化遗产资源利用过程中更为注重非物质文化遗产产品的经济价值，也更多关注社会大众对非物质文化遗产商品的需求性。以商业机构为媒介开展非物质文化遗产资源利用，可以使非物质文化遗产资源的利用方式、利用内容、利用媒介更具灵活性和丰富性，为非物质文化遗产利用开拓新的空间。

加深非物质文化遗产资源利用与市场化融合要注意兼顾非物质文化遗产的社会效益与经济效益，不能一味地追求更多的市场经济利益。在开展市场化利用过程中，一方面要注意非物质文化遗产利用的文化伦理性问题，在非物质文化遗产资源市场化利用中做到有所为、有所不为，不能为追求市场利益最大化而歪曲、损害非物质文化遗产的文化内涵；另一方面则需加强非物质文化遗产产品生产的供给侧结构性改革力度，发散思维、鼓励创新，避免在非物质文化遗产产品生产中出现产品的同质化、表浅化，增强非物质文化遗产产品的文化内涵和审美价值。

二、非物质文化遗产利用与科技融合

当前推动非物质文化遗产利用与科技相融合，实现非物质文化遗产数字化正成为非物质文化遗产利用的一个主流趋势。非物质文化遗产的数字化表达及非物质文化遗产资源数字化开发已不是非物质文化遗产资源利用的新命题，尽管经过了较长的实践历程，时至今日，非物质文化遗产数字化开发仍在很多方向和领域亟待拓展。互联网经济 2.0 模式的提出以及 5G 技术的应用，都对人类社会生产生活产生了深刻影响，而随着技术不断更新和丰富，非物质文化遗产数字化技术也存在着诸多新的发展可能。可以预见，非物质文化遗产的数字化利用前景至少存在着两个发展特征，即非物质文化遗产资源数字化表达的深度和广度拓展，非物质文化遗产数字资源交互性进一步增强。

借助数字化技术不仅可以实现非物质文化遗产资源收集、整理和编录，同时也可实现非物质文化遗产资源的数字化表现、虚拟场景模拟等内容。数字信息技术发展，使非物质文化遗产资源与数字技术的融合在广度和深度上都实现了进一步拓展，借助技术更新和完善，越来越多的非物质文化遗产资源能以数据编码的形式在虚拟网络空间获得新的传播渠道。大数据技术发展增强了人类社会对信息数据的处理能力，基于大量数据分析和处理分析则可以更为科学地了解受众信息获取和识别情况，这为非物质文化遗产资源在信息传播方面实现精准性传播提供了可能。今天，在数字化技术支持下，人们可以在世界任何地方同时欣赏到宝贵的非物质文化遗产，如侗族大歌，一个在中国西南山区传唱千年的民族艺术，终于挣脱了自然地理环境的束缚而唱响于世界的每个角落。以门户网站为平台，虚拟展会中出现了非物质文化遗产展这一新成员，人们借助网络平台可以自由浏览非物质文化遗产展会中的非物质文化遗产资源，网络平台所提供的技术为浏览者观察非物质文化遗产资源提供了诸多帮助，从而形成优质的非物质文化遗产资源观察体验。

二维码 5-3

进入网络 2.0 时代的今天，人们在追求网络信息规模化发展的同时对网络服务中的互动性提出了更多要求。交互成为网络服务的突出功能特征，也成为非物质文化遗产资源数字化利用的发展趋势。以数字化功能研发为技术媒介、提升受众与非物质文化遗产数字化资源的交互性、赋予受众更多信息接收和反馈自主性等成为非物质文化遗产资源数字化利用所必须要思考和解决的问题。VR 等技术的研发和使用，使受众不再需要前往实地便能深入体验非物质文化遗产，这为非物质文化遗产资源利用和实现民众与非物质文化遗产资源的深入接触提供了技术支撑。如在 2018 年举办的“万物有灵——清华大学文化遗产保护与创新成果展”中，全息投影的敦煌飞天舞女和《韩熙载夜宴图》便给民众留下了深刻印象。人们不再需要前往实地进行参观，即使相距千里，只需佩戴 VR 眼镜即可领略敦煌壁画的神韵。参观者手持“蜡烛”便可与《韩熙载夜宴图》这部历史佳作进行互动，伴随着宴会场景的徐徐展开，夜宴也首次“活”在了画纸之外。

二维码 5-4

可以预见，伴随着数字化技术研发不断推进，非物质文化遗产数字化利用会不断创新出新的模式，但我们在利用时也需注意非物质文化遗产资源、人与技术的关系问题。一方面，虽然以数字化技术进行存储和表达有助于提升非物质文化遗产资源的保存和传播效果，但过分注重非物质文化遗产的数字化利用也会造成非物质文化遗产资源表浅化和平面化。非物质文化遗产诞生的基础是人类社会的现实生产生活，而不是现代社会的技术性环境。因此，过度放大数字技术在非物质文化遗产资源传承利用中的作用，有可能造成非物质文化遗产资源利用脱离其原生文化环境的问题。另一方面，非物质文化遗产资源数字化的利用需要处理好保护者、传承者和消费者与非物质文化遗产数字化技术之间的关系，要注意非物质文化遗产数字化利用中的技术伦理问题。

非物质文化遗产与现代社会文化相比，因脱离了其文化诞生时的环境因素而显得更为脆弱，也更易受到外部环境冲击并最终走向流逝。有鉴于此，非物质文化遗产利用需要兼顾文化保护传承与活化利用，以相应的平台为基础做到非物质文化遗产保护与活化利用双结合。博物馆作为社会文化产品和服务供给的基础性平台，对非物质文化遗产传承保护和活化利用有着十分积极的作用和价值。目前非物质文化遗产资源在博物馆中的利用，多为在传统博物馆内设置非物质文化遗产文化展览板块，而专业性的非物质文化遗产博物馆构建还相对薄弱。因此需结合非物质文化遗产保护的现实实践情况，因地制宜、有所侧重地构建非物质文化遗产专业性博物馆，将非物质文化遗产资源作为博物馆的核心资源，提升非物质文化遗产资源的社会影响力。

非物质文化遗产博物馆的构建可与建筑遗产保护利用相结合，充分发挥历史建筑的文化空间价值，增添非物质文化遗产博物馆的历史文化底蕴。我国的故宫博物院便是历史建筑遗产与非物质文化遗产保护展示有效融合的范例。北京故宫以明、清两代宫殿建筑为基础形成了规模庞大的历史建筑群，这是人类文明发展史中所少见的。1925 年，故宫博物院在紫禁城内正式成立，以故宫珍藏的历代文物为资源依托，成为国内外知名的博物馆。近年来，故宫博物院积极寻求新的发展空间，在非物质文化遗产文创方面取得了可喜成果。《千里江山图》《枇杷山鸟图》等非物质文化遗产成为故宫文创中的经典元素，在文创产品生产中以全新的形式被受众所认知和传播。因此，以专业博物馆的方式开展非物质文化遗产利用，在开展非物质文化遗产展示和传播的同时进行非物质文化遗产资源活化利用是非常可取的。

少数民族地区非物质文化遗产资源更为丰富，其对非物质文化遗产博物馆构建的需要也更为迫切。我国西南民族地区由于历史原因，地域经济发展水平较中东部地区相对滞后，经济发展水平偏低导致民族地区的民众存在着经济和文化不自信的情况，也使得西南民族地区非物质文化遗产资源流失较为严重。针对这一问题，当地可采用生态博物馆方式构建民族地区的非物质文化遗产博物馆。生态博物馆理念最早源自将民族文化保护与自然环境相融合的理念，后由法国学者弗朗索瓦·于贝尔和乔治·亨利·里维埃正式提出，生态博物馆理念的核心在于科学处理人、文化与自然的关系进而实现三者的和谐共生①。20 世纪 80 年代，生态博物馆理论正式传入中国；20 世纪 90 年代，生态博物馆开始在中国各地广泛兴建。从我国生态博物馆兴建的实践经验来看，生态博物馆建设的核心目标是为保护文化遗产的原生态面貌，通过划定特定的博物馆区域保护生态环境与人文环境，以构建生态博物馆的方式实现民族地区非物质文化遗产资源的活化利用，将非物质文化遗产传承与生态保护相结合，实现非物质文化遗产资源利用的永续性目标。而将生态博物馆与数字技术相对接，则是未来非物质文化遗产与科技融合的发展趋势之一。

以专业博物馆方式进行非物质文化遗产资源利用，能够为非物质文化遗产的利用和

① 黄艳. 生态博物馆理念嵌入民族村寨文化遗产保护研究 [J]. 广西民族研究，2018 (6)：102-107.

传播提供平台，但也需要注意非物质文化遗产博物馆构建存在的“失语”问题。将非物质文化遗产由生产生活实践中转移到博物馆之中，将非物质文化遗产由实践文化变为展示文化，一味地强调非物质文化遗产在博物馆中的文本展示和信息传播功能，很容易造成非物质文化遗产利用的“失语”。非物质文化遗产的文化持有者、文化实践者无法在博物馆中进行非物质文化遗产文化“言说”，受众所能接触的是被官方“书写”后的非物质文化遗产文化，这就会引发非物质文化遗产资源利用中的文化与人剥离的问题。

三、共生理念下的非物质文化遗产利用

非物质文化遗产虽然有着自身的时空意义，但从本质上讲仍是人类社会诸多文化样式之一。非物质文化遗产资源利用既是为了传承和铭记民族的历史文化，也是为了促进现代社会文化的繁荣发展。因此，非物质文化遗产利用的前景之一，是实现多民族遗产繁荣发展，推动人类社会文化向多元化方向前进。

历史实践证明，无论是文化达尔文主义所强调的文化优胜劣汰，还是推崇意识形态领导的文化霸权主义，都无法代表人类社会文化发展的主流趋势。文化作为人类社会的精神产物虽与其所属的民族相伴生，但并未因不同民族群体政治、经济权力的高低而存在优劣之分。任何一个民族文化均存在相应的文化意义，因此，应当对人类社会的各类文化遗产予以充分尊重，在多元共生理念引导下实现非物质文化遗产繁荣发展。对非物质文化遗产资源加以利用需尊重文化生成、发展和演化的内在规律，使非物质文化遗产能够适应现代社会文化环境，形成自身的文化发展延续机理。20世纪末，著名人类学家费孝通先生曾就社会文化发展问题提出“各美其美，美人之美，美美与共，天下大同”的观点，深受社会各界推崇并成为指导新时期中国社会文化建设和处理民族文化关系的理论指导之一。虽然每个民族都有各自的文化偏好，但不能将自身的文化偏好强加于他人，需在尊重各自文化权利基础上开展平等的文化交流和互动。

非物质文化遗产资源的合理利用和积极传播，不仅能够增强非物质文化遗产的文化生命力，也可强化个体对所属族群文化的认同感，为民族文化多样性创造条件。若将文化按照文化圈、文化丛和文化元三个层次进行划分，则不同文化层级之间的交流和碰撞是现代社会文化发展的基本情势。现代媒介技术发展提升了文化信息的传播、交互能力，也加剧了不同文化之间的碰撞。现代媒介技术打破了文化传播的时空壁垒，使分处不同地区、不同族群的非物质文化遗产的文化元素处于常态化交流态势。因此，非物质文化遗产利用需与强化所属民族文化自信相结合，在文化传承利用过程中增强不同民族的文化生命力，构建共生性文化环境。

新时期的社会文化建设要注意文化走出去问题，我们既要积极完善文化市场准入制度，做到文化引进来，也需逐步增强国民文化生产能力，实现民族文化走出去。“一带一路”倡议的提出为我国国际交流设立了新的发展目标，“一带一路”倡议以历史文化为线唤醒沿线国家和地区共同的历史记忆，因而人文交流是“一带一路”倡议的题中应有之义。非物质文化遗产所具有的深厚文化底蕴承载着世界各国人民的历史交往友谊，因此，新时期推动非物质文化遗产海外传播势在必行。在坚持“两为”方向和“双百”

方针基础上，应紧紧把握时代脉搏，在对外文化交流中彰显中华民族文化特色。各级党委、政府部门和相关文化企业应积极承担推动非物质文化遗产走出去的历史重任。2017年，中华人民共和国文化部以世界各地的中国文化中心为依托，开展了主题为“传承与创新”的中国非物质文化遗产周活动。回族剪纸、宁夏刺绣、太极等非物质文化遗产在世界各地进行展示，为世界了解中国文化提供了平台。

二维码 5-5

习近平总书记曾指出：“没有高度的文化自信，没有文化的繁荣兴盛，就没有中华民族伟大复兴。”[①] 文化领域的走出去是中国经济走出去的延伸，也是改善当前我国巨大文化贸易逆差的根本性措施。在应对来自同质文化和异质文化的双重竞争时，我们需更为积极地应对外来挑战，以增进国际文化交流等方式实现中华传统文化在世界范围内广泛传播。非物质文化遗产是人类共同的集体性记忆，对于人类社会延续和发展有着不可忽视的积极意义，因而在国际文化交流和传播中存在着一定的认同性优势。联合国教科文组织在非物质文化遗产保护利用中发挥着积极的协调作用，经过半个多世纪的发展，世界各国纷纷加入到非物质文化遗产保护事业之中。从早期世界各国非物质文化遗产名录制定到非物质文化遗产文化共享，非物质文化遗产正从一个民族、一个地区、一个国家的文化记忆向世界的、全人类的文化记忆发展，非物质文化遗产逐渐成为世界各国、不同民族群体进行文化交流的重要内容。

我国非物质文化遗产海外传播主要以文化交流为主要方式，通过在不同国家、地区进行非物质文化遗产展示，增进其他民族对中华民族历史文化的心理认同，提升中华民族优秀传统文化的影响力。未来随着中国非物质文化遗产保护利用事业的不断发展，中华民族的非物质文化遗产将会在更多的世界舞台上出现，为人类社会文化繁荣作出更为突出的贡献。中国的非物质文化遗产利用需坚持人本理念，以更自信、更开放、更包容的姿态面向世人；需结合国家宏观文化发展战略构建中国非物质文化遗产对外传播交流政策框架，使非物质文化遗产在现代社会文化交流中焕发新的生机和活力。

关键概念

非物质文化遗产利用　数字化融入　共生理念

主要论点

1. 非物质文化遗产利用，主要可从经济、文化和社会三个取向展开，非物质文化遗产资源利用需与现实社会生产生活相结合。

2. 传承人在非物质文化遗产利用中发挥着关键性作用，非物质文化遗产资源利用需要充分尊重传承人的文化权利。

① 习近平提出，坚定文化自信，推动社会主义文化繁荣兴盛［EB/OL］. (2017-10-18)［2020-10-05］. http://www.xinhuanet.com/politics/19cpcnc/2017-10/18/c_1121820800.htm.

3. 非物质文化遗产的数字化融入，有助于实现非物质文化遗产资源在不同媒介形式之间的转换，丰富非物质文化遗产的利用形式。

4. 非物质文化遗产资源的海外传播是我国开展文化走出去战略的重要内容，有助于弘扬中华民族优秀文化，增强中华民族文化的世界影响力。

延伸阅读

1. 王文章. 非物质文化遗产概论［M］. 北京：教育科学出版社，2008.

2. 乌丙安. 非物质文化遗产保护理论与方法［M］. 北京：文化艺术出版社，2016.

3. 刘正宏. 非物质文化遗产数字化应用与教育化传承研究［M］. 北京：中国轻工业出版社，2018.

4. 麻国庆，朱伟. 文化人类学与非物质文化遗产［M］. 北京：生活·读书·新知三联书店，2019.

5. 黄永林. 非物质文化遗产特征的文化经济学阐释［J］. 文化遗产，2018（1）：5-13.

6. 张效娟. "非遗"数字化保护中的"在场"问题研探：以青海刺绣艺术数字化保护为例［J］. 青海民族研究，2018（2）：106-109.

7. 巴兆祥. 试论民俗旅游［J］. 旅游科学，1999（2）：36-39.

思考问题

1. 非物质文化遗产利用有哪些意义？

2. 什么是非物质文化遗产利用的经济取向？该如何实现非物质文化遗产利用的经济取向？

3. 生态博物馆对于非物质文化遗产利用有哪些积极作用？

4. 如何结合专业所学推动非物质文化遗产的海外传播？

（张国超　高旸）

第六章　非物质文化遗产的研究

非物质文化遗产是民族文化的精华，是“民族记忆的背影”、民族历史文化的“活化石”。尽管在中国明确以“非物质文化遗产”为概念的相关研究开始于20世纪末期，但与非物质文化遗产相关的研究却有着悠久的历史。自2001年起，联合国教科文组织倡导的人类口头与非物质遗产代表作评审活动开展以来，包括中国昆曲在内的大批非物质文化遗产日益受到国际社会的普遍关注与重视。2003年，联合国教科文组织第三十二届全体大会上通过的《保护非物质文化遗产公约》不仅推动了我国非物质文化遗产保护工作的顺利开展，而且还推动了研究工作的深入进行。

第一节　非物质文化遗产研究的意义

非物质文化遗产不仅是一国的重要文化财产，也是全人类的共同财富，加强非物质文化遗产研究不仅是各个国家和民族发展民族文化的需要，也是国际社会文明对话的必然要求。加强非物质文化遗产研究对解除非物质文化遗产保护困境、体现非物质文化遗产的内涵与价值、激发民族自信心与自豪感以及维护民族国家文化身份与主权、实现非物质文化遗产的创造性转化和创新性发展都具有非常重要的作用。

一、有利于保护非物质文化遗产

面对全球化、城市化、信息化等现代化发展的冲击，根植于农耕文明、以口传心授为主要传承方式的非物质文化遗产正面临消亡的危险：其一，传承人老龄化严重，年轻一代很难顺利承接，面临青黄不接的传承危机；其二，由于经济等利益因素的驱动，过度开发、任意滥用非物质文化遗产现象频出，非物质文化遗产生态破坏严重；其三，对非物质文化遗产知识的宣传教育不足，造成了普通民众对非物质文化遗产价值认知不足、保护积极性不高的被动局面；其四，从事非物质文化遗产工作的专业人才紧缺，使得保护和研究工作无法大规模大范围地深入展开。面对这些困难和问题，非物质文化遗产研究者为非物质文化遗产保护工作积极呐喊呼吁，开展研究，提供理论指导和具体工作方案，解决了非物质文化遗产保护面对的部分难题，促进了非物质文化遗产保护工作取得阶段性成果。与此同时，也要清醒地认识到，困难仍旧存在，甚至不断升级。工业化、城镇化进程不断加快，社会环境和人们的生产生活方式发生了巨大而深刻的变化，这都给非物质文化遗产保护带来了诸多新的挑战。文化和旅游部部长雒树刚曾在2018年7月17日第五批国家级非物质文化遗产代表性项目代表性传承人座谈会上说：“社会上对非遗保护还存在一些误解，有的把非遗理解为‘文物’，忽视其动态性、活态性的本质特征；有的把申遗错误地理解为抢注商标或者抢夺文化所有权，认识需要进一步澄清。非遗保护工作制度还需要进一步优化、完善，基础性工作需要进一步加强。”[①] 这些困难和挑战需要在非物质文化遗产理论研究的指导下，通过实践努力克服。深入的非物质文化遗产研究是守护人类精神家园、让非物质文化遗产火炬代代相传、永不熄灭的重要基础。

二、有利于发掘文化内涵与价值

党的十九大报告指出：“文化是一个国家、一个民族的灵魂。文化兴国运兴，文化强民族强。没有高度的文化自信，没有文化的繁荣兴盛，就没有中华民族伟大复兴。”中国特色社会主义文化源自中华民族五千多年文明历史所孕育的中华优秀传统文化，其中丰富多彩的非物质文化遗产则是优秀传统文化的重要组成部分，是我国各民族重要的精神财富。在我国非物质文化遗产保护过程中，非物质文化遗产研究人员与传承人群、文化管理者以及相关从业人员搭建起众多非物质文化遗产传承平台，以图文、影音等不同形式向社会传递了大量优秀的中国非物质文化遗产。例如，文化部民族民间文艺发展中心于2010年3月启动的国家社科基金重点委托项目“中国节日志”，它包括《中国节日志》(文本)、“中国节日数据库”、“中国节日影像志”三个部分，旨在组织全国相关领域专家学者集体攻关，发掘和保护我国丰厚的节日文化遗产，推动中华优秀传统文化走向世界。该项目已为我国各民族200多个传统节日著书立志，完成了2000余篇田野和专题调查报告，“中国节日数据库”收录文献词条达4万余条，录制了包括《姊妹节》《鼓藏节》《卯节》《柯尔克孜族古尔邦节》《苦扎扎节》《巍山彝族二月八》《江西石邮春节》在内的大量高清纪录型影片。该项研究不仅展示出我国非物质文化遗产的丰富性，更是生动地体现了各民族文化的内涵与价值。“非物质文化遗产多种多样的价值构成了一个立体、丰富、动态的价值体系，不能仅仅以某一学科来概括，因为非物质文化遗产是对整个社会、整个人类、整个历史而言的。”[②] 非物质文化遗产价值体现在人类社会生活的方方面面，如何正确引导民众了解非物质文化遗产的现状与内涵，尤其是站在全球化视角和当代社会视野下，引导广大民众领悟非物质文化遗产的精神价值，是时代赋予非物质文化研究的重要任务。

三、有利于坚定民族文化的自信

近代中国屡遭列强欺凌，中华民族的民族自信心深受打击。新中国成立后，中华民族开始重树民族自信。习近平总书记曾说：“体现一个国家综合实力最核心的、最高层的，还是文化软实力，这事关一个民族精气神的凝聚。我们要坚持道路自信、理论自

---

① 雒树刚. 雒树刚部长在全国非物质文化遗产保护工作先进集体先进个人和第五批国家级非遗代表性项目代表性传承人座谈活动上的讲话［EB/OL］.（2018-07-10）［2020-10-05］. http://www.ihchina.cn/Article/Index/detail? id=7369.

② 王文章. 非物质文化遗产概论［M］. 北京：教育科学出版社，2008：68.

信、制度自信，最根本的还有一个文化自信。要从弘扬优秀传统文化中寻找精气神。”[①]包括非物质文化遗产在内的中华优秀传统文化，体现着各族人民的独特创造、精神理念、道德规范，是我国民族自信的源泉。对我国非物质文化遗产开展研究，不仅为民族成员对本民族的热爱与忠诚提供了情感基础，而且为民族和国家在世界民族之中自强自立、奋发进取提供了强健的心理动力。

坚定民族文化自信，必须建立在对本民族文化的深入了解与强烈认同之上，这自然离不开本民族优秀传统文化，尤其是非物质文化遗产的长期陶冶。比如我国传统节日端午节，很多地方都有吃粽子、赛龙舟、佩香囊、挂艾草等习俗，以纪念屈原或者伍子胥等历史人物。通过参与这些活动，民众可以潜移默化地受到爱国主义教育，自觉地产生对中国传统文化的认同，从而增强民族文化自信心和民族自豪感。民众日常生活中所关注和认同的行为文化、伦理文化、风俗文化等，大多属于非物质文化遗产的范畴。随着非物质文化遗产保护和研究工作的深入推进，越来越多的民众将主动学习非物质文化遗产知识，积极参与非物质文化遗产传承活动，这将有效地助力非物质文化遗产的传承，推动全社会形成参与非物质文化遗产保护的文化自觉，增强中华民族的文化自信心与民族自豪感。

四、有利于维护国家文化安全

我国非物质文化遗产所蕴含的中华民族特有的精神价值、思维方式、想象力和文化意识，是维护我国文化身份和文化主权的基本依据。在我国，做好非物质文化遗产研究工作，对保护好我国优秀的文化传统以及民族文化的多样性，提升文化创新能力，发展先进文化，维护民族国家文化身份与主权，最终实现文化强国的战略目标具有重要意义。

民族国家的文化认同是衡量国家文化是否安全的度量尺，文化认同如果产生危机，将直接威胁国家文化安全。在世界文化遗产的申报过程中，国家间因非物质文化遗产归属问题而引发矛盾的状况时有发生。其中牵涉的不仅仅是非物质文化遗产申报对文化的保护问题，更牵动着各国国家文化主权。韩国“江陵端午祭”与中国“端午节”的申报，就曾引起争议。经过研究，中国端午节与韩国的江陵端午祭并不相同。韩国的江陵端午祭申报成功后，我国的端午节仍可进行申报。此后，2009 年我国申报的“端午节”被列入“人类非物质文化遗产代表作名录”。我国通过实际的研究行动证明了中华民族非物质文化遗产的独特魅力，这不仅在国际舞台上维护了我国的国家文化身份，并且维护了我国国家文化主权不受侵犯。

随着全球化的发展，在追求和平与发展的世界环境下，“以文会友”日渐成为各国之间友好往来的重要交流方式。如果不重视非物质文化遗产研究工作，非物质文化遗产则无法实现与他国文化的正常交流，更无法使本国家、本民族文化屹立于世界民族文化之林。2019 年 7 月 1 日，在中法建交 55 周年之际，昆曲《浮生六记》海外首演在巴黎

---

① “改革的集结号已经吹响”——习近平总书记同人大代表、政协委员共商国是纪实［EB/OL］.(2014-03-13)［2020-10-05］. http://theory.people.com.cn/n/2014/0313/c40531-24621631.html.

18区政府庆典大厅登场。主创团队通过深入研究，专门针对舞台表演、故事框架等方面进行了优化，并配以法文字幕，帮助当地市民了解剧情。演出展现了别具一格的江南风物画卷和独特的苏州风土人情，让观演的法国民众充分领略了东方艺术的独特魅力。此次演出活动在异域文化中展示出我国非物质文化遗产特有的民族气质、品格与特性，对宣传中华优秀传统文化、实现与他国之间的文化交流、提升我国文化的国际地位，都起到了非常积极的作用。

五、有利于非物质文化遗产创新发展

党的十九大报告指出，我国社会主要矛盾已经转化为人民日益增长的美好生活需要和不平衡不充分的发展之间的矛盾。人们对文化的需求越来越多样化，价值取向也越来越多元化。面对新时代中国日新月异的社会发展变化，从历史的角度研究非物质文化遗产发展趋势，从现实角度探讨非物质文化遗产保护和研究新思路，对非物质文化遗产未来的发展意义重大。

非物质文化遗产是一种独特的文化现象，它有一个世代绵延的文化传承过程①。这种活态流变的基本特征，决定了保护非物质文化遗产的目的是让其得以传承发展。我国非物质文化遗产研究的当代实践，就是中华优秀传统文化与现代生活相融相通，实现创造性转化、创新性发展的过程。例如，在“非物质文化遗产进校园”理念的指导下，校园非物质文化遗产传承活动开展得如火如荼。大、中、小学依据本地区非物质文化遗产资源，通过开展社会实践、传承人进校园、编写校本教材等活动，拉近非物质文化遗产与学生之间的距离。在“生产性保护”“非物质文化遗产＋扶贫”的理念下，非物质文化遗产研究为各地政府精准扶贫、旅游开发等工作提供了指导。如西藏自治区拉萨市尼木县的藏香、藏鼓，青海省黄南藏族自治州同仁县的唐卡、堆绣、泥塑、木刻等传承人都是通过生产性保护实现脱贫致富的②。同时，我国在非物质文化遗产研究的基础上，还相继开展了从中央到地方各级的立法工作。只有在非物质文化遗产整体研究的视野下，认真总结非物质文化遗产保护的历史经验，深入探讨非物质文化遗产未来发展走向，才能正确认识和把握非物质文化遗产的传承规律，非物质文化遗产的保护工作才更能扎实有效地开展，非物质文化遗产资源才能在创造性转化和创新性发展中实现其财富价值。

第二节　非物质文化遗产研究的方法

在社会科学中，非物质文化遗产学一方面是一门独立的学科，另一方面也是一门交叉性较强的科学，它与民俗学、民间文学、历史学、艺术学、人类学、民族学、宗教学

---

① 王文章．非物质文化遗产概论［M］．北京：教育科学出版社，2008：24.

② 非遗助力精准扶贫——“非遗＋扶贫”主题采风活动全收录［EB/OL］．（2019-10-28）［2020-10-05］．http://www.ihchina.cn/news_1_details/19176.html.

等诸多学科有着紧密的联系。因此，在研究方法上，也呈现出多样化的形态。非物质文化遗产的研究方法主要有文献研究法、田野调查法、个案研究法、跨学科交叉研究法等。需要指出的是，在实际的研究过程中，这些研究方法多数情况下并非单独使用，往往是不同方法交叉使用，并且伴随非物质文化遗产研究的持续深入，研究方法的交叉使用现象越来越普遍。

一、文献研究法

文献研究法是哲学社会科学类研究较为常见的研究方法，是一种传统而富有生命力的研究方法。文献研究法是指通过搜集、整理、鉴别已有文献研究资料而获取相关信息和知识的研究方法。研究者通过对古今中外文献资料的阅读和梳理，能够明确当下的研究现象和研究进度。较其他研究方法，文献研究法的展开较少受外界因素的影响，知识和信息的获取更为自由、便捷。如果运用得当，便能极大地提升研究的效率。

（一）文献研究法在非物质文化遗产研究中的运用

方李莉指出："不阅读文献，不查找历史，仅以我们眼见的事实去描述，就很难把握这些隐含在历史中的复杂事实。"[①] 文献资料的搜集和阅读是文献研究法的基础，直接关系着研究结果的形成。就现有研究来看，非物质文化遗产研究的文献资料主要包括历史文献和相关会议、文件、法律条款、规定等内容。对这些文献资料进行分析，既能形成对研究对象历史发展脉络的清晰认识，又能形成对未来发展走向的预测。

1. 历史文献资料

历史文献资料包括地方志、县志、地方档案等诸多形式的文献材料，这些是我们了解和认知非物质文化遗产的基础。众所周知，历史性是判定非物质文化遗产的重要标准，没有发展的历史，便没有非物质文化遗产的存在。历史文献资料是非物质文化遗产研究的重要基础。如有研究者为探讨婺剧传承与发展，查阅了大量的历史文献资料，包括《浙江省志》《金华市志》《金华县志》《丽水市志》《衢州市志》《武义县志》《浦江县志》《东阳市文化志》《兰溪市文化志》《女埠镇志》《洞源村志》等地方志材料，以及《中国婺剧音乐》《中国婺剧史》《浙江婺剧手写孤本剧目集》《婺剧简史》《婺剧音乐研究及编曲》《婺剧唱段集萃》等婺剧研究材料，甚至还查阅了《现代婺剧名人丛书》《金华文史资料》《浙江戏曲志资料汇编》《衢州文史资料》《浙江传统戏曲剧目汇编》等大量内部资料[②]。作者通过对这些历史文献资料的查阅和梳理形成了对婺剧发展历程的清晰认知，也由此预测了婺剧的发展趋势。

2. 相关会议、文件、法律条款、规定等

非物质文化遗产虽然是一种历史的存在，但其作为一门广受重视的学科却是较晚的事。"非物质文化遗产"一词的形成与相关会议及其文件等关联密切，非物质文化遗产的保护法则与相关法律、法规等存在紧密联系，因此，在研究的过程中，相关会议、文

① 方李莉. 艺术人类学理论的中国化建构［J］. 民众艺术，2017（3）：22-35.

② 章军杰. 多元文化格局下婺剧传承与发展研究［D］. 济南：山东大学，2014.

件、法律条款、规定等也是不容忽视的文献材料。众所周知，“非物质文化遗产”作为一个舶来词，在其发展的初期，不少人对其认知颇为模糊。为此，不少学者纷纷撰文答疑解惑，乌丙安①、巴莫曲布嫫②等都是这方面的代表。为阐释清楚非物质文化遗产的概念，乌丙安和巴莫曲布嫫对1972年《保护世界文化和自然遗产公约》制定至2003年《保护非物质文化遗产公约》制定这段时期的相关会议、文件、法律条款等文献资料进行了查阅和研究，爬梳出了“非物质文化遗产”这一概念的发展演变，归纳出民俗（folklore）—非物质遗产（non-physical heritage）—文化传统和民间创作（cultural tradition and folklore）—口头遗产（oral heritage）—口头和非物质文化遗产（oral and intangible heritage）—非物质文化遗产（intangible cultural heritage）的演变历程，通过对相关会议、文件、法律条款、规定的研究，清晰地阐明了这一概念的由来与内涵。

（二）文献研究法在非物质文化遗产研究中运用的注意事项

文献研究法运用得当便能提高研究的效率，促进更为全面客观研究成果的形成。反之，则不利于全面客观研究成果的形成。为促进非物质文化遗产研究更好更快地展开，在运用文献研究法的过程中应注意以下事项：

1. 文献的搜集应该有明确的指向性，紧扣研究目标

非物质文化遗产的内容十分丰富，甚至较为庞杂，与之相关的文献资料浩如烟海。这就需要研究者在资料搜集过程中具有明确的指向性，牢记研究的目标，分清材料搜集的主次和先后。如此，才能更为迅速高效地完成文献资料的搜集和整理工作。

2. 文献资料的搜集应做到尽量充实和丰富

已有的文献材料往往决定着观点的形成，充实、丰富的文献材料通常能够形成较为客观全面的观点，反之，则会形成片面的研究结论。任何一项非物质文化遗产项目的形成都是一个漫长的历史过程，与其相应的文化生态环境联系紧密，这就要求我们在研究过程中进行全面的资料搜集，既要有历史文献的爬梳，也要有相关文化生态等方面资料的搜集，尽量做到材料的充实和丰富。

3. 文献的搜集应该全面

非物质文化遗产学是一门综合性的学科，关乎多个学科的知识。因此，在研究过程中，需注意材料搜集的全面性。所谓全面性，即相关研究人员不但要搜集课题所涉及的各方面的文献材料，还要注意从不同的视角对同一问题作出描述或评价，其中不但应包括相同观点的文献，还应包括不同观点甚至相反观点的文献材料，尤其要注意的是不要轻易否定或忽视与自己观点相左的材料。

4. 形成文献述评

在全面搜集相关文献材料的基础上，研究者应通过归纳、整理、分析等方法对已有文献材料进行系统全面的归纳和评论，分析当前的研究动态、存在问题及其未来的发展

---

① 乌丙安.“人类口头和非物质遗产保护”的由来和发展［J］. 广西师范学院学报（哲学社会科学版），2004（3）：5-11.

② 巴莫曲布嫫. 非物质文化遗产：从概念到实践［J］. 民族艺术，2008（1）：6-17.

方向，提出自己的观点和建议。文献综述起着总结过去、推动理论与实践新发展的作用。对已有研究成果的述评可以为进一步的研究提供基础和条件，理清思路和明确方向。

二、田野调查法

田野调查法是人类学、民族学等学科常用的研究方法。英国功能学派代表人物马林诺夫斯基奠定了人类学田野调查方法的基础，我国社会学家费孝通先生在这方面可谓卓有成效。所谓田野调查法是指深入到调查对象中间，融入调查对象生活，近距离观察和了解调查对象的社会和文化的调查方法。通过田野调查法可以获得第一手的资料，补充文献资料的不足。

（一）田野调查法在非物质文化遗产研究中的运用

“文化来自田野，艺术是文化的一部分，也自然来自田野。……一是只有在田野里，才能充分认清文化活生生的真面目；另一是文化，尤其是与艺术有关的，只有回归田野，才能得以再生和创新。”[①] 非物质文化遗产具有鲜明的生活属性，这就使得田野调查法成为非物质文化遗产研究的重要手段。总体上看，非物质文化遗产研究常用的田野调查法主要有参与观察、深度访谈、调查问卷等几种形式。具体调查方法的采用，需根据不同的研究目的、不同的研究场合具体决定。

1．参与观察

参与观察是非物质文化遗产研究常见的调查方法，它要求调查者深入调查对象的生活日常，近距离地观察和记录调查对象的生活，从而了解和认识他们的社会与文化。参与观察需要研究者较长时间地融入调查对象的生活，在充分掌握民众生活习惯、价值观念的基础上分析他们的思想和文化。这种调查方法在当下的非物质文化遗产研究，尤其是在非物质文化遗产项目个案的研究中运用较为广泛。如荣树云为加深对杨家埠木版年画的认知，于 2015 年 9 月至 2016 年 10 月，在杨家埠村进行了为期一年的深入考察。作者为能够更加真切地了解木版年画从业人员的生活和文化，还特意拜年画艺人杨颖伟为师学习木版年画，亲身参与到木版年画的制作中，这样既有利于体验年画技艺传承中师傅对年画的审美标准、技艺传承标准，又能从侧面了解消费者的接受标准[②]。

2．深度访谈

深度访谈是人类学、民俗学、民族学、社会学田野调查中常用的研究方法，是针对某现象提出问题，听取研究对象见解的调查方法。通过深度访谈可以了解人们对某一现象的认知和情感态度，从而走进调查对象的内心世界。在非物质文化遗产研究过程中，深度访谈法往往是研究者了解研究对象内心世界的一种重要方法。如在对靖西旧州绣球的研究中，研究者吕屏就采用了深度访谈的研究方法。一方面，作者对从事绣球制作的

---

① 乔健，刘贯文，李天生．乐户：田野调查与历史追踪［M］．南昌：江西人民出版社，2002：1.

② 荣树云．社会转型中杨家埠木版年画的艺术人类学研究［D］．北京：中国艺术研究院，2017.

手工艺人进行了深入访谈，了解到绣球的发展历程、当地民众的生活及绣球的当下传承情况等，使更多的普通民众参与到历史撰写当中来，进而为历史遗迹的保护、政策的制定等提供帮助；另一方面，通过对靖西县的政府官员、干部、购买绣球的商人、游客等的深度访谈，了解到了外部世界对绣球的认知、对绣球传承造成的影响，进而为绣球的传承和发展提供建议和方向①。

3. 问卷调查

问卷调查是研究者为了解调查对象对于一些特定问题的态度和认知而设计相应问题，以问卷的形式发放给调查对象，通过回收调查对象填写的问卷，从而了解情况、征询意见、收集信息。问卷调查是非物质文化遗产研究较为常见的研究方法，相较于深度访谈，问卷调查更为灵活自由，较少受到地域限制。问卷调查可以获得较为可信的一手资料，为研究的深入展开提供宝贵信息。

（二）田野调查法在非物质文化遗产研究中运用的注意事项

田野调查法运用得当便能获得可靠的一手资料，如果运用不当，不但会造成时间和精力的浪费，也势必影响研究成果的真实性与科学性。因此，在田野调查法的运用过程中，除了研究兴趣和安全问题之外，研究者还需注意以下事项：

1. 选择田野地点

在漫长的历史发展过程中，不同地域形成了不同的非物质文化遗产项目，这些项目往往具有鲜明的地域特色。因此，在非物质文化遗产研究过程中，田野地点的选择尤为关键，地点的典型性和代表性是田野地点选择首先要考虑的问题。如同样是木版年画，天津杨柳青、苏州桃花坞、河北武强、河南朱仙镇等又各有不同，这就要求我们在田野地点的选择上必须充分考虑其典型性和代表性。

2. 消除文化偏见

在非物质文化遗产田野调查中，消除文化偏见主要是出于以下两方面的考虑，其一是为了与调查对象建立和谐的人际关系，其二是为了获得更为客观真实的调查数据和资料。对于前者而言，消除文化偏见主要包括尊重调查对象的生活习惯，了解其社交礼仪、禁忌等，争取做到入乡随俗，与调查对象打成一片。后者主要是指调查者不能站在自我的文化立场对调查对象的生活、文化等进行随意的评论，要学会尊重当地人的生活和文化，务必要从客观现实出发，秉持客观的书写标准。

3. 遵从学术伦理

田野调查中的学术伦理问题较早时期已经受到了学界的关注，伴随非物质文化遗产研究的深入，非物质文化遗产研究田野调查中的学术伦理问题也成为当下学界较为关注的问题。其中首先包括对调查对象隐私权、肖像权的尊重，同时鉴于非物质文化遗产项目的特殊性及个别项目的保密性等，务必要尊重调查对象的选择，不能随意对外公开。除此之外，学术伦理还包括尊重对方文化、生活习惯等诸多方面，需要我们在田野调查过程中去遵守和践行。

---

① 吕屏. 传统民艺的文化再生产：靖西旧州壮族绣球的传承研究［D］. 北京：中央民族大学，2009.

三、个案研究法

个案研究法是将个别案例作为研究对象进行全面深入的研究，从而揭示其形成、发展特点和规律的研究方法。这是一种由点及面、以小见大的研究方法，通过对个案的研究便可以获得整体规律性的认识。

（一）个案研究法在非物质文化遗产研究中的运用

非物质文化遗产是所有非物质文化遗产项目的集合，其数目庞大难以想象，在研究的过程中，无法实现逐一的观照，通过个案了解整体便成为必然的选择，个案研究法也因此成为非物质文化遗产研究的重要方法。如在对婺剧进行研究的过程中，由于婺剧剧团分布分散、演员流动性大，观众又极为庞杂，全面考察、系统分析婺剧发展现状极为困难。在此情形下，章军杰便决定从剧团的发展来看婺剧的发展，剧团的发展状况即可在一定程度上反映婺剧的生存现状。在具体的实施过程中，不可能对每个剧团进行逐一的考察，只能选择个别具有代表性的个案进行考察。此时作者选取了浙江省婺剧团和金华市青年婺剧团进行深度分析，通过对这两个剧团的全面系统考察，从而达成对婺剧整体发展状况与现实问题的宏观体认①。

（二）个案研究法在非物质文化遗产研究中运用的注意事项

个案研究的目的一方面在于达成对个案本身的了解和认知，另一方面还在于对其相关整体的认知。好的个案研究能够推动对整体的认知，反之，则可能会阻碍对整体的认知。个案的选择绝非随意和随机的，往往是深思熟虑的结果。个案研究法在非物质文化遗产研究中的运用，应注意以下事项：

1. 代表性

个案研究虽然是针对个别案例而展开的研究，但通过好的个案研究我们获得的不仅是对单个案例的认知，还可以获得对其背后的整体的认知，由小见大，由点及面。因此，个案的选择必须具有代表性，能够代表其背后的整体。唯有如此，才能由个体看见整体，由树木看见森林，使个案研究具有普遍意义。

2. 针对性

任何个案研究都是针对个别案例的研究与分析，通过发现个案存在的问题去探索其形成问题的根源，有针对性地进行矫正，促进其成长与进步。因此，个案的选择必须具有针对性，针对不同问题选择不同的个案，做到具体问题具体分析。如同是非物质文化遗产研究，具体又可分为单个项目的研究、传承人的研究等。

3. 深入性

个案的研究应该是多维度、多层面的，这样才能获得对个案的整体性认知，研究越全面，越透彻，得出的结论越客观。个案研究是否深入不仅影响着个案的研究结果，还影响着对个案背后整体的认知。唯有展开深入的研究，才能发现个案的本质和规律性的

---

① 章军杰．多元文化格局下婺剧传承与发展研究［D］．济南：山东大学，2014．

东西，这才是个案研究的目的与意义所在。

四、跨学科研究法

二维码 6-1

伴随各学科研究的深入，各学科之间的关联和融合逐渐被发现和认可，跨学科研究逐渐成为一种新的研究模式。所谓跨学科研究是指在研究过程中，运用多个学科的研究理论、研究方法及其研究成果等从整体上对某一问题或现象进行的综合性研究，又称跨学科交叉研究法。

（一）跨学科研究法在非物质文化遗产研究中的运用

乌丙安曾在《21 世纪的民俗学开端：与非物质文化遗产的结缘》一文中指出，民俗学与非物质文化遗产因“文化的近亲关系而结缘”①。刘守华曾言：“跨入新世纪近 10 年的非物质文化遗产保护工程，我们完全可以将它汇入新中国 60 年来民间文艺事业大潮之中予以审视。这几年的非物质文化遗产保护工程，既是新中国多年来民间文艺事业的延伸，又是它的深入发展。”② 国务院于 2006 年发布的第一批国家级非物质文化遗产名录将我国的非物质文化遗产分为了十大类：民间文学、民间音乐、民间舞蹈、传统戏剧、曲艺、杂技与竞技、民间美术、传统手工技艺、传统医药和民俗。由此可见非物质文化遗产涵盖学科之广。非物质文化遗产是一门综合性学科，其涉及社会学、人类学、民俗学、民间文学、艺术学等多个学科领域，在研究中，往往需要从不同学科角度对其进行跨学科的交叉研究。

二维码 6-2

（二）跨学科研究法在非物质文化遗产研究中运用的注意事项

运用跨学科研究法展开对非物质文化遗产的研究，能够获得更为全面、系统的了解和认知。但是，跨学科研究法的运用并非易事，须从研究者和研究对象两方面去综合考虑。大致上看，非物质文化遗产研究中的跨学科研究法的运用应注意以下事项：

1. 从研究者来看

跨学科研究法的运用要求研究者必须具备相关学科的理论和知识，并对其有较为清晰的认知，能够熟练运用。以非物质文化遗产研究中常用的田野调查法为例，该研究方法要求研究者本身应具备相应的田野调查能力，包括深入田野的能力、田野调查大纲的撰写能力、田野中人际关系的处理能力等，如果不具备这些方面的能力，便不能采用这种研究方法。再如非物质文化遗产的传承涉及社会学、经济学等领域的知识和理论，但如果研究者不了解相关理论和研究方法，便不能对它展开交叉研究。跨学科研究的开展需以研究者广博的知识结构和广阔的学术视野为基础，不能为跨学科而跨学科，而应该为了解决问题而进行跨学科研究。

---

① 乌丙安．21 世纪的民俗学开端：与非物质文化遗产的结缘［J］．河南社会科学，2004（3）：1-4.

② 刘守华．“吾侪肩负千秋业，不愧先人庇后人”：新中国民间文艺事业 60 年回顾［J］．民间文化论坛，2009（6）：5-9.

2. 从研究对象来看

非物质文化遗产学虽是一门综合性的学科，但并非所有的研究都必须采用跨学科研究法才能进行，研究者需要根据具体问题进行具体分析。如巴莫曲布嫫、乌丙安在阐述“非物质文化遗产”这一概念的由来、发展、演变时，即采用了历史文献的方法。在这里采用历史文献的方法完全可以爬梳出这一概念的发展历程，对其形成清晰的认知；再如向云驹在探讨物质与非物质的关系时，采用了哲学的视角对非物质文化遗产的物质、器物及其物质背后的价值和人进行了辨析，得出了“‘非物质’不是没有物质，而是不以物理性材料物质为主，是以人为其物质的这样一种特殊的文化遗产”① 的结论。实践证明，在对非物质文化遗产或者具体项目进行综合性研究时往往需要采用跨学科的研究方法，反之，则需具体问题具体分析，不能一概而论。

第三节　非物质文化遗产研究的趋势

非物质文化遗产虽然拥有漫长的生长历史，但其作为一门新兴学科，发展却较晚。非物质文化遗产研究自21世纪初期开始兴起，迄今已获得了较大发展，在研究数量和质量上都有了极大的提升。伴随研究的持续深入，非物质文化遗产研究呈现出以下趋势：由书斋式研究逐渐转向书斋与田野并重的研究、由单方面研究逐渐转向整体性的综合研究、由理论研究逐渐转向实践性的应用研究。

一、书斋式研究向书斋与田野并重研究的转向

这里的书斋式研究意指主要采用文献法对非物质文化遗产进行理论研究，这种研究通常在书斋中即可完成，无论是在研究方法上，还是在研究内容上都体现出了鲜明的书斋式特征。书斋与田野并重式研究是书斋式研究和田野式研究相结合的研究，包括研究方法的结合和研究内容的结合。伴随非物质文化遗产研究的深入，单纯的书斋式研究已不能满足研究的需要，研究逐渐走向书斋与田野并重的方式，书斋与田野并重式研究已成为非物质文化遗产研究的主要趋势。

（一）研究方法的转向

早期的非物质文化遗产研究主要集中在非物质文化遗产概念的梳理、特征的辨析及其保护原则、保护方法的介绍等方面，多数采用文献研究法。如乌丙安②、巴莫曲布嫫③对非物质文化遗产概念发展演变的梳理，苑利、顾军等对非物质文化遗产分类和保

---

① 向云驹. 论非物质文化遗产的非物质性：关于非物质文化遗产的若干哲学问题之一［J］. 文化遗产，2009（3）：1-10.

② 乌丙安. “人类口头和非物质遗产保护”的由来和发展［J］. 广西师范学院学报（哲学社会科学版），2004（3）：5-11.

③ 巴莫曲布嫫. 非物质文化遗产：从概念到实践［J］. 民族艺术，2008（1）：6-17.

护原则的论述[①]，向云驹[②]对非物质文化遗产内涵的思考等都采用了文献研究法。可以说，这种文献研究法在很大程度上推动了人们对非物质文化遗产概念、基本特征、保护原则的认知，推动了非物质文化遗产研究的开展和深入。随着非物质文化遗产研究的进行，人们对它的认知逐步加深，单纯的文献研究已无法满足研究的需要，田野调查法逐渐被运用到研究中来，形成了书斋与田野并重的研究模式。书斋和田野研究的并用能够形成对研究对象更为立体、全方位的认知和把握。

（二）研究内容的转向

非物质文化遗产内容丰富、构成复杂，在二十年的研究中，学者们的研究内容伴随着学科发展也在不断转向。早期的非物质文化遗产研究集中在厘清非物质文化遗产的概念、特征等方面，多为理论性的阐释和探讨，基本上集中在“是什么”的问题上，如乌丙安、巴莫曲布嫫等对非物质文化遗产概念的梳理等均属此类。“是什么”的问题在书斋中基本能够得以完成，集中解决了何为非物质文化遗产的问题，为进一步的深入研究奠定了基础。伴随研究的深入，“是什么”的研究已不再是学界关注的核心，“为什么”和“做什么”逐渐成为研究的重心，这就使得研究的内容逐渐走向了田野，走向了民众生活。如高艳芳的《中国白蛇传经典的建构与阐释》[③] 在讲述作为非物质文化遗产项目的“白蛇传”“是什么”的同时，更多地阐释了“为什么”的问题，揭示了“白蛇传”发展成为经典的历程和原因。在关注“为什么”的同时，“做什么”即各个非物质文化遗产项目的作用也成为研究关注的热点，张士闪的《非物质文化遗产保护与当代乡村社区发展——以鲁中地区“惠民泥塑”“昌邑烧大牛”为实例》[④] 可谓这方面的代表。作者在讲述鲁中地区“惠民泥塑”“昌邑烧大牛”的同时，更多关注了这些民俗事象在民众生活当中发挥的功用，论述其延续和传承的原因，即从“做什么”的角度对其展开考察。

二、单方面研究向整体性研究的转向

从现有研究成果来看，早期的非物质文化遗产研究主要集中于非物质文化遗产某一方面的研究，如概念的研究、特征的研究、分类的研究等，这种研究称为“单方面研究”。伴随非物质文化遗产研究的进行，非物质文化遗产所处的时代、文化、科技环境等逐渐被发现，并成为研究关注的对象。非物质文化遗产研究逐渐发生了由单方面研究向整体性研究的转向，这种转向一方面表现在对整体性文化生态的关注上，另一方面表现在对非物质文化遗产项目的多维度考察上。

① 苑利，顾军．非物质文化遗产分类学研究［J］．河南社会科学，2013（6）：58-62.

② 向云驹．论非物质文化遗产的非物质性：关于非物质文化遗产的若干哲学问题之一［J］．文化遗产，2009（3）：1-10.

③ 高艳芳．中国白蛇传经典的建构与阐释［D］．武汉：华中师范大学，2014.

④ 张士闪．非物质文化遗产保护与当代乡村社区发展：以鲁中地区“惠民泥塑”“昌邑烧大牛”为实例［J］．思想战线，2017（1）：140-149.

（一）对整体性文化生态的关注

“非物质文化遗产作为人类特殊的精神创造，是一种生命的存在，它们有自己的基因、要素、结构、能量和生命链，具有文化性、活态性、生态性的整体性特征，因此，非物质文化遗产的保护是一个庞大的、系统的整体保护工程。”① 任何非物质文化遗产都不仅是对其本身继承的结果，还与其所处的文化生态紧密相关。在民俗文化发展规律及其文化生态探讨方面，黄永林提出了“民俗文化生态”的理论，指出政治、经济、科技、文化、自然环境等因素的变革是推动民俗发展和变迁的重要力量②。同理，非物质文化遗产的发展也与其所处的文化生态紧密相关，需从文化生态着手，采用整体性的研究视野对其展开综合性的研究。对于非物质文化遗产的研究既要有项目本身的关注，也要有对相应文化生态的观照，既要着眼于项目本身，也要放眼于外部整体。单独从项目本身，或者单独就外界因素进行考察，都是不科学的。对于非物质文化遗产的研究要有整体性的视野，从内考察其对项目本身的继承和发展，从外探讨其在当前文化生态下的形成、演变及未来走向。

（二）多维度的考察

非物质文化遗产学是一门综合性的学问，涉及诸多相关学科领域，需对其进行多维度的考察和整体性的研究。多维度的考察能够从不同方面展现非物质文化遗产的本真，使得人们的认识更为全面、立体，得出更为客观、可信的研究结果。多维度的考察既体现在多种研究视角的考察上，还体现在多重考察视角的运用上。

1. 多种研究视角的考察

非物质文化遗产作为一种整体性的存在，对其考察的视角理应是多样化的。如匡秋爽在梁祝传说的研究中③，从历史学的视角，通过查阅大量的历史文献、地方志、地方档案等文献材料对不同地区的梁祝传说的发展历程进行考察，由此划分出不同的发展阶段，总结出不同阶段的传承特征；从传播学的视角，采用传播学的相关理论对梁祝传说的流传和变异进行分析；从文化学的视角，采用文化人类学的相关理论对梁祝传说的文化内涵进行阐述；从社会学的视角，采用社会学相关理论，从民众精神生活、经济生活等方面考察梁祝传说在当代传承过程中面临的困境，并探索走出困境的路径。

2. 多重考察视角的运用

多重考察视角意指从不同的考察对象、考察角度出发，进行多维度的研究和考察。如吕屏在靖西旧州壮族绣球的研究中④，为探寻靖西旧州壮族绣球的当代传承路径，对

① 黄永林. 非物质文化遗产保护语境下的新农村文化建设［J］. 文化遗产，2010（2）：1-5.

② 黄永林. 民俗文化发展理论与生态规律阐释及其实践运用［J］. 民俗研究，2015（2）：12-19.

③ 匡秋爽. 从民间传说到艺术经典：艺术视野中的“梁祝”母题研究［D］. 长春：东北师范大学，2015.

④ 吕屏. 传统民艺的文化再生产：靖西旧州壮族绣球的传承研究［D］. 北京：中央民族大学，2009.

不同群体进行了多重考察。其一，深入手工艺人的生活，从手工艺人的经济生活、精神生活等入手，发掘提升手工艺人生产积极性的方法；其二，深入游客，从游客的角度，探讨游客对靖西旧州壮族绣球的认知和审美；其三，深入商人之中，从商人的角度，探索靖西旧州绣球生产与销售间存在的问题。多重考察视角的运用使得问题的分析更为透彻，问题的解决也更为高效。

三、理论研究向实践研究的转向

非物质文化遗产学是一门综合性的学科，也是一门实践性的学科，它服务于民众生活的方方面面。非物质文化遗产研究的目的在于发挥其实践功能，无论是精神的还是物质的。伴随学界和广大民众对非物质文化遗产认识的加深，针对其实践方面的研究逐步增多。大致上看，主要集中在非物质文化遗产与旅游的结合及其与新农村建设的结合方面。

（一）非物质文化遗产与旅游的结合

伴随经济的高速发展和民众生活水平的不断提高，文化旅游逐渐走进民众的生活，并发展成为民众生活的重要组成部分。非物质文化遗产本身即是重要的旅游资源，传统手工技艺、民俗节庆、传统音乐、舞蹈等是文化旅游的重要组成部分。非物质文化遗产与旅游的结合一方面能够提升旅游的文化内涵，另一方面也可以推动非物质文化遗产的保护和传承。

对于非物质文化遗产在旅游方面的实践功能，学界有着较为统一的认识。例如昆曲对周庄旅游、刘三姐民歌对桂林旅游、纳西古乐对丽江旅游的推动作用已成为不争的事实。田茂军指出，非物质文化遗产与文化旅游的结合可以提升旅游的文化品格，同时还可以有效延续非物质文化遗产的生命力，推动其发展和传承①。王健指出，非物质文化遗产和旅游之间存在一种天然的渊源关系，部分可以开发成为旅游产品，一方面可以作为特色的旅游吸引物，促进旅游业的发展，另一方面也可以促进非物质文化遗产的保护②。陈天培指出，非物质文化遗产是重要的区域旅游资源，非物质文化遗产的开发与保护工作与旅游产业的结合能增强旅游的地方特色，提高其吸引力和竞争力③。崔凤军等人认为，非物质文化遗产与旅游的结合，一方面能够带来旅游品牌效应，另一方面也有利于非物质文化遗产的抢救和保护④。余丹指出，民族节庆旅游可以将民族文化资源转化为文化资本，使得保护模式由被动保护转向主动保护，由静态保护转向动态保护，使开发和保护形成一种良性的互动循环⑤。

---

① 田茂军．论民族地区“非遗”保护与文化旅游的融合发展：以湘西自治州为例［J］．原生态民族文化学刊，2014（4）：151-156.

② 王健．非物质文化遗产与旅游的不解之缘［J］．旅游学刊，2010（4）：11-12.

③ 陈天培．非物质文化遗产是重要的区域旅游资源［J］．经济经纬，2006（2）：124.

④ 崔凤军，罗春培．旅游与非物质文化遗产的保护［J］．法治与社会，2006（10）：195-196.

⑤ 余丹．民族节庆旅游开发与非物质文化遗产保护互动模式研究［J］．西南民族大学学报（人文社科版），2009（9）：5-8.

（二）非物质文化遗产与新农村建设的结合

我国是一个农业大国，漫长的农耕文明造就了丰富的非物质文化遗产，大量的非物质文化遗产仍活跃在广大农村地区。非物质文化遗产是民族精神和情感的载体，是广大民众智慧的积累，其中包含大量的社会治理和人际关系处理的智慧。在漫长的社会发展过程中，不同形式的非物质文化遗产曾在乡村治理方面发挥了重要作用。21 世纪以来，我国新农村建设与非物质文化遗产保护几乎同步启动，非物质文化遗产是新农村建设的文化基础，对于新农村建设具有重要意义。

对于非物质文化遗产在新农村建设方面的实践功能，学界已取得了较为丰硕的研究成果。黄永林指出："农村非物质文化遗产的文化内核是建设社会主义新农村得天独厚的扎实根基，是当前社会主义和谐文化建设的重要资源，也是社会主义核心价值观建设的重要民族文化基础，它们应该成为新农村文化建设的重要组成部分。""农村非物质文化遗产保护工作做得如何，最终关系到新农村文化建设的精神内涵与文化主体的确立，以及和谐社会的构建"①，非物质文化遗产在新农村建设中具有重要的实践作用。张士闪的《礼俗互动与中国社会研究》从乡村振兴出发探讨了非物质文化遗产中的礼俗在乡村振兴中的实践作用，指出"礼俗互动"通过全社会广泛参与的方式，将国家政治和民间"微政治"融会贯通，保障了社会机制内部的畅通，"并以文化认同的方式消除显在与潜在的社会危机"②。吴亮指出在新农村建设中，遵循经济规律，深入挖掘非物质文化遗产的价值，把文化优势迅速转化为经济优势，可以推动乡村经济的发展③。这些研究都从不同的视角探讨了非物质文化遗产在我国社会主义新农村建设中的重要实践价值和意义，并就进一步发挥其实践功用进行了探讨。

关键概念

文献研究法　田野调查法　个案研究法　跨学科交叉研究法

主要论点

1. 非物质文化遗产价值体现在人类社会生活的方方面面，如何正确引导民众了解非物质文化遗产的现状与内涵，尤其是站在全球化视角和当代社会视野下，引导广大民众领悟非物质文化遗产的精神价值，是时代赋予非物质文化研究的重要任务。

2. 伴随非物质文化遗产研究的进行，人们对它的认知逐步加深，单纯的文献研究已无法满足研究的需要，田野调查法逐渐被运用到研究中来，形成了书斋与田野并重的研究模式。书斋和田野研究的并用能够形成对研究对象更为立体和更为全面的认知和把握。

---

① 黄永林．非物质文化遗产保护语境下的新农村文化建设［J］．文化遗产，2010（2）：96-97.

② 张士闪．礼俗互动与中国社会研究［J］．民俗研究，2016（6）：14-24.

③ 吴亮．社会主义新农村文化建设视阈下非物质文化遗产的开发与利用［J］．江苏农业科学，2012（10）：395-397.

3. 非物质文化遗产学是一门综合性的学问，涉及诸多相关学科领域，需对其进行多维度的考察和整体性的研究。多维度的考察能够从不同方面展现非物质文化遗产的本真，使得人们的认识更为全面、立体，得出更为客观、可信的研究结果。

4. 非物质文化遗产学是一门综合性的学科，也是一门实践性的学科，它服务于民众生活的方方面面。非物质文化遗产研究的目的在于在精神层面和物质层面发挥研究的实践功能。

延伸阅读

1. 王文章. 非物质文化遗产概论［M］. 北京：教育科学出版社，2008.

2. 黄永林. 民俗文化发展理论与生态规律阐释及其实践运用［J］. 民俗研究，2015（2）：12-19.

3. 巴莫曲布嫫. 非物质文化遗产：从概念到实践［J］. 民族艺术，2008（1）：6-17.

4. 高丙中. 作为公共文化的非物质文化遗产［J］. 文艺研究，2008（2）：77-83.

思考问题

1. 非物质文化遗产研究的意义是什么？

2. 简要分析跨学科研究对非物质文化遗产研究的重要意义。

3. 简述应该从哪些角度促使非物质文化遗产研究获得成效。

（桑俊　高艳芳）

第七章　非物质文化遗产的田野作业

田野作业，又名田野调查、田野工作、实地调查或田野研究，起源于摩尔根，完善于马林诺夫斯基，并于20世纪初传入中国，是研究者根据一定的学术研究目的，带着问题直接进入社会文化环境调查的科学研究方法，是人类学、民俗学、社会学等研究者搜集资料的重要途径。田野作业对于这些领域的研究人员来说，不是一个简单的数据采集，而是通过田野作业的数据采集进行研究的必要手段①。

第一节　非物质文化遗产田野作业的价值

田野作业是非物质文化遗产保护的重要方法，是研究者进行研究工作的重要资料来源，对于挖掘非物质文化遗产多重价值、总结非物质文化遗产传承规律、发现非物质文化遗产新项目、解决非物质文化遗产保护问题等具有重要的价值和意义。

一、挖掘非物质文化遗产多重价值

田野作业作为一种重要的科学研究方法，可以让人们重新认识非物质文化遗产，挖掘其多重价值。因此，田野作业的一项重要任务就是发掘长期以来未被人们认识或重视的非物质文化遗产的价值。例如，传统的竹编织技术历史悠久，自人类开始定居生活，竹子就已经成为日常生活工具编制的主要材料。但随着当代生活的变迁，竹编工具逐渐走出人们的日常生活。后来，在我国政府有关部门、学术界和社会组织的共同努力下，2008年6月7日，“竹编”经国务院批准列入第二批国家级非物质文化遗产名录，并成为当地人发展特色文化产业的重要内容。还有海南岛的“絣（bēng）染”技术，这是一个在中国存在两千多年，有着重要历史价值的非物质文化遗产项目，如今在当地政府和村民共同努力抢救下得到了全面恢复。通过恢复传统民族民间文化，当地的传承人从这个项目中获得了远高于先前的经济效益，享有相应的社会地位，他们继承优秀民族文化遗产的热情也明显增强。通过挖掘和提升非物质文化遗产的价值，促使非物质文化遗产从濒临灭绝走向繁荣，已成为非物质文化遗产保护工作的一个重要经验。

二、总结非物质文化遗产传承规律

中华文化源远流长，许多非物质文化遗产在长期的历史发展过程中都形成了自己独

---

① 菅丰．民俗学者的田野介入与社会现实的再建构：通过田野调查构筑现实［J］．邢光大，译．张帅，校．民俗研究，2017（3）：49-56.

具特色的传承特点。当今社会的快速发展和巨大变革，既给当前的非物质文化遗产保护带来一定的机遇，也带来前所未有的挑战。通过田野作业，全面掌握非物质文化遗产的发展历史、总结传承规律，已然成为做好保护非物质文化遗产工作的重要前提。例如，湖北随州义阳大鼓在长期的历史发展过程中，形成了独具特色的传承规律。从田野作业的资料中可以发现其中凝聚着中原文化和楚文化的因子，其实从根本上来追溯，它是由当地民歌、孝歌、山歌逐渐孕育演变而成，兼具民歌的通俗、孝歌的低沉，还有山歌的洒脱，是民间原生态文化的一部分。它体现了地域文化与民俗文化、流行与优雅的有机结合，具有古与今相融合的文化价值。如果没有详细的实地调研和深入的民间知识研究，就很难理解湖北这一曲艺音乐的演变规律和文化底蕴。

三、发现非物质文化遗产新项目

非物质文化遗产本身就是民众生活的一部分。要想了解非物质文化遗产，就必须深入民间，深入田野，只有这样我们才能发现更多更好的新项目。自 2005 年以来，中国启动了第一次非物质文化遗产全国普查，这项为期五年、深入传统村庄和社区的普查工作，对我国的民族民间文化进行了全面摸底，基本上摸清了散落在民间的非物质文化遗产“家底”。据统计，本次参与普查工作人员 50 万人、民间艺人 115 万人，拍摄图片 477 万张，收集珍贵物品 29 万余件，非物质文化遗产资源总量近 87 万项。这一全面快速的抢救行动，使许多濒危的非物质文化遗产得到批量保护。例如，通过详细的实地调查，在湖南发现了已有两千多年历史的“周礼古宴”，在河北发现了古代传统音乐中的“七调还原”，在山东发现了具有独特风格的“割绣”，在海南发现了“失踪”两千多年的“絣染”……如果没有这些全面的、深入的田野作业，那些散落在民间的非物质文化遗产项目可能就会无声无息地湮灭。

四、及时解决非物质文化遗产保护问题

非物质文化遗产保护是一项国际化、全球化的共同工作，在综合考量维护人类的整体价值和长远利益后，联合国教科文组织从保护人类文化多样性的战略高度，提出了非物质文化遗产保护工作的具体路径。文化的多样性使人们的日常生活更加丰富多彩，更加富有诗意，可以满足人们不同的情感需求和愿望。非物质文化遗产是多元文化的重要表征，是保证可持续发展的文化因子，已然成为当前世界各国发展和互利共赢的共同基础和坚实基石。近年来，国内学术界对于非物质文化遗产到底应该怎样保护的问题争论颇多，如针对非物质文化遗产到底能不能“走市场”、能不能开发的问题就曾产生过激烈的争论。经过多方积极探索实践，生产性保护、恢复性保护和完整性保护等已经成为当前非物质文化遗产保护传承的重要手段，各方力量努力使非物质文化遗产真正“从民间来，到民间去”。如果只是闭门造车，这些结论都将无法得到。

无论当今社会如何变迁，也无论人们的社会生活发生怎样的变革，我们通过田野作业仍可以发现散存于民间的文化遗产，挖掘非物质文化遗产的重要价值意蕴，掌握我国非物质文化遗产的现存状况并总结我国非物质文化遗产保护实践经验。为使这些非物质

文化遗产从濒危走向繁荣，更好地传承我国优秀传统文化，进行田野作业已然成为当前保护非物质文化遗产的重要途径。

第二节 非物质文化遗产田野作业的原则

田野作业不仅是人类学、社会学、民俗学等相关学科的研究方法，而且已经成为人类学知识体系的一部分。田野作业是进行非物质文化遗产研究不可或缺的重要组成部分，在田野作业过程中，需要遵循一定的科学原则和基本方法，方能获取真实可靠的数据资料。

一、尊重性原则

尊重性原则是指在田野作业过程中，必须尊重田野作业当地的各种文化习俗、礼仪、生活习惯等，也是田野作业者文化修养、职业道德的重要体现。我国是一个统一的多民族国家，许多少数民族有着不同的民俗和文化特征。不同的民族风俗习惯都是各民族在长期的生产和生活中形成的，但各民族在很多方面也有自身的特点，如饮食、服饰、居住、婚礼、节日禁忌、礼仪。一个地区的民族风俗和生活习惯与其自身的文化、心理和情感等有非常密切的联系，同时这些民族因子可以与其他民族区别开来，形成具有个性化的民族特点。俗话说“入乡随俗”，在少数民族地区调查的实地研究中，应该把自己置身于当地文化语境中，尊重他们的风俗习惯，不应忽视或因粗心大意而影响了他们的民族自豪感，破坏了当地的民俗文化。文化部副部长项兆伦在第六届成都非物质文化遗产节国际论坛上的主旨发言中认为，我们必须尊重当地的文化，尊重国家传统，有效地预防和扭转不尊重文化遗产、藐视社区文化传统、侵占传承人权利的行为。

尊重性原则在田野作业过程中的运用，一是要尊重当地的原生态民风民俗，与当地人一道，保护当下的民族文化遗产，使民族文化在当前的社会背景下大放光彩，而不是专注于经济利益，完全根据自己的喜好和市场需求来改变非物质文化遗产的本来面目和实际效用。例如，剪纸和皮影都是手工制作的，但现在有的商家为了追求经济利益，用现代化的机器代替以前的手工制作。二是要尊重被调查者的个人隐私和人格，不做不利于被调查者的任何事情。特别是在我国的很多民族地区有许多严格的风俗习惯，作为调查者在前往这些地区进行田野作业时，必须先提前“预习功课”，深入把握、认识当地的一些日常生活习惯，以免在田野作业过程中出现一些尴尬的局面。比如，有些民族认为，如果男子坐在未出嫁姑娘的床上，表示愿与该姑娘成婚，如果田野调查者不了解这一风俗，有时甚至会引起纠纷，影响田野作业的顺利进行。

二、整体性原则

整体性原则是指在田野作业过程中，基于系统性、全局性的考虑，将所要进行调查的对象置于整体中进行考虑，即充分考虑调查对象与当地文化、经济、社会之间的关系。非物质文化遗产是人类智慧的结晶，在很长一段时间，中国民间文学领域都强调收集与作品相关的民俗风土人情和地理空间状态等信息，为了保证调查结果的真实性，调查人员除注重非物质文化遗产本身之外，还必须注意人与人之间、非物质文化遗产之间以及与所在的生态环境之间的关系。据不完全统计，全国已有17个省建立了24个国家级文化生态保护实验区，其中7个已经正式确立为国家级文化生态保护区。此外，在各省、自治区、直辖市建立了146个省级文化生态保护实验区，形成了多元多样的文化生态保护区建设体系。2018年12月10日，《国家级文化生态保护区管理方法》由文化和旅游部发布，是国家级文化生态保护区建设进入新历史阶段的重要标志。作为一种传统工艺技艺，中国传统的漆工艺因为历史背景不同，南北气候不同，地域的工艺美术发展状态不同，形成了各地独具特色的传统技艺。比如，福州脱胎漆艺、北京金漆镶嵌、成都金银平脱、山西平遥推光漆、山西新绛剔犀（云雕）、安徽犀皮漆、湖北楚式漆器髹饰技艺、广东阳江漆、贵州大方皮胎漆器、彝族漆器等，漆工艺在不同的地域形成各具风采的艺术形式。

整体性原则在非物质文化遗产田野作业过程中的运用，一是要全面调查被调查对象的外部环境。任何被调查对象都是在社会大环境中生存与发展的，作为人类独特的非物质文化遗产，长期以来，经受社会和岁月的洗礼，与人类社会的万事万物相互关联，与外界及其他系统进行物质、能量和信息的交换。例如，在我国许多少数民族地区，各种建筑风格、朝向、方位甚至选址等，都存在巨大的差异，其中一个重要的原因就是与当地的自然地理环境有着密切的关系。二是要全面调查被调查对象的内部规律。任何一项非物质文化遗产，都有着自身内在的特殊规律。在田野作业过程中，必须全面系统地了解被调查对象的内部规律和组成要素，不能只看大致、表面、一般的特征。比如，我国很多地方的婚礼习俗，尤其是少数民族地区，如苗族、侗族、壮族、回族等民族的婚礼习俗，在具体的流程、方式方法上就存在着明显的差异。三是要全面调查被调查对象的特性和功能。我国各民族创造出的大量的、高品位的非物质文化遗产，成为人类宝贵的精神财富，在人类的生产生活、社会发展过程中发挥着重要的作用。因此，在田野作业过程中，必须向当地人全面系统地了解被调查对象的特性和功能，方能达到预期的工作效果。

三、客观性原则

客观性原则是指在田野作业过程中，必须尊重被调查对象的客观规律，不能带有任何主观性，不添加任何主观色彩，要具有真实性、可靠性和科学性。具体而言，客观性就是要保持自己所调查的对象是真实的，不能伪造事实，不主观臆断，不被调查对象的思想、行为、表征所左右。例如，我国的民俗事象大部分散落于民间，这就要求我们在田野作业过程中，全面把握、反复对比调查的资料、数据，做到真实、可靠、科学，不能以偏概全，不能一个人说了算，要经得起推敲、检验，方能达到田野作业的目的和效果。

客观性原则在田野作业过程中的运用，一是要在全面了解被调查对象的基础之上下结论，不能人云亦云，或是伪造数据，捏造事实。比如，要调查中国木拱桥传统营造技艺这一非物质文化遗产，就必须要对这一技艺的流程如选桥址、建桥台、测水平、搭拱架、上剪刀苗、立马腿、架桥屋等重要步骤进行全面把握，甚至要对各民族地区的营造方式进行深入了解。二是要坚持遵循理论与实践相结合的方法。在田野作业即将开始之前，调查者要在理论上下功夫，包括对此次田野作业的调查对象、调查方法、调查过程等都要提前"预习""补课"，以科学的理论指导实践，确保田野作业的结果客观、科学、有效，方能取得事半功倍的效果。

四、可持续性原则

可持续性原则是指在田野作业过程中，对被调查对象进行充分认识并给出一定的建议措施，让其可持续传承和发展。作为一种活态的文化遗产，不同时期的非物质文化遗产遇到的问题也会有所不同。田野作业是一个漫长的过程，作为外来者很难在一个地方蹲守一生。为了确保田野作业的可持续性，调查者应该在实地调研过程中，发现当地人才，自觉培养当地人才。帮助人们提高传承能力和当代实践能力——包括深入了解该地区的文化传统、掌握相关的遗产知识和技能、重新创造所需的知识和技能，也包括一些项目继承实践、获得相应经济效益的能力，这都是我国非物质文化遗产保护工作的重点。通过实地调研，培养一批非物质文化遗产保护人才应该是田野作业的重要内容，同时也为非物质文化遗产的可持续发展提供强有力的保障。

例如，2008 年被列入国家级非物质文化遗产名录的东北大鼓曾经繁荣一时，艺人最多时达 170 余人。但随着当今文化娱乐方式的日渐丰富，东北大鼓的表演群体日渐萎缩，甚至专业人才青黄不接。对此，五常市加大对东北大鼓的保护力度，从成立五常市东北大鼓保护协会、五常市说书馆，到编撰囊括东北大鼓经典唱段、历史流变、艺术特色等内容的"五常东北大鼓系列丛书"，多措并举保护传承五常东北大鼓的成效日益显现。2013 年，五常市非物质文化遗产保护中心邀请出身于东北大鼓世家的五常居民陆凤芝担任五常市东北大鼓传习所辅导教师，并在东北大鼓青少年培训基地为当地培养能独立登台演出的众多学员，有效地保护与传承了东北大鼓这一国家级非物质文化遗产。

诚然，非物质文化遗产田野作业虽是按照人文社会科学的研究路线进行设计的，但不同于一般的社会调查。它是亲临实地对各类非物质文化遗产传承的自然环境、社会环境、传承渠道等各类物质和精神文化事象做出科学的记录和描述，由此它应该更多地关注当地的民俗生活，尊重当地人的风俗习惯，应该与当地人一道，以传承中华优秀传统文化为己任，着力培养更多的当地民族文化优秀传承人，这是田野作业者责无旁贷的责任与担当。

第三节　非物质文化遗产田野作业的方法

非物质文化遗产田野作业是非物质文化遗产进行立档保护、研究的重要基础。2011 年，国家颁布的《中华人民共和国非物质文化遗产法》规定："县级以上人民政府根据非物质文化遗产保护、保存工作需要，组织非物质文化遗产调查。公民、法人和其他组织可以依法进行非物质文化遗产调查。”国家从法律层面加强了对非物质文化遗产田野作业的规范化要求，田野作业者因此变得合法化和规范化。非物质文化遗产田野作业需建立在对现有非物质文化遗产文献资料了解的基础上，借助现代技术手段，运用一定的调查方法，深入到非物质文化遗产真实环境中，才能切身体会到非物质文化遗产在现代社会中的真实状态。具体的田野作业方法有以下几种：

一、综合调查法

综合调查法就是从宏观层面针对非物质文化遗产的自然、人文、生态、影响范围等情况进行全面调查的方法。马林诺夫斯基有言：“争吵、玩笑、家居情景，这些通常琐碎、有时候又颇具戏剧性、而总是很有意义的事件，就构成了我，也是他们的日常生活范围。”① 非物质文化遗产的产生和非物质文化遗产所处的宏观环境密不可分，在进行田野作业时不仅要涵盖非物质文化遗产自身，更要囊括与其相关的人文、自然等环境因素。

对文化生态保护区内的非物质文化遗产项目进行田野作业尤其要注意对整体环境的调查，比如，在对闽南文化生态保护区闽台送王船的历史渊源、文化特点、族群特征、传承体系、传播范围等宏观调查时发现，不同地理环境下形成的送王船信俗是不同的。当然，对于闽台送王船的调查，不能局限于中国，历史上随着闽人南迁，该活动流传到新加坡、马来西亚等国家和地区，这就要求调查者不仅应该专注于非物质文化遗产的历史流变，也应该关注其国际影响力，全面发掘非物质文化遗产的发展环境。

二维码 7-1

二维码 7-2

二、抽样调查法

非物质文化遗产的活态性决定其传承需要人的参与。抽样调查法是建立在综合调查的基础之上，着重对非物质文化遗产中的关联人进行调查的方法。由于某些非物质文化遗产如南音、妈祖信俗等影响极为广泛，不可能对非物质文化遗产项目影响范围中的每个人都进行了解，所以就需要抽样调查。抽样的时候就要尽可能涉及不同群体，如传承人、当地居民、外来参观者、政府等，分层抽样是保证抽样调查结果客观公正的有效手段。在抽样的基础上，我们可以采用下面的方法进行具体调查：

（一）问卷调查

对非物质文化遗产的田野作业既要做定性研究也要做定量研究，问卷调查是采用问卷方式了解人与非物质文化遗产关联性的定量研究方法。“非物质文化遗产的主要特点就是依托人而存在，传承和传播主要依靠人的行为，以声音、行为、形象和技艺为表现

① 布罗尼斯拉夫·马林诺夫斯基. 西太平洋上的航海者［M］. 张云江，译，北京：中国社会科学出版社，2009：6.

手段，通过口传心授作为文化链而得以延续。”[①] 因此就要求调查者在问卷设计时注意人与非物质文化遗产的关系。但由于传承人、外来参观者、当地居民、政府等对非物质文化遗产的了解不一样，在设计问卷时应量身定做。如漳州木偶头雕刻属于国家级非物质文化遗产，在传承中开始招收社会学员免费参与到木偶头制作中，那么对学员的调查也是至关重要的。当然，在问卷设计时要根据调查主题全面合理地设计问题。整体上，问卷应包含对某非物质文化遗产的了解程度，传播路径、传承策略与生活的关联性，力求通过调查问卷对非物质文化遗产关联人有全面的了解，以及借由对非物质文化遗产关联人的了解来理解他们对非物质文化遗产的看法。

（二）访谈法

访谈法是和受访人直接交谈的方法，如当面访谈、电话访谈、网络访谈等，通过访谈对非物质文化遗产进行深入调查以弥补问卷调查过于数据化的不足。传承人是非物质文化遗产保护和传承中的核心人物，具有全面的文化知识和精湛的技艺，对非物质文化遗产有着深刻理解。访谈问题的设计，既要不失专业性，又不能过于高深，要能够贴近传承人的心理感受，引导其准确地回忆非物质文化遗产内容。在对传承人进行访谈时，要对其家族概况、重要人生经历有相当的了解，针对非物质文化遗产项目自身，从传承制度、传承谱系、展演过程、保护方式、传播方式、非物质文化遗产禁忌等方面进行深度访谈。如在传承制度中，有的地方是传男不传女，有的地方是传媳不传女，这就要求在对非物质文化遗产进行田野作业时不仅要记录传承制度，更要深入追究背后的原因，以便对非物质文化遗产传承有全面深刻的认识。当然，在此过程中，机械式的问答模式容易产生距离感，需要有技巧地引导并与受访者形成良好的互动，才能了解到一些在受访者看来习以为常但对理解非物质文化遗产非常重要的现象。

三、观察法

“见人见物见生活”是非物质文化遗产保护的重要理念，非物质文化遗产的活态性使调查者不能只是采取静态的资料搜集式的调查，而必须深入参与到非物质文化遗产展演活动过程中。参与者的角色可以是局外人或者局内人，为非物质文化遗产田野作业提供多维视角，相互补充，促进调查材料的完善。

二维码 7-3

（一）参与观察

参与观察是将自己当成局内人进行观察的方法，主要“采取调查者参与到文化遗产活动中的形式，进行直观的第一手的采集和收录，保持遗产活动完整的真实的原形态”[②]。非物质文化遗产，无论是豫剧、南音还是木偶雕刻，都有其展示的过程，对非物质文化遗产进行田野作业时，就需要参与到非物质文化遗产展

① 高忠严，张琬容．非物质文化遗产保护背景下的民俗学田野作业反思［J］．山西师大学报（社会科学版），2018（6）：103-107.

② 乌丙安．非物质文化遗产保护理论与方法［M］．北京：文化艺术出版社，2016：208.

演过程中，比如，通过对漳州木偶雕刻的参与观察，就可以详细了解整个制作工艺流程以及制作过程中的技巧、标准等，而像制作技巧等一些细节部分不是通过语言、文字能够体会到的，必须参与到具体过程中，才能了解到更多资料。当然，也并不是所有非物质文化遗产项目都适合参与观察，如和信仰等相关的某些非物质文化遗产项目就不适合参与观察。

（二）非参与型观察

非参与型观察主要是将调查者当成局外人，作为一个旁观者客观、冷静地观察并记录所发生的事情的全过程。“作为一名局外人，你可以综观现场，记录主要的和显著的特征、关系、模式、过程和事件。”① 送王船是一项民间信俗，在调研时就需要采用非参与型观察对其进行了解。作为一个旁观者，可以清晰地了解族群行为、物品寓意、活动过程中的特殊言语、禁忌以及活动所依赖的宫庙等，获得较多客观、真实的调查材料。非参与型观察可以更清楚地发掘对于一个“非我”群体的认知极限。信仰类活动多以非参与型观察为主，如保生大帝信俗、妈祖信俗等，涉及信仰话题，对于“非我”族群就会有一种排他性或信仰与否的问题。非参与型观察可使我们从局外人视角了解信众习以为常的信俗行为，通过对信俗行为的记录发掘其背后的文化内涵。

四、文献实物搜集法

对于非物质文化遗产而言，既要关注展演过程，还要关注展演所依赖的各种资料，这就需要对该非物质文化遗产的文献文物资料进行搜集。2011 年颁布的《非物质文化遗产法》从法律层面规定了对非物质文化遗产资料的搜集范围，保证了非物质文化遗产资料的完整性。当然，非物质文化遗产中工匠艺人的各种工具，戏曲艺人的服装道具，民俗活动中的祭品、饰品等也应在资料搜集之列。非物质文化遗产是活态的，那些传抄的歌词、乐谱以及表演的道具等实物资料虽然在不同历史时期会发生变化，但是它们对非物质文化遗产在某一时点上原封不动的记录也是非常重要的。对前辈的调查报告包括以前某个时期田野作业者的调查资料，如照片、口述录音、展演视频等也需要搜集，可以从中对比找出非物质文化遗产在流传中的变化。比如，对于朱仙镇木版年画的文献实物进行搜集，既要搜集地方志中有关该非物质文化遗产的记载，了解其历史流变，又要通过拍照、录像等方式搜集印制年画的木版颜料和纸张等，这样才能够全面了解非物质文化遗产展演过程所运用的材料。

以上介绍了非物质文化遗产田野作业的几种主要方法，但从一定意义上来说，非物质文化遗产田野作业绝不是某个单一方法可以完成的，因此应采用全面的调查方法，多种调查方法相结合便于多角度观察非物质文化遗产的发展状态。不可否认，有时候对某一非物质文化遗产项目进行一次田野作业是远远不够的，要经历多次的追踪调查才能详细完整地记录非物质文化遗产的情况。同时，在调查之前，应通过文献、视频、图片以

---

① 乔金森. 参与观察法：关于人类研究的一种方法［M］. 张小山，龙筱红，译. 重庆：重庆大学出版社，2015：53.

及网络资料对被调查的非物质文化遗产项目有一个较为全面的了解，这样才能在调查的时候做到有的放矢。在非物质文化遗产田野作业的过程中，无论使用哪种调查方法，都要保持价值中立的客观态度，不能引导或诱导被调查者。

第四节　非物质文化遗产田野作业的资料保护

联合国教科文组织的《保护非物质文化遗产公约》提到，非物质文化遗产“‘保护’指确保非物质文化遗产生命力的各种措施，包括这种遗产各个方面的确认、立档、研究、保存、保护、宣传、弘扬、传承（特别是通过正规和非正规教育）和振兴”。其中的“确认、立档、研究、保存、保护”离不开对非物质文化遗产田野作业的资料保护，可以说，非物质文化遗产资料保护是非物质文化遗产保护的重要组成部分。如何对海量的、琐碎的、原始的甚至不成条理的非物质文化遗产田野作业资料进行科学、有效的保护，是值得研究的重要问题。

一、非物质文化遗产田野作业资料保护的意义和价值

（一）非物质文化遗产田野作业资料保护是非物质文化遗产保护的重要组成部分

非物质文化遗产田野作业的资料虽然多是以静态形式呈现，但依然可作为人们了解非物质文化遗产的重要途径。国务院办公厅印发的《关于加强我国非物质文化遗产保护工作的意见》指出：“一些依靠口授和行为传承的文化遗产正在不断消失，许多传统技艺濒临消亡，大量有历史、文化价值的珍贵实物与资料遭到毁弃或流失境外，随意滥用、过度开发非物质文化遗产的现象时有发生。”因此，非物质文化遗产田野作业的资料必须及时进行保护。

非物质文化遗产保护离不开传承人，同样，非物质文化遗产田野作业的资料保护也离不开传承人。传承人的变化为非物质文化遗产田野作业的资料保护带来了难度，再加上大批非物质文化遗产传承人年岁已高，可能出现人亡技失的情况，所以对他们传承资料的记录是抢救性的。这就要求在非物质文化遗产田野作业中注意搜集传承人资料。传承人档案是田野作业资料收集的一部分，虽然2019年出台的《国家级非物质文化遗产代表性传承人认定与管理办法》要求“应当建立国家级非物质文化遗产代表性传承人档案，并及时更新相关信息。档案内容主要包括传承人基本信息、参加学习培训、开展传承活动、参与社会公益性活动情况等”，但这只是从非物质文化遗产传承人认定的角度对传承人的相关信息的搜集，所获得的是经过裁剪的标准化流程的材料。田野工作者还是要积极搜集更多信息，以便非物质文化遗产传承人的资料能尽量全面展现传承人的详细情况。

（二）非物质文化遗产田野作业资料保护是实现田野作业资料成果共享的客观需要

非物质文化遗产原本是民间文化，体现的是民众的生产生活，是底层、边缘人的社会记忆，易被大众忽视。在国家大力推动下，我国四级非物质文化遗产名录体系、非物

质文化遗产法律法规不断完善，推动了社会各界对非物质文化遗产的持续性关注。非物质文化遗产保护已“成为一项涉及面广、持续性长、社会影响大、取得成就多的文化和社会事业”①。各研究机构、专业中心、博物馆、档案馆、图书馆、文献中心和研究者因为各种需求会对非物质文化遗产进行田野作业，获得大量的非物质文化遗产资料。但是由于目的不同，如不加以统筹很容易造成调查的重复性与资源的浪费。保存田野作业的成果将会为资料需要者提供更多的现成资料，而将非物质文化遗产田野作业的资料共享则可以减少非物质文化遗产调查的重复性。特别是对于研究者来说，前人田野作业的资料为自己提供了研究基础，再次调查可建立在前人调查的基础上，查漏补缺，将田野作业引向深入，完善田野作业资料。

（三）非物质文化遗产田野作业资料保护是非物质文化遗产可持续发展的必然要求

非物质文化遗产的发展离不开数字、文献等资料的收集、整理，资料保护已然成为非物质文化遗产可持续发展的必然要求。2003 年，联合国教科文组织《保护非物质文化遗产公约》明确指出“非物质文化遗产是可持续发展的保证”。2018 年《实施〈保护非物质文化遗产公约〉的业务指南》具体提出“在国家层面上保护非物质文化遗产和可持续发展”，并从“包容性社会”“包容性经济发展”“环境可持续发展”“非物质文化遗产与和平”四个维度阐述了非物质文化遗产对可持续发展的重要性。非物质文化遗产如何可持续发展离不开一定的非物质文化遗产资料，对非物质文化遗产资料的理解是非物质文化遗产可持续发展的基础。当然，非物质文化遗产可持续发展“有赖于非物质文化遗产实践者的理念、能力和采取的实践方式”②。因此，需要提高非物质文化遗产实践者对非物质文化遗产保护的认识和能力，而对相关资料的认识可以加深对非物质文化遗产整体性的认识，促进非物质文化遗产可持续发展。由此看来，非物质文化遗产资料保护是非物质文化遗产可持续发展的重要一环。当然，非物质文化遗产资料可为传承人提供传承、发展的依据，为传承人的传承活动提供参考，进而可以保证非物质文化遗产的传承人进一步发扬非物质文化遗产知识和技能，并将其传给下一代。

二、非物质文化遗产田野作业资料的内容与基本类型

（一）非物质文化遗产田野作业资料的内容

非物质文化遗产田野作业资料保护中的资料主要是各种确保非物质文化遗产可持续发展的资料。这些资料具体是什么？要厘清这个问题可以从非物质文化遗产的概念着手。2003 年联合国教科文组织《保护非物质文化遗产公约》提出，非物质文化遗产是指“被各社区、群体，有时是个人，视为其文化遗产组成部分的各种社会实践、观念表述、表现形式、知识、技能以及相关的工具、实物、手工艺品和文化场所”。2011 年《中华人民共和

① 安学斌. 21 世纪前 20 年非物质文化遗产保护的中国理念、实践与经验 [J]. 民俗研究，2020（1）：19-29.

② 宋俊华. 非遗保护的契约精神与可持续发展 [J]. 文化遗产，2018（3）：1-7.

国非物质文化遗产法》认为，非物质文化遗产是指“各族人民世代相传并视为其文化遗产组成部分的各种传统文化表现形式，以及与传统文化表现形式相关的实物和场所”。综合上述概念，可以看到非物质文化遗产资料包括各种社会实践、观念表述、表现形式、知识、技能以及相关的工具、实物、手工艺品和文化场所，这也是非物质文化遗产田野作业需要调查的内容。具体来说，非物质文化遗产田野作业的资料包含三部分：第一，非物质文化遗产的文化表现形式资料，包括各种社会实践、观念表述、表现形式、知识、技能。而这些是需要人来实现的，那么，资料中就必然包含人，人可以分为传承人与一般社区成员，以人为核心展开的材料就包含传承人谱系、传承人技艺、文化表现形式，与非物质文化遗产相关的知识和观念表述等。第二，非物质文化遗产概念中的实物资料，既包含历史文献，如曲谱、家谱、歌词手抄本、碑文、石刻、地方志、手工艺品等，也包含非物质文化遗产传承人进行非物质文化遗产表演的物品，如戏剧的戏服、法器等。第三，非物质文化遗产概念中场所的相关资料。场所是非物质文化遗产依托的空间环境，包括非物质文化遗产所处的地理位置、村落或社区的空间布局、非物质文化遗产表演所在的庙宇或其他场所、非物质文化遗产在周边的分布情况等。

（二）非物质文化遗产田野作业资料的基本类型

通过非物质文化遗产田野作业过程，人们掌握了各种类型的相关资料，这些资料共同构成了非物质文化遗产的整体。具体资料类型大致包含文字资料、口头资料、实物资料、影像资料等。按照资料呈现的载体分类，非物质文化遗产资料具体来说可以分为以下几种主要类型：

1. 文字资料

文字资料是田野作业中获得的以文字方式呈现的资料。文字出现的地方不同，资料类型就不同，有地方文献、碑文、石刻、抄录的曲谱、誊写的文献、族谱等。如研究送王船活动，就要去搜集相关的文献材料，如施鸿保的《闽杂记》、连横的《台湾通史》、陈梦林的《诸罗县志》、吴宜燮的《龙溪县志》、厦门市地方志编纂委员会办公室整理的《厦门志》、活动场所的碑文、传承人的谱系档案等。

2. 图片资料

非物质文化遗产资料内容包括其所在的地理环境、所用到的各项实物，涉及非物质文化遗产活动人群状况，而对这些内容的了解，图片远比文字更加真实形象。特别是非物质文化遗产田野作业中有些资料是即时性的，如非物质文化遗产在日常生活中的情景，必须及时进行图片拍摄资料保存。当然，也有一些非物质文化遗产资料是唯一的，如族谱、地方志等，非物质文化遗产田野作业过程中不可能拿走这些资料，所以就需要通过技术手段将此部分资料进行图片转换。

3. 录音录像资料

当文字和图片无法全面获得和保存非物质文化遗产田野作业资料时，录音录像的运用就显得尤为必要了。不少田野工作者为了深入了解非物质文化遗产传承情况，会对传承人或相关人士进行访谈。这种访谈资料就需要通过录音录像的方式进行精确保存，不仅可以保存访谈内容，还可以保存访谈时访谈对象的神态、语气等，这是文字资料和图片资料所无法做到的。除此之外，非物质文化遗产表演和仪式类项目如广西的香火龙舞、闽南的送王船等，也需要通过录像方式原汁原味地记录表演步骤、表演人员分配、表演内容等。

特别需要指出的是，在非物质文化遗产资料内容如文字资料、图片资料与录音录像资料三种材料之间可以根据需要进行载体转换，如对文字资料的保护可以根据保护需要转化为图片，也可以将录音录像资料转化为文字资料，这种转化是以科学保护资料的需要为前提的。

三、非物质文化遗产田野作业资料保护的主要方法

非物质文化遗产田野作业的资料保护重点在于实现非物质文化遗产资料科学有序的保护。目前，资料保护大多停留在语言文字层面，如相对完整的故事情节、传承情况和传承人等相关信息，而图片资料较为分散，不成系统，影像资料则很少。非物质文化遗产田野作业资料保护的方法是什么？2005 年 3 月 26 日，国务院办公厅下发的《关于加强我国非物质文化遗产保护工作的意见》明确指出："要运用文字、录音、录像、数字化多媒体等各种方式……建立档案和数据库。"2011 年 6 月 1 日开始实施的《中华人民共和国非物质文化遗产法》也强调："文化主管部门应当全面了解非物质文化遗产有关情况，建立非物质文化遗产档案及相关数据库。"具体来说，可以通过以下方式加强对非物质文化遗产资料的保护：

（一）档案保护

档案保护是通过建档对非物质文化遗产资料进行有效保护的重要方法。非物质文化遗产档案是指国家机构、社会组织以及个人为保护或传承非物质文化遗产而运用文字、录音、录像、数字化多媒体等各种形式对非物质文化遗产进行保护、传承、传播的各种文献资料。具体来说，一是要方便对多项非物质文化遗产资料的保护，将某一非物质文化遗产项目以立卷的形式进行归档，无论是以文字、图片还是以录音、录像等形式存在的材料，都全部纳入立卷，以利于对非物质文化遗产进行档案管理；二是深入某一项非物质文化遗产内部，坚持科学、系统的原则，使之条理化，形成一定框架体系，如可以归纳为文献资料、表演资料、传承人资料，以方便不同使用者查阅使用。

（二）博物馆保护

与将非物质文化遗产资料以档案形式静态保存于某机构和部门相比，非物质文化遗产博物馆保护是田野作业的资料活态服务于民众的有效举措。非物质文化遗产博物馆可利用当地的非物质文化遗产空间，将搜集来的资料进行系统梳理，转换成博物馆模式，如可以将一些非物质文化遗产手工艺品实物进行展示；可以将图片转换成实物复制品，如可复制送王船中的船，还可复制非物质文化遗产相关史料进行展出；可将文字资料如非物质文化遗产历史渊源、发展过程转换成图片进行展示；可将非物质文化遗产展示过程剪辑成纪录片进行展播，以便参观者全方位、多角度地理解非物质文化遗产资料。据相关数据统计，2009 年以来，我国已支持各地建设了 3000 多处非物质文化遗产展示

馆，这些都是以博物馆的形式推动非物质文化遗产资料保护的有效手段。

（三）数字化保护

从实践角度看，一方面，可以利用数据库进行资料归类整理，这是“实现对非物质文化遗产抢救性保护的有效手段”①。具体来说，可以将“非物质文化遗产的文献、图片、碑刻、影像等实物资料，进行分类整理和数字化转化、存储，建立非物质文化遗产文献档案库”，把“非物质文化遗产实践的场所、工具、产品等，进行数字化文字、图像、音像记录，进行分类整理和存储”②。另一方面，可以利用虚拟现实和可视化展示技术，“实现非物质文化遗产可视化，实现与原物或原事项完全一样的恢复和再现”③。当然，还可以将所有的现实场景如非物质文化遗产环境、史料、展示、传承人技艺，全部以虚拟技术的方式呈现，“可以达到传统意义上的保护方式所不能达到的展示要求与保真效果，更为安全和长久地保存这些弥足珍贵的非物质文化遗产”④。

二维码 7-4

总之，非物质文化遗产田野作业的资料保护不是某项非物质文化遗产研究者的工作，而是整个非物质文化遗产保护工作的重要一环。“建立起一整套实施保护工作的科学机制，并使这些机制能够持续有效地发展”⑤，需要政府、学界、非物质文化遗产传承人的多方参与，共同完善非物质文化遗产资料保护制度。比如需要加强普查、摸底，进一步完善非物质文化遗产清单制度。针对部分非物质文化遗产资料不完善的情况，详细的资料清单可起到查漏补缺的作用。目前的清单制度属于普查范围，注重广度缺乏深度，不适用于对某项非物质文化遗产资料的细致搜集与保护。详细的非物质文化遗产资料清单应以调查提纲为基础，根据各非物质文化遗产具体差异作出调整，形成特色鲜明、内容完备的资料。此外，非物质文化遗产田野作业的资料保护不是一朝一夕就能完成的，应增强传承人、当地主管部门资料保护的自觉意识，构建持续的非物质文化遗产资料保护的层级管理制度和优先级制度，对传承环境或条件发生重大改变、传承面临严重困难的项目，要优先进行资料保护。

第五节　非物质文化遗产田野作业的反思

非物质文化遗产保护与研究在取得重大进展的同时，也向学术界提出了新的挑战，新的学理、新的问题有待研究者去解决，并引起众多研究者进行方法论上的反思。比如，当前的田野作业更需要精细的工作，尤其在对代表性传承人进行口述史记录的同

① 黄永林. 数字化背景下非物质文化遗产的保护与利用［J］. 文化遗产，2015（1）：1-10.

② 宋俊华. 关于非物质文化遗产数字化保护的几点思考［J］. 文化遗产，2015（2）：1-8.

③ 黄永林，谈国新. 中国非物质文化遗产数字化保护与开发研究［J］. 华中师范大学学报（人文社会科学版），2012（2）：49-55.

④ 谈国新，钟正. 民族文化资源数字化与产业化开发［M］. 武汉：华中师范大学出版社，2012：43.

⑤ 乌丙安. 非物质文化遗产保护理论与方法［M］. 北京：文化艺术出版社，2016：17.

时，不能忽视共同作为非物质文化遗产主体的群体及其赖以生存的文化生态环境，研究者亦应该反思保护非物质文化遗产的社会需求与尊重田野的学科伦理之间的张力等。

一、从广泛普查到代表性项目保护：非物质文化遗产田野作业的关注重点

近年来，随着社会各界对非物质文化遗产重要性的认识进一步增强，中国非物质文化遗产保护工作取得了阶段性成果，保护非物质文化遗产的方法和路径也得到进一步的优化，如目前数字化、可视化等科技手段加强对非物质文化遗产的保护，突破了以前的传统保护模式。但无论保护的科技手段如何，全面掌握非物质文化遗产的基本现状是重要前提和基础，如果没有掌握大量的第一手资料，没有建立合理的分类保护体系和科学的保护制度，非物质文化遗产的保护工作则无从说起。通过科学调查，可以确定一个地区存在的非物质文化遗产的主要类别和形式、内涵、分布区域、传承范围、传承背景、演变和发展历史。在科学普查中收集和整理大量实地数据，包括录音、录像、照片和文本，是保护非物质文化遗产的基本工作，是申遗工作的重要资料来源和保障①。

相关统计数据显示，中国已成为入选联合国教科文组织非物质文化遗产名录（名册）项目数量最多的国家。截至 2020 年底，中国有 34 个项目进入“人类非物质文化遗产代表作名录”，7 个项目列入“急需保护的非物质文化遗产名录”，1 个项目列入“优秀实践名册”，共计 42 项。在政府的精心组织下，大规模的非物质文化遗产普查工作在很短的时间内取得了巨大的成就。截至 2020 年 12 月，我国国务院先后公布了四批国家级非物质文化遗产代表性项目名录，共有国家级非物质文化遗产代表项目 1372 个，按照申报地区或单位进行逐一统计，共计 3154 个子项。因此，在普查的基础上，对于重点地区关键项目进行精细的田野作业是非常必要的。这要求田野作业者在一个比较小的空间范围内，诸如在村庄、社区等地对当地的非物质文化遗产代表性项目进行深度观察，并能从某种理论视角进行整体性的考察。比如海南三亚黎族民间故事传承人李儒泉对黎族民间故事进行搜集记录的过程可谓漫漫长路，自 1986 年以来，李儒泉搜集了这些古代黎族民间故事，并将其翻译成汉语书面记录。如果没有这段长期深入的调查、反复核实和确认，黎族民间故事项目是不可能在 2009 年入选省级非物质文化遗产名录的。“比如讲述黎族大力神传说的故事《帕隆扣》，就用了近 5 年的时间去搜集，才把大力神一生的故事搜集完全。”李儒泉说道。当前，经过近年来的非物质文化遗产普查之后，更需要精细的田野作业，选择具有代表性的项目或区域进行地方非物质文化遗产项目的深描与精研。在对代表性传承人进行口述史记录的同时，不能忽视共同作为传承主体的群体及其赖以生存的文化生态环境，亦应该反思保护非物质文化遗产的社会需求与尊重田野学科伦理之间的张力②。

---

① 高忠严，张琬容．非物质文化遗产保护背景下的民俗学田野作业反思［J］．山西师大学报（社会科学版），2018（6）：103-107．

② 高忠严，张琬容．非物质文化遗产保护背景下的民俗学田野作业反思［J］．山西师大学报（社会科学版），2018（6）：103-107．

二、从项目抢救到传承人保护：非物质文化遗产田野作业的人本原则

代表性传承人作为非物质文化遗产保护工作的核心角色，承担着延续传统文脉的重要使命，只有通过代表性传承人才能真正发现和理解非物质文化遗产的实际内涵与历史价值，体现出非物质文化遗产的最高水平和对其进行实践应用的能力，不断将个性的创造性元素融入传承的实践中。但生活在特定文化环境中的人，特别是作为个体的人生活在特定的时代和社会中，必然受到当时社会环境和外在价值的影响，个人的社会认知、价值理念也会随着时代的变迁而变化，进而引起价值观念的变化。不同的文化因素形成价值对应不同的需求以及对象的属性和主体之间的效用关系，这是一个动态发展和调整的过程。近年来，我国不断加强对非物质文化遗产代表性传承人的保护工作，在业务培训、经济待遇等方面给予了一定的政策倾斜，切实提升了代表性传承人的积极性和主动性，从而让他们在当地文化传承、传播中扮演重要角色。如文化和旅游部先后命名了五批国家级非物质文化遗产代表性项目代表性传承人，共计 3068 人。

非物质文化遗产代表性传承人是观察民间文化传统的重要窗口。口述历史是对个人记忆的挖掘，而非物质文化遗产存在于传承人代代相传的文化记忆中。近年来，国内一些著名研究者已经意识到口述史记录在非物质文化遗产田野作业中的重要价值，并且着手编撰了传承人口述记忆的相关丛书。当前，非物质文化遗产传承人面临着严峻的老龄化问题。据光明网报道，截至 2016 年 8 月，文化部公布的前四批 1986 名国家级非物质文化遗产代表性项目代表性传承人中，已有 250 人离世，占比达到 12.6%。当前非物质文化遗产保护的重点在传承人与传承方式，一方面其面临着缺少传承人、传承人群体普遍老龄化的问题。由于现代社会生活方式的改变，传承人的传统技艺在生活中缺乏用武之地，他们及其后代或徒弟经常面临着生计问题，以致很多传承人主动或被动地放弃了自己所掌握的技艺，甚至不愿意收徒。另一方面在传承方式上，原有的口传心授与传统社会生活息息相关，随着社会的变迁，尤其是现代传媒已经进入乡村日常生活，口耳相传的方法显然已经不能满足当前社会的需要。因此，在田野作业中，为了对非物质文化遗产项目有立体化和整体化的认知，在对代表性传承人进行重点访谈之外，也需要注意了解所在地区的文化生态。研究代表性传承人的同时需要注意理解个人与整个文化生态之间的关系，在传承人口述史的现场访谈和书写中注意发现非物质文化遗产背后的深层文化语境，从而在以人为本的基础上，提供更符合现代传承人保护需求的政策和措施。

三、从保护传承到开发利用：非物质文化遗产田野作业的伦理挑战

近年来，在非物质文化遗产保护的背景下，田野作业面临着伦理的挑战，我国的非物质文化遗产形成了保护—开发—损（破）坏—再保护—再开发—再损（破）坏的怪圈。保护是为了开发，开发实际上会带来破坏，破坏之后又产生新的保护，并重新进入

开发序列，这是一个循环的过程。如何解决这个悖论是最重要的[①]。的确，没有人会否认原始生态保护对非物质文化遗产的积极意义。但是，相关经济或商业利益驱动的开发则削弱了原始生态保护带来的积极价值，对非物质文化遗产原生态的破坏造成了巨大的甚至不可逆转的影响。

近些年来，国家开始重视非物质文化遗产的生态保护工作，全国各地纷纷建立“见人见物见生活”的文化生态保护实验区，在保护非物质文化遗产方面扮演着重要的角色。人们已经注意到非物质文化遗产的价值判断和传承方式的改变对非物质文化遗产保护的影响。正如研究者李河指出的，对非物质文化遗产的态度是社会法治程度和文明程度的试金石。古人说“水至清则无鱼”，只有单一价值的社会是苍白而单调的，也不可能产生更多的文化创造力。用一个时代的价值观和道德标准衡量所有时代是不合适的[②]。然而非物质文化遗产研究者究竟在多大程度上具有进行判断的权力依然需要深入考量。在田野作业过程中，作为研究者，一方面要对当地的文化传统有比较深刻的理解，摒除预设的调查目标或怀揣的成见，正确处理理论预设与田野实际之间的关系；另一方面要有比较专业的理论基础和价值判断，以便能够进入田野作业中对调查事项有敏锐的观察和判断，形成独特的个人见解。目前政府和学界提出了各种非物质文化遗产保护措施，其中包括改造非物质文化遗产的传承方式，尝试通过建立传承团体和打造学习培训班等方式达到保护的目的，但是在改变传承方式的过程中是否会对非物质文化遗产本身带来消极的影响，这一点依然需要考量。如何在保护的过程中不伤害非物质文化遗产原本的样貌始终是非物质文化遗产保护的一个关键问题。

随着全球化和现代化的双重演进，世界文化生态正经历着前所未有的巨大变革，独特的非物质文化遗产受到了前所未有的强烈冲击。我国在全面推进非物质文化遗产保护的进程中，不仅取得了很大的社会效果，而且深刻影响了与之密切相关的学科。人类学、民俗学、民间文学、音乐学、美术学等学科的研究人员在参与非物质文化遗产保护与研究的同时，也感受到了非物质文化遗产保护运动对田野作业深刻的影响。中华传统文化源远流长，隐于寻常，存于老百姓的日常生活中，百姓日用而不觉，就在这一代又一代的传承中得以延续，它彰显了中华文明的凝聚力、感召力和生命力。

关键概念

田野作业　综合调查　参与观察法　非物质文化遗产资料

主要论点

1. 田野作业作为人文社会科学领域获取第一手资料的重要渠道，对于了解非物质文化遗产的历史与现状、发现人类历史上弥足珍贵的文献资料、拓宽学科研究视野，具

① 陈华文. 关于新时期非物质文化遗产保护与开发的思考［J］. 浙江师范大学学报（社会科学版），2007（3）：17-20.

② 李河. 单一的世界是可怕的［N］. 北京晨报，2013-12-03（C02）.

有重要的价值和意义。

2. 田野作业不同于一般的社会调查，它是亲临实地对各类非物质文化遗产传承的自然环境、社会环境、传承渠道等各类物质和精神文化事象做出科学的记录和描述。

3. 田野作业不是某一方法的单独应用，应是多项调查方法的综合应用，运用哪些方法需要充分考虑非物质文化遗产项目自身的特殊性。

4. 田野作业的资料保护不仅需要多种方法相结合，还需要建立起一整套实施保护工作的科学机制，并使这些机制能够持续有效地发挥作用。

5. 近年来，在非物质文化遗产保护的背景下，田野作业面临着伦理的挑战，其中的核心问题在于尊重传承人的原创性、项目的原真性与非物质文化遗产生态变化之间的关系。

延伸阅读

1. 王文章. 非物质文化遗产保护与田野工作方法［M］. 北京：文化艺术出版社，2008.

2. 乔金森. 参与观察法：关于人类研究的一种方法［M］. 张小山，龙筱红，译. 重庆：重庆大学出版社，2015.

3. 乌丙安. 非物质文化遗产保护理论与方法［M］. 北京：文化艺术出版社，2016.

4. 宋俊华. 关于非物质文化遗产数字化保护的几点思考［J］. 文化遗产，2015（2）：1-8.

5. 黄永林. 数字化背景下非物质文化遗产的保护与利用［J］. 文化遗产，2015（1）：1-10.

6. 菅丰. 民俗学者的田野介入与社会现实的再建构：通过田野调查构筑现实［J］. 邢光大，译. 张帅，校. 民俗研究，2017（3）：49-56.

7. 高忠严，张琬容. 非物质文化遗产保护背景下的民俗学田野作业反思［J］. 山西师大学报（社会科学版），2018（6）：103-107.

思考问题

1. 非物质文化遗产田野作业的重要意义和基本原则具体表现在什么方面？
2. 非物质文化遗产田野作业需要考虑什么问题？
3. 非物质文化遗产田野作业的方法有哪些？
4. 非物质文化遗产田野作业资料保护的具体方法有哪些？

（张武桥　马培红）

第八章　民间文学

民间文学又称口头文学，主要是通过口耳相传的方式产生并流传于民间的口头文学创作，是我国非物质文化遗产的重要类别之一。2011年我国颁布的《中华人民共和国非物质文化遗产法》总则明确规定了非物质文化遗产的范围，民间文学归属于第一项"传统口头文学以及作为其载体的语言"。民间文学内容丰富、形式多样。从题材来看，民间文学大体可以分为散文体民间文学和韵文体民间文学两大部分。散文体民间文学包括神话、传说、故事等，韵文体民间文学包括史诗、叙事诗、歌谣、谚语、谜语等。

进入国家级非物质文化遗产代表性项目名录的民间文学一般要符合以下标准：第一，具有重要的历史、文化、语言、学术价值；第二，主要是通过族群、个人口传心授的方式传承；第三，当代还在一定群体中有较大数量的传承和流传；第四，具有鲜明的传统性特点，且影响较为深远；第五，在较广泛的地区或某个族群中有着突出的文化代表性或标志性。自2004年我国加入联合国教科文组织《保护非物质文化遗产公约》以来，一些重要的民间文学类非物质文化遗产相继进入各级非物质文化遗产代表性项目名录，民间文学作为非物质文化遗产重要类型的保护取得了阶段性的成果。截至2020年底，我国入选联合国教科文组织"人类非物质文化遗产代表作名录（名册）"的项目有34个，其中民间文学占3项，包括格萨（斯）尔、玛纳斯、赫哲族伊玛堪；入选"急需保护的非物质文化遗产名录"的项目有7个；入选"优秀实践名册"的项目1个，合计42项，总数位居世界第一。

第一节　神话

一、概念与分类

（一）概念

中国古代汉语中并没有"神话"一词，具有现代学术意义的"神话"概念在1902年从西方传入①。作为一个概念，神话源自古代希腊语，意思是"关于神和英雄的故事、传说"。18世纪，意大利学者维科在他的《新科学》中开始把神话作为严格的学术术语使用②。之后，中外学者分别从不同的学科背景和不同的角度与目的出发，对神话的定义作出了自己的阐释。比如，英国人类学家马林诺夫斯基考察了神话在原始文化中

① 刘锡诚. 梁启超是第一个使用"神话"一词的人［N］. 今晚报·副刊，2002-07-09.

② 维柯. 新科学［M］. 朱光潜，译. 北京：商务印书馆，1989：454.

的功用，主张神话是“原始信仰与道德智慧上实用的特许证书”[1]，茅盾则认为：“所谓神话，乃指：一种流行于上古民间的故事，所叙述者，是超乎人类能力以上的神们的行事，虽然荒唐无稽，但是古代人民互相传述，却信以为真。”[2] 神话是一种古老的民间叙事，在现代学术用语中，神话以超自然形象为主人公，是人们对所崇拜的神或半人半神的英雄事迹的神圣叙述。

（二）分类

人类与世界、人类与社会关系的复杂造成了神话思想的复杂。神话与原始宗教、社会道德以及社会基本制度之间有着密切关系。由于神话产生年代久远，在长期流传中也渗透进了各种各样的后来时代的思想，所以神话作品的思想内容是丰富多彩的。根据表现内容的不同，神话可分为宇宙和自然起源神话、人类起源神话、洪水再生神话、族群起源神话、文化发明神话和战争神话，等等。

二、特征与价值

（一）特征

神话是远古人类对所观察或经历的自然界或社会现象的解释和说明，它产生在生产力和人们的认识能力都十分低下的原始时代。那时候，原始人还不能对自然现象和社会文化现象进行科学的理解和解释，只能凭借有限的生活体验和想象，“把人类自身具有的知觉、意志、感情等特性加之于一切自然物，并在这种原始认识的基础上把自然人格化，创造出种种独具特色的故事”[3]，具有不自觉的艺术虚构的特质。茅盾认为，“神话实在即是原始人民的文学”[4]。

作为一种经典性的文学体裁，神话所叙述的都是宇宙起源、人类起源、人类命运、世界灾难等宏大的主题。从叙述内容看，神话的讲述过程往往是非常严肃乃至神圣的一项活动，本族神话内容的真实性为全体社会成员所笃信，他们认为违背神话讲述仪式的任何事件都将会引发全族的灾难性后果。神话的严肃性和神圣性是与其主题相互依存的。作为一种典型的文化现象，神话在创作和讲述的过程中，往往结合着宗教祭祀、巫术操作、音乐和舞蹈表演等，所以神话是一种综合的文化现象。从文学角度看，神话的各种叙述要素（人物、情节）都具有独特的性质。作为神话叙述中心的人物无论表现为人形、兽形或者半人半兽，一般都被人格化，具有类似人类的情感特征，这些特征成为神话事件发生的源动力。作为被信仰、受崇拜的对象，神话人物及情节还具有超自然特征，这就使得神话体现出一种瑰丽异常的想象色彩。所以，神话和一般的历史传说、虚构故事在叙事性质上有较大的差别，神话具有奇幻、瑰丽的艺术魅力。

---

① 马林诺夫斯基. 巫术科学宗教与神话［M］. 李安宅，译. 北京：中国民间文艺出版社，1986：86.

② 茅盾. 中国神话研究初探［M］. 上海：上海古籍出版社，2011：127.

③ 钟敬文. 民俗学概论［M］. 上海：上海文艺出版社，2009：242.

④ 玄珠. 楚辞与中国神话［J］. 文学周报，1928（6）：234-244.

（二）价值

神话叙事的原始性和文化意蕴的丰富性决定了神话具有十分重要的文化价值。神话深刻地影响了民族共同的文化心理结构和思维方式的形成，甚至还引导或规范着群体的生活方式、思想观念、价值取向乃至信仰。这种影响甚至一直延续至今。

作为一种文学体裁，神话具有非常独特的艺术魅力。神话作为文学源头之一开启了人类叙事艺术，代表了原始时代的最高艺术成就，表现了人类童年时代的天真，具有永恒的艺术魅力。在现代社会的文学创作、文学欣赏、文学批评过程中，神话依然发挥着不可替代的作用。

神话是原始文化的重要组成部分，也是传统文化的有机组成部分，更是不可再生的非物质文化遗产。只有认识到神话的特质和重要性，才能更好地发掘出神话的时代价值，使其在促进中华文化发展和繁荣中发挥出更大的作用。

三、代表作简析

在国家级非物质文化遗产代表性项目名录中，神话占有一定比重。截至 2020 年底，入选国家级非物质文化遗产代表性项目名录的 4 项神话类作品，来自全国 3 个省（自治区、直辖市），出自汉族、苗族、维吾尔族 3 个民族，包括 5 个申报地区和单位。4 项神话类作品分别为河南省桐柏县、泌阳县的《盘古神话》，河南省济源市的《邵原神话群》，贵州省黔东南苗族侗族自治州的《苗族贾理》，新疆维吾尔自治区阜康市的《西王母神话》。

二维码 8-1

盘古神话是在我国各民族中广泛流传的创世神话和人类始祖神话。有关文献记载，盘古神话首见于《艺文类聚》所引三国时吴人徐整的《三五历纪》和清人马骕的《绎史》所引的《五运历年纪》。

盘古神话讲述的是：在远古时代，宇宙如鸡蛋般混沌，盘古在其中昏睡了一万八千年后，凭借自己的神力将天地开辟出来。盘古死后，他呼出的气变成了风和云，声音变成了雷霆，眼睛变成了太阳和月亮，头发和胡须变成了星星，身体变成了东、南、西、北四极和三山五岳，血液变成了江河，牙齿、骨骼和骨髓变成了地下矿藏，皮肤和汗毛变成了草木，汗水变成了雨露……盘古用他的身体化生了世间万物。盘古神话讲述了天地是如何被开辟以及世界是怎样形成的，是典型的创世神话。盘古神话中所包含的"垂死化身"神话母题，来源于人类对自然界生死转化现象的观察和想象，对后世"天人合一"观念的形成亦产生深刻影响。

盘古神话广泛地流传于南方瑶、苗、壮、侗、布依、布朗、普米、哈尼、白、彝各族及汉族人民之中。盘古被汉、壮、侗、仫佬等民族民众视为开天辟地的创世始祖。苗族和瑶族民众则将盘古看作自己的祖先。盘古神话、盘古遗迹与有关遗俗遍及四川、云南、贵州、广西、广东、湖南、湖北、江西、安徽、江苏、浙江等地，河南、河北也有，但主要是在南方。

盘古神话在河南省桐柏县、泌阳县有着深厚的民众和社会基础。当地盘古神话群主要包括创世神话、人类起源神话及惩恶扬善、恩泽子孙的神话等，涉及开天辟地、世界毁灭、滚磨成亲、繁衍人类、体化万物等母题，反映出原始先民对大自然的探索、崇拜和想象，体现了先民的原始宇宙观。此外，在长期传承过程中，盘古神话已深深扎根在桐柏、泌阳的民俗活动之中，与当地的山川地理、村落建筑、风俗习惯融为一体①。比如，河南桐柏县盘古山一带，人们将盘古奉为“人根之祖”，为其立庙，定期举行祭祀活动。

作为创世神话的盘古神话是华夏文化的底蕴，是诸多传统文化的渊源和基础，其中还凝聚了开创、团结、文明等民族精神，具有一定的历史、文化和科学研究价值。在民间长期口耳相传的同时，盘古神话还与民间的仪式、节日、祭祀活动相连接，影响广泛而深远。

2008 年，“盘古神话”入选第二批国家级非物质文化遗产代表性项目名录，项目编号为 I-57。

第二节 传说

一、概念与分类

（一）概念

传说是民众口头创作并传承的，以一定历史人物、历史事件、地方风物、习俗为中心的散文叙事作品。广义的传说把一切以口头形式讲述的散文叙事都包括在内。狭义的传说则与神话和故事相区别，只有与一定的历史人物、历史事件和地方风物、社会习俗有关的口头作品才可以被列为传说。

（二）分类

传说作为民间口头叙事文体的一种，以描述某个历史人物或历史事件、解释某种地方风物或习俗为主要内容。根据其关联和解释对象的不同，传说可分为人物传说、史事传说和地方风物习俗传说三类：

一是人物传说。这类传说以人物为中心，叙述史上实有其人的著名人物的人生经历或事迹，其中包含着民众对这些历史人物的评价。主要包括民族英雄传说，如岳飞的传说、杨家将的传说、林则徐的传说；帝王将相传说，如秦始皇的传说、朱元璋的传说、包拯的传说；文人传说，如屈原的传说、李白的传说；巧匠和名医的传说，如鲁班的传说、华佗的传说、李时珍的传说等。这些都是在民间广为流传的历史人物传说。

二是史事传说。这类传说以叙述历史重大事件为中心，从不同的角度和侧面记录历史事件的某一片段，如太平军的传说、义和团系列传说等。史事传说和人物传说有所交叉，但史事传说重在记事，人物传说重在记人。

三是地方风物习俗传说。这类传说主要叙述和解释山川古迹、物产和风俗习惯的起源、特征。包括自然风物传说、名胜古迹传说、土特产传说、动植物传说、风俗传说等，如卢沟桥传说、泰山传说、西湖传说、鄱阳嫁女传说、太湖银鱼的传说等。

---

① 盘古神话［EB/OL］.（2008-06-14）［2020-10-05］. http://www.ihchina.cn/project_details/12289.

二、特征与价值

（一）特征

传说的创作以特定的历史事件、特定的历史人物或特定的地方事物为依据。作为民众口头创作和传承的艺术作品，传说不等同于历史。传说具有以下特征：其一，内容的可信性；其二，情节的传奇性；其三，传说的区域性。比如汉族四大传说之一的孟姜女传说，经过顾颉刚考察，孟姜女的原型乃春秋时期的杞梁（又作杞良）妻，故事源自《左传》中的“杞梁妻拒绝齐侯郊吊”一事。孟姜女传说中“寻夫”“哭夫”“城崩”等情节均为后世所添加。在流传的过程中，孟姜女传说离最开始的杞梁妻故事越来越远，但其艺术感染力和思想内容的丰富性却越来越强。传说离开了历史真实，但却在实现艺术真实的基础上获得了更为强烈的感染力。

民间传说与神话和民间故事都属于民间叙述范畴，但它们之间有明显的区别：神话的讲述通常在宗教场合，且多以神的活动为叙说中心，具有比较强烈的神圣性；民间故事讲述普通人的生活遭遇，需要靠完整的情节吸引人；传说则依靠本身的历史真实性吸引人，不太讲究故事情节本身的完整，所以从内容和形式上看，传说更加自由。

（二）价值

民间传说具有鲜明的历史文化特色和地方特色。民间传说寄寓着民众对各类历史人物和历史事件的评价，承载着丰富的地方知识，饱含着人们对家乡文化深深的眷念和自豪，体现着中国的社会特点及文化内涵，兼具社会功能与文化意义，具有令人倾倒的艺术魅力。作为一种古老且至今仍活跃着的民间文学体裁，传说在现代社会仍具有丰富的社会功能和文化价值。传说以地方性的人文景观、名人逸事、风俗特产为中心展开叙述，对现代人深刻理解乡土文化和民族精神具有重大意义。同时，传说还饱含着民众对人生的深邃思考，传达着庞大而古老的文化思想脉络。传说中蕴含特定时期民众的历史观念、道德观念和美学观念，是相关学科研究民间文化的重要资料，其中的优秀传统思想更是现代社会进行传统文化教育的好素材。此外，民间传说还为现代文学艺术创作提供了丰富的素材与艺术借鉴。小说、戏曲、音乐、影视作品常常从传说中取材进行艺术再创作，比如越剧《梁山伯与祝英台》、电视剧《白蛇传》以及著名的《梁祝》小提琴协奏曲。传说是民间口头散文叙事的重要组成部分，是传统文化的有机组成部分，更是十分重要的非物质文化遗产。保护民间传说，对于增强集体认同感、增强凝聚力、维护文化血脉、绵延中华优秀传统文化具有极为重要的意义。

二维码 8-2

三、代表作简析

民间传说是中国非物质文化遗产的重要组成部分，在国家级非物质文化遗产代表性项目名录中占有较大比重。截至 2020 年底，已公布的四批国家级非物质文化遗产代表性项目名录中关于民间传说的项目共 78 项。传说是我国民间口头散文叙事中的精品之作，也是中华民族宝贵的精神文化遗产。

白蛇传传说[1]与梁祝传说、孟姜女传说、牛郎织女传说合称汉族四大传说。它们流布全国，家喻户晓，并远播日本、朝鲜、越南、印度等许多国家。

白蛇传传说基本情节大致如下：千年修炼的蛇妖白素贞为了报答书生许仙前世的救命之恩，巧施妙计与许仙相识，并嫁与他。二人夫妻恩爱、生活美满。金山寺和尚法海洞悉白素贞的来历，借化缘之机登门挑拨离间。许仙经不起法海苦劝，在端午节让白素贞饮下了雄黄酒。白素贞现出原形后，许仙被吓坏，生命垂危。醒过来的白素贞不顾千难万险，上蓬莱仙岛盗取仙草救治许仙。病愈后的许仙上金山寺还愿，被法海软禁。为救许仙，白素贞与青蛇精变成的小青一起与法海斗法。因水漫金山寺伤害了其他生灵，在生下孩子后白素贞被法海收入钵内，镇于雷峰塔下。后白素贞的儿子长大高中状元，到塔前祭母，将母亲救出，全家最终得以团聚。

白蛇传传说肇始于唐五代时期，成型于南宋，至迟到元代已被文人编成杂剧和话本。明代冯梦龙编纂的拟话本《白娘子永镇雷峰塔》是白蛇传传说最早的较为完整的文本。在这一文本中，白蛇故事附着于西湖、雷峰塔、金山寺等著名景物之上，成为虚实交融的地方传说。明清以降至于现当代，民间的口头文学与各类民俗文艺的改编、搬演相互渗透、相互融合，使白蛇传传说最终成为故事、歌谣、宝卷、小说、演义、话本、戏曲、弹词，以及电影、电视、动漫、舞蹈、连环画等各种文艺形式的经典题材，极大地丰富了中华文化的宝库。

白蛇传传说故事奇崛，人物生动丰满，其中的白娘子是中国艺术长廊中一个重要的典型形象。传说所反映出的南宋以来不同时期的主要社会思想、信仰与价值观及民族深层心理，有重要的历史价值。白蛇传中的民风民俗内容极其丰富，对了解江南风土人情有重要的参考价值。

浙江省杭州市白蛇传传说是我国民间文学宝库中的一颗璀璨明珠。它所塑造的白娘子、许仙、法海和小青等人物形象，表达了广大人民对人性解放的渴望，是中华民族宝贵的精神文化遗产。白蛇传传说保留了大量古代传统习俗，是我国民俗文化信息最为丰富的口头遗产之一。

2006 年，"白蛇传传说"入选第一批国家级非物质文化遗产代表性项目名录，项目编号为 I-6。

第三节　民间故事

一、概念与特征

（一）概念

民间故事是民众口头讲述的散文体故事，有广义和狭义两种含义。《中国民间故事集

---

① 白蛇传传说［EB/OL］.（2006-05-20）［2020-10-05］. http://www.ihchina.cn/project_details/12184/.

成·总序》中特别指出故事集成中所使用的“民间故事”是一个广义的概念，“它包括中国各族人民群众口头散文叙事文学的各种体裁和形式，其中有神话、传说，还有其他各种样式的故事，如动物故事、幻想故事、生活故事、笑话、寓言，以及某些民族或地区特有的口头散文叙事文学体裁等等”[①]。狭义的民间故事不包括神话和传说，是除神话、传说之外的口头散文叙事文学，是一个具有相对独立性的，宏大而又多彩的艺术世界。

（二）特征

作为民众创作并传播、具有虚构内容的散文形式的口头文学作品，民间故事一般具有如下特征：一是不以特定的人、地、事、物为对象，它所讲述的事件中，时间、地点、人物往往不具体；二是从开端、发展、高潮到结局具有完整的情节；三是在情节、主题、人物等方面具有显著的类型化倾向。比如，民间故事在情节安排上常常使用“三段式”的手法让类似的情节反复出现，以此来推动故事的发展；再如，民间故事通常以大团圆的结局来达到惩恶扬善的目的；又如，民间故事里的人物往往善恶分明，智慧与愚蠢直接对立。另外，同一故事在传播过程中会生发出许多大同小异的异文。而那些基本情节相同且又定型的故事被研究者称为“类型”。神话、传说也有类型化的表现，但故事的类型化更为突出。陈建宪在《故事类型的不变母题与可变母题——以中国洪水再殖型故事为例》一文中指出，任何一个故事类型，在其文本集合中都有常量和变量两种因素，分析民间故事类型中的不变母题与可变母题，是研究一个民间故事的第一步，也是最基础的分析工作，只有这样才能发现异文之间的联系，从而揭示民间故事传承与变异的内在规律。

二、类型与价值

（一）类型

根据题材、形象、内容、风格的不同，民间故事可以分为以下几种类型：

1. 幻想故事

幻想故事又称神奇故事、魔法故事、民间童话，它是民间故事的重要类型。幻想故事通常以主人公（多为普通劳动者）的神奇经历（如奇遇、冒险等）为主线，讲述主人公如何在超自然力量（神魔鬼怪、奇异动物、神奇宝物、法术等）的帮助下实现生活境遇的改善和理想愿望的达成。唐代段成式的《酉阳杂俎》续集《支诺皋上》里的《叶限》[②]是世界上灰姑娘故事的最早记述，也是非常典型的幻想故事，故事中所出现的神人、大鱼、鱼骨、金鞋等神奇的魔物使《叶限》故事充满了神奇的魔幻色彩。晋代干宝的《搜神记·毛衣女》、陶潜的《搜神后记·白水素女》和唐代皇甫氏的《原化记·吴堪》等都是古代流传的经典的幻想故事。

---

① 中国民间文学集成全国编辑委员会，中国民间文学集成吉林卷编辑委员会．中国民间故事集成·吉林卷［M］．北京：中国文联出版公司，1992：1.

② 高等学校民间文学教材编写组．民间文学作品选［M］．上海：上海文教出版社，1980：172-173.

2. 生活故事

生活故事又称世俗故事或写实故事，它取材于现实生活而加以虚构，多用巧合、误会、夸张、对比、猜谜等手法，将各种伦理道德观念，比如善、孝、信、义、诚、尊老爱幼、扶弱济困、惩恶扬善等，寓于故事讲述之中。生活故事涉及社会生活的各个方面，从生产活动到劳动经验，从持家之道到江湖绝艺，从医卜星相到经商学艺等都有反映。民间流传广泛的生活故事有长工和地主的故事、巧媳妇故事、奇巧婚配故事、交友故事、机智人物故事等。“生活故事对于研究特定文化的价值观、伦理观、善恶观，以及家庭和社会组织结构都具有重要的意义。”①

3. 民间笑话

民间笑话是篇幅特别短小的一种故事体裁，它大多截取生活的某个片段，运用笑料和包袱来达到出人意料、引人发笑的效果。笑话讽刺意味较强，其讽刺的锋芒一部分指向昏庸贪婪的统治者，一部分指向贪吝、自私、迷信、迂腐、虚伪、狡诈、懒惰等人的劣根性。此外，民间还流传一些仅供消遣娱乐的粗俗笑话，比如以痴、傻、呆、笨等为挖苦对象的笑话等。

4. 民间寓言

民间寓言是由民众集体创作并流传的带有明显教训意义、富含哲理、短小精悍的口头故事，是社会智慧经验和知识的结晶。它往往截取生活中的一个情节或场面，以几句话或几个动作，以及动植物的某些习性特点构成故事，达到寓意言理的目的。

（二）价值

王锦强在《如何唤醒沉睡的民间文学资源》中指出，传承保护民间文学不是简单地把文本保存起来，也不是仅仅提高传承人的待遇，而是要尽可能修复民间文学传承的生态。在民众创作的口头文学中，民间故事是最受欢迎、数量最大、流传最广泛的一种文学样式。民间故事既是人民生活、思想与感情的自发表露，又是他们关于科学、宗教及人生知识的总结，也是他们的审美观念和艺术情趣的表现形式，具有十分明显的娱乐教育功能和重要的历史文化研究价值，对丰富人民群众的文化生活、建设社会主义精神文明、构建和谐社会有着积极的现实意义。

三、代表作简析

民间故事是中国非物质文化遗产的重要组成部分，在每一批国家级非物质文化遗产代表性项目名录中都占一定比重。截至 2020 年底，入选国家级非物质文化遗产代表性项目名录的民间故事类作品有 22 项，来自全国 13 个省（自治区、直辖市），出自汉族、蒙古族、藏族、回族、壮族、维吾尔族 6 个民族，22 个申报地区和单位。这些民间故事历史悠久，流传广泛，文化意蕴丰富，反映出下层民众的道德伦理观念，表现了劳动人民对美好生活、美好未来的

二维码 8-3

① 王娟. 民俗学概论［M］. 北京：北京大学出版社，2015：82.

向往，为民众所喜闻乐见。

伍家沟村是湖北省十堰市丹江口市六里坪镇下辖的一个行政村，那里毗邻丹江口库区，地处武当山，地理位置相对封闭，是武当山道教腹地所在。在这个特殊的地理环境中，荆楚文化和道教文化交相融汇，不断积累，使得伍家沟的民间文化自成脉络，逐渐形成自己的风格和特色。

伍家沟民间故事蕴藏丰富。20 世纪 80 年代，在伍家沟村发现的传统民间故事达一千多个。在当地文化干部和众多学者的悉心搜集下，《伍家沟村民间故事集》已出版了第一集、第二集、第三集。1989 年中国民间文艺出版社出版的《伍家沟村民间故事集》（第一集）收录民间故事 127 篇，其中幻想故事 7 篇，神鬼精怪故事 61 篇，生活故事 39 篇，风俗、俗语故事 9 篇，寓言 5 篇，笑话 6 篇。1996 年由山东文艺出版社出版的《伍家沟村民间故事集》（第二集），收录故事 119 篇，其中原生态故事 9 篇，神鬼精怪故事 41 篇，俗语故事 11 篇，生活故事 46 篇，童话 12 篇。2012 年出版的《伍家沟村民间故事集》（第三集）共收录故事 121 篇，其中精怪故事 34 篇，动植物故事 17 篇，俗语故事 10 篇，戏曲故事 9 篇，生活故事 51 篇。从目前的搜集整理情况看，伍家沟村民间故事不仅蕴藏丰富而且种类齐全。2001 年，文化部授予伍家沟“中国民间故事村”荣誉称号。

作为民间文学宝库中一颗璀璨的明珠，伍家沟村民间故事地域特色鲜明、文化意蕴丰富、民俗价值独特。故事中对孝道的提倡、对有恩必报的宣扬、对兄弟义气的重视、对忠贞爱情的歌颂等，艺术地再现了下层民众的伦理道德观念，是当地民众人生理想和生活追求的集中反映。伍家沟大量流传的宗教故事又使这里的故事染上了浓厚的宗教文化色彩。仙道救人危难型、修道成仙型、天神惩恶赏善型、劣道劣仙损人害人型故事折射出当地民众多方面的文化心理，比如万物有灵、鬼神崇拜、巫术崇拜、神仙信仰、因果报应、轮回转世等观念以及求神拜佛渴望回报的实用主义功利心理等。另外，伍家沟故事中还留存有先秦楚人拜日、崇火、尊凤、招魂等远古风俗相关信息。所以，伍家沟民间故事是荆楚文化和道教文化在民间流传的“活化石”。随着社会的发展，这些“活化石”越来越具有保护和开发的价值。

2006 年，“伍家沟民间故事”入选第一批国家级非物质文化遗产代表性项目名录，项目编号 I-15。

第四节　民间歌谣

一、概念与分类

（一）概念

民间歌谣是劳动人民集体的口头诗歌创作，有广义和狭义的概念之分。广义的民间歌谣是指民间文学中以歌唱或念诵为主的韵文体作品，包括民歌、民谣、谚语、谜语等。狭义的民间歌谣是“篇幅短小，以抒情为主的民间诗歌的总称，实际上它由‘民歌'和'民谣'两部分构成"[①]。本节民间歌谣特指狭义的民间歌谣。《诗经》是我国第一部诗歌总集，收录了从西周初年到春秋中叶五百多年间的共305篇作品，其中《国风》160篇的绝大部分都是民间歌谣。民间歌谣包括民歌和民谣两个部分，《诗经·魏风·园有桃》中记载的"心之忧矣，我歌且谣"就说明了在当时歌和谣是分离的。而古人认为歌和谣的主要区别是"合乐与否"和"有无章曲"。《毛诗·故训传》中有"曲合乐曰歌，徒歌曰谣"的解释；《韩诗·章句》中也提出了"有章曲曰歌，无章曲曰谣"，也就是说，有词曲、配乐歌唱的叫民歌，没有固定曲调，但有较强的音乐感和节奏感、以较自由的方式吟诵的叫民谣。但是大多数情况下民歌与民谣之间的区分并不是那么严格的，有时候提到民歌时也会把民谣包含其中，这时民歌就成为歌谣的总称。

（二）分类

民间歌谣从内容上来看，大致可以分为劳动歌、时政歌、仪式歌、生活歌、情歌、历史传说歌、儿歌等类型。

劳动歌有广义和狭义的区别，广义的劳动歌是指劳动过程中唱的歌或者是为配合劳动而唱的歌，这些歌谣能够激励劳动者，使其释放身体压力，调节情绪。狭义的劳动歌是指与劳动动作相配合的，有强烈的声音节奏，能够直接促进劳动生产的歌谣。时政歌的内容多反映人们对政治事件、政治人物的认识和看法；礼仪歌是民间祭祀祖先、节庆娱乐、迎亲送友、娶妻生子、哭嫁敬酒时唱的歌；生活歌是反映人民日常生活和家庭邻里关系的歌谣；情歌是民间歌谣中数量最多的一种，表达的情感十分丰富，有的抒发相思离别之苦，有的互诉忠贞，表明对爱情的决心，有的表明自己择偶的标准。这些歌谣都表达了人们对幸福生活的追求。儿歌是儿童唱的歌和成人唱给儿童听的歌，内容多反映儿童的生活情趣，具有童趣童乐的特点。历史传说歌是讲唱古人古事的歌，其意义一是缅怀为本民族、本地区建功立业的杰出人物，二是显示歌手的见多识广。

二、特征与价值

（一）特征

民间歌谣内容丰富，取材广泛，内容涉及社会生活的方方面面，如参与劳动、举行仪式、嬉戏游乐、男女恋情等，单是劳作歌就有农歌、秧歌、船歌、渔歌、樵歌、采茶歌等多种类型。社会生活的各行各业都可以产生不同的歌谣，充分表现出民众无穷的智慧。民间歌谣作为一种被广泛运用的文学体裁，情感真挚，不伪饰、不矫揉造作，东汉何休的《春秋公羊传解诂》中就曾说："男女有所怨恨，相从而歌，饥者歌其食，劳者歌其事。"民间歌谣可以忠实地记录民众的生活状态、表达民众的心态情绪、抒发民众的感情愿望，是我们了解民族历史、洞悉民族情感、体察时代生活的一面镜子。

民间歌谣最主要的修辞手法是赋、比、兴，它们早在两千多年前的《诗经》中就已经被普遍运用了。此外，还有谐音、拟人、对偶、双关、迭音、夸张等，这些修辞手法

---

① 刘守华，陈建宪．民间文学教程[M]．2版．武汉：华中师范大学出版社，2009：120.

的使用大大增强了民歌的表现力，将内在含蓄、深沉的强烈情感外化为有形的媒介形式，从而调动听者的生活体验，使民众在生动的联想后与创作者产生强烈的共鸣。民间歌谣的语言形式极其简洁淳朴。民歌中的语言大多是口头俗语、乡土方言或民族语言，这些语言不仅朴素自然、通俗易懂，而且生动活泼，极富表现力。所以民间歌谣充满淳朴自然的乡音土语，极少华丽工巧的辞藻，能表现鲜明的地域特色。同一首民歌，在熟悉民歌产生地语言风俗的人们听起来更加富有感染力，更会引发人们的丰富联想与万千感慨。

（二）价值

民间歌谣是我国各民族人民以自己的艺术天才和集体智慧创造出来的一份极其珍贵的文化财富，展现了中华民族杰出的文化创造力，具有重要的社会实用价值。民间歌谣直接表现了人民群众生产生活的方方面面，是反映社会生活的百科全书，在民众的生活中是不可缺少的。民间歌谣还真实地记录了社会历史的巨大变革，给予历代统治者与民众以极大的影响，推动了社会历史的发展进步，在一定的社会阶段中，还可以起到宣传鼓动作用。在文学史上，更是给予历代文人作家的创作以巨大的影响，很多的文人墨客从民歌中汲取养分，创作了很多优秀的作品。此外，民间歌谣为人类学、社会学、语言学、历史学、文化学、宗教学、民俗学等各个领域都提供了珍贵的信息资料，具有研究价值，推动了这些学科的发展。

三、代表作简析

民间歌谣是中国非物质文化遗产的重要组成部分，截至 2020 年底，国家级非物质文化遗产代表性项目名录中收录有 19 项民间歌谣类作品，它们来自全国 14 个省（自治区、直辖市），出自 7 个民族，具有鲜明的地方特色。

“哭嫁歌”是我国南方一些地区流行的一种新娘哭调，来源于过去女孩子出嫁前“坐歌堂”“唱伴嫁”的习俗[①]，其渊源可以追溯到母权制氏族社会向父权制氏族社会过渡以后。哭嫁的原因是多方面的，这反映了古代的抢婚习俗，表现了出嫁的女儿对父母亲友、兄弟姐妹的不舍，同时也表现了她们对不合理的包办婚姻制度的一种反抗。还有一些民族认为姑娘出嫁时如果不哭，就不能得到幸福，即所谓的“不哭不发”“不哭不热闹，不哭不好看”“哭动喜神来，万事皆和谐”。正是这多方面的原因，使得哭嫁歌成为一些民族婚礼仪式的重要组成部分。

二维码 8-4

湘西土家族的哭嫁很有代表性。新中国成立前，土家族哭嫁一般要哭七到十天，有的甚至会哭两三个月的时间，越是临近婚期，每天哭的时间越长，通常要哭到深夜，而且哭声也越发悲切，新娘要通过哭声来宣泄内心的痛苦与怨气。哭嫁大多会由新娘和她的九个好姐妹一起哭，她们一共十个人，称为“十姐妹”。此外，新娘的妈妈、嫂子等也会陪着她一起哭。湘西土家族的哭嫁歌可以分为“哭上头”“哭爹娘”“母女哭”“父女哭”“哭哥嫂”“兄妹哭”“哭伯叔”“姑侄哭”“哭舅爷”“舅甥哭”“哭姐妹”“堂姐妹

① 乌丙安. 民间文学概论［M］. 沈阳：春风文艺出版社，1980：148.

哭”“表姐妹哭”“亲姐妹哭”“骂媒人”“哭戴花”“哭穿衣”“辞祖宗”“哭背亲”“哭上轿”等二十多个部分。哭唱的主要内容，一是表达新娘即将告别家乡和姑娘时代的留恋情绪；二是诉说男性女性的不同命运，表达对以男性为中心的社会的不满；三是控诉家长制家庭；四是揭露封建包办婚姻的买卖性质；五是尖刻咒骂这桩买卖婚姻的最直接获利者，即媒人。

2011 年，湖南省永顺县、古丈县的“土家族哭嫁歌”入选第三批国家级非物质文化遗产代表性项目名录，项目编号Ⅰ-112。

第五节　民间叙事诗

一、概念与分类

（一）概念

“民间叙事诗是创生并传承于民间，以讲述社会人生故事、塑造人物形象为中心，以口头演唱为基本形式的一种诗歌类型，可以简称为‘有韵的故事’（‘故事诗’）或‘故事歌’。”[1] 民间叙事诗和民间歌谣的区别在于，民间叙事诗有着明显的故事情节，而民间歌谣以抒情为主，没有完整的故事情节。民间叙事诗大约产生于奴隶社会时期，繁荣于封建社会发展阶段，在长期的奴隶制和封建专制统治下，私有制经济和社会制度直接造成了个人的悲剧命运，再加上种族主义的压迫和帝国主义的蹂躏，社会阶级矛盾和民族矛盾尖锐，人民群众的生活受到了极大的束缚，各民族为反抗阶级压迫、保卫民族的生存和发展进行了无数英勇顽强的斗争，这些民族发展、斗争的历史，能够通过文字记录下来的很少，尤其是一些少数民族本就没有自身的文字，大都只能通过口头文学的形式世代传诵下来，因而民间叙事诗就在少数民族文学史上占据了极其重要的地位。

二维码 8-5

《诗经》中就有一些叙事短诗，如《生民》《氓》《谷风》《公刘》《静女》等，后来汉族还产生了《孤儿行》《陌上桑》《十五从军征》《孔雀东南飞》《木兰辞》等优秀的民间叙事诗。各少数民族也留存有很多杰出的民间叙事诗，比较著名的有：彝族的《阿诗玛》，傣族的《召树屯与喃木诺娜》《娥并与桑洛》，傈僳族的《重逢调》，白族的《青姑娘》，壮族的《达稳之歌》《达备之歌》《特华之歌》，苗族的《仰阿莎》，布依族的《伍焕林》，土家族的《锦鸡出山》，土族的《拉仁布与吉门索》，回族的《马五哥与尕豆妹》，东乡族的《米拉尕黑》，维吾尔族的《艾里甫与赛乃姆》，哈萨克族的《萨里哈与萨曼》，蒙古族的《陶克陶之歌》《嘎达梅林》，侗族的《珠郎娘美》等。

（二）分类

民间叙事诗是对社会生活的反映，通过对故事情节的叙述，塑造具体的人物形象，

① 贺学君．中国民间叙事诗史［M］．石家庄：河北教育出版社，2016：3.

委婉曲折地表达民众内心的情感。历史上的社会经济和政治制度、民族心理、宗教观念、道德愿望、民俗风情、婚姻形式等，都可以在民间叙事诗中得到真切的反映。从所反映的社会生活及表达的主题来看，可以将民间叙事诗分为三类：首先是反映历史上阶级斗争、民族斗争的民间叙事诗，如苗族的《张秀眉之歌》，蒙古族的《嘎达梅林》《诺丽格尔玛》，壮族的《中法战争史歌》等；其次是反映爱情婚姻生活的民间叙事诗，如傣族的《召树屯与喃木诺娜》《娥并与桑洛》，彝族的《阿诗玛》，回族的《马五哥与尕豆妹》，维吾尔族的《艾里甫与赛乃姆》，土族的《拉仁布与吉门索》等；还有反映各民族生产、生活斗争的民间叙事诗，如傈僳族的《生产调》《牧羊调》，纳西族的《赶马之歌》等。

二、特征与价值

（一）特征

我国各民族的民间叙事诗数量众多、题材广泛、内容丰富，有着极高的文学艺术价值，而且民间叙事诗都有着共同的艺术特征。

1. 民间叙事诗结构单纯、情节完整

我国各民族的民间叙事诗虽然篇幅长，情节复杂，但是整个叙述过程基本都是以主人公的曲折经历和命运发展轨迹为线索，采用单线递进的结构方式开展，环环相扣、一波三折，而很少采用倒序或插叙的叙述方式，虽结构单纯，但是故事情节完整。

2. 叙事与抒情、描写相结合

我国民间叙事诗在叙事中抒情，在抒情中叙事，怀着强烈的感情来歌唱故事、歌唱人物，将故事发展过程中浓烈的感情表现得淋漓尽致，哪怕是委婉含蓄的表现，也都深入人心。此外，记叙也与描写相结合，语言朴素细腻，寓情于景，情景交融，动静结合，使叙述更加生动形象。叙事与抒情、描写的有机结合，使得故事的描绘更加生动、人物的塑造更加形象、主题的表达更加深刻。

3. 重叠复沓、一唱三叹

采用句式、节奏大体相近，内容稍有不同的句子或段落反复咏唱，可以加强民间叙事诗的音乐美，加深人们对故事情节和典型人物的印象，这是叙事、抒情和刻画人物的重要手段。重叠复沓、一唱三叹常出现在人物形象塑造和故事情节发展的关键时刻，使故事内容更加充实，人物形象更加饱满，情感表达更加浓烈，增强了诗歌的艺术感染力。

4. 清新、朴素、洗练的语言

民间叙事诗是口头创作、口头流传的，因而语言简洁生动、朴素清新、富有表现力。各民族的歌手在讲述这些民间叙事诗时善于以简约的手法来叙述，从周围的生活环境中选择常见的熟悉的事物形象地进行表现，并且运用比喻、拟人、排比、夸张等修辞手法，以使语言朴实而不简陋、明朗而不单调、多彩而不俗艳。

（二）价值

民间叙事诗是集各民族民众口头艺术之大成的创作结晶，记录了民族发展的历史，反映了不同历史时期民众的社会生活状态，表现了民众内心丰富细腻的情感，在中国民间文学史上具有极其重要的地位。同时，民间叙事诗中使用的一些写作艺术手法对于后世各种类型的文学创作都具有极大的启发意义，这些宏伟篇章不仅是民族文学的宝贵财富，而且对于民俗学、宗教学、社会学、语言学等学科的研究也具有重要的价值。

三、代表作简析

民间叙事诗是中国非物质文化遗产的重要组成部分，截至2020年底，国家级非物质文化遗产代表性项目名录中收录有14项民间叙事诗类作品，它们来自全国9个省（自治区、直辖市），出自11个少数民族地区，世代相传，具有鲜明的少数民族文化传统特色，表现了少数民族地区杰出的文化创造力。

二维码 8-6

《阿诗玛》是云南石林彝族支系撒尼人中广泛流传的彝族长篇叙事诗，其原形态是用撒尼彝语创作的，在撒尼民间流传，有彝文手抄本。20世纪50年代初《阿诗玛》被整理成汉文本，后来被翻译成多国语言在海外广泛流传。2006年，《阿诗玛》入选第一批国家级非物质文化遗产代表性项目名录。2007年，云南省石林彝族自治县的毕华玉和王玉芳作为《阿诗玛》的传承人，被列入第一批国家级非物质文化遗产代表性项目代表性传承人名单。

《阿诗玛》可在劳动、生活、婚嫁、祭祀、葬仪等多种不同场合传唱、讲述，民间歌谣中通常用的赋比兴、谐音、顶针、拈连、夸张、讽刺等艺术手法在《阿诗玛》中得到广泛恰当的运用，从而使其内容与艺术达到趋于完美的统一。如写阿诗玛的美："狗虽站门外，名声难外传。骏马关厩中，名声传千里。美丽阿诗玛，虽然在家中，美名传四方，美丽阿诗玛，美名传四方。""美丽阿诗玛，包头红光闪，两边垂耳环，脸庞如明月，身段如金竹……脚如萝卜白，穿着绣花鞋，兰衣青裤子，一身美无比。从头看到脚，没有不好处，没有不美处。"现在阿诗玛已经成为彝族女子的代称。关于阿诗玛的传说版本比较多，有的版本叙述阿诗玛坚贞不屈，和阿黑共同对抗邪恶势力，最后被洪水卷走，变成了十二崖子上的石峰；有的版本写阿诗玛和阿黑战胜了财主热布巴拉帕一家，最后有情人终成眷属。无论什么版本，都生动地刻画了两个撒尼青年的可爱形象，美丽聪慧的阿诗玛和勤劳勇敢的阿黑之间曲折动人的爱情故事，真实地反映了当时撒尼人的社会生活，表现了撒尼人民反抗阶级压迫和追求自由幸福的斗争精神和美好愿望，为研究彝族撒尼人的政治、经济、宗教、风俗、艺术等提供了宝贵的资料。

2006年，"阿诗玛"入选第一批国家级非物质文化遗产代表性项目名录，编号Ⅰ-28。

第六节　史诗

一、概念与分类

（一）概念

“史诗”一词来源于古希腊文“epos”，指说的话或者故事。史诗是一种古老而又规模宏大的民间叙事长诗，集歌谣与叙事于一体，采用诗的语言，反映一个民族在其发展的童年时期对天地万物、人类起源等问题的种种认识和看法，记录该民族在重要历史阶段所发生的民族迁徙、民族战争等重大事件，歌颂那些对部族的形成与发展做出过巨大贡献的民族英雄及其英勇事迹。

史诗和神话一样，也是一种“神圣的叙述”，但差别在于神话是散文体，而史诗是歌体。史诗与同为歌体的民间叙事诗相比，场面更恢宏、篇幅更长，人物众多且情节更复杂，同时史诗通常是宏大的历史叙事，而民间叙事诗主要为日常生活叙事。史诗虽然和民间叙事诗一样也属于民间韵文叙事体裁，但史诗产生的时间更早，一般在人类社会的早期阶段就已产生。马克思在谈到史诗产生的历史条件时就曾指出：“就某些艺术形式，例如史诗来说，甚至谁都承认，当艺术生产一旦作为艺术生产出现，它们就不再能以那种在世界史上划时代的古典的形式创造出来。因此，在艺术本身的领域内，某些有重大意义的艺术形式只有在艺术发展的不发达阶段才是可能的。”① 当个人从集体中脱离出来进行独立的艺术创作时，在那个时代（如封建社会）就不会产生史诗了，而民间叙事诗是可以产生的。

（二）分类

史诗分为英雄史诗和创世史诗。18 世纪，欧洲浪漫主义打开了民间史诗研究的大门，研究者们关注的目光大都集中在西方的民间口头叙事传统上，他们以希腊史诗为标准，提出史诗是与荷马史诗类似的，描写英雄人物的重要业绩和婚恋情况的叙事长诗，也就是英雄史诗。显然，这种定义是不全面的，并不能概括所有的史诗种类。随着史诗研究的深入，学界发现除了以歌颂英雄为主的英雄史诗外，还有大量叙述族群源起、解释宇宙生成的创世史诗，又被称为神话史诗或原始性史诗。在我国就存有非常丰富的史诗资源，北方英雄史诗带包括青藏高原在内，横跨中国北方版图的东西两端，尤以《格萨尔》《玛纳斯》《江格尔》最为著名；西南创世史诗群则流传有许多少数民族的神话史诗，如彝族的《梅葛》，瑶族的《密洛陀》，苗族的《苗族古歌》等。

二、特征与价值

（一）特征

史诗是一种存在于特定历史范畴的文学现象。从史诗的表现内容和创作过程来看，

① 马克思．政治经济学批判导言［M］//中共中央马克思恩格斯列宁斯大林著作编译局．马克思恩格斯选集．第 2 卷．北京：人民出版社，1975：113．

史诗只产生于人类社会发展的早期阶段，一般认为是原始社会末期到奴隶社会初期。这一时期，男性凭借自身在生产中的绝对优势渐渐占据支配地位，以父权制为主导的社会关系开始形成，私有制逐渐产生，氏族与氏族之间为了争夺奴隶和财富频繁征战，现实中的英雄取代自然神灵成为人们崇拜的对象和艺术表现的主题，这一转变的连接点是创世史诗。史诗的产生并不是某一时代的某一个人的功劳，而是经过后世几代人的共同努力，在口耳相传间不断融入大量的神话、传说、歌谣、谚语加工而成的。

（二）价值

史诗是一个民族集体智慧的结晶，是人类文化遗产的瑰宝。史诗的内容丰富而庞杂，从宇宙生成、族群起源到民族的迁徙与融合，在历时性的叙述中横向展现了不同时代各个民族精神与物质生产和生活的方方面面，汇集了诸如军事、竞技、祭祀以及婚丧礼仪、衣食住行等大量的社会生活经验。对于没有文字的民族来说，史诗艺人将这些经验转化为语言的过程，实际就是一个民族历史文化记忆传承的过程。可以说，史诗是一个民族特定时期形象化的历史、百科全书式的知识总汇，也是我们认识和了解各民族的重要工具。它以一种不可复制的民间文学形式保留了不同民族早期的文化艺术创造成果，直到今天依然为文艺工作者们提供源源不断的创作灵感和艺术形象。此外，其宏大的叙事和深刻的社会文化内涵在塑造民族性格、强化民族认同感、展现民族审美价值观念方面发挥着不可磨灭的作用。人们在传唱中一遍又一遍地重温祖先开疆拓土的历史功绩和伟业，赞颂他们勇敢无畏、正义善良的品质，在神圣的叙述中对自己的民族报以更高的热情和欣赏态度。

三、代表作简析

截至2020年底，已公布的国家级非物质文化遗产代表性项目名录共4批，收录史诗23项。入选国家级非物质文化遗产代表性项目名录的史诗来自10个省（自治区、直辖市），涉及汉族、藏族、苗族、壮族、瑶族、彝族、羌族、佤族、蒙古族、阿昌族、拉祜族、景颇族、德昂族、纳西族、柯尔克孜族等15个民族。其中大多数少数民族长期生活在高山密林之中，生活状态较为原始，有的还没有文字，只能通过口头史诗这一民间文学形式传承他们的历史文化传统。保护民间史诗及其传承人，不仅有助于文化多元发展，还能消除民族隔阂，实现文化共享。

《格萨（斯）尔》又称《格萨尔王传》，是中国三大英雄史诗之一，也是世界上迄今为止篇幅最长的一部英雄史诗。“它既是族群文化多样性的熔炉，又是多民族民间文化可持续发展的见证。”[①] 2015年，冯骥才主编的《中国非物质文化遗产百科全书·史诗卷》，由中国文联文学艺术基金会资助出版，《格萨（斯）尔》《玛纳斯》《江格尔》三大史诗作为民族文化的标本首次向读者展示其“百科全书”的真正面目。

《格萨（斯）尔》的流传范围十分广泛，主要分布在中国西藏、内蒙古、新疆、青

① 格萨（斯）尔［EB/OL］.（2006-05-20）［2020-10-05］. http://www.ihchina.cn/project_details/12233/.

海、甘肃以及西南地区的四川、云南等地。它最初形成于远古时期的藏族部落，采用韵散结合的叙述方式，其中韵文用来叙述主要事件和情节，散文则在情节与情节之间起连接作用。史诗以藏族英雄格萨尔神奇而伟大的一生为主要叙事脉络，讲述了神之子格萨尔降生人间，凭借神子之力和众天神的庇佑，降伏在岭国作恶的妖魔和坏人，最终带领岭国人民征服各部、走向统一的英雄事迹。后被蒙古族、土族、白族、裕固族、纳西族等少数民族借鉴和吸收，融入本民族的史诗艺术和文化特色，在史诗艺人的世代传承中不断扩展，成为多民族共享的口头史诗。此外，中国境外的尼泊尔、不丹、印度、巴基斯坦、蒙古国以及俄罗斯的卡尔梅克、布里亚特等地也有作品流传。蒙古族《格斯尔》是藏族《格萨尔》流传最广的异文。

《格萨（斯）尔》基本情节：格萨尔王本名推巴噶，是白梵天王派往下界拯救众生的神子，后投生到人间岭地的尊贵之家，还未出生便受人妒陷，诞生于一片荒野之中。格萨尔降临人间后，多次遭到陷害，但由于他本身的力量和诸天神的保护，不仅未遭毒手，反而将害人的妖魔和鬼怪杀死。格萨尔从诞生之日起，就开始为民除害，造福百姓。5岁时，格萨尔与母亲移居黄河之畔。8岁时，岭国部落也迁移至此。12岁时，格萨尔在赛马大会上一举夺冠，并登上岭国的王位，迎娶聪慧美貌的珠牡为妻，正式取号格萨尔王，开始他的征途。格萨尔先后击败了妖魔鲁赞及霍尔国、姜国等大大小小数十个周边国家，为岭国人民开辟一方乐土，成为人人称颂的大英雄。

《格萨（斯）尔》有分章本和分部本两个版本。分章本即在一个本子里完整叙述格萨尔王的一生，产生时间较早、较有代表性的如《贵德分章本》《拉达克分章本》和《四川玉科分章本》。分部本即经由史诗艺人创造加工而日趋完善的某一情节独立成篇，在藏语中被称为“宗”，目前已收集到的逾120部，至今仍有小部分篇目活跃在史诗艺人的口头演述中，如《北方降魔》《姜岭大战》《地狱救母》等。演唱“宗”的史诗艺人又称“仲肯”，他们大多并不识字，声称自己与生俱来或者后天受到神启而具有演唱史诗的能力。他们拥有高超的叙事能力和记忆力，游走民间的同时，不断地吸纳古老而富有民族特色的藏族神话、传说、故事以及歌谣、谚语，并把它们融入自己的演唱之中，代代累积，造就了《格萨（斯）尔》生动的语言、丰富而个性鲜明的人物形象和宏伟的故事结构。

2006年，“格萨（斯）尔”入选第一批国家级非物质文化遗产代表性项目名录，项目编号Ⅰ-27。

第七节 民间语言

一、概念与分类

（一）概念

钟敬文先生在《民俗学概论》中对民间语言做过如下定义：“作为民俗学研究对象

的民间语言，指广大民众用来表达思想并承载着民间文化的口头习用语，其主要部分是民众集体传承的俗话套语。”① 民间语言是民众口头流传的活的语言，通俗明快，与文雅庄重的书面语言有显著的差别，它是各行各业的广大民众惯用的语言，又以其鲜明的生活化和质朴性的特点区别于上层社会的语言。中国有着千姿百态的民族语言和各地方言，承载着千态万状的民族习俗和乡风土俗。

（二）分类

民间语言通常包括常用型民间熟语和特用型民间熟语。

常用型民间熟语，指在民众中普遍流传的日常生活习用语，它们结构短小，语义完整，使用率高，流行面广，是民间语言中最基本、最丰富、最常用的部分，包括谚语、谜语、歇后语、称谓语、惯用语、方言词、流行语等。

特用型民间熟语，指专用于某种特定的群体或场合的较为定型的词语、短语和句子。在适用范围上有较强的局限性，但具有特殊的功用，是民间语言中极有特色的组成部分。包括行话、黑话、暗语、吉祥语、忌讳语、咒语、绕口令等。

二、特征与价值

（一）特征

民间语言是我国现阶段非物质文化遗产保护中较为稀缺的部分，它以精练短小的口头语言形式活跃在广大民众的生活之中，没有规定发生的时间和场合，也没有具体可感的实体形态，看不见、摸不着，依循着民众的心情和感触，随时发生、随时消失。民间语言类非物质文化遗产具有以下特点：

1. 地方性

民间语言扎根于当地民众生活的土壤之中，在其发展与演变的过程中也深深地打上了当地文化与历史传统的烙印。比如，青林寺谜语猜射的对象不仅有“纽襻子”“打柞”“吹火筒”等当地特有的生活用品，还有“炒包谷泡子”“打丧鼓”“唱丧歌”等当地土家族特有的生活习俗，并经常使用“化儿”“雀朵儿”“挨着”等方言词汇，显得质朴清新、形象生动，充分展示了青林寺的地方文化特色。显然，只有同属于“一个文化社群的交际者可以毫不费力地理解这些词语所表达的真正含义，他们大脑中储存着相关的丰富文化背景信息，而不了解的人则会莫名其妙，不知所云”②，这种限定于特定民俗情景的民间语言很难在其他地方找到一模一样的说法，它们与当地人特定的生活方式和历史传统相连。

2. 民间性

语言，就其本质来说，是一种表情达意的工具、音义结合的符号系统，因使用群体所受教育和生活环境的不同，不同社会阶层使用的语言在习惯、语法、表达形式以及语

① 钟敬文. 民俗学概论［M］. 上海：上海文艺出版社，1998：298.

② 黄涛. 作为民俗现象的民间语言［J］. 文化学刊，2008（3）：10-15.

言风格方面都有显著差异。民间语言是相对上层社会的语言而说的，它孕育于普通民众生活的土壤之中，反映了社会中下层民众的生活趣味和审美习惯，无论从表现内容、形式还是功能来看，都具有鲜明的民间性。就称谓来说，湖南民间方言中爷爷叫“爹爹”，奶奶叫“娭毑”，长辈称呼晚辈则用“伢子”。有时即使身处同一地区，不同社区的地方方言也会有差异，如湘乡城区就称石头作“石头”，郊区则叫作“马拉骨”。尤其是像隐语这种只流行于特定人群或行业的隐喻语言，一旦失去赖以生存的语境，很快就会消失，再没有人能懂得其真正的含义。中国地域广阔、民族众多，在语言上呈现出很浓郁的民间特色。

3. 俚俗性

民间语言是下里巴人的语言，大量方言土语和地方知识极具土气，俚俗性是民间语言最重要的特征。出于使用和娱乐的需要，民间语言不像文人追求阳春白雪似的高雅，而是要通俗明快，轻松活泼，易于上口。比如用“蔫巴”比喻无精打采，用“二百五”“瓜娃子”形容人傻里傻气的样子。再如，谚语和谜语，语义完整，形式固定，雅俗共赏且在生活中使用率较高，集观赏性和实用性为一体，因而更能吸引人们的注意。

4. 流变性

民间语言并不是一成不变的，传统规约赋予民间语言传统特色，使它的基本内涵在较长一段时间保持不变，但不同的时代环境又会对它产生这样或那样的作用力，从而迫使它在短时间内发生变异。比如澄海灯谜在谜目的使用上不断添加新生的网络词汇，并开拓新的谜法。

（二）价值

民间语言是民俗行为和民俗心理的反映和表现，正因如此，我们不能只将民间语言当作一个民俗事象去观察，而要联系其产生的民俗情景，去正确认识它的特殊功能和作用。

1. 文化传承价值

民间语言是一种民俗现象，同时也是民俗文化的载体。“一个民族的风俗习惯常会在它的语言中有所反映，另一方面，在很大程度上，构成民族的也正是语言。”① 民间语言是一个民族认知世界和表达自我的方式，它不仅承载着大量的物质生活民俗，还记载了广大民众的经验、信仰、伦理等精神民俗；它不仅传承着正在流传的民俗，还保存了已经消亡的民俗。中华民族五千年的文化渊源都可以在民间语言中寻到踪迹。

2. 生活实用价值

马克思提出劳动创造语言说，认为语言是伴随着早期人类辛苦繁重的劳动而自然产生的。人们为了协调步调和动作的一致性、提高劳动效率而发出“嘿呦嘿呦”的声音，现今的劳动号子、拔河比赛“一二三、一二三……”的喊声依然起着这种指挥生产、协调劳动的作用。

---

① 费尔迪南·德·索绪尔. 普通语言学教程［M］. 高名凯，译. 北京：商务印书馆，1980：43.

3. 审美艺术价值

民间语言虽产生于乡土之间，但经历代民众的打磨和推敲，不论是在艺术表现形式还是文化内涵方面，都具有较高的审美价值。许多流传至今的谚语和谜语，体物察人，寥寥几字或几句便能概括其本质特征，叙事状物时还富有诗情画意，风格或轻快明朗或精致典雅，彰显了人们不俗的文化与艺术品位。这些民间语言促进了现当代文学的繁荣与发展，具有借鉴价值。

4. 寓教于乐功能

民间语言或与仪式一起构成民俗活动的重要组成部分，或寓教于乐成为教化、训诫的重要工具。澄海灯谜至今仍保存着南宋临安“司鼓引猜”的猜谜形式，是潮汕人节庆日最传统的娱乐活动。在传统的民间，这些谜语和谚语寓深刻的道理于短小精悍的语言形式之中，深入浅出、通俗易懂，是家中老人、长辈教育小孩子的主要方式。

三、代表作简析

民间语言进入国家级非物质文化遗产代表性名录的作品比较少，截至 2020 年底，共计 4 项：湖北省宜都市的“青林寺谜语”、广东省汕头市澄海区的“谜语（澄海灯谜）”、上海市闵行区的“谚语（沪谚）”、陕西省榆林市的“谚语（陕北民谚）”。

湖北青林寺位于湖北省宜都市高坝洲镇，是临江而居的一个小村落。它初建于盛唐，后因扩建于明代中叶的青林古寺而得名，古时曾作为沟通巴、汉两族的重要通道而繁荣一时。这里的村民日出而作、日落而息，生活看似平凡简单，却又处处充满“玄机”，言语间意此言彼、回互其辞，民众以猜射为乐。上至耄耋老人，下至垂髫儿童，举手投足之间，所思所见皆可成谜。田头地垄、餐桌暖炕，只要兴之所至，无论何处，皆可成为村民猜射的擂台。2002 年，青林寺被命名为“湖北省青林寺谜语村”。2003 年，青林寺被冠以“中国谜语村”而在中国民间文艺界独领风骚。

青林寺村称猜谜为“打灯拔子”，现有谜语多达 5000 则。其谜语短小精致、包罗万象，内容涉及天文地理、动物植物、服饰用具、劳作活动、岁时节令、文字地名、乡风民俗等各种物象。猜射时，出谜者概括事物的典型特征作谜面，猜谜者通过谜目思考分析解出谜底，一猜一射，相互博弈中层层递进，最后恍然大悟，乐意无穷。比如“虎头牛尾腰是羊，身有一丈二尺长，二十四个黄金运，四个獠牙分阴阳”[①]，分别点出寅丑未、十二月、二十四节气和四季，以这四个特征表现一年的变化；“一个童子蛮俊俏，衣裳穿哒七八套，怀中藏着金元宝，头上戴着红缨帽”[②]，将玉米比作憨态可掬的胖童子，果是宝，须是帽，贴切生动又惹人怜爱；“一只古怪猫，嘴巴生得刁；化儿都不吃，只吃玉米包”[③]，“化儿”是宜都方言，意为“什么”，将玉米脱粒机比作挑食的怪猫，其形象一跃入脑，滑稽又引人发笑。还有诸如“天上乌云转转，地下红花爆烂，一条蟒

① 丁开清采录．青林寺谜语选［M］．石家庄：大众文艺出版社，1999：74.

② 丁开清采录．青林寺谜语选［M］．石家庄：大众文艺出版社，1999：201.

③ 覃兴龙采录．青林寺谜语新选［M］．北京：中国广播电视出版社，2009：33.

蛇来咬到，累死两个蛮汉”[①]（打铁），“一间屋儿六尺长，十六个金刚来帮忙，拉的拉来扯的扯，后头还有八个客”（注：“十六”指抬丧的人数，“八”指民间乐器手）[②]，这类是将活动场面直接描述出来的谜语。青林寺谜语形式多变，句型、句式长短不一，变化自由，或平铺直叙，或会意谐声，或谜中套谜。虽带有浓郁地方特色的方言和口语化的表达，但用韵规范，讲起来生动可感、朗朗上口，有些谜语甚至还极富诗意。如“夫妻双双同出门，不带铺盖不带银，高梁大屋我有份，生儿育女转回程”，以人喻燕，既流露出对燕子的赞美与喜爱之情，也展现出一种以自己的勇敢智慧创造美好人生的乐观开朗情怀[③]。

青林寺痴谜蔚然成风，村民通过猜谜活动，开启心智，训练思维敏捷度，潜移默化地接受当地传统伦理道德等精神文化的教化，谜语俨然是当地民众习以为常的生活模式和惯用的表达方式。除尚在襁褓、咿呀学语的稚儿，大多数人都能掌握 10～50 则谜语，极少数人可以说出 100 则以上的谜语，还有极个别十分擅长制谜的人，如代表性传承人赵兴寿几十年如一日地致力于青林寺谜语的研究和制作，创作了许多脍炙人口的符合新时代特色的新谜语，为宣传廉政建设而制作的廉政谜、为宣传计划生育而制作的计划生育谜、为宣传北京奥运会而制作的迎奥运谜等，这些为适应新时代需求而产生的谜语为民间谜语的发展提供了另一种可能和方向。

2006 年，湖北省宜都市的“青林寺谜语”入选第一批国家级非物质文化遗产代表性项目名录，项目编号Ⅰ-31。

关键概念

传统口头文学　文化代表性　散文体民间文学　韵文体民间文学

核心观点

1. 民间文学又称口头文学，主要是通过口耳相传的方式产生并流传于民间的口头文学创作，是我国非物质文化遗产的重要类别之一。

2. 神话是原始文化的重要组成部分，也是传统文化的有机组成部分，更是不可再生的非物质文化遗产。只有认识了神话的特质和重要性，才能更好地发掘出神话的时代价值，使其在促进当今中华文化发展和繁荣中发挥出更大的作用。

3. 民间歌谣充满淳朴自然的乡音土语，极少华丽工巧的辞藻，能表现鲜明的地域特色。所以同一首民歌，在熟悉民歌产生地语言风俗的人们听起来更加富有感染力，更会引发人们的丰富联想与万千感慨。

4. 史诗是一个民族特定时期形象化的历史、百科全书式的知识总汇，也是我们认识和了解各民族的重要工具。它以一种不可复制的民间文学形式保留了不同民族早期的

① 丁开清采录．青林寺谜语选［M］．石家庄：大众文艺出版社，1999：5．

② 丁开清采录．青林寺谜语选［M］．石家庄：大众文艺出版社，1999：25．

③ 刘守华．非物质文化遗产保护与民间文学［M］．武汉：华中师范大学出版社，2014：203．

文化艺术创造成果，直到今天依然为文艺工作者们提供源源不断的创作灵感和艺术形象。此外，其宏大的叙事和深刻的社会文化内涵在塑造民族性格、强化民族认同感、展现民族审美价值观念方面发挥着不可磨灭的作用。

延伸阅读

1. 乌丙安. 民间文学概论［M］. 沈阳：春风文艺出版社，1980.

2. 冯骥才. 中国非物质文化遗产百科全书·代表性项目卷：上卷［M］. 北京：中国文联出版社，2015.

3. 刘守华，陈建宪. 民间文学教程［M］. 武汉：华中师范大学出版社，2002.

4. 中国非物质文化遗产网·中国非物质文化遗产数字博物馆，http：//www.ihchina.cn/＃page1.

5. 王锦强. 如何唤醒沉睡的民间文学资源［N］. 光明日报，2018-09-08（05）.

6. 马文辉，陈理. 民间文学类非物质文化遗产保护研究［M］. 北京：中国社会科学出版社，2015.

7. 刘守华. 非物质文化遗产保护工程与中国民间文学［J］. 华中师范大学学报（人文社会科学版），2011（5）：103-107.

思考问题

1. 进入国家级非物质文化遗产名录的民间文学具有哪些特点？
2. 神话类非物质文化遗产代表作有哪些？请举例分析。
3. 民间传说类非物质文化遗产代表作有哪些？请举例分析。
4. 民间故事类非物质文化遗产代表作有哪些？请举例分析。
5. 歌谣类非物质文化遗产代表作有哪些？请举例分析。
6. 史诗类非物质文化遗产代表作有哪些？请举例分析。
7. 民间叙事诗类非物质文化遗产代表作有哪些？请举例分析。
8. 民间语言类非物质文化遗产代表作有哪些？请举例分析。

（纪军　李琳）

第九章　传统艺术

中国传统艺术遗产极其丰富，其代表性艺术有传统美术、音乐、舞蹈、戏剧和曲艺等。在中国的历史长河中，这些有着千年积累的伟大创造，构建起一幅反映中国社会历史生活的艺术长卷，透射着五千年文明古国深厚的文化底蕴。中国传统艺术以其浓郁的乡土气息、淳厚的艺术内涵和生动的历史痕迹，越来越受到世界人民的喜爱和欣赏，成为全人类艺术的宝贵财富。

第一节　传统美术

一、概念

中国传统美术（民间美术）是中华文明的重要组成部分，也是民族文化的生动写照与重要载体。它是在漫长的历史进程中，出于社会生产、日常生活的实用需求与鉴赏需要，由广大先民创造出的各种造型艺术的总称，是华夏儿女劳动与智慧的结晶，也是体现中华民族文化精神和审美意识的最普遍表现形态。中国传统美术涵盖面极广，是一个非常博大的体系，内容十分丰富与庞杂，因此在分类上也存在着诸多标准与角度，且互相交叉。我们结合国家级非物质文化遗产代表性项目名录的入选内容，将中国传统美术分为：中国书法、民间绘画、民间雕塑和民间手工艺术四大类，以作探讨。

二、主要类型

（一）中国书法

中国书法是一门古老的汉字书写艺术，是中国及深受中国文化影响的周边国家和地区特有的一种展现与表达文字美的艺术形式。在中国书法中，汉字不仅是表达观念的符号，更成为表情达意的象征。中国书法伴随着汉字的产生与演变而发展，历经三千多年，已成为中国文化的代表性符号。从甲骨文、石鼓文、金文（钟鼎文）演变为大篆、小篆、隶书，再到定型于东汉、魏、晋的草书、楷书、行书等，无一不散发着艺术的魅力。正因为汉字所具有的象形属性，使得中国书法与中国传统绘画建立起一种血脉相通的联系，共同在世界范围内广泛传播并产生深远影响。同时，书法还与文学诗歌、篆刻造型、音乐舞蹈等中华民族姊妹文化有着无法斩断的亲密关系。

中国书法的基本工具为笔、墨、纸、砚，又称文房四宝。书写者用毛笔蘸取砚台中研磨适度的墨汁，在宣纸上书写汉字，完成信息交流实用功能的同时，也以特有的造型符号和笔墨韵律，融入人们对自然、社会、生命的思考，从而表现出中国人特有的思维方式、人格精神与性情志趣。

（二）民间绘画

中国民间绘画泛指由民间艺人创作绘制并广为流传的美术画作作品。其源头来自远古的岩画、彩陶装饰画等原始艺术，经过数千年的不断丰富、革新和发展，形成了鲜明多样的艺术风格和丰富多彩的形式手法，在东方以至世界艺术中都具有重要的地位与影响。中国民间绘画艺术是千百年来民众创造并受用的文化，是民众智慧的结晶，是大众生活、生产的艺术写照。其中最具代表性的民间绘画包括木版年画、藏族唐卡、内画、瓷板画、水陆画等。

1. 木版年画

木版年画是一种具有悠久历史的传统民间艺术形式，其始于古代的门神画，宋代已现雏形，明代真正形成，清光绪年间正式称为年画。在中国民间，年画曾经被看作年的象征，不贴年画就不算过年。年画色彩艳丽、明快，对比强烈，大都用于新年时张贴以装饰环境，祈福平安，是我国民间岁末欢度春节、喜庆丰收、预示来年光景美好的一种最普及的传统艺术品类，也是中国民众喜闻乐见的艺术形式。在漫长的历史发展过程中，我国形成了众多的年画生产中心，素有“南桃北柳”之称的苏州桃花坞年画、天津杨柳青年画，以及四川绵竹年画、山东潍坊杨家埠年画被誉为中国“年画四大家”。此外，河北武强、广东佛山、河南朱仙镇等年画也非常著名。这些年画都各有明朗的风格，而且市场范围也很大。

2. 唐卡

唐卡，也叫唐嘎，系藏文音译，是用彩缎织物装裱成的卷轴画。唐卡起源于公元7世纪的吐蕃时期，是寺院中藏传佛教僧尼们必不可少的修行用具，也是藏族文化中一种颇具特色的绘画艺术形式。唐卡多以宗教题材为主，此外也有天文、历史、民俗、藏医等内容，具有鲜明的民族特点和浓厚的宗教色彩，并在此基础上形成了独特的艺术风格。唐卡画派众多，如噶玛嘎孜画派、勉唐画派、钦泽画派、昌都嘎玛嘎赤画派、墨竹工卡直孔刺绣唐卡、甘南藏族唐卡、勉萨画派等。

3. 内画

内画是中国民间绘画中一种非常奇特的绘画形式。内画的产生源于画鼻烟壶，四百多年前鼻烟传入中国，深受文人雅士的偏爱。在清代嘉庆、道光年间，有民间画师突发奇想，尝试在鼻烟壶透明内壁上进行书画创作，从而成就了内画这一新的民间美术画种。此后，内画技艺先后自北京拓展到山东、河北、广东等地，并在这四个地方开花结果，最终形成了中国内画艺术的京、鲁、冀、粤四大流派①。

4. 瓷板画

瓷板画，是指在平素瓷板上运用特殊颜料进行手工绘画，再经上釉烧制而成的一种平面瓷制绘画工艺品。瓷板画出现于明代中期，从清中期开始逐渐走向兴盛。瓷板画品

---

① 张旗. 从内画艺术的发展历程看民间美术的当代传承之路［J］. 民族艺术研究，2012（3）：164-170.

种多样，有青花、青花釉里红、五彩、斗彩、粉彩、素三彩、墨彩、浅绛彩等；图案内容涉及面广，包括人物、山水、花卉、翎毛、鱼藻以及吉祥图案；形制则有长方形、圆形、椭圆形、多角形、扇面形等①。瓷板画将中国纸绢绘画与陶瓷艺术进行了完美结合，不怕潮湿，不怕霉变，易于装裱，看起来既有照片般的质感，又有中国画的笔触与神韵，极具收藏与观赏价值。江西南昌瓷板画是其代表。

5. 水陆画

水陆画也称水陆桢子、黄箓桢子，是佛教寺院举行水陆法会时供奉的宗教人物画。水陆画起源于三国时期，自金代至元、明、清较为盛行。水陆画通常分为上、下二堂，上堂所绘之像是超度者，下堂所绘之像是被超度者。悬挂某一位佛神的画像，就相当于请来了此位佛神；悬挂某一人物的画像，就相当于招来了此位亡灵。借供奉、礼赞、诵经、祝咒、加持、忏悔、发愿、斋僧、散食等一系列法事活动，祈求上堂的佛、菩萨、声闻、缘觉，超度下堂的亡灵孤鬼早日脱离地狱，转世人间②。一幅完整的水陆画就是天、地、人三界组成的生活全景图，表现内容多为劝人行善，严惩恶行的意境，也有独幅的神佛道君等，是劳动人民创造历史、创造文化艺术的见证。河北广平县水陆画是迄今流存较为完整的水陆画代表。

（三）民间雕塑

民间雕塑是以雕刻和塑造为主要造型手法，创造立体形态的造型艺术的总称，雕刻是指以玉石、竹子、木头、砖块、泥巴等为原材料的作品及创作，按材质可分为石雕、玉雕、牙雕、木雕、竹雕等，雕刻手法有镂空、浮雕、平雕等。塑造通常分为泥塑和面塑。

1. 石雕

石雕的历史最早可追溯至原始社会时期，人们按照用途需要，把石块或石片磨制成刀、斧等工具和武器，这些石器虽然是实用品，但其性质已接近于雕刻艺术品③。汉代的石雕是中国石雕史的最高峰，西汉时期的霍去病墓石雕群作为其中的代表作，令后人叹为观止。石雕按表现方法可分为圆雕和平雕两大种类。圆雕是指具有三度空间的立体雕刻④，平雕即平面浅雕，分为阴刻和阳刻，平面阴刻是在平面上刻出线条，用线表达物象；平面阳刻是保留表达物象的线，将空余的地方剔去。今天，各地的石雕艺术创作依旧繁荣，广为人们所熟知的有：青田石雕、曲阳石雕、寿山石雕、惠安石雕等。

2. 玉雕

我国的玉雕艺术起源较早，在仰韶文化时期，就有玉石做的饰品。苏州草鞋山和张陵山的新石器时代遗址中，出土了距今四千至六千年的玉器，品种有玉玦、玉环、玉镯、玉坠、玉珠、玉璜以及玉璧等。当时，先民们不仅掌握了抛光技术，而且在玉器上

① 关涛，孔媛. 由瓷板画的兴起谈中国艺术精神［J］. 美术大观，2013（12）：64.

② 汪小洋. 中国佛教美术本土化研究［M］. 上海：上海大学出版社，2010：201.

③ 孙欣，童芸. 中国雕刻［M］. 合肥：黄山书社，2014：2.

④ 田自秉. 中国工艺美术史［M］. 上海：知识出版社，1985：156.

雕刻各种纹饰，制作十分精美。1982年出土于内蒙古自治区赤峰市的兴隆洼文化遗址的一对玉玦，是目前所知的世界范围内最早的玉器。玉器雕琢主要包括选料、剥皮、设计、粗雕、细雕、修整和抛光等工序。具有代表性的玉雕有：扬州玉雕、岫岩玉雕、北京玉雕、苏州玉雕、镇平玉雕、广州玉雕、阳美翡翠玉雕等。

3. 木雕

木雕艺术起源于新石器时期，在距今七千多年前的浙江余姚河姆渡文化中，就已出现木雕鱼。至秦汉时，木雕工艺已趋于成熟，甘肃武威磨嘴子汉墓中曾出土木雕人物、动物俑100余件，木俑造型简练概括，形象生动传神，充满浓厚的生活气息。隋唐时期，由于统治者大兴宫殿建筑和寺庙，使得木雕技术得到空前发展。许多保存至今的木雕佛像具有造型凝练、刀法熟练流畅、线条清晰明快的工艺特点，是中国古代艺术品中的杰作。明清时期的木雕工艺多运用于建筑构件装饰和木制家具。木雕制作通常包括：画创意稿、凿粗坯、凿细坯、修光、打磨、着色上光等流程。具有代表性的木雕有：潮州木雕、宁波朱金漆木雕、乐清黄杨木雕、东阳木雕、漳州木偶头雕刻、曲阜楷木雕刻、澳门神像雕刻、武汉木雕船模等。

4. 竹雕

中国是世界上最早利用竹制品的国家，其历史可追溯到西周时期，君臣朝会时手中所持的笏（又称手板），有的就是竹片制成的。而湖南长沙马王堆汉墓曾出土的雕有龙纹的彩漆长勺，是中国目前能见到的最早的竹刻品之一。宋代一大批文人士大夫对竹文化的欣赏与推崇，更使得竹在人们心中的地位上升，竹雕制品也越来越受人们喜爱，竹雕艺术得到了空前发展。南宋艺人詹成雕刻制作的竹鸟笼，竹片上刻有宫室、人物、山水、花木、禽鸟等纹样，刀法精细、技术精湛。明清两代，竹雕艺术发展迅速，达到鼎盛，并且出现了各具特色的竹雕艺术流派，流传至今仍具影响。具有代表性的竹雕有：无锡留青竹刻、常州留青竹刻、黄岩翻簧竹雕、江安竹簧、徽州竹雕、莆田留青竹刻等。

5. 泥塑

泥塑在中国有着悠久的历史，在河姆渡文化遗址中就曾出土有陶猪、陶羊。秦兵马俑和汉代墓葬中大量陶俑、陶兽、陶马车、陶楼等器物的发掘，表明在当时，泥塑就已达到很高的水准。隋唐时期宗教的兴起，促进了社会各阶层对泥塑的需求，使泥塑进一步发展。到了宋代，不但宗教题材的大型佛像继续繁荣，小型泥塑玩具也颇受欢迎，有许多人专门从事泥人制作，作为商品出售。明清时期泥塑制品更是因其成本低、外观精致等优点被普遍使用，其生产几乎遍布全国各地。天津泥人张、惠山泥人、凤翔泥塑、浚县泥咕咕、玉田泥塑、苏州泥塑、聂家庄泥塑、大吴泥塑、徐氏泥彩塑、苗族泥哨、杨氏家庭泥塑等一大批泥塑品类，直到今天仍广受大众喜爱。

6. 面塑

据史料记载，中国的面塑艺术早在汉代就已经出现。宋代《梦粱录》中曾记载着把面塑用在春节、中秋、端午以及结婚祝寿的喜庆日子。经过几千年的传承和经营，面塑已成为中国民间艺术中极具特色的重要组成部分，同时它也是研究历史、考古、民俗、美学不可多得的活态标本。面塑按其使用功能可分为两类，一类是专门用于收藏的面塑，另一类是可以食用的面塑。较有特色的有：阳城焙面面塑、闻喜花馍、定襄面塑、新绛面塑、郎庄面塑、黄陵面花、岚县面塑等。

（四）民间手工艺术

民间手工艺术是对劳动人民以手工创作为主要手段的各项艺术类别的总称。由于各地区、各民族的社会历史、风俗习惯、地理环境、审美观点的不同，各地的手工艺品也呈现出不同的风格特色。按照材质分类，有纸、布、竹、木、石、皮革、金属、面、泥、陶瓷、草柳、棕藤、漆等不同材料制品；按照创作方法的不同，又可以分为绘画类、塑作类、编织类、剪刻类、印染类等。由于民间手工艺术既是美术范畴，又属于工艺范畴，多有交叉，且所涉门类众多，因此，本节中仅对刺绣、剪纸等代表性项目加以介绍。

1. 刺绣

刺绣是用穿针引线的方法，将各种彩色丝线、绒线或棉线在织好的绸缎、布帛等材料上用不同的针法进行刺缀，从而形成不同的图案、花纹或文字的一种民间艺术形式。刺绣工艺的特征是在面料的表面形成凹凸感。我国民间刺绣的历史可追溯到远古时期，它是伴随着织物的诞生以及人类最初的审美意识形成而产生的。早期刺绣以绘、绣结合塑造纹样，到战国时期，刺绣就不再用彩绘填彩，而是以各种颜色的丝线表现色彩，汉代刺绣工艺水平达到成熟期，品类更加丰富。南北朝的刺绣开始应用于佛像、佛幡等宗教用品。至明清两代，无论是宫廷刺绣还是民间刺绣，其规模和技艺都达到了顶峰。最具代表性的刺绣有：苏绣、湘绣、粤绣、蜀绣、顾绣、汉绣、汴绣、少数民族刺绣、挑花以及民间绣活等。

二维码 9-1

2. 剪纸

剪纸，是用剪刀或刻刀在纸上剪刻花纹，用于装点生活或配合其他民俗活动的一种民间艺术形式。在我国，剪纸具有最广泛的群众基础，它交融于各族人民的社会生活，是各种民俗活动的重要组成部分。我国幅员辽阔，因此不同地域的剪纸艺术也是风格各异。其中包括：蔚县剪纸、丰宁满族剪纸、中阳剪纸、医巫闾山满族剪纸、扬州剪纸、乐清细纹刻纸、广东剪纸、傣族剪纸、安塞剪纸、庄河剪纸、广灵染色剪纸、和林格尔剪纸、雕花剪纸（孝感、鄂州、仙桃）等。

二维码 9-2

三、特征

（一）原生性和本真性

传统民间美术出自劳动人民之手，作品多是就地取材、手工制作，这正符合先民们自给自足的劳动生产方式。他们在某种朦胧的审美意识驱使下，出于艺术创造的本能和敏感，摸索出了能够表达自身目的的合适手段，并借助独特的艺术语言，把自己的想法巧妙地传达了出来。这些艺术作品往往“形神兼备，细致入微”，运用最民族化的色彩、造型与图案观念，表达着先民最醇厚、质朴的理想、愿望与信仰，散发着原始生态的味道和神秘灵动的气息，这一切都来源于他们对生活的切身感受。

（二）传统性和民间性

传统民间美术品种极其丰富，具有深厚的文化内涵，饱含深刻寓意。自古以来，民间美术依附的是传统农耕文化，神话传说、传统节日、祭祀礼仪、宗教信仰等，都可成为题材内容。它已不是单纯的艺术形式，而是一个极富中国传统精神内涵的文化符号体系，浓缩了历史的记忆、质朴的民族信仰及深厚的情感基因，与中国传统文化血缘一脉相承，这个符号体系也使我们对自己的文化、人民的生活和艺术有了深度的认识。它体现了一个民族的生命本真、民风民俗、审美方式、情感诉求、思想核心、思维模式等心理结构在一种文化载体中的整合，是民族精神与民族情怀的具体展现。

（三）实用性和审美性

传统民间美术源于先民的生产生活需要，是一种与人们的日常生活密切相关的生活艺术，它在社会生活中发生、发展、传播，对于民间美术造物而言，实用与审美常常互为依存，相得益彰，两者相互协调，共同实现服务生活的基本目标。民间美术的审美往往依托于其实际使用功能，先人根据不同的用途，使用不同材质的材料，运用不同的制作技巧与多种装饰手法，使作品产生特定的艺术效果。艺术与生活重合交叠，使民间美术既有适应现实生活的实用性，又有民族特色的装饰性，从而达到了功能和审美的完美统一。

四、代表作简介

入选国家级非物质文化遗产代表性项目名录的传统民间美术类项目应满足如下标准：①具有长期民间传承历史；②至今仍在民间活态传承，对民众生活起到重要作用；③具有鲜明的风格和独特的技法；④体现丰富的文化内涵和群众审美价值。截至2020年底，入选国家级非物质文化遗产代表性项目名录的民间美术项目共计180项，其中正式目录中有122项，扩展目录中有58项。我国入选联合国教科文组织人类非物质文化遗产代表作名录传统美术（手工艺）的项目有：中国篆刻（2009年）、中国书法（2009年）、中国剪纸（2009年）、热贡艺术（2009年）。

二维码 9-3

（一）“南桃北柳”木版年画

我国木版年画在漫长的历史发展过程中，形成了众多生产中心，其中尤以素有“南桃北柳”之称的苏州桃花坞年画和天津杨柳青年画最具代表性。

天津杨柳青年画继承了宋、元绘画的传统，吸收了明代木刻版画、工艺美术、戏剧舞台的形式，采用木版套印和手工彩绘相结合的方法，创立了鲜明活泼、喜庆吉祥的独特风格。制作时，先用木版雕出画面线纹，然后用墨印在上面，套过两三次单色版后，再以彩笔填绘。既有版味、木味，又有色彩斑斓的手绘工艺味。杨柳青年画通过寓意、写实等多种手法表现人民的美好情感和愿望，尤以直接反映各个时期的时事风俗及历史故事等题材为特点，构思巧妙别致，线条流畅清新，敷彩古朴典雅，富于浓郁的生活气息。

苏州桃花坞年画源于宋代的雕版印刷工艺，由绣像图演变而来，到明代发展成为民间艺术流派，清代雍正、乾隆年间为鼎盛时期，每年出产的桃花坞木版年画达百万张以上。桃花坞年画的印刷兼用着色和彩套版，构图对称、丰满，色彩绚丽，刻工、色彩和造型具有精细秀雅的江南民间艺术风格，主要表现吉祥喜庆、民俗生活、戏文故事、花鸟蔬果和驱鬼避邪等传统题材。民间称之为“姑苏版”[①]。

（二）甘南藏族唐卡

甘南藏族自治州是全国十个藏族自治州之一，位于甘肃省西南部。甘南藏族唐卡就是由这里而发端。它的传承历史与甘南拉卜楞寺喜金刚学院的传授有直接联系，属纯宗教事务类的师徒相传。甘南唐卡多在纯棉布上绘制，也有在羊皮上绘制的，有丝绣和绸贴丝缝的或版印的单色唐卡，用各色绸缎镶边，面上罩有薄绸和装饰飘带，下端有黄铜和白银装饰的木轴，以便卷展。画幅大小不一，大者几十平方米，小者不足零点一平方米。它的绘画颜料多为矿物质和金银等[②]。唐卡的创作过程非常讲究，具有很强的宗教仪式感。画师绘制前要向活佛问卜、沐浴净身、焚香祈祷、诵经备料，然后才是绷展与打磨画布、配制颜料、定位起稿、着色晕染、勾线开眼等工序，绘制完成后，由高僧活佛开光加持方算完成。

甘南藏族唐卡的构图极为别致，整个画面不受真实时空的限制，即在很小的画面中，上有天堂、中有人间、下有地界。还可以把情节众多、连续性强的故事，巧妙地利用变形的山石、祥云、花卉等构成连续图案，将情节自然分割开来，使它形成一幅既独立而又连贯的生动有趣的传奇故事画面[③]。由于颜料全部采用金、银、珍珠、玛瑙、珊瑚、松石等矿物宝石和藏红花、大黄、蓝靛等天然植物研制，因此所绘制的唐卡色泽鲜艳，璀璨夺目，虽经几百年的岁月，仍旧可以保持创作之初的原有色感。

（三）苏绣

苏绣，发源于苏州吴县一带，至今已有两千五百多年的历史。苏绣与湘绣、粤绣、蜀绣并称为中国四大名绣。江苏自古气候温和，土地肥沃，适宜桑蚕养殖，因此盛产丝绸，春秋时期吴国就已将刺绣用于制作服饰。明代江南更是成为丝织手工业中心，苏绣因此得到长足发展。同时，吴地绘画艺术的浸染也使苏绣得到了更多的滋养，刺绣艺人结合绘画进行创作，以针作画，巧夺天工。清代苏绣进入全盛时期，流派多样，名家辈出，民间刺绣发展更是丰富多彩。苏绣构图简洁，色彩淡雅，针法多样，绣制精细，不仅有单面绣，而且还有双面绣，广泛用于服饰、戏衣、被面、枕套、鞋面、香包等日常生活用品的制作中，此外，还有一种称为“画绣”的刺绣欣赏品，颇具艺术审美价值。

---

① 吕继东．桃花坞木刻年画三辩［N］．苏州日报，2011-01-14．

② 封尘．流光溢彩：甘肃传统美术［M］．兰州：甘肃教育出版社，2016：305．

③ 雒庆娇．甘肃省少数民族非物质文化遗产保护研究［M］．北京：商务印书馆，2015：101．

（四）黄梅挑花

黄梅挑花，又名架子花、十字挑花，是一种广泛流传于湖北省黄梅县及周边地区的汉族民间刺绣工艺。黄梅挑花工艺起源于唐宋，兴于明清。在当地，还流传着一句俗语叫作“黄梅有女皆挑花”，女孩从小就跟着家里的女性长辈学习挑花技艺，直到出嫁，故黄梅也就成为我国的“挑花之乡”。历经数百年传承发展，今天的黄梅挑花形成了题材内容丰富，品类繁多，构图繁复精巧，布局匀称妥帖，色彩明丽绚烂的独特艺术特征，具有浓郁的地域风格和文化韵致。黄梅挑花的工艺技法单纯，独具一种别样的拙朴之美。它以无数个“一”字形短线千变万化构成各类图案纹样。在构图上，黄梅挑花讲究整体性、对称性、均衡性。中间采用各种团花为主图案，四周配以边花、角花等。图案从每个角度看都是相对对称和完整的。在艺术风格上，黄梅挑花也不拘泥于对自然形态的模仿，而是巧妙运用夸张、变形等手法，纹样写意洗练、神奇浪漫，充满民间气息，表达出劳动妇女对幸福生活的追求和真挚淳朴的感情。

第二节　传统音乐

一、概念

传统音乐（民间音乐）是中国非物质文化遗产中的重要组成部分。民间音乐一般指人民群众集体创作的、真实地反映了他们的生活情景、生动地表达了他们的感情愿望的音乐作品[①]。民间音乐大致分为五个类别：民间歌曲、传统舞蹈音乐、说唱音乐、戏曲音乐和民间器乐。

中国民间音乐文化有着悠久的历史传统。河南省舞阳县贾湖新石器时代遗址墓葬中的骨笛，可以准确地奏出七声音阶，证明我们的祖先在七八千年之前就有了最初的音乐审美意识。三千多年前殷商时期的甲骨文中已经出现“乐”字，字形犹如一件丝弦乐器放置在一个竖立的木架上。春秋战国时期，孔子编纂诗歌总集《诗经》，其中“风”指民风，可以看作是我国民间歌曲收集整理工作的起点。1978 年在湖北随州发掘出土的战国初期曾侯乙编钟，是目前我国出土文物中最大型、最完整、最具有科学水准与学术研究价值的一套编钟[②]。汉唐之际，相和歌、清商乐、隋唐歌舞大曲、佛教音乐、说唱音乐等陆陆续续加入中华民族音乐的大家庭。宋元时期，民间音乐在“勾栏”“瓦肆”等娱乐表演中心汇聚，孕育了戏曲音乐为代表的新的音乐品种和风格，此时词乐与古琴音乐繁荣。明清时期，戏曲音乐、说唱音乐、民间器乐得到了长足发展，由于印刷术的发展，大量琴谱得以流传，推动了民间音乐的大规模传播。

---

① 王耀华，陈新凤，黄少枚．中国民族民间音乐［M］．福州：福建教育出版社，2006：1.

② 袁静芳．中国传统音乐概论［M］．上海：上海音乐出版社，2000：2.

二、主要类型

（一）民间歌曲

民间歌曲简称民歌，是民间口头流传的歌曲。民歌是劳动人民自发的口头创作，其曲调和歌词在长期的流传过程中不断地被加工，其创作不受专业作曲技法的支配，不借助于记谱法或其他手段，主要依靠人民群众口耳相传，具有鲜明的民族风格和地方特色。民歌如作为文学体裁，则专指其歌词①。民歌是中华民族传统音乐的基础，各民族的歌舞音乐都与民歌有着直接的渊源，许多民族的民间器乐曲或直接来自民歌，或根据民歌加以变化，戏曲、曲艺音乐也是在民歌的基础上形成并发展起来的。常见的民歌形式有：

1. 劳动号子

劳动号子是整个人类音乐文化中产生最早、历史最悠久的音乐种类之一。劳动者在不同的工作中配以不同节奏的吆喝、呼喊来协调和统一劳动节奏，因此，劳动号子最常见的歌唱方式就是一领众和。影响力较大的劳动号子有：搬运号子《挑担不怕扁担弯》《板车号子》《走绛州》，工程号子《打夯歌》《大锤号子》，船夫号子《川江船夫号子》《上滩号子》《拼命号子》，农事号子《嚯咚嚯》《芝麻不打不出油》以及渔民号子《溜网号》《上网号》等。劳动号子从最初劳动中简单的、有节奏律动的呼喊，发展为有丰富内容的歌词、有完整曲调的歌曲形式，体现了中华民族劳动人民的智慧和力量，表现了人民群众的乐观精神，是中华优秀传统文化的代表之一。

2. 山歌

顾名思义，山歌是人民群众在山间野外时抒发内心情感所唱的一种抒情小曲，人们在砍柴、割草、采茶、放牧时往往会触景生情、引吭高歌，这一类的小曲统称为山歌。山歌曲调一般高亢嘹亮、节奏趋向自由悠长、音乐性格热情奔放、音乐表现坦率直露。常见的山歌有信天游《兰花花》《赶牲灵》，爬山调《长工诉苦》《步步跟上毛主席》，花儿《上去高山望平川》《下四川》和各地山歌《太阳出来喜洋洋》《小河淌水》《放马山歌》《翻身卖余粮》等。

3. 小调

小调又称小曲、俗曲等，是人民群众日常生活中流传广泛的抒情小曲，多在城镇中形成发展，常在劳动的闲暇和风俗性的节日、娱乐、集会时歌唱，俗称“里巷之曲”。其音乐形式一般较为规整，节奏均匀，曲调委婉流畅，旋律性强，感情细腻，是民歌中更艺术化的形式，有广泛的社会阶层直接或间接参与演出和创作，其流传的广泛性和发展的复杂性，反映着中国城市和乡村音乐文化的交互影响和密切关系。小调涉及的题材十分广泛，从重大的社会政治事件到日常生活、风俗、爱情、游戏等，具有代表性的有《孟姜女》《绣荷包》《茉莉花》《月儿弯弯照九州》《走西口》《五哥放羊》《小白菜》等。

---

① 中国大百科全书总编辑委员会《音乐　舞蹈》编辑委员会. 中国大百科全书·音乐舞蹈[M]. 北京：中国大百科全书出版社，1989：455.

4. 少数民族民歌

我国是一个统一的多民族国家，除汉族外，其余55个民族大多都有自己的文字和语言。由于民族语言、社会结构、地理环境、历史进程、生产劳动、生活方式、宗教信仰、文化传统和风尚习俗等不同，每个民族形成了自成体系、各具特色、丰富多彩、形式多样的民歌。例如，藏族的山歌、舞歌，土家族的打歌、薅草歌，彝族的跳月歌、阿诗玛，蒙古族的牧歌，侗族的大歌，苗族的飞歌、大歌以及各具特色的民间歌曲。这些少数民族民歌所反映的题材广泛，既有讲述宇宙形成的神话，也有记述人类起源的传说；既有歌颂民族英雄的光辉事迹，也有歌唱民间的传说故事；既有伴随放牧和狩猎的歌唱，也有对家乡山水的赞颂。在体裁方面，既有短小精悍的小曲和牧歌形式，也有结构庞大的长篇史诗性歌曲。常见的少数民族民间歌曲和歌舞音乐有维吾尔族民歌《送我一支玫瑰花》《新疆好》，哈萨克族民歌《阿勒泰》《玛依拉》《嘎俄丽泰》，藏族民歌《北京的金山上》，蒙古族民歌《牧歌》《森吉德玛》《金杯银杯》《嘎达梅林》，朝鲜族民歌《阿里郎》《道拉基》，壮族民歌《绣幅壮锦挂山中》，畲族民歌《拦路情歌》，纳西族民歌《窝热热》，景颇族民歌《春米歌》，瑶族民歌《时节歌》，侗族民歌《不见情郎心中焦》等。

（二）传统舞蹈音乐

传统舞蹈音乐指流传于民间，伴随着传统舞蹈而演奏、演唱的音乐，大体分为声乐与器乐两种，声乐配合舞蹈表演的居多，常见的配合方式有歌舞相间或歌舞同时进行；传统舞蹈的伴奏器乐有打击乐器、吹管乐器、弹拨乐器三种类型，拉弦乐器使用较少。较常见的传统舞蹈音乐有汉族的秧歌、花灯、茶歌、花鼓调，少数民族中维吾尔族的木卡姆、赛乃姆，藏族的弦子、囊玛，朝鲜族的农乐舞以及蒙古族的安代等。

（三）说唱音乐

作为民间音乐的一个分支，说唱音乐源于民歌，但与民歌的表现方式略有不同，说唱音乐是艺人讲唱故事的一种表演方式，具有较强的语言性，俗称“口语说唱”。汉族说唱音乐一般分为牌子曲类说唱音乐和鼓书类说唱音乐；少数民族常见的说唱音乐有藏族的“格萨尔王传说唱”、蒙古族的“好来宝”、侗族的“琵琶歌”等。

（四）戏曲音乐

戏曲音乐有着独特的表现情感、表达态度的优势，音乐在戏曲性艺术中对创造并烘托气氛、塑造并强化人物性格具有十分重要的作用，是一种具体化的、可以感知的文化的表象，是感情内容和感情强度的外化表现。戏曲音乐一般分为声乐部分和器乐部分。声乐部分包括唱腔与念白，是戏曲音乐的灵魂。器乐既为戏曲中的唱段提供伴奏，又起到烘托气氛的作用，一般分为文场器乐和武场器乐。戏曲音乐根植于民间音乐，为各地群众所耳熟能详，具有广泛的民间性和群众性。

（五）民间器乐

民间器乐，是人们利用乐器演奏出的各种不同情感、不同风格和不同形态特征的音乐体裁和作品。早期的中国器乐是与诗、歌、舞一体的一种伴奏形式，到了西周，在大型的歌舞节目中开始穿插出现一些独立的器乐段落，成为器乐独立演奏的开端。隋唐时期，器乐独奏音乐出现了空前繁荣的景象，无论是器乐的数量还是质量，都达到了前所未有的高峰，最具代表性的是琵琶演奏艺术，白居易就曾在其诗中描述琵琶的魅力："转轴拨弹三两声，未成曲调先有情。"中国的民间器乐广泛应用于民间舞蹈、劳动生活、求神祭祀等生活、宗教、礼仪场合。中华民族的传统器乐资源丰富，题材、体裁众多，音色、音调特点鲜明。具有代表性的民间器乐曲有二胡曲《二泉映月》《空山鸟语》，古琴曲《高山》《流水》《阳春》《白雪》，筝曲《渔舟唱晚》《汉宫秋月》，琵琶曲《十面埋伏》《夕阳箫鼓》《霸王卸甲》等。

三、特征

民间音乐主要通过口头创作方式产生和传播，在中华民族的民间音乐发展过程中，各民族、各地区人民对其进行加工、改造、筛选、提炼，最终呈现出音乐体裁、音乐题材、音调风格丰富多样的面貌。民间音乐形式各异、积蕴深厚，在音乐表现手法、创作风格和艺术特征等方面，均有不同于专业音乐创作的显著特点。

（一）创作内容的乡土性

民间音乐是人民群众社会生活、日常劳动以及各种风俗文化的产物。传统乡村的民风、民俗往往是民间音乐的载体，民间音乐随着不同地域、不同民族、不同风俗的变化而千姿百态。如哭嫁歌、哭丧歌、祭祀歌等与民间歌舞、说唱和民间器乐紧密相连，都产生于乡村民间生活中。少数民族的"火把节""花儿会""歌圩""那达慕"等都与民间老百姓谈情说爱的社会交往活动有关，具有浓厚的乡土性。

（二）创作过程的集体性

民间音乐是人民群众在多样社会生活中世世代代口头创作并不断提炼出来的，是人民群众的集体创作产物。民间音乐多数是人民群众在集体场合中创造出来的，他们"见到什么唱什么""想到什么演什么"，具有广泛的群众性和集体性。例如，劳动号子就是为了统一劳动节奏、协调动作频率、振奋劳动精神而创作的，往往是一个人领头喊起，其余的人跟着应和，在一呼一应的循环反复中完成音乐的创作。

（三）传播方式的口头性

民间音乐往往是口耳相传的。人民群众的口头创作和即兴表演与专业音乐创作不同，它们不是靠文字、曲谱记载，而是靠民众的听觉和记忆口传心授，具有广泛的群众性和生动活泼的特色，但是却容易遗忘和散失。

（四）音乐曲调的即兴性

在民间音乐中，同一首民歌、同一支曲子往往唱法不同，这就是因为生活在不同地域、不同民族、不同时期的群众在创演时具有即兴性。不同地区、不同民族的人民群众在长期的社会生活中形成了不同的音乐审美意识和惯用的音乐语汇，他们在演唱同一首民歌时，往往会按照自己的习惯即兴地处理和改造，这就形成了同一首曲调的多样化，如《茉莉花》《绣荷包》在各地的唱法有所不同。此外，人民群众还经常在同一首曲调中填入不同内容、不同感情的歌词；外界环境或者自身情绪、兴致和身体条件的变化，都会使同一首曲调呈现不同的即兴变化。

四、代表作简介

入选国家级非物质文化遗产代表性项目名录的民间音乐，必须符合如下各项标准：①存活于民族民间生活，代表当地民众音乐审美趣味；②有深厚悠久的历史传统和清晰的传承脉络；③有特定的传播区域和相对稳定的表现形式；④有独特的技艺传统、表演风格和历史文化价值；⑤存活于民族民间，代表当地民众音乐审美趣味。截至2020年底，在国家级非物质文化遗产代表性项目名录中共有170项中国民族民间音乐入选，其中包括进入联合国教科文组织人类非物质文化遗产代表作名录的中国古琴艺术（2008年)、蒙古族长调民歌（2008年)、蒙古族呼麦歌唱艺术（2009年)、南音（2009年)、西安鼓乐（2009年)、花儿（2009年)、侗族大歌（2009年）等著名的民族民间音乐。

（一）古琴艺术

在中国历史发展的长河中，古琴一直占据着重要地位，和中国的书画、诗歌以及文学一起成为中国传统文化的承载者。古琴是中国独奏乐器中最具代表性的一种。人们弹奏古琴往往不仅是为了演奏音乐，还和自娱自赏、冥思、个人修养以及挚友间的情感交流密不可分。从早期的文学作品以及考古发现中，可以得知古琴在中国已有三千多年的历史。它的演奏是一种高雅和身份的象征，因此它成了一种贵族和文人的精英艺术，而不是一种面向大众的表演艺术。实际上，古琴和中国文人的历史有着密不可分的渊源，因为它是中国文人所必需的素质修养——琴、棋、书、画当中的一种，且位居其首。古琴艺术吸纳了大量优雅动听的曲调，演奏技法复杂而精妙，而且有着独特的记谱法，大量乐谱都是人们口头流传下来的。古琴有七根弦，十三个徽，通过十种不同的拨弦方式，演奏者可以演奏出四个八度。古琴的演奏有三种基本技巧：散、按、泛。同一个音高可以在不同弦、不同徽位用散、按、泛等不同方法奏出，音色富于变化。散，是空弦发音，其声刚劲浑厚，常用于曲调中的骨干音；按，是左手按弦发音，移动按指可以改变有效弦长以达到改变音高的目的；泛，是以左手轻触徽位，发出轻盈虚飘的乐音（泛音)，多弹奏华彩性曲调。

（二）蒙古族长调民歌

蒙古歌曲主要分为两种，其一是乌日汀道或称长调，其二是短调（bogino duu)。作为与盛大庆典、节日仪式有关的表达方式，长调在蒙古族享有独特的地位。婚礼、乔迁新居、婴儿降生、马驹标记以及其他蒙古游牧民族的社交活动和宗教节庆仪式上，都能听到长调的演唱。在包含摔跤、射箭和马术比赛的狂欢运动会“那达慕”大会上，更能听到长调。长调是抒情歌曲，由32种采用大量装饰音的旋律构成，它赞美美丽的草原、山川、河流，歌颂父母的爱情、亲密的友谊，表达人们对命运的思索。它的特点是：大量使用装饰音和假声，悠长持续的流动性旋律包含着丰富的节奏变化、极为宽广的音域和即兴创作形式。上行旋律节奏缓慢稳定，下行旋律常常插入活泼的三音重复句式，这来自对草原生活步调的模仿。长调的演唱和创作与牧民的田园式生活方式紧密相连，这是蒙古族至今仍然广泛延续的生活方式。长调的历史可以追溯到两千年前，13 世纪以来的文学作品中已有记载。直至今日，长调仍保留着丰富的不同地域的风格。在蒙古国和中国北部的内蒙古自治区牧民表演当代音乐作品时，长调都扮演着主要角色。

第三节　传统舞蹈

一、概念

传统舞蹈是广大劳动人民所创造的、世代相传的一种艺术。在日常生活场所表演的各种传统舞蹈，是民族民间文化的重要组成部分，也是非物质文化遗产的一个重要类别。中国的传统舞蹈是集歌唱、舞蹈、器乐三位一体的综合性表演艺术，载歌载舞、歌舞并重是大多数传统舞蹈艺术的表演特征①。

二、主要类型

中国的传统舞蹈产生于五十六个民族的历史发展与社会实践中，并在与各种民俗文化相依共存中产生了不同的类别，常见的有汉族的秧歌、花灯、茶歌、花鼓，少数民族中维吾尔族的木卡姆、赛乃姆，藏族的弦子、囊玛，朝鲜族的农乐舞以及蒙古族的安代。

（一）汉族传统舞蹈

1. 秧歌

民间歌曲秧歌也称社火，起源于较早时期的汉族民间舞蹈。秧歌的产生，与农村水田劳动方式密切相连。据清代李调元《南越笔记》记载："农者，每春时，妇子以数十人计，往田栽秧，一老挝大鼓，鼓声一通，群歌竞作，弥日不绝，是曰'秧歌'。"早期的秧歌，直接用来鼓舞农田生产者的劳动情绪，后来，秧歌进一步发展，演变成为插秧季节的一种仪式民俗，专在民间节庆时表演，供人民自娱自乐。

秧歌一般分为地秧歌和高跷秧歌，表演者扮演成现实生活或神话传说中的各种人物，手持扇子、手帕、伞、鼓、棒等道具进行舞蹈表演，地秧歌为表演者徒步在地上歌舞，高跷秧歌表演者双脚要踩在缚于腿部的木跷上歌舞，又名"踩高跷"。

2. 花灯

花灯的历史，源头可追溯到汉代"百戏"表演中的"曼衍鱼龙"，即鱼灯、龙灯之类的节目表演。山东沂南出土的东汉百戏乐舞石刻中以兽灯、鱼灯、鸟灯为表演道具的图像，就是此类"曼衍鱼龙"节目的形象再现。后来，此类颇具喜庆色彩的表演样式在

---

① 黄莉丽. 中国民族民间音乐教程［M］. 广州：暨南大学出版社，2010：109.

民间广为流传，遂成为各地民俗节日，特别是上元灯节（正月十五）的主要表演形式，故此日在民间即获“灯节”之名，其会又有“灯会”之称。唐宋时期，中原各地社火、庙会中的花灯歌舞表演更趋繁盛，其后又随移民的迁徙和文化的传承远播边陲。至明代时，花灯歌舞已成为南方各省和西南民族地区常见的民间歌舞样式之一。明人杨慎入滇后，曾有诗写道：“滇歌、僰曲齐声和，社鼓、渔灯夜未央。”[①] 可见，当时花灯歌舞在云南少数民族地区已经广泛流传。清代之前的花灯，只是一种民俗性的集体歌舞表演，一般没有故事情节，没有固定角色。入清以来，花灯进一步汲取各地民间俗曲小调、民间说唱和戏曲表演因素，约在乾隆时期前后，逐渐形成情节简单而歌舞成分较重、类似于二小戏或三小戏的表演形式，时称“小唱灯”。至晚清时，一些地区的花灯小戏逐渐偏重表现故事和人物，开始出现情节较为复杂的大中型剧目，从而形成歌、舞、戏并重的综合型花灯剧种“灯戏”。20 世纪以来，中国中南、西南地区流行的花灯剧目不断创新，如今，花灯仍是人民群众喜闻乐见的艺术形式之一。

3. 茶歌

唐宋时期，发达的茶叶生产大大刺激了产茶地区民间文化的勃兴，“采茶歌”在南方各省广为流传，至明代之后，采茶歌的发展日渐兴盛繁荣，甚至被当时文人称为“吴越民歌之首”。明代文人王骥德的《曲律》中记载：“南之滥，流而为吴之《山歌》，越之《采茶》诸小曲，不啻郑声，然各有其致。”据《江西风物志》所述：明代赣南一带的采茶舞“由姣童扮成采茶女，每队八人或十二人，另有少长者二为队首，手持花篮，边唱边舞，歌唱‘十二月采茶’”。至清代，各省区几乎都有关于采茶歌舞流行的记载，如广东地区，据清人李调元《粤东笔记》载：“粤俗岁之正月，饰儿童为彩女，每队十二人，手持茶篮，篮中燃一宝灯，罩以绛纱，以絙为大圈，缘之踏歌，歌‘十二月采茶’。”在福建地区，清代吴震方的《岭南杂记》曰：“潮州灯节，有鱼龙之戏，又每夕各坊市扮唱秧歌，与京师无异，而采茶歌尤妙丽，饰姣童为采茶女，每队十二人，或八人，手挈花篮，迭进而歌，俯仰抑扬，备极妖妍。”在广西地区，康熙时期的《荔浦县志》记载：“元宵自初十至十六，各门悬一灯，选清秀孩童艳装女服，携花篮唱采茶歌或演故事，耍龙灯嬉戏以为乐。”[②] 由于流行地域的不同，我国的南北方采茶舞曲名称各异，广西称“唱采茶”“采茶歌”“壮采茶”，江西称“茶篮灯”“灯歌”，湖南、湖北称“采茶”“茶歌”，福建、安徽称“采茶灯”，云南、四川称“茶灯”。各地的采茶歌舞，表演形式和内容大体相同，以表现茶农生活者居多，大多描写茶山风光和再现茶农一年四季的劳动情景。

4. 花鼓

花鼓舞流行于我国汉族地区，在南方的安徽、浙江、江苏等省尤为普遍，其他省区如湖南、湖北、山东、山西、陕西也有分布。早在宋代，花鼓类民间技艺表演就已被列为“百戏”表演节目之一，称为“花鼓槌”。明代顾见龙所绘《花鼓演唱图》中画有一

---

① 顾峰. 云南歌舞戏曲史辑注［C］//云南省民族艺术研究所内部资料. 昆明：云南省民族艺术研究所，1986：117.

② 袁静芳. 中国传统音乐概论［M］. 上海：上海音乐出版社，2000：74.

对农民夫妇，男的打锣，女的打鼓，两人对舞，男人背一小孩，一官人打扮的人在一旁观看。由此可见，至少从明代开始，就已出现了由流浪艺人四处演唱花鼓进行乞讨的情况。至清代，花鼓舞更由于破产农民和流浪艺人四处逃荒避灾而流散至全国各地。不仅南方许多城乡皆有，北方各省也都能见其踪迹，并且与北方秧歌穿插表演。例如，清人袁启旭的《燕九竹枝词》曰："秧歌初试内家装，小鼓花腔唱凤阳。如蚁游人拦不住，纷纷挤过蹴球场。"有的地方，外来的花鼓入乡随俗，与当地民间歌舞结合，从而与流浪乞讨的原生态民俗形式告别，融汇到群体居处、安土重迁的传统农业文化氛围中。

（二）少数民族传统舞蹈

1. 木卡姆

木卡姆作为一种国际性古典综合歌舞乐艺术现象，广泛流传于中亚、南亚、西亚和北非广大地区，中国新疆维吾尔族地区的木卡姆艺术，是其中具有代表性的类型之一。木卡姆是传统综合歌舞乐的一种，名称源于阿拉伯语，其含义有"大型套曲""法则""规范""乐曲"等。由于流传地域和地区文化的差别，木卡姆的文化样式略有不同，具有代表性的有十二木卡姆、哈密木卡姆、刀郎木卡姆、吐鲁番木卡姆。其中十二木卡姆最完整、最庞大，被视为维吾尔木卡姆的代表，并于 2005 年被联合国教科文组织列入第三批人类口头和非物质遗产代表作名录。

2. 赛乃姆

赛乃姆一词原意指"神像""神仙""偶像""美女"等，后逐渐有指"情人"之意，赛乃姆是维吾尔族群众喜爱的传统歌舞乐表演形式，内容多为情歌，表演形式随意，只要是喜庆佳节、婚礼集会或亲人欢聚，无论室内还是室外，乐队和观众均可围成圆圈席地而坐，舞者在圆圈中央即兴表演，可以是独舞，也可以是二人对舞或多人群舞，还可以邀请观众同舞，众人和着音乐节拍拍手、欢呼助兴。

3. 弦子

弦子舞是一种集歌唱、舞蹈、器乐为一体的综合性藏族民间歌舞艺术，主要流行于西藏地区以及云南、四川、青海等藏族、彝族、怒族、傈僳族聚居区，是人民自娱自乐的一种歌舞形式。跳弦子舞时，人们大多围着篝火，站成圆圈队形起舞，人多的时候还可以圈中套圈。表演时男人拉弦子，女子舞彩袖，拉弦子的表演者站在队伍的最前面，带领人们翩翩起舞。舞蹈过程中，随着节奏律动的不断变化，队形以及人们的舞姿会有相应的变化。

4. 囊玛

囊玛是藏族传统歌舞乐艺术中规范化程度较高、综合性较强、传播范围较广、艺术性较强的代表性艺术样式，主要流传于拉萨、日喀则、江孜等地。囊玛的表演程序由引子、歌曲、舞曲三部分构成，表演时歌舞者列队，在由竹笛、扎姆聂琴、特琴、京胡、根卡、扬琴、马串铃、呃嘎等的伴奏下，边歌边舞。

5. 农乐舞

农乐舞是朝鲜族最有代表性的民间舞蹈，是一种融音乐、舞蹈、演唱为一体的综合性民族民间艺术。农乐舞源于古代的祭祀和狩猎活动，后来发展为表现农耕生活的自娱性歌舞。农乐舞可分为两种形式：一种侧重表现故事情节，主要以舞蹈的形式表演哑剧；另一种侧重舞蹈技巧，主要以幅度较大的动作进行群众性歌舞表演，用以烘托热烈欢快的节日气氛。演出时歌舞队由一个手持小锣的舞者指挥，众人击着鼓、敲着锣、吹着笛并模仿农事中的播种、浇水、收获等各种动作载歌载舞。

6. 安代

蒙古族的歌舞可以分为三种类型，第一类是自娱性民间歌舞，如安代舞；第二类是宗教性舞蹈，如萨满舞；第三类是表演性舞蹈，如筷子舞。安代舞是蒙古族古代集体舞踏歌顿足、连臂而舞的形式演变和发展而来的，舞蹈动作有甩巾踏步、绕巾踏步、摆巾踏步等，舞者站在由观众围成的圆圈中边歌边舞，众人呼应踏歌，场面热闹欢腾。

三、特征

五十六个民族在漫长的历史发展中自发创作并不断加工、创造了绚丽多姿、风格各异的舞蹈艺术，它不仅表现为人民娱人、娱神的表层活动，同时也是我国民间各个时期社会风俗与社会文化的反映。

（一）民族性和地域性

作为一种民族文化现象的中国传统舞蹈，它和每一个民族的发展历史、民俗传统、生活方式、民族风格、宗教信仰、地理气候等关系密切，在传统舞蹈传承与发展的过程中，它们会成为不同的文化因素保存在舞蹈之中①。我国的传统舞蹈产生和流传于民间，寄托着底层民众的感情、审美、理想与愿望，为人民群众所喜闻乐见。传统舞蹈表演的场合多为群体性和地域化的民俗活动现场，表演者多是某一个民族或地域内的人民群众，表现的多是群体或地域整体性的民族风貌。正所谓“一方水土养一方人”②，不同民族和地区的传统舞蹈表现内容迥然不同，如汉族人民的舞蹈或表现耕地扶犁、开荒种地，或表现播种摘棉、采茶生产，或表现社会生活，而牧区的舞蹈较多表现骑猎放牧、挤奶喂牛等。传统舞蹈多采用当地的民间音调，结合舞蹈的特点发展而成，有的歌舞还有自己的基本曲调，如秧歌的跑旱船调、推车调、打花鼓调，花灯的四季调、拜年调、扇子调，藏族的囊玛、弦子，维吾尔族的木卡姆等。不同民族、不同地域的传统舞蹈在风格上差异很大，总体呈现北方矫健豪放，南方抒情柔美的特点。

（二）内容广泛和形式多样

民间舞蹈寄托着底层民众的感情与趣味、理想与愿望，内容广泛，主题丰富，有对日常劳动生活的摹写，有对民族历史和传说的演绎，有对爱情的讴歌，有对丰收、婚礼的欢庆等，散发着生活的气息和泥土的芳香。其表演形式灵活多样，常用于礼仪活动和节庆活动之中。民间舞蹈的动作往往经过了历代的传播与加工完善，形成极具民族和地域特色的表演风格，成为特定民族、特定地域民众性格气质的典型反映。无论是从艺术

---

① 罗雄岩. 论中国民间舞蹈的文化类型 [J]. 北京舞蹈学院学报，2003（4）：50-56.

② 伍国栋. 中国民族音乐 [M]. 南京：南京师范大学出版社，2010：178.

性还是民俗性来看，中国的传统舞蹈都是综合性较强的民间艺术形式，它兼含音乐、舞蹈、戏曲、曲艺等多种艺术要素，也有舞蹈化了的杂技、武术、民间体育等民俗技艺，很多表演者既是舞蹈的表演主体，同时又是音乐的演唱或演奏主体，在有的歌舞品种中，可能还要兼作杂耍、说唱或戏剧的表演主体。从舞蹈的社会功能看，一方面，传统舞蹈具有娱乐大众的性质；另一方面，传统舞蹈中很大一部分出现在各种民间传统的民俗节日庆典活动中，具有一定的仪式意义和社会功能，如蒙古族的舞蹈安代就是一种宗教仪式舞蹈，用来祈祷祛病消灾。

（三）舞蹈和音乐的综合性

中国传统舞蹈的音乐样式也是综合性的，既包含大量属于声乐体裁的舞蹈歌曲，也包含大量属于器乐演奏的舞蹈器乐，还融合了声乐、器乐、舞蹈、说唱、戏剧、杂耍等各种样式和因素，它们都从相异的角度，共同聚合为中国传统舞蹈的表现形式。中国传统舞蹈多用音乐配合舞蹈表演，与歌唱关系密切，或歌舞同时进行，或歌舞相间，呈现载歌载舞、歌舞并重的特点，如东北秧歌、藏族果谐、北方游牧民族的狩猎游牧歌舞等，往往歌舞并重。此外，节奏和律动是中国传统舞蹈重要的音乐灵魂，传统舞蹈一般节拍规整、节奏明快，富于律动感，并不需要过多、过复杂的变化，甚至只用拍手、踏脚，只要有统一的节奏和节拍，就可以舞蹈起来。用热烈的情绪来切合简洁明快的歌舞，同时又赋予其强烈的感染力，这正是中国传统舞蹈的重要魅力之一。

四、代表作简介

国家级非物质文化遗产代表性项目名录对于入选的民间舞蹈项目的评审标准是：①与民众生活息息相关，在一定民族或地区（族群、村落）人民中相沿既久而形成；②形式完整，个性鲜明，未经改编加工，具有传统审美特征和鲜明的文化属性；③对本地区、本民族的文化传统具有传承作用；④由于生存环境的改变而濒临消亡[①]。

截至2020年底，在国家级非物质文化遗产代表性项目名录中，共有131种流传于各地域、各民族的优秀民间舞蹈项目入选。我国入选联合国教科文组织人类非物质文化遗产代表作名录传统舞蹈的项目有新疆维吾尔木卡姆艺术（2008年）、中国朝鲜族农乐舞（2009年），入选急需保护的非物质文化遗产名录的有麦西热甫（2010年）。

新疆维吾尔木卡姆是流传于中国新疆各维吾尔族聚居区的各种木卡姆的总称，是集歌、舞、乐于一体的大型综合艺术形式。在维吾尔人的特定文化语境中，“木卡姆”已经成为包含文学、音乐、舞蹈、说唱、戏剧乃至民族认同、宗教信仰等各种艺术成分和文化意义的词语。

新疆维吾尔木卡姆艺术中的歌唱内容，包含了哲人箴言、文人诗作、先知告诫、民间故事等，是反映维吾尔人民生活和社会风貌的百科全书。歌曲体裁既有叙咏歌，又有叙事歌；演唱方式既有合唱，又有齐唱、独唱；唱词格律与押韵方式复杂多样。载歌载舞是维吾尔木卡姆最重要的特色。其舞蹈技巧丰富多彩，集体舞的队形组合和步伐步态

① 王文章. 非物质文化遗产概论［M］. 北京：教育科学出版社，2008：233.

富于变化。除维吾尔木卡姆的主要代表《十二木卡姆》外，还流传着《刀郎木卡姆》《吐鲁番木卡姆》《哈密木卡姆》。20世纪40年代，能够完整演唱木卡姆的艺人已屈指可数。50年代，政府抢录下吐尔地阿洪等维吾尔木卡姆大师演唱的《十二木卡姆》。1978年后，新疆维吾尔自治区政府及其他社会组织重新开始大规模收集、整理民族民间文化的工作。近年来，与城市化、工业化一同兴盛的各类流行文化风靡各维吾尔社区，使新疆维吾尔木卡姆等传统文化受到了强烈冲击。

第四节　传统戏剧

一、概念

中国传统戏剧又被称作“戏曲”。近代学者王国维先生在其1909年所著的《戏曲考原》中，首先提出，“戏曲者，谓以歌舞演故事也”，将这一称谓用以统称各个历史时期的戏剧。国家级非物质文化遗产代表性项目名录中的传统戏剧，指的是中国各地区各民族人民创造的传统戏曲艺术[①]。戏曲是中国传统音乐形式与古老民间文化结合的产物，它与古希腊的悲喜剧、印度的梵剧并列为世界三大古老戏剧艺术。

中国很早就产生了含有戏剧因素的宗教仪式，如傩礼和蜡祭。蜡祭一说产生于伊耆氏，一说产生于神农氏。同时“腊”与“蜡”各为一祭，腊祭祖先，蜡祭百神，均在岁末同一日举行。戏剧的灵魂——扮演在蜡祭、驱傩仪式中已经出现。苏轼云：“八蜡，三代之幸愁也。岁终聚戏，此人情所不免也。”罗泌的《路史》更直称蜡祭为“蜡戏”。傩礼据说产生于黄帝时，周时依时令分为春傩、秋傩、冬傩，是驱鬼逐疫的宗教仪式[②]。经过汉魏时期的百戏、唐代的歌舞戏与参军戏，直到宋、金才形成较完整的戏曲艺术形态。宋代北方杂剧蓬勃发展的同时，南方崛起了南戏，杂剧蕴含着豪放的阳刚之美，南戏则倾向婉约的阴柔之美。明代的南戏在不断壮大、逐渐流传的过程中，形成诸多声腔，影响最大的便是弋阳腔、余姚腔、海盐腔和昆山腔。经过元、明、清交融交汇的艺术演变，由于方言、音乐、民俗、文化等的差别，在各地演变为形形色色的声腔和剧种。新中国成立后，政府制定了“百花齐放、推陈出新”的戏曲改革方针和扶持政策，中国戏曲艺术步入新的发展阶段。

二、基本知识

（一）戏剧的脚色行当

中国戏曲中，根据剧中人物不同的性别、年龄、性情、身份及表演风格而划分的人物类型称为行当，也称脚色。中国戏曲脚色分为生、旦、净、丑、杂五大门类。

---

① 王文章. 非物质文化遗产概论［M］. 北京：教育科学出版社，2008：241.

② 康保成. 戏曲起源与中国文化的特质［J］. 戏剧艺术，1989（1）：39-47.

1. 生

生在戏曲中扮演男性人物，根据年龄、身份的不同又分为老生、小生、武生、儒生等不同种类。代表性的角色如京剧《空城计》中的诸葛亮、《将相和》中的蔺相如，京剧《玉堂春》中的王金龙、昆剧《荆钗记》中的王十朋，京剧《长坂坡》中的赵云、《十字坡》中的武松，昆剧《牡丹亭》中的柳梦梅、京剧《拾玉镯》中的傅朋等。

2. 旦

旦扮演戏曲中的女性形象，根据年龄、身份、性格分为正旦、花旦、武旦、彩旦、老旦。正旦泛指旦行中的主角，又称青衣，如京剧《铡美案》中的秦香莲、昆剧《琵琶记》中的赵五娘。花旦多扮演性格明快活泼或略显放荡的青年女性，如昆剧《牡丹亭》中的杜丽娘、《长生殿》中的杨玉环。武旦又称刀马旦，扮演女性将帅、江湖女侠或神怪精灵等女性人物，如《武松打店》中的孙二娘、《白蛇传》中的青蛇。彩旦又称丑旦、丑婆子，多扮演滑稽或者奸刁的女性，如昆剧《风筝误》中的詹爱娟以及各种媒婆等。老旦扮演老年妇女，如昆剧《西厢记》中的崔夫人、京剧《杨门女将》中的佘太君等。

3. 净

净俗称花脸，面部勾画各种色彩和图案，扮演粗犷豪迈、刚烈耿直、阴险毒辣、鲁莽诚朴等性格、气质、相貌特别的男性角色，如京剧《铡美案》中的包拯、《连环套》中的窦尔敦。

4. 丑

丑为喜剧角色，若扮演的是男性人物，则在鼻眼间勾画豆腐块状脸谱，又称小花脸。丑角可扮演的角色种类较多，心地善良、幽默滑稽、奸诈刁恶、卑鄙吝啬等均有涉及，如京剧《女起解》中的崇公道、昆剧《审头刺汤》中的汤勤。

5. 杂

杂为群众演员，主要有龙套、武行等。龙套，演员穿着带水袖的龙套服装扮演帝王、后妃、官员的随从、宫女、丫环等，用以烘托舞台气氛，即所谓“跑龙套”。

（二）戏曲表演的“四功五法”

戏曲是一种综合艺术，演员在扮演人物、塑造舞台形象时会采用多种艺术手段，在长期的戏曲艺术发展实践中，戏曲艺术家们将这些表演手段概括为戏曲表演的“四功五法”。“四功”即唱、念、做、打，“五法”指手、眼、身、步、法五种技法。

1. 四功

（1）唱

戏曲之所以称为曲，就在于在诸多表演技法中，唱是戏曲演出中人物抒发内心情感、表情达意的最基本手段，在戏曲演出中，完全不用歌唱的剧目是极少的，歌唱是戏曲表演中最鲜明、最直接的音乐元素。

唱功讲究字正腔圆，字正是就吐字而言，讲究吐字咬字清晰准确。字是演员与观众交流的最基本材料，字正是唱曲最基本的要求，要给观众以美的享受，就必须发挥戏曲声腔艺术特有的魅力，使文字与音乐得到完美的结合，增强曲文的感染力。腔圆是就行腔而言。从曲情的表达来说，所谓腔圆，也就是要求把声腔旋律唱得圆转自如，甜美悠扬，使人听起来和谐悦耳，从而产生声乐的美感。

（2）念

念是剧中人物对白或独白的总称，念白接近生活语言，但也是经过了艺术加工的、有别于平常对话的艺术化语言，富于音乐性和节奏感。清代李渔在其《闲情偶寄》中就指出念功难度较大，“吾观梨园之中，善唱曲者，十中必有二三；工说白者，百中仅可一二”[①]。念白分为两类：一类是韵白，一类是散白。韵白是韵律化的，接近于生活语言的。念白有一定的规范与要求，讲究吐字清晰，五音四呼正确，要求念白时分清轻重缓急，抑扬顿挫，体现出戏曲念白所特有的节奏感。此外，不同角色的念白具有不同的特征，如青衣用小嗓，花旦念白要活泼，老生、老旦、武生、净用大嗓等。

（3）做

戏曲表演功法中的做是对戏曲演员身段、表情、气派、风度的一种总称，是一种舞蹈化了的形体动作，是戏曲表演的重要组成部分，包括各种神情、仪态、身段以及成套的独舞或群舞，乃至运用翎子、甩发、帽翅、水袖等物质材料创造的特技等。戏曲的做功会随着剧情的发展和人物的心理变化而变化，一方面与说、唱紧密配合，另一方面也有自身的层次性。

（4）打

戏曲表演中，唱、念属于音乐范畴，打是武艺、竞技和战斗场面的艺术表现，是武术和杂技的舞蹈化，属于舞蹈范畴。戏曲舞台上的打一般分为两类，一类是在毯子上跌打翻扑，称为毯子功，另一类是武打格斗时演员手持刀枪道具的把子功。

2. 五法

戏曲表演技法中的五法指戏曲演员形体部位的五种表演技法：手、眼、身、步、法。手，是表现人物情绪、塑造舞台形象的重要手段，《梨园春》身段八要中记载：“手为势，凡形容各种情状，全赖以手指示。”眼，即俗称的眼神，眼神是人物内心情感的外化，戏谚中就有“三分扮相，七分眼神”的说法。身，指身段，即颈、肩、胸、背、腰、臀、胯等部位配合戏曲剧情与人物的情绪而做出相应的姿势，自然而然却具有相当的表现力。步，指演员在舞台上的台步，强调稳而且有节奏。法，指演员对意念与神态掌握的技法，在戏曲表演中，法技居于统帅地位。

三、特征

中国的戏曲艺术综合了文学、诗歌、音乐、舞蹈、绘画、杂技、武术、舞美等元素，舞台表演讲究唱、念、做、打，综合性、写意性、程式性、地方性是其主要美学特征。这些特征凝聚着中国传统文化精髓，构成了独具中国特色的戏剧美学，使中国戏曲在世界戏剧文化的大舞台上闪耀着它的独特艺术光辉。

二维码 9-4

① 李渔. 闲情偶寄［M］. 杭州：浙江古籍出版社，1992：92.

（一）综合性

中国戏曲是一门由演员扮演，借助念白、动作、歌舞等表演手段来塑造人物形象、表演故事的综合性艺术[①]。这种综合性不仅表现在其综合了音乐、舞蹈、杂技、绘画等时间、空间艺术，同时这些艺术样式并不是简单拼凑，而是一种相互独立、相互联系的有机整体，舞台上的唱、念、做、打和谐完美。唱，指唱腔技法，讲究字正腔圆；念，即念白，是朗诵技法，要求严格，所谓“千斤话白四两唱”；做，指做功，是身段和表情技法；打，是在中国传统武术基础上经过高度夸张、美化了的舞蹈动作。唱、念是被诗化和音乐化的表现手段，做、打是被舞蹈化的表现手段。戏曲的语言、念白、表演中渗透着音乐的元素，唱腔、器乐中有语言和表演动作的直接体现，舞蹈中有静止的造型美，造型中又有动态的旋律和节奏感[②]。这四种表演技法有时相互衔接，有时相互交叉，构成方式视剧情需要而定，但都统一为综合整体，体现出和谐之美，充满着音乐的节奏感。

（二）写意性

在人类文化史上，与现实生活大体相似的符号是最先被创造出来的，人类抽象思维高度发达之后产生了象征性符号，中国的戏台正是一种以象征性为整体特征的、抽象思维高度发展的舞台。中国戏剧与西方戏剧重要的差别即是：西方戏剧是写实的，而中国戏剧是写意的。明代戏曲理论家王骥德曾提出：“戏剧之道，出之贵实，而用之贵虚。”[③]强调中国戏曲并不是西方的写实主义创作，并不是“照事物应当有的样子去描述”[④]，而是既符合现实、直接或间接来源于生活，又不刻意追求生活的绝对真实。中国戏剧在表现内容、表演形式方面都注重写意。比如，中国戏剧舞台的“一桌二椅”不表示任何时间与地点，却也可以通过演员的唱、念、做、打表现任何时间与地点，正所谓“三五步行遍天下，六七人百万雄兵”“顷刻间千秋事业，方丈地万里江山”“眨眼间数年光阴，寸炷香千秋万代”。戏曲舞台上，无论表演方式还是辅助表演的道具设置，都大量地呈现出一种象征性，戏曲的写意需要由舞台、演员、观众共同完成，从接受美学的角度来讲，象征性留给了观众更多的想象空间。通过舞台上的假定场景、演员的写意表演加之观众共情的参与，完成戏剧形象的推动和戏剧情节的推动。

（三）程式性

中国戏剧的演员在扮演角色时，从动作、神态到化妆、服装、舞台道具等都遵循一定的规范，称为程式，这些表演程式根据中国的美学原则，把自然生活中的原始状态进

---

① 俞为民．论中国戏曲的艺术形态及其美学特征［J］．浙江艺术职业学院学报，2009（3）：33-41．

② 黄莉丽．中国民族民间音乐教程［M］．广州：暨南大学出版社，2010：205．

③ 王骥德．曲律［A］//中国戏曲研究院．中国古典戏曲论著集成（四）．北京：中国戏剧出版社，1959：154．

④ 亚里士多德．诗学［M］．罗念生，译．北京：人民文学出版社，1982：19．

行夸张、变形、浓缩和提炼，从而追求神似。戏曲创作者、表演者从纷繁复杂的社会现象、自然现象、艺术现象中吸取营养，把极其多样的表现素材融入形象构思，经过去粗取精、由表及里、从具体到抽象的提炼过程，逐渐积累成现在的戏曲程式体系。开门、关门、上楼、下楼、行船、走马、整冠、捋髯、饮酒、喝茶等生活动作可以提炼成程式动作；人们的日常装扮、穿戴可以提炼成不同的谱式和穿戴规制，人们的种种情感状态和情绪状态也可以在不同的板式、曲牌、锣鼓点，以及翎子、帽翅、甩发、水袖等程式语言中得到体现。戏曲程式成为一种约定俗成的、在创造者和欣赏者之间起着沟通作用的特殊艺术语汇。从这个意义来说，戏曲程式具有艺术符号的性质，它们有助于观众理解、领悟舞台上所创造的生活景象①。

（四）地方性

我国幅员辽阔、民族众多，不同地区、民族的生活习惯、饮食习惯、文化习俗、风土人情以及方言土语之间有很大的差异，戏曲产生之初就是采用当地的方言土语、民间小调演唱的，传播的过程中又不断吸收流布地的各种音乐、文化等地域元素，造就了我国传统戏剧的地方性，也由此成就了中国戏剧的丰富性和多样性特征。如川剧主要流行于四川及蜀文化辐射地带西南地区；豫剧由山陕梆子结合河南方言及民间曲调发展而来，主要流行于中原地区；湖南花鼓戏是对湖南各地花鼓、花灯戏的总称，主要包括长沙花鼓、岳阳花鼓、常德花鼓、衡阳花鼓、邵阳花鼓等。

四、代表作简介

入选国家级非物质文化遗产代表性项目名录的戏曲剧种一般应符合以下各项标准：①在一定地区中长期流传，具有独特的历史和文化价值，且在当代仍有较为完备的活态传承；②在唱腔、表演、剧目等方面具有鲜明的地方、民族特色，有较高的艺术水平；③在戏剧史上影响较大；④生存发展面临困境或濒临消亡②。截至2020年底，进入国家级非物质文化遗产代表性项目名录的戏曲剧种共157项，均是具有较大影响和特殊审美价值，同时具有艺术、历史及文化价值的重要戏曲种类。我国入选联合国教科文组织人类非物质文化遗产代表作名录的戏剧有昆曲（2008年）、粤剧（2009年）、藏戏（2009年）、京剧（2010年）、中国皮影戏（2011年），入选联合国教科文组织非物质文化遗产名录优秀实践名册的有福建木偶戏（2012年）。

（一）京剧

京剧是一种融合了唱、念、做、打等表现形式的表演艺术。在中国各地都有广泛的表演，北京、天津和上海仍是主要的演出中心。京剧的唱、念主要使用北京方言，剧本则遵循一系列注重形式和韵律的严格规则而创作。各剧目讲述历史、政治、社会和生活的故事，在娱乐的同时也传递信息。音乐在京剧中起到关键作用，不仅可以设定演出的

① 张庚，郭汉城．中国戏曲通论：上［M］．北京：文化艺术出版社，2014：147.

② 王文章．非物质文化遗产概论［M］．北京：教育科学出版社，2008：241.

节奏、营造出特别的气氛，而且还可以塑造人物并引导故事的进展。如文场使用管弦乐器，像音质高亢的京胡和长笛，而武场则使用班鼓、大锣等打击乐器来烘托。演出的特点是演员表演公式化与象征风格，这些都是通过既定的手、眼、身、脚动作编排来实现的。传统上舞台布景和道具保持在最低限度，但服饰华丽，脸谱夸张，并用简洁的符号、颜色和图案来描绘人物的个性与社会身份。京剧主要是在师徒之间进行传承，徒弟通过师傅的口头指导，观察和模仿学习基本表演技能。京剧被视为中国传统社会戏曲审美理想的集大成者，并且作为中国文化遗产得到广泛认可。

（二）中国皮影戏

中国皮影戏是一种以皮制或纸制的彩色影偶形象，伴随音乐和演唱进行表演的戏剧形式。皮影艺人在幕后用木杆操控影偶，通过光线照射在半透明的幕布上创造出动态的形象。许多老艺人可以表演几十部传统剧目，这些作品有的通过口头传承，有的以书面形式呈现。皮影艺人身怀绝技，如可即兴演唱，真假声转换，一人同时操纵数个影偶，还能够演奏不同乐器。许多皮影艺人还会雕刻皮影，这些影人有十二到二十四个可活动的关节。七到九人的大剧团或只有二到五人的小戏班都可以表演皮影戏，主要在娱乐或宗教仪式、婚礼、葬礼和其他特殊场合进行表演。有些皮影艺人是专业的，有些是业余的，只在农闲时节表演。皮影戏的相关技艺通过家庭、戏班或师徒进行传承。中国皮影戏传递文化历史、社会信仰、口头传统和当地风俗等信息。它传播知识，提升文化价值，为社区，尤其是年轻人带来欢乐。

第五节　曲艺

一、概念

曲艺是中国民族民间各种说唱艺术的总称，由民间口头文学和歌唱艺术经过长期的演化发展而成为独特的表演艺术形式。曲艺，又称说唱音乐，是一种以口语、说唱来叙述故事、塑造人物、表情达意、反映现实的表演艺术，是中国历史最为悠久且传统最为深厚的艺术门类之一。曲艺多以叙事为主，代言为辅，即演员以第三人称叙事，兼有褒贬、评论，其间插入以第一人称为故事中的人物代言。当然，也有分角色演唱，以代言为主，叙事为辅的。曲艺艺术文体上韵散间用，叙事与代言相结合；表演上讲述故事与模拟人物相结合（跳进跳出、一人多角）；音乐上突出叙事性，具有独特的语言型旋律，是民间音乐中与语言结合最密切、最大众化的表演艺术形式。

二、主要类型

中国曲艺品种十分丰富，根据调查统计，我国至今仍在民间保持生命活力的曲艺品种有400个左右，流布于我国的各个地区和各个民族。曲艺艺术的本质特征是以口头语言进行说唱表演。曲艺艺术按其艺术构成方式，大体上可以分为四大类：一类是说的曲种，如相声、评书、评语等；一类是唱的曲种，如鼓曲类中的大部分作品，像京韵大鼓、单弦牌子曲、扬州清曲、东北大鼓、温州大鼓、胶东大鼓、湖北大鼓等；一类是又说又唱的曲种，如各种鼓书、琴书、弹词、东北二人转等；一类是似说似唱的曲种，亦即各种韵诵体，如各种快书、快板等。

（一）以说为主的曲种

说书类曲种是曲艺艺术中的大类，主要包括相声、评书、评话等，它们共同的特征即以口头语言来说唱故事。

1. 相声

相声的历史渊源可以追溯到我国通过语言逗乐的诙谐传统，“相声”作为一个词语，最早的含义是指运用口技手段所进行的模拟性表演，如宋代就已存在的“像生”，明代在表演技巧上已经十分成熟的“隔壁戏”以及清代被称作“象声”或“像声”等的表演形式。相声表演讲究说、学、逗、唱，主要通过逗乐来塑造形象、表达主题，表演方式为徒口式的站立说演，具体的演出形式有三种，即一个人的单口表演、两个人的对口表演，三人或多人的群口表演。相声以北京话、北方话为语言基础，发展中逐渐演变为使用全国通行的比较典范的普通话来说演的曲艺品种之一。

2. 评书、评话

评书与评话也是徒口说书类的曲艺形式，北方及西南地区的表演蜕化于鼓书说唱，称评书，江南、福建一带沿袭元明以来的平话的表演形式，称为评话。评书、评话类表演一般不用乐器伴奏和音乐唱腔，采用散说的手段进行徒口表演，谚语称“生旦净末丑，神仙老虎狗，忠奸善恶斗，全凭一张口”。评书、评话类曲艺善于讲说长篇故事，尤其是演述历史上著名的英雄征战或朝代更迭故事，演出常以坐馆式的连续讲说为主。

（二）以唱为主的曲种

鼓曲类中的大部分作品，如京韵大鼓、温州大鼓、胶东大鼓、湖北大鼓、单弦牌子曲、扬州清曲、东北大鼓等都是通过优美的演唱来渲染情绪、抒发感想、表达意志和讲述故事。用丝弦乐器伴奏，以字正腔圆的唱叙来抒发感情是这一类曲种的主要特点和审美追求。

京韵大鼓是在流行于河北农村的木板大鼓的基础上与清音的子弟书相结合发展而成的，又称京音大鼓，表演时一人站立演唱，伴奏乐器以鼓、板、三弦为主，称为“三大件”，演唱者自己击鼓、板来掌握节奏。刘宝全（“鼓王”）、白云鹏（以演唱《红楼梦》故事见长）、张小轩（以演唱“三国”故事见长）和骆玉笙（善于创谱新曲）是京韵大鼓的代表性人物。

（三）又说又唱的曲种

又说又唱的曲艺曲种，以各种琴书、弹词、二人转等为代表。

1. 琴书

琴书的前身是一种唱曲子的艺术形式，两百多年前，以唱曲子为生的艺人中，有人采用了从外国传入中国的、音色优美的扬琴作为主要伴奏乐器，广受人民群众的欢迎和追捧，人们称之为“琴筝清曲”或“琴戏”，代表性的作品有《八仙庆寿》《湘子出家》

《刘伶醉酒》等。这种形式最初流行于苏北、皖北一带，后逐渐发展起来向北传至山东，到了山东形式有了改变，形成我国琴书类流传较广、影响较大的山东琴书。

山东琴书一般以坐唱为主，也有站唱或坐唱中又穿插站立表演的，演出人数从一人至六七人不等，伴奏乐器除扬琴以外，还有坠琴、筝、软弓京胡、琵琶、三弦、板与碟子等，常常是艺人到一个地方琴声一响，打板就唱。取材于民间广泛流传的梁山伯与祝英台故事的《梁祝下山》是山东琴书的代表性曲目。

2. 弹词

弹词主要流行于我国南方，有的地方也称“南词”，目前流行的弹词类曲种有苏州弹词、扬州弹词、长沙弹词、益阳弹词、福建南词以及浙江四明南词等，流行于全国的十多个弹词类品种，以苏州弹词发展得最为成熟、影响最大。

3. 二人转

二人转，也称“蹦蹦”、秧歌、对口、棒子戏，是东北三省流传广泛的地方民间小戏。最初的二人转是以东北大秧歌和莲花落为基础形成的，后吸收东北大鼓、皮影、太平鼓、霸王鞭和河北梆子、落子等艺术形式的唱腔与表演手段。表演时通常由一女（上装，早期多由男演员扮演）、一男（下装）两名演员组成，有说有唱地叙述和表演故事情节。伴奏乐器以板胡、唢呐、竹板为主，常用的手持道具有扇子、手绢、竹板等。

二人转的表现手段讲究“四功一绝”。“四功”指的是唱、说、扮、舞，“一绝”指绝技。唱，讲究高亢红火，风趣幽默；说，采用民间生动活泼的语言，插科打诨，机智灵活；扮，讲究“二人演一角，人分神不分”“一人演多角，人不分神分”；舞，指肩功、腰功、步法。著名的代表性剧目有“四梁”——《纲鉴》《清律》《浔阳楼》和《铁冠图》，“四柱”——《西厢》《兰桥》《阴魂阵》和《李翠莲盘道》①。

（四）半说半唱的曲种

半说半唱或称似说似唱的曲种，指各种韵诵体曲种，如快书、快板等。

快书、快板是以似说似唱的韵诵表演为主，间或少量说白的叙事类曲艺形式，之所以称之为快书或者竹板书等，是由于表演时语言节奏和韵律快速流畅，并用竹板或铜板包括锣鼓等打击乐器伴奏。

三、特征

曲艺艺术的说唱表演是其区别于其他艺术的本质特征，人们在欣赏曲艺节目时，常常会看到舞台上的表演有说有唱、或说或唱、似说似唱，或者边舞蹈边说唱，以至于摹拟仿学、声情毕肖。概括起来，曲艺艺术具有形式简单、内容通俗，创作多维、表演灵活，依托想象、追求喜剧性的特点。

（一）形式简单、内容通俗

曲艺艺术的表演形式十分简单，往往一两个演员、几件简单的乐器和道具就可以演

---

① 冯骥才. 符号中国·文化遗产卷［M］. 南京：译林出版社，2008：188.

出，这种形式构成的简便性特点并不意味着其在艺术的审美创造上是简单和容易的，恰恰相反，简单方便的形式对艺术创造提出了更高妙的要求，在十分简便的形式中创造出绝美的艺术效果，成为曲艺艺术着意追求的美学境界，小中见大、寓繁于简、以少胜多成为曲艺艺术的特点。曲艺艺术的表现主要建立在口头语言的说唱叙事基础上，运用一人多角、跳进跳出的表现手法，在形式简便的短处生发出艺术表现的长处。形式简单的曲艺是中华民族最富民间色彩和民族特点的大众艺术形式之一，它由最广大的人民群众所创造，为最广泛的人民大众所拥有，使用人民群众最喜闻乐见的形式技巧，反映底层人民最熟悉和最关心的生活内容，体现人民群众最本真的思想情趣，寄托人民群众最普遍的审美心理，从内容到形式、由情感到趣味都具有深厚的人民性。

（二）创作多维、表演灵活

曲艺艺术说唱的特点决定了其表现内容和语言表达都是多维度的创作，首先，在时间维度上有传承变异。同一个节目，即使是同一师门派系的演员演出，都会有情节内容、个别词句甚至风格基调的新变化，如《啼笑因缘》中的卖唱姑娘沈喜凤，其性格在不同的创演者那里就发生了翻天覆地的变化。其次，是空间维度上的流传变异。同一节目在同一时期的不同地域或不同门派的表演，由于艺术创演者不同的精神气质和审美倾向，会出现不同的版本，例如同属扬州评话《水浒》的名家，王少堂说演的《水浒》就与同时代马凤章说演的《水浒》大为不同①。曲艺艺术具有一定的程式性，表现在曲牌的使用和连缀、板式的转换、唱腔的落音等细节，如单弦牌子曲艺人所说的“四定”（定辙、定声、定字、定句）格律、京韵大鼓的平腔。但曲艺艺术发展的历史，也是程式性不断被刷新的历史。有些定规在早期作为一种程式而被严格遵守，但经过一段时间的发展之后，这些程式渐渐被打破，又重新形成一套程式。曲艺艺术是一种口耳相传的民间艺术，是以集体性创作为特征的，因此，即兴性和灵活性也是曲艺艺术与生俱来的特点。灵活性必定要与程式性相抗衡，它们成了曲艺艺术创作的矛盾所在。民间艺人朴素而又极其辩证地提出“变中有不变，不变中有变”的原则，使曲艺艺术在继承中稳步发展，在传统的基础上不断创新。

（三）依托想象、追求喜剧性

语言本身是抽象的产物，通过口头语言的说唱表演来完成的曲艺艺术与一切语言的表达和展示一样，必须要经过想象或者联想的思维转换，才能成为观众心中的艺术形象。因此，想象性是曲艺艺术的重要特征，一方面，这种想象性给予曲艺艺术极大的表现空间，正如曲艺谚语中所讲的“转一个身十万八千里，换一句腔老头变新妇”；另一方面，也使曲艺艺术具有了高度的写意性，艺术表现力大大增强。曲艺艺术的创作风格、艺术技巧以及舞台表演，较为推崇喜剧性，正所谓“无噱不成书”“一笑遮百丑”“噱乃书中宝”。相声、数来宝、谐剧、独角戏等曲种在艺术的审美方式上主要是追求喜剧的效果，评书、评话、鼓书、弹词、琴书、快书等说书类型的曲艺品种，也重视喜剧

---

① 吴文科．中国曲艺艺术论［M］．太原：山西教育出版社，2003：83.

效果的制造，即使是曲艺艺术中以抒情为主的唱曲，也不乏诙谐幽默的节目与滑稽技巧的运用。

四、代表作简介

中国曲艺品种十分丰富，根据调查统计，我国至今仍在民间保持生命活力的曲艺品种有400个左右，流布于我国的各个地区、各个民族。入选国家级非物质文化遗产代表性项目名录的曲艺品种一般应符合以下各项标准：①基本形态是用口头语言说唱叙事，具有一定的技艺性；②以口传心授方式世代传承；③具有丰富的民族民间文化内涵和特有的审美价值；④影响较大，具有活态传承特点①。截至2020年底，入选国家级非物质文化遗产代表性项目名录的曲艺项目有127项。

（一）苏州弹词

苏州弹词源于元、明词话并在苏州方言的基础上发展而成，以柔软的吴语、优美的旋律而获“江南明珠”之誉。苏州弹词以说表为主，要求演员必须具备说、噱、弹、唱、做等多种表演技巧。说，是用大众化的语言讲故事，要求语言、语调、语气生动准确、引人入胜；噱，就是讲故事时要有笑料，要能以声传情；做，是指讲故事的过程中，演员的手、足动作和眼睛、面部的表情，要求与内在感情协调一致；弹，指纯熟自如地演奏乐器。著名的长篇弹词传统书目有《三笑》《白蛇传》《珍珠塔》，新中国成立之后新编的书目有《秦香莲》《梁祝》《林则徐》《青春之歌》《苦菜花》《夺印》《李双双》以及评弹演员赵开生为毛主席《蝶恋花·答李淑一》谱写的弹词开篇。

（二）相声

相声是普及面最广、最受群众欢迎的曲艺品种之一，以滑稽、讽刺见长，充满戏剧性。它大约在清代咸丰、同治年间形成于北京，而后在广大北方地区广泛流传，尤以京津一带最为活跃，至今已传到第九代。相声的表演最初分两种，在帷幕中表演的称“暗春”，以口技类节目为主；公开表演的称“明春”，以语言类节目为主。属于“明春”的相声演出形式包括单人表演的单口相声、两人表演的对口相声及三人或三人以上集体表演的群口相声三种，而以对口相声最为常见。在对口相声的演出文本中，演员分为甲、乙两人，甲负责逗哏，乙负责捧哏。结合表演状况而论，对口相声又可分为“一头沉”“子母哏”和“贯口”等几种类型，近年来还出现了化装相声、相声小品等喜剧色彩浓郁的新兴表现形式。相声的传统段子异常丰富，经过加工整理而保留下来的主要有《连升三级》《珍珠翡翠白玉汤》《化蜡扦儿》《小神仙》等单口作品，《夸住宅》《白事会》《满汉全席》《黄鹤楼》《关公战秦琼》《戏剧杂谈》《打灯谜》等对口作品和《扒马褂》《金刚腿》等群口作品。天津相声自成一派，以说为主，以讽刺见长，火爆热烈，富于幽默感，像张寿臣的《哏政部》，小蘑菇的《牙粉袋》，马三立的《开粥厂》《卖挂票》《买猴》等作品讽刺意味强烈，是天津相声的代表。天津的文哏相声也有着悠久的历史

① 王文章. 非物质文化遗产概论［M］. 北京：教育科学出版社，2008：252.

传统，先后涌现出许多不同的表演流派，单以传统相声《文章会》为例，就有张寿臣、马三立、苏文茂等几种演出脚本，在舞台上表演时风格各有千秋。

关键概念

中国书法 民间绘画 民间雕塑 民间手工艺术 传统音乐 民歌 民间器乐
劳动号子 山歌 小调 传统舞蹈 秧歌 木卡姆 安代 传统戏剧 剧种
脚色行当 曲艺 相声 评书 琴书 弹词 二人转

主要论点

1. 传统美术大致可分为四个类别：中国书法、民间绘画、民间雕塑和民间手工艺术。

2. 传统美术具有质朴本真的原发性、古老传统的民间性、贴近大众的实用性和审美性三大艺术特征。

3. 民间音乐大致分为五个类别：民间歌曲、传统舞蹈音乐、说唱音乐、戏曲音乐和民间器乐。

4. 民间音乐具有创作内容的乡土性、创作过程的集体性、传播方式的口头性和音乐曲调的即兴性四大艺术特征。

5. 中国的传统舞蹈是集歌唱、舞蹈、器乐三位一体的综合性表演艺术，载歌载舞 、歌舞并重是大多数传统舞蹈艺术的表演特征。

6. 中国传统舞蹈具有民族性和地域性、综合性、音乐性较强的特征。

7. 戏曲是中国传统音乐形式与古老民间文化结合的产物，它与古希腊的悲喜剧、印度的梵剧并列为世界三大古老戏剧艺术。

8. 综合性、写意性、程式性、地方性是中国戏曲主要美学特征。

9. 中国戏剧与西方戏剧重要的差别即西方戏剧是写实的，而中国戏剧是写意的。

10. 戏曲艺术的主要角色行当有生、旦、净、丑、杂。

11. 曲艺是中国历史最为悠久且传统最为深厚的艺术门类之一。

12. 曲艺艺术具有形式简单、内容通俗，创作多维、表演灵活，依托想象、追求喜剧性的特点。

延伸阅读

1. 杨学芹，安琪. 民间美术概论［M］. 北京：北京工艺美术出版社，1990.

2. 杭间，郭秋惠. 中国传统工艺［M］. 北京：五洲传播出版社，2006.

3. 张道一，廉晓春. 美在民间：民间美术文集［M］. 北京：北京工艺美术出版社，1987.

4. 吕品田. 必要的张力［M］. 重庆：重庆大学出版社，2007.

5. 连波. 中国民族音乐大系·曲艺音乐卷［M］. 上海：上海音乐出版社，1989.

6. 陈建华. 中国相声艺术论［M］. 济南：齐鲁书社，2013.

7. 杨旭东. 当代北京评书书场研究［M］. 北京：民族出版社，2013.
8. 伍国栋. 中国民族音乐［M］. 南京：南京师范大学出版社，2010.
9. 王克芬. 中国舞蹈发展史［M］. 武汉：武汉大学出版社，2012.
10. 张庚，郭汉城. 中国戏曲通论［M］. 北京：文化艺术出版社，2014.

思考问题

1. 传统美术的类别有哪些？
2. 传统美术有哪些艺术特征？
3. 民间绘画的创作目的和风格追求是什么？
4. 民间手工艺术的种类有哪些？
5. 中国传统舞蹈如何分类？
6. 中国传统舞蹈有哪些艺术特征？
7. 中国戏曲的主要艺术特征是什么？
8. 中国戏曲的脚色行当怎样分类？
9. 中国戏曲艺术在中国传统文化中的地位和作用是什么？
10. 曲艺艺术的大致类别有什么？
11. 曲艺有哪些艺术特征？
12. 如何看待作为我国非物质文化遗产的曲艺艺术的当代发展？

（庄黎　纪明明）

第十章　传统技艺、技能与技术

传统技艺、技能与技术主要是指劳动人民在生产和生活中创造出的知识和技艺、技能和技术，它包括传统技艺、传统体育、游艺与杂技、传统医药等。不仅是普通民众勤劳智慧和无限创造能力的结晶，更是中国传统文化中的宝贵财富。保护传统技艺、技能与技术，并使之与民众生活紧密相连，让它能够在人们的日常生活中活态传承下去，这对推动中华民族传统文化的发展具有重要意义。

第一节　传统技艺

一、概念

传统技艺是指有着悠久历史文化背景，并必须经过一定的深入研究学习才能掌握的技术、技能。每一门技艺都烙着民族的印记。传统技艺又称传统手工技艺，与人们的衣、食、住、行、用等日常生活和社会生产劳动密切相关。它不仅具有悠久的历史文化以及完整的工艺流程，而且工艺品种较为繁多，技艺操作的手法和技巧也各有千秋。传统技艺既可作为人类生活中不可或缺的技艺，也可作为共同享受的精神资源。它兼具实用价值与经济价值，而且具有很高的艺术价值和人文历史价值。

二、主要类型

（一）陶瓷制作技艺

陶瓷是以黏土以及其他各种天然矿物质为原料，经过粉碎与混炼、成型和烧制而成。夏、商、周时期陶瓷主要分为白陶、印纹陶、红陶和原始陶等。陶瓷真正盛行的时期是唐朝，中国是陶瓷出口贸易最多的国家。

（二）织染技艺

织染是织和染的合称，织是指织造，染是指织物的染色和印花。织染工艺的出现，是人类进入文明阶段的标志之一。传统织染技艺在我国西周时期就得到较大的发展。古代织染工艺流程和设备的发展都是根据织染原料而设计的，丝织生产技术是中国古代最具特色和代表性的传统技艺。中国的织染技艺在汉代和唐代达到了一个高峰，中国的传统织染技艺如同中国文化一样，是各个民族之间相互渗透而形成的，是人类特有的劳动成果，也是物质文明的结晶，蕴含着博大的精神文明。

（三）金属制作技艺

金属工艺是采用铸、锻、刻、镂、焊、嵌等技艺，将金、银、铜、铁、锡等金属材料制成各种富丽堂皇或清雅实用的工艺品的技艺。金属制作技艺是中国传统技艺艺术中的一个特殊门类。金属制品在古代是贵族的生活用具，代表着身份的象征。唐中后期开始，地方政府之“官作”及民间市井之“行作”兴盛，无论是金银器的制作还是使用，已从上层社会之专属拓展到了平民百姓阶层，渗透到了社会生活的方方面面，使用金银器蔚然成风[①]。唐代金银器的铸造和装饰最具独特风采。

（四）漆器髹饰技艺

漆器髹饰技艺是2008年经国务院批准列入第二批国家级非物质文化遗产代表性项目名录的一种传统技艺。漆器具有富丽光彩、精致典雅的独特工艺和民族特色，展示了典型东方艺术特点，更体现了古代劳动人民巧夺天工的艺术才能。经过两千多年来的匠心传承，漆器髹饰技艺日臻完美，得到了国家非物质文化遗产保护工程的高度认可。

（五）造纸技艺

造纸术是中国的四大发明之一。造纸术的发展大致可以归纳为以下七个时期：汉代，造纸术的诞生和初创时期；三国，造纸术的缓慢传播和推广时期；两晋南北朝，造纸术的广泛使用，代替简、帛时期；隋唐，造纸术的第一个辉煌时期；宋元，造纸术的第二个辉煌时期；明清，造纸术的鼎盛时期；近代，中国传统造纸术的演变时期[②]。造纸技艺的发明为人类历史文明做出了巨大贡献。

（六）传统印刷技艺

印刷术最早出现在中国，雕版印刷术始于唐朝，北宋时期人们发明了活字印刷，活字印刷技艺具有极高的历史人文价值，是印刷术起源于中国的最好证明。

（七）传统造船技艺

智慧的祖先早在新石器时代就已广泛使用独木舟和筏。唐代后期海上丝绸之路的发展就已横跨欧、亚、非三大洲。古代设有从事航海贸易的市舶司，每年进入广州港湾的海船就约四千艘，可见我国古代造船技术的先进。

（八）传统酿造技艺

中国传统酿造技艺距今已有三千多年的历史，无论是酿酒、酿醋、酿酱油等都已成为中国老百姓日常生活中不可缺少的一部分。

（九）传统制茶技艺

茶文化是中国最典型的文化之一，制茶种类繁多，工艺精湛。中国传统制茶技艺距

---

① 朱青峰．唐代金银器纹样研究［D］．北京：中国地质大学（北京），2018．

② 贺超海．中国造纸术的起源、分期及其特征研究［J］．洛阳师范学院学报，2016（12）：27-31．

今已有上千年的历史，茶的应用可以追溯到神农氏时期。茶文化的萌芽出现在魏晋南北朝时期，而兴盛于唐朝。这也为中国传统制茶技艺奠定了坚实的基础。

（十）传统制盐技艺

盐作为人们生活中最不可缺少的调味品之一，在中国美食发展史上发挥着重要的作用。制盐技艺历史悠久且工艺繁琐，手工操作需要经过多道工序，每个地区的制盐技艺也有所不同。

（十一）传统食品加工技艺

传统食品加工技艺种类繁多，入选国家级非物质文化遗产代表性项目名录的传统技艺项目有：酱油酿造技艺、豆瓣传统制作技艺、豆豉酿制技艺、腐乳酿造技艺、酱菜制作技艺、榨菜传统制作技艺、传统面食制作技艺、茶点制作技艺、周村烧饼制作技艺、月饼传统制作技艺、素食制作技艺等。

（十二）传统建筑营造技艺

中国传统建筑历史悠久，工艺独特，艺术成就辉煌，在世界上占有重要地位。每个地区的传统建筑营造技艺都有所不同，会根据地理环境、气候、位置、作用、生活习俗等做出不同的设计。中国传统建筑以木头为原材料，经过设计、加工、处理等可形成造型不一的建筑风格。

三、特征

（一）民族性和地域性

中华民族独特的地理环境、历史传统、文化氛围和心理素质，造就了中国传统技艺鲜明的民族特色和地域特色。对于每一个民族而言，传统技艺都是最能代表他们民族精神的文化技艺，反映着民族共同的生活理念、生活习俗、民族文化和民族情感等。民间传统技艺具有一定的地区差异性，每个民族、每个地区都有自己独特的传统技艺。就刺绣而言，南北方的刺绣风格和表现手法就截然不同。如苏绣精致雅洁，西秦刺绣粗犷阳刚，北方偏好大气，南方喜爱典雅，中原向往华丽，边陲追求豁达。中国传统技艺的这些特色大都由地理环境、文化以及生活习俗所造就。它代表着一个民族的文化底蕴、艺术水平以及社会发展状况。同时，传统技艺又是中国历史发展的见证和载体，每一项传统技艺的发展都承载着浓厚的文化底蕴，每个民族的传统技艺都保留着本民族的特色与内涵。

（二）传承性和变异性

传统技艺是在中国悠久历史文化中所流传下来的一种饱含文化内涵的技艺，是一种必须经过一定的深入学习和研究才能掌握的技艺。中国传统技艺大都通过家族、师徒等关系传承下来，传承方式具有一定的单一性。由于传统技艺在世代相传的过程中保持着一定相同或相似的内容，也就形成了它的传承性。具有这种传承性的原因在于：传统技艺的传承方式和制作技艺有一定的稳定性，它可以在一定条件下不受环境等因素的影响，按照自身本来的规律继续发展下去。人们在长期的生活中，对已有的传统技艺早已熟知，并不自觉地予以接纳。因此传统技艺在长久的历史发展中很容易被人们认可和接受。但这种传承性并非是绝对的。传统技艺的传承也会受到社会经济因素的影响，科学水平的提高以及社会风尚的引导等因素均会使其发生变化。就现代人们就业而言，某些传统技艺的工酬无法满足人们的基本生活需求，这样的传承就必然会面临断层和濒危的困境，从而导致从事这方面技艺的手艺人越来越少，以至于这种传统技艺消失在人们的日常生活中。由于传统技艺的发展与其传承是密不可分的，因而这种影响也是因人、因地而异的。同一民族毕竟有着相同的血脉，在当下社会中，民族精神文化的认同感极其强烈，因而传统技艺的传承就可以得到一定的抢救和保护，但总会有一部分传统技艺因不适应现代社会生活需求的发展而遭到淘汰或变革。

（三）技术性和实用性

中国民间传统技艺是民间传承下来的手工艺，在历史发展的长河中，尤其在人们日常生活中随处可见。在农耕时期，生产力水平相对低下，不同类别的传统技艺在当时具有一定的科技含量。此外，传统技艺的制作工艺具有一定的随意性和经验性，如剪纸是中国最普及的民间传统装饰技艺之一，它制作材料简单、成本低廉、制作周期短、造型千姿百态，受到广大人民的喜爱。剪纸既可当艺术品欣赏，又可作装饰环境之用，可以满足人们的审美心理需求，尤其在广大农村地区，剪纸窗花的艺术作品均出自广大劳动妇女的手中。中国大部分的传统技艺取材大都源于自然，如织染技艺就取自植物染材，采用大自然中的花、果、树、叶等天然材料。不仅满足了人们的生活所需，而且也反映出传统技艺的实用性特点。此外，传统技艺往往与人们的生产、生活密切相关，它不仅为人民提供了生产、生活的物资，更通过产品传递了人与人之间的一种情感，才使得社会成员之间的互动更加密切，同时它也是社会人群交往的一种重要方式①。因此，传统技艺是通过人们的操作、选择和意识加以整合，从而形成的一种行为文化。可以说，人们的行为意识离不开思想信念的指导，也离不开物质条件的依托。

四、代表作简介

国家级非物质文化遗产代表性项目名录对于入选的传统技艺项目的评审标准是：①具有长期民间传承历史；②有鲜明的民族、地域特色或显著的传统审美意趣；③以天然原材料为主，采用传统的手工艺和技术，体现精湛的技艺，有完整的工艺流程；④具有丰富的历史、科技、人文内涵和独特的价值，有较大的社会影响。

截至2020年底，已入选国家级非物质文化遗产代表性项目名录的传统技艺项目共506个，其中正式项目363个，扩展项目143个。我国入选联合国教科文组织人类非物质文化遗产代表作名录的传统技艺项目有：中国雕版印刷技艺（2009年）、中国传统木结构建筑营造技艺（2009年）、南京云锦织造技艺（2009年）、中国传统桑蚕丝织技艺（2009年）、龙泉青瓷传统烧制技艺（2009年）、宣纸传统制作技艺（2009年）。入选急需保护的非物质文化遗产

① 聂爱文. 民族民间传统工艺的特点［J］. 广西民族学院学报（自然科学版），2002（3）：55-59.

名录的传统技艺项目有：黎族传统纺染织绣技艺（2009 年）、中国木拱桥传统营造技艺（2009 年）、中国水密隔舱福船制造技艺（2010 年）、中国活字印刷术（2010 年）。

二维码 10-1

（一）中国雕版印刷技艺

雕版印刷术是中国古人的重要发明，之后出现活字印刷术，两项技术发明为中国印刷行业发展做出了杰出的贡献。中国雕版印刷技艺是运用刀具在木板上雕刻文字或图案，再用墨、纸、绢等材料刷印、装订成书籍的一种特殊技艺，迄今已有 1300 多年的历史，比活字印刷技艺早 400 多年。它开创了人类复印技术的先河，承载着难以计量的历史文化信息，在世界文化传播史上起着无与伦比的重要作用。雕版印刷在印刷史上有“活化石”之称，扬州是中国雕版印刷术的发源地，是国内唯一保存全套古老雕版印刷工艺的城市。雕版印刷这一文化形态和技艺汇集了中国造纸术、制墨术、雕刻术、摹拓术等几种传统工艺，它为后来的活字印刷术开辟了技术上的先河，是世界现代印刷术的最古老的技术源头，对人类文明发展和文化传播有着突出贡献。

（二）中国传统木结构建筑营造技艺

二维码 10-2

2009 年，中国传统木结构营造技艺入选联合国教科文组织人类非物质文化遗产代表作名录。中国传统木结构建筑营造技艺是古老的传统手工技艺。中国传统建筑是以木结构框架为主的建筑体系，由柱、梁、檩、枋、斗拱等大木构件形成框架结构承受来自屋面、楼面的荷载以及风力、地震力。最晚于公元前 2 世纪的汉代就形成了以抬梁式和穿斗式为代表的木结构体系。这种木结构体系的关键技术是榫卯结构，即木质构件间的连接不需要其他材料制成的辅助连接构件，主要是依靠两个木质构件之间的插接。这种构件间的连接方式使木结构具有柔性的结构特征，抗震性强，并具有可以预制加工、现场装配、营造周期短的明显优势。而榫卯结构早在距今约七千年的河姆渡文化遗址建筑中就已见端倪。

二维码 10-3

这种营造技艺体系延承了七千多年，中国传统木结构建筑的营造技艺始终处于传承与变化相交织的动态发展进程中，宋代的《木经》《营造法式》，明代的《鲁班营造正式》，清代的《工程作法》和现代的《营造法原》都是对上述相关内容阶段性、地域性或专业性内容的记录和总结。即使在今天，城市园林建筑、寺庙与宫殿建筑、广大乡镇地区的民居建筑等，依然普遍使用上述营造技艺，体现了中国传统建筑营造技艺内在的生命活力。代表作有苏州园林、北京四合院、西递宏村、蔡氏古民居以及杨阿苗故居，遍及中国大部分地区，并传播到日本、韩国等东亚各国，是东方古代建筑技术的代表。

（三）中国传统桑蚕丝织技艺

2009 年，中国传统桑蚕丝织技艺入选联合国教科文组织人类非物质文化遗产代表作名录。中国是世界上最早养蚕的国家，中国传统桑蚕丝织技艺是中国的伟大发明，是中华民族认同的文化标识。这一遗产包括栽桑、养蚕、缫丝、染色和丝织等整个过程的生产技艺，其间所用到的各种巧妙精致的工具和织机，以及由此生产出的绚丽多彩的绫绢、纱罗、织锦和缂丝等丝绸产品，同时也包括这一过程中衍生出来的相关民俗活动。五千多年来，它对中国历史做出了重大贡献，并通过丝绸之路对人类文明产生了深远影响。这一传统手工技艺和民俗活动至今仍流传于浙江北部和江苏南部的太湖流域（包括杭州、嘉兴、湖州和苏州等市）以及四川成都等地，是中国文化遗产中不可分割的组成部分。伴随着国家提出复兴传统文化的号召，中国桑蚕丝织技艺逐渐被修复和再生，部分地区也开始出现有关桑蚕丝织技艺的文化遗产生态园规划设计，并且开始了桑蚕丝织技艺非物质文化遗产保护与传承的一系列探索。

二维码 10-4

（四）龙泉青瓷传统烧制技艺

2009 年，龙泉青瓷传统烧制技艺被正式列入联合国教科文组织人类非物质文化遗产代表作名录。截至 2011 年 12 月，龙泉青瓷传统烧制技艺是全球第一个且是目前唯一一个入选人类非物质文化遗产代表作名录的陶瓷类项目。龙泉是浙江省历史文化名城，位于浙江西南部，与福建省接壤，以出产青瓷著称。龙泉青瓷传统烧制技艺是一种具有制作性、技能性和艺术性的传统手工艺。早在商周时期就出现了原始青瓷，历经春秋战国时期的发展，到东汉有了重大突破。三国两晋南北朝后，南方和北方所烧青瓷开始各具特色。龙泉青瓷始于五代，盛于南宋，极具典雅、端庄、古朴、青淳之特色。至今已有 1700 余年的历史。龙泉青瓷传统烧制技艺包括原料的粉碎、淘洗、陈腐和练泥，器物的成型、晾干、修坯、装饰、素烧、上釉、装匣、装窑，最后在龙窑内用木柴烧成。在原料选择、釉料配制、造型制作、窑温控制方面，龙泉青瓷均具有独特的技艺。龙泉青瓷烧制技艺服务于人类的生活，其成品具有独特的审美价值。陈设瓷、装饰瓷、茶具、餐具等，是烧制技术与艺术表现的完美结合。龙泉窑烧制的粉青、梅子青厚釉瓷，淡雅、含蓄、敦厚、宁静，是中国古典审美情趣的表现。

第二节　传统体育、游艺与杂技

一、概念

传统体育是指人们遵循一定组织形式、顺序与规则，在平等前提下参与的以强身健体、提高身体素质和心理素质为目的的竞技娱乐活动，它包括各种民间传统的武术、体育和竞技项目。传统游艺是指流行于各民族民众生活中代代相传的嬉戏娱乐活动，俗称“玩耍”。传统杂技是古代娱乐形式之一，杂技，即各种技艺的意思，它包括人们在舞台表演过程中的各种体能和技巧的表演艺术，如百戏、杂乐、歌舞戏、傀儡戏等，又称杂戏。民间杂技是指民间艺人靠自己的身体机能通过肢体技巧完成一系列高难度动作的表演性节目，它深深地根植于民众生活的土壤之中，有着悠久的历史和深厚的传统。传统体育、游艺与杂技是中华民族在漫长的历史中创造和积淀下来的文化瑰宝，它蕴含着中华儿女强身健体、休闲娱乐、修身养性和丰富生活的记忆因子。它既有相关的人们身体运动所包含的内容，又是与中华民族文化血脉息息相关的传统文化现象，对于提高人们的精神境界和文化生活品位与质量起到了十分重要的作用。

二、主要类型

（一）传统体育

传统体育分为传统武术、体育和竞技，它既有与体育活动相关的竞赛程序、器材制作、比赛规则等相关运动内容，又是与其产生的社会特征、宗教仪式、风俗习惯、历史文化息息相关的传统文化现象，是一种活态的文化遗产。它们有的带有一定的竞技性，有的则是作为健身、修身养性、表演或自娱自乐的文化形式而存在，其主要包括少林功夫、各种武术、各种太极拳等传统的体育、武术项目，有马球、角力、蹴鞠、射箭等形式。

传统体育狭义上讲，也常常被人们称为传统养生体育，具体指的是建立在我国传统的生命科学理论基础上，以人体自身的调形、调气、调神为修身养性的基本手段，它能够改善生命协调程度，提高人体生命机能的健康水平，适度延长人体的生命长度，并能有效激发生命内在的身体练习和运动潜能。如我们所熟知的服气、行气、按摩、桩功、五禽戏、八段锦、易筋经和太极拳等均属于养生体育的范畴。

（二）民间游艺与杂技

我国传统游艺与传统杂技活动内容比较多。比如，每年的农历二月二十日在河南省南阳市社旗县陌陂乡都会举办一次名为“黄河九曲连”的民间游艺活动，即人们所熟知的九宫八卦阵；再如，在潮汕地区颇受群众喜爱、广为流传的潮剧广场戏，又被称作踮脚戏、出街戏等，都是活跃于民间的传统游艺活动。此外，在我国的少数民族地区，传统游艺与传统杂技活动内容更丰富，其中包括芦笙舞、椎牛、上刀梯、八人秋、花灯、傩戏、草团舞等。还有在汉族地区特别流行的打锣鼓、舞狮灯等都属于传统游艺与传统杂技的范畴。

中国杂技艺术品种繁多，内容丰富。在历史上，中国杂技具有广场杂技、高空杂技、魔术、滑稽、马戏、驯兽等丰富的民间杂技门类。目前在民族民间文化普查中，我国把杂技分为五大类：第一类是狭义的杂技，包括形体杂技、力技、翻腾杂技、平衡杂技、耍弄杂技和高空杂技等；第二类是魔术，包括古彩戏法、手法魔术、器械魔术、心灵术、逃遁术和幻景魔术等；第三类是马戏，包括马术、驯兽和驯小动物等；第四类是乔装戏，包括乔装动物戏、乔人戏（含偶戏）、影戏和口技等；第五类是滑稽，包括哑剧、专场滑稽、串场滑稽、帮场滑稽和语言滑稽等。

三、特征

（一）历史性和生活性

我国传统体育、游艺与杂技是人类在漫漫历史长河中所遗留下来的原始文化技艺活动，其历史可以追溯到远古时期。早在旧石器时期就已经有了投掷石球的狩猎活动，从原始人类利用石器、木棒和弹弓等工具群体狩猎的生活技能中逐渐发展而成的投掷、射击等娱乐性活动，古代杂技投壶、投石、飞叉、射箭和流星锤等活动都由此而来。我国传统体育、游艺与杂技产生于中华民族民众的生产和生活中，它与家庭、社会生活、生产劳动及军事战斗紧密结合。早在古代的育儿习俗中就有家庭主妇用童谣教幼儿做游戏的活动，在成人中也有聚会、郊游时的嬉戏玩乐活动。在宗教仪式中，舞蹈《大获》《大武》等傩舞中有模仿动物和战争的场面，还有杂技中装扮动物戏，如狮子舞、舞龙等，也带有一定的早期图腾仪式中对动物形态、鸣叫声音等的模仿。在民俗中，无论是端午节赛龙舟，还是重阳节登高，往往都是同宗教、祭祀、婚姻、劳动等活动相结合的。与现代体育竞技、游艺、娱乐项目几乎“脱域化”有所区别，传统体育、游艺与杂技往往都带有明显的地域性和民族性，受到地域、民族和时代的影响而有所差异。

（二）竞技性和技巧性

在古代，由于战争的重要性，几乎每个朝代都很重视军事教育，在我国的古文献中记述了古代角力拳斗的流行现象。据《孟子·滕文公》记载：“序（商代的学校）者，射也。”说明商代已经把射术列为贵族子弟学习的内容，西周每年冬季都要举行一种“讲武”之礼的活动。“讲武”之礼中有角力、御马、射箭、投掷、跳高和跳远等竞技活动。在历史进程中，这种竞技活动中的竞赛活动将民间杂技的艺术水准推向了更高水平。民间传统体育、武术、竞技项目，如少林功夫、武当武术、太极拳、邢台梅花拳、回族重刀武术、蒙古族搏克（摔跤）和达斡尔族传统曲棍球竞技等，还包括充满竞技色彩的对抗性项目，皆是中国非物质文化遗产中的瑰宝。无论是民间杂技，还是体育竞技，它们都是非常注重技巧的民间艺术，且这些技巧种类繁多，通常都具有非同寻常的技艺难度。至今在我国仍在演出的杂技节目有200多项，每一项又包括许多可以单独存在的小节目，有以形体表演为特征的力技投掷，以奇妙变化为特征的幻术、魔术，以模拟为主的口技，驾驭牲畜的马戏、驯兽。各民族的游艺、传统体育与竞技几乎都与本民族独特的生产生活相结合，具有别样风情。像内蒙古草原上的赛马，哈萨克草原上的“姑娘追”，满族的“斗蛐蛐”，锡伯族的抓“嘎拉哈”，苗族的斗水牛，汉族和西南少数民族的划龙舟等，都具有很强的技艺与技巧特色。

（三）健身性和自娱性

我国传统体育、游艺与杂技，是古人基于对生命的理解和认知所创造出来的一种关于人类生命体质和自我养护的活动，其中蕴含着丰富的关于人类自我身体养护、自我身体改善，以及自身发展和人体进化的体育运动型文化。民间杂技和体育竞技又是一种具有表演艺术形式的非物质文化遗产，它同民间音乐、舞蹈等其他表演艺术一样，在产生之初和发展的过程中植根于民间，是一种人民群众自娱自乐的文化表现形式。在农耕（游牧）文化背景下，民间游艺（包括传统体育与竞技）始终成为民间娱乐的最主要的形式，可供全社会的群众参与。其中有个人项目或二人以上，甚至几十人、上百人的集体游戏和竞赛。这些项目中有些游艺与杂技的继承性极强，其活动的规则也较为严格；有些是人们日常无拘无束的即兴自娱。在民间节庆时往往都要举行盛大的活动与庙会，这些活动中有大量的民间表演艺术，杂技和竞技就是其中不可缺少的一部分，尤其是庙会上的杂技项目非常多，如中幡、太狮与少狮、耍花坛、五虎棍等，庙会上的聚众演出都是为节庆活动的热闹氛围而产生。传统游艺与传统杂技传承至今，大多已经演变成为人们的一种闲暇适意的生活调剂，使得广大劳动人民，无论是在精神生活、智力开发，还是在提升身体素质等诸多方面，都得到了锻炼。

四、代表作简介

国家级非物质文化遗产代表性项目名录对于入选的杂技与竞技项目的评审标准是：①具有百年以上的传承历史；②传承脉络清晰，在当代以活态形式存在；③有鲜明的民族、地域特色；④有精湛的技艺；⑤具有独特的文化价值，有较大的社会影响力。

截至2020年底，已入选国家级非物质文化遗产代表性项目名录的杂技与竞技项目共100个，其中正式项目82个，扩展项目18个。太极拳于2020年列入联合国教科文组织人类非物质文化遗产代表作名录。

（一）太极拳[①]

太极拳，是以阴阳循环、天人合一的中国传统哲学思想和养生观念为核心，结合易学的阴阳五行之变化、中医经络学、古代的导引术和吐纳术形成的一种内外兼修、柔和、缓慢、轻灵、刚柔相济的中国传统拳术。其拳理来源于《易经》《黄帝内经》《黄庭经》《纪效新书》等中国传统哲学、医术、武术等经典著作。并在长期的发展过程中吸收了道、儒、释等传统文化。它集颐养性情、强身健体、技击、对抗和益智等多种功能于一体，注重对人的意念修炼与呼吸调整，并以五步、八法为核心动作，以套路、功法、推手为运动形式，习练者通过对动静、快慢、虚实的把控，达到修身养性、强身健体的目的。

该遗产项目自17世纪中叶在河南温县陈家沟村形成以来，世代传承，在陈氏太极拳的基础上发展出以其他姓氏或姓名命名的多个流派，常见的有陈式、杨式、武式、吴式、孙式以及武当、赵堡等多种流派。各派既有传承关系，相互借鉴，也各有自己的特点，呈百花齐放之态。该遗产项目现有80多套拳术、器械套路和20多种推手方法，其文化意义和社会功能得到不断丰富，见证了人类的创造力。

陈氏太极拳出现于明末清初，系河南省焦作市温县陈家沟的陈王廷经过潜心研究创编而成。其架式与用劲，与一般传习的太极拳不尽相同。陈氏太极拳采取阴阳学说，以动静开合之理，与刚柔虚实之法，为轻沉迟速互练之术；拳势动作，均以螺旋进退，称缠丝劲，为陈氏独创奥秘，世代口口相传，颇少文字记载。

河北杨氏太极拳为清道光年间广府杨露禅所创，发源于河北永年县广府古城。此后永年县先后出现杨班侯、杨澄甫、杨振铭等三十多位大师级拳师，被尊为“太极圣地”。杨氏太极拳拳架舒展，结构严谨，由松入柔，积柔为刚，刚柔相济，身法突出，含胸拔

---

① 太极拳［EB/OL］.（2020-12-17）［2020-12-28］. http://www.ihchina.cn/diecctory.details/22037.

背，以腰为轴，上下相随，内外结合，中正安舒，轻松自然，轻灵沉稳。

武氏太极拳起源于清代咸丰、同治年间，系河北永年广府东街人武禹襄所创，至今已有一百多年的历史。武氏太极拳将陈氏新架与老架结合起来，又把杨露蝉“大动作”与陈氏“小动作”结合起来，行拳时重视身法，强调开合虚实，以心行气，以气运身。其动作简洁紧凑，舒缓平稳，架势虽小却不局促，胸部、腹部的进退旋转始终保持中正，步法严格，虚实清楚，小巧灵活。武氏太极拳的身法主要包括含胸拔背、裹裆、护肫、提顶、吊裆、松肩、沉肘、腾挪闪战、尾闾中正、气沉丹田等，拳势则讲究起、承、开、合，讲究“往复须有折叠，进退须有转换”，力求意、气、形三者合一。

该遗产项目在中国得到广泛认知和实践，在促进当代人身心健康、人与自然，人与社会、人与人之间和谐共处方面依然发挥着重要作用，为相关社区和群体提供认同感和持续感。2020 年 12 月，太极拳项目被列入联合国教科文组织人类非物质文化遗产代表作名录。

（二）少林功夫[①]

二维码 10-5

少林功夫是指在河南登封嵩山少林寺这一特定的佛教文化环境中历史地形成的，以佛教神力信仰为基础，充分体现佛教禅宗智慧并以少林寺僧人修习的武术为主要表现形式的一个传统文化体系。少林功夫具有完整的武术技术和武术理论体系，它以武术技艺和套路为表现形式，以佛教信仰和禅宗智慧为其文化内涵。

创建于北魏太和十九年（495 年）的少林寺是少林功夫传习的重要场所。少林功夫伴随着少林寺一千五百多年的历史不断丰富完善，由最初保卫寺院的手段，逐渐发展成为技术完备、内涵丰富的武术文化表现形式。根据少林寺流传下来的拳谱记载，历代传习的少林功夫套路有数百种之多，其中流传有序的拳械代表有数十种，另有 72 项绝技及擒拿、格斗、卸骨、点穴和气功等门类独特的功法。

禅宗智慧赋予了少林功夫深厚的文化内涵，少林功夫的传承人首先应具有对佛教的信仰，包括智慧信仰和力量信仰。超常神力和超常智慧从来都是佛教徒潜心追求的目标。以信仰统摄技击，以技击表现信仰，这是少林功夫表现为神奇武术的根本原因，也是少林功夫与其他武术的区别之所在。佛教僧人的生活受佛教戒律约束，在少林寺这一特定环境中，佛教戒律又演化为习武戒律。戒律在习武者身上表现为武德，所以少林功夫往往表现出节制谦和、内敛含蓄、讲究内劲、短小精悍和后发制人的风格特点。少林功夫的传习方式主要以口诀为其媒介，与少林寺传统的宗法门头制度相结合，其核心内容是师父的言传身教和弟子的勤学苦练。这一核心使得少林功夫达到了“禅武合一”的精神境界，成为中国武术文化之中最杰出的代表，也是少林文化最具代表性的呈现方式。

---

① 少林功夫［EB/OL］.（2006-05-20）［2020-10-05］. http://www.ihchina.cn/project_details/13786/.

二维码 10-6

（三）吴桥杂技[1]

吴桥县位于今河北省东南部，属沧州管辖，是世界闻名的杂技之乡。吴桥杂技文化伴随着中国杂技的发展而形成，现在主要流布于吴桥县域、山东省宁津县和陵县的部分地区。

河北省是中国杂技发源地之一，早在战国时期中山国成王墓中已有演练杂技的银首人俑铜灯出现。吴桥很早就是冀州大地杂技密集的地区，晋代墓室中已有宴乐杂技表演的壁画出现。到了宋朝，随着杂技走向民间，出现于“勾栏”“瓦舍”等处。清代和民国时期，吴桥杂技达到鼎盛阶段。

在两千多年的漫长历史变迁过程中，吴桥杂技文化不断丰富和发展。它供奉吕祖为行业神，创造了行业“春典”（行话），衍生了表演中的“说口”“锣歌”等口头文艺形式，形成了独特的表演、道具、管理以及传承等方面的规则，构成了完整的行业文化体系，受到全国杂技界的推崇。其影响远播五洲，素有“十方杂技九籍吴桥”“没有吴桥人不成杂技班”之说。吴桥杂技从业人员多，节目种类丰富，流布地区广。据统计，传统节目主要有肢体技巧、道具技巧、乔装仿生、驯兽、马术、传统魔术、滑稽 7 大类 486 个单项，集中体现了尚武好义、百折不挠的吴桥杂技文化精神，为人们所传颂。

二维码 10-7

（四）象棋[2]

象棋历史悠久，是中国传统文化的重要组成部分，在中国和亚洲乃至世界很多地区都有象棋爱好者。象棋是一项普及性比较高的传统智力竞技游戏。棋盘中的九宫象征皇宫，代表皇帝的“帅（将）”及代表皇帝身边近卫的“士”只能在九宫中活动，代表大臣的“象（相）”则只能围绕九宫行走，代表战士的“兵（卒）”只能前进不能后退。这种布局是中国封建社会生活的真实写照，其对弈过程有教导、学习古代战争的意义。随着时代的前进，承载中国传统文化的象棋以其独特的思维方式、鲜明的竞技特点在世界文化中占据了一席之地。象棋简单易学，又因变化无穷而易学难精，具有文化、教育、竞技和娱乐等多方面的价值，从古至今一直深受人们的喜爱。随着社会的发展和当代国际交往的深入，目前象棋已经在世界上得到了广泛的认可，世界象棋联合会和亚洲象棋联合会的成立将中国象棋的影响扩展到世界其他国家和地区。

第三节　传统医药

一、概念

传统医学是指在现代医学之前，已经独立发展起来的多种医疗知识体系，它有别于

① 吴桥杂技［EB/OL］.（2006-05-20）［2020-10-05］. http://www.ihchina.cn/project_details/13774/.

② 象棋［EB/OL］.（2008-06-07）［2020-10-05］. http://www.ihchina.cn/project_details/13814/.

现代医学的主流体系部分。传统的中医学在长期的发展中，形成了自身独特的医学体系，包括阴阳五行、经络、病因病理等学说及治法、治则等，其基本特点为治疗的整体观念和辨证施治原则。传统医药属于传统医学知识体系中的一个重要组成部分。中国的传统医药，主要指中医中药以及一些少数民族的传统医学药学。中药学作为中医学的重要组成部分，对中药的采集、炮制、性味归经，用药剂量、组方原则（君、臣、佐、使）、服用等的分析，都建立在对中医药的深入认识上，具有很高的科学价值。藏医藏药、蒙医蒙药、苗医苗药、瑶医瑶药等少数民族医学药学体系，也都具有诊疗疾病、养生保健的独特方法和特殊功效。

二、主要类型

中国传统医药是中华民族在长期的医疗实践、疾病斗争中积累总结而形成的具有独特理论风格的医药体系。中国传统医药分为中医药和少数民族医药，两者在学术上都是平等的。

（一）传统中医药

中国历史文化悠久，汉族人口居多，文字产生最早，所以中医药也叫汉族医药。中医药是以汉文化为背景，以《神农本草经》《黄帝内经》《伤寒杂病论》《金匮要略》《温病条辨》为基础的传统医药[①]，通过长时间实践积累形成完备的理论和临床体系，因此在中国乃至世界影响深远。其中在 2006 年被选为国家第一批非物质文化遗产代表性项目名录的中医药技术有中药炮制技术、针灸、中医正骨疗法、中医生命与疾病认知方法。被选入国家级非物质文化遗产代表性项目名录的传统中医药还有：同济堂传统中药文化、潘高寿传统中药文化、陈李济传统中药文化、九芝堂传统中药文化、鹤年堂中医药养生文化。

1. 中药炮制技术[②]

中药炮制技术主要以中医理论为指导方法，按用药要求将药材压制成中药饮片，目的主要在于降低或消除药材毒性及副作用，缓和或改变药性，提高疗效，便于贮藏和服用，其核心是减毒增效。中药炮制技术起源于中药的发现与使用，其中与火、酒、陶器的发明与利用有着密不可分的联系。汉代的《神农本草经》、梁代的《本草经集注》、南北朝的《雷公炮炙论》、唐代的《新修本草》、明代的《本草纲目》均总结了上百种中药炮制方法。入选国家级非物质文化遗产代表性项目名录的炮制技艺有樟树中药炮制技艺、武义寿仙谷中药炮制技艺、人参炮制技艺、四大怀药种植与炮制。

2. 针灸[③]

---

① 诸国本．“非遗”数字化保护中的传统医药［N］．中国中医药报，2014-01-06（3）．

② 中药炮制技术［EB/OL］.（2008-06-07）［2020-10-05］. http://www.ihchina.cn/project_details/14791.

③ 针灸［EB/OL］.（2006-05-20）［2020-10-05］. http://www.ihchina.cn/Article/Index/detail?id=14834.

针灸是我国古代劳动人民创造出的独特的治疗方法。针灸又分为针法和灸法两大类，针法是指按照一定的角度捻转与提插，把针具（一般使用毫针）通过刺激人体腧穴即穴位（刺入点）的方法来达到减轻或消除人体疾病的目的。灸法是以热刺激来预防和治疗疾病为原理，采用灸炷或灸草在皮肤表面温灼穴位的治疗方法。针灸的内容包括理论、穴位概况、针灸技艺手法及相关器具介绍与使用。人们利用金属针具或灸炷、灸草在人体穴位针灸，在解除或预防病症的过程中，总结经络理论并创立了经络学说。疗效显著、操作简洁而经济以及副作用极少的优势，使针灸疗法在唐朝就已传播到中亚、西亚。入选国家级非物质文化遗产代表性项目名录的传统医药项目有杨继洲针灸、陆氏针灸疗法、刘氏刺熨疗法。

3. 中医正骨疗法①

中医正骨疗法是通过推、拔、复位、对正等手法采用夹板外固定方式治疗骨折、脱臼等疾病的治疗方法。其中中国首创外夹板固定的治疗手法被多个国家效仿。据记载，早在周代，医疗分工上已有专人掌管骨科疾病的治疗，到秦汉时期形成基本理论和技术。在国家级非物质文化遗产代表性传统医药项目名录中有新邵孙氏正骨术、新泰孟氏正骨疗法、上海石氏伤科疗法、海城苏氏正骨法、林氏骨伤疗法、章氏骨伤疗法、张氏骨伤疗法、武氏正骨疗法、平乐郭氏正骨法、罗氏正骨法、宫廷正骨法。

4. 中医生命与疾病认知方法②

中医生命与疾病认知方法是认识人体生命现象和疾病规律的一种医学知识，中国的传统医药把中医生命与疾病认知方法作为重要内容，扩大并深化了非物质文化遗产的内涵，使之最能够体现非物质文化遗产的精神和灵魂，是传统医药非物质文化遗产的总纲③。其主要包括阴阳五行学说、脏象、经络、疾病与证候、病因病机、辨症、治则治法、运气学说等内容。这是古代劳动人民预防及治疗疾病的经验所得，对中医养生、诊治方法、方剂、中药、针灸及临床的各个实践起着指导作用，具有优秀的传承价值。

（二）少数民族医药

少数民族医药指的是除汉族之外的其他民族医药。其共同特点包括具有鲜明的民族特点和地域特色，具有独特的体系和诊疗经验，它为少数民族人民的繁衍昌盛做出了贡献。

1. 藏医药④

藏医药是我国传统医药的重要组成部分，是少数民族医药的优秀代表。著名藏医学家宇妥·元旦贡布于公元8世纪下叶的吐蕃王朝著经典著作《四部医典》。藏医以植物、

---

① 中医正骨疗法［EB/OL］.（2006-05-20）［2020-10-05］. http://www.ihchina.cn/project_details/14838/.

② 中医生命与疾病认知方法［EB/OL］.（2006-05-20）［2020-10-05］. http://www.ihchina.cn/Article/Index/detail? id=14767.

③ 诸国本. “非遗”数字化保护中的传统医药［N］. 中国中医药报，2014-01-06（3）.

④ 藏医药［EB/OL］.（2014-12-03）［2020-10-05］. http://www.ihchina.cn/Article/Index/detail? id=14867.

动物、矿物和部分“南药”为基础药物，是藏族人民在雪域高原长期与自然和各种疾病斗争中，因地制宜、不断积累完善的医疗体系。其中入选国家级非物质文化遗产代表性项目名录的传统医药项目有藏医骨伤疗法、藏医放血疗法、山南藏医药浴法、七十味珍珠丸赛太炮制技艺、藏药阿如拉炮制技艺、藏医药浴疗法、甘南藏医药、藏医尿疗法、藏药珊瑚七十味丸配伍技艺、藏医外治法、藏药七十味珍珠丸配伍技艺、藏药炮制技艺、甘孜州南派藏医药、拉萨北派藏医水银洗炼法和藏医药仁青常觉配伍技艺。

2. 蒙医药①

蒙医药是蒙古游牧民族世代积累并吸收藏医、汉医及印度医学理论的精华而逐渐形成与发展起来的科学理论体系，在诊治疾病中以药量少、疗效好、经济简便、适应于广大牧民生活和劳动为特点。从 13 世纪到 17 世纪是蒙医的发展与提高阶段，同时出现大量民间疗法，其中入选国家级非物质文化遗产代表性项目名录的传统医药项目有血衰症疗法、科尔沁蒙医药浴疗法、蒙医正骨疗法、蒙医传统正骨术、赞巴拉道尔吉温针、火针疗法。

3. 傣医药②

傣医药是傣族人民长期探索人与自然、疾病的相互关系并吸收和借鉴部分中医药学和印度古典医学理论知识而形成的独具特色的“四塔、五蕴”和“解药理论”为核心的医药体系。其诊断治疗方法有和中医药理论相似却有所差异的望诊、问诊、摸诊三种。治疗方法除采用内服、外用之外，还有睡药、敷药、蒸药、熏药、研药、磨药、刺药等。其中云南省德宏傣族景颇族自治州和西双版纳傣族自治州独具特色的睡药疗法被收录于国家级非物质文化遗产代表性项目名录。

4. 苗医药③

苗医药是以植物治疗疾病为主的医药学。苗族民间流传“千年苗医，万年苗药”之说，可见苗医药的历史悠久。苗族由于生活在贵州、湖南、云南等植物药材资源丰富的地区，普遍程度使大多数苗族人民形成“百草皆药，人人会医”的特点，其主要分类为湘西苗医和黔东南苗医。其中入选国家级非物质文化遗产代表性项目名录的传统医药项目有癫痫症疗法、钻节风疗法、骨伤蛇伤疗法、九节茶药制作工艺。

5. 壮医药④

壮医药起源于秦汉以后，发展于明清时期。由于壮族居住地处岭南亚热带地区，动植物资源丰富，因此中药品种数名列全国第二。与其他民族不同，壮族人有用动物药和生药的习惯。其特色诊疗方法有壮医甲疗、壮医目疗。壮医药线点灸疗法作为传统医药

① 蒙医药［EB/OL］.（2011-05-23）［2020-10-05］. http://www.ihchina.cn/project_details/14879.

② 傣医药［EB/OL］.（2011-05-23）［2020-10-05］. http://www.ihchina.cn/Article/Index/detail?id=14896.

③ 苗医药［EB/OL］.（2011-05-23）［2020-10-05］. http://www.ihchina.cn/Article/Index/detail?id=14887.

④ 壮医药［EB/OL］.（2011-05-23）［2020-10-05］. http://www.ihchina.cn/Article/Index/detail?id=14892.

已被选入国家级非物质文化遗产代表性项目名录，此疗法因疗效好且应用方便，已向全国推广。

6. 其他民族医药

其他民族医药还有维吾尔族医药、彝族医药、回族医药、朝医药、畲医药、羌医药、侗医药等，都是中国传统医药不可缺少的分支。

三、特征

（一）民族性

民族医药是传统医药的一部分。我国五十六个民族中有四十七个民族具备古老的民族医药学体系或民间医药知识，每个民族有其特有的生态条件。民族医药知识是各民族经过长期实践而创造出的劳动成果，其中以藏医药、蒙医药、苗医药保存最为完备，是我国民族医药的珍稀宝藏和文化遗产。少数民族与汉族在长期的历史发展中也多有文化交流，因此少数民族医药与汉医药也有相似之处，比如苗族、土家族等民族都以“天人合一”的理念作为指导思想，藏医的切脉和治疗方法也与汉医药多有相同之处。但少数民族在创造自己的医药体系时，也会吸收传入的中医药文化，衍生出属于自己的民族特色。比如藏医就在汉医的“五行”理论上创作出与自己认知方式相符合的“小五行”和“大五行”理论。

（二）地域性

地域性是民族文化形成的基础，也是民族性的体现和强化，因此传统医药在体现民族性的同时也体现出一定的地域性。不同地区的生活饮食也存在差异，根据中医药诊疗因地制宜的原则，不同的地区会采取不同的治疗方法，传统医药的地域性便由此而来，如高寒地区擅长治疗风湿病，鄂伦春族对冻伤有独特的治疗方法，草原游牧民族则善于治跌打损伤和脑震荡等①。而地域性医学流派在此基础上结合中医药基本理论与思想，对这些疾病的规律与诊疗手段进行研究，总结出相应的具体而稳定的中心学术思想，并确保其传承与发扬。

（三）活态性

传统医药的活态性主要表现在三个方面：第一，传承方式上，传统医药的传承具有较强的实践性，一般传承方式为家族父子传承与师徒传承，且以临床实践经验传承为主，通过大量临床实践获得理性与感性知识，部分传统医药知识以口头或书面形式传授，由于患者疾病的普遍性与特殊性，文字与口述的治疗方案最终与临床实践密切相关。因此，传统医药在传承方式上具有活态性。第二，传承过程中，传统医药从古至今在人类发展过程不断更新与承继，从古代流传至今的传统医药类书籍有《黄帝内经》《本草纲目》《伤寒杂病论》《神农本草经》等，这些传世巨作对人体生命的认识和探索，

---

① 肖远平，王伟杰．大健康产业背景下民族医药民俗的传承与保护研究［J］．中南民族大学学报（人文社会科学版），2016，36（4）：29-33.

对疾病的预防和治疗有着深远影响。第三，传承内在精神。医者父母心是衡量医德的一个重要标准，历史上所记载的医德标杆有“神农尝百草，一日而遇七十毒”“华佗再世”“扁鹊治病”等，古代医家注重内在医德修养，以仁爱、谦恭、谨慎的医者态度流传于世，深刻体现医生的职业道德。其弘扬传统医学的内在精神，为后世医患关系的处理提供了行为准则。因此，传统医药的活态传承依靠古今文明的共同延续。

四、代表作简介

国家级非物质文化遗产代表性项目名录对入选的传统医药项目的评审标准是：①具有百年以上的传承历史；②传承脉络清晰，在当代以活态形式存在；③采用传统的医疗、养生或炮制方法，体现精湛的技艺；④有鲜明的民族、地域特色；⑤具有独特的历史、文化、科学价值。截至 2020 年底，传统医药在国家级非物质文化遗产代表性项目名录中共有 45 项，其中正式项目 23 项，扩展项目 22 项，包括中医生命与疾病认知方法、中医诊法、中药炮制技术、中医传统制剂方法、针灸、中医正骨疗法、中医养生、传统中医药文化和藏医药、壮医药、傣医药、维吾尔医药、苗医药、布依族医药、哈萨克族医药、彝医药、蒙医药等，它们都是中国传统医学药学中的杰出代表。其中列入人类非物质文化遗产代表作名录的项目有中医针灸、藏医药浴法。

（一）中医针灸

二维码 10-8

2010 年中医针灸入选联合国教科文组织人类非物质文化遗产代表作名录。针灸是传统中医的一种医疗手段，除在中国得到广泛应用之外，在东南亚、欧洲和美洲地区也有实践。针灸理论认为：人体如同一个由各种经络连接起来运行的小宇宙，通过物理刺激经络，就有可能促进人体的自我调节功能并为病人带来健康。刺激方法包括用艾绒点灸或用针刺相应穴位，促进身体重新恢复平衡，进而达到预防和治疗疾病的目的。针灸时，视各人具体情况选择用针，然后用针刺激穴位。艾灸通常分为直接灸和间接灸，直接灸就是把艾条直接放在穴位上，间接灸就是把艾条放在靠近体表的位置，灸烤选择的区域。艾圆筒和艾条都是用干艾蒿叶制成的。针灸在师徒之间或家族成员之间，通过口头讲授和实际演示进行传承。目前，针灸的传承已进入正规学历教育系统中。

（二）藏医药浴法

二维码 10-9

2018 年我国藏医药浴法入选联合国教科文组织人类非物质文化遗产代表作名录。藏医药浴法，藏语称“泷沐”，是藏族人民以土、水、火、风、空“五源”生命观和隆、赤巴、培根“三因”健康观及疾病观为指导，通过沐浴天然温泉或药物煮熬的水汁或蒸汽，调节身心平衡，实现生命健康和疾病防治的传统知识和实践。该遗产项目既体现了相关社区民众通过沐浴防病、疗疾的民间经验，也是以《四部医典》为代表的传统藏医理论在当代健康实践中的继承和发展。作为藏医学“索瓦日巴”的重要组成部分，藏医药浴法以青藏高原的雅砻河谷和宗喀山脉的藏族农牧区为集中传承区域，广泛流布于西藏、青海、四川、甘肃、云南等地的藏区，为保障藏族民众的生命健康和防治疾病发挥着重要作用。该遗产项目承载着藏族天文历算、自然博物、仪式信仰、行为规范、起居饮馔等传统知识，同时也通过藏族神话、传说、史诗、戏剧、绘画、雕刻等文化表现形式得以广泛传播，既为藏族人民提供了持续的认同感，又丰富着人类的健康知识与实践，是世界文化多样性和人类创造力的见证。

传统医药是传统医学文化的组成部分，是文化母体在医学领域的历史成果。传统医药在其漫长的历史传承中，遵循着认识发展的规律，依靠着传承人和传承物的不断更替，从而发展成为具有世界性意义的医药体系。它是一种物质文化，更需要转变成为一种精神文化。传统医药是立足于过去、现在乃至未来的传承主体的健康防护经验和治疗观念的延续，它对人体生命的认识和探索，对疾病的预防和治疗，以及对共同构建健康、绿色、发展的人类共同体的活态传承体系，发挥着巨大的作用。

关键概念

传统技艺　传统体育　游艺与杂技　传统医药　传统养生体育　传统中医　少数民族医药

主要论点

1. 传统技艺的特点主要有民族性和地域性、传承性和变异性、技术性与实用性。

2. 传统体育、游艺与杂技的基本特征包括历史性与生活性、竞技性与技巧性、健身性与自娱性。

3. 传统医药主要分为中医药、少数民族医药、其他民间医药。

4. 从非物质文化遗产的角度看，中医药与其他民族医药和民间医药在学术上享有同等的地位，各类医药对生命与疾病的认知方法各不相同。

延伸阅读

1. 宋俊华，比尔·艾伟，黄永林. 文化对话：中美非物质文化遗产论坛 [M]. 广州：中山大学出版社，2017.

2. 王文章. 非物质文化遗产概论 [M]. 北京：教育科学出版社，2008.

3. 《“遗”脉相承，老祖宗的传家宝》编委会. “遗”脉相承，老祖宗的传家宝：传统体育、游艺与杂技 [M]. 北京：中国大百科全书出版社，2018.

4. 李荣启. 非物质文化遗产保护研究文集 [M]. 北京：文化艺术出版社，2016.

5. 何平. 杭州市非物质文化遗产大观：传统体育游艺与杂技卷 [M]. 杭州：西泠印社出版社，2010.

6. 肖远平，王伟杰. 大健康产业背景下民族医药民俗的传承与保护研究 [J]. 中南民族大学学报（人文社会科学版），2016，36（4）：29-33.

7. 王伟杰. 中国传统医药类非物质文化遗产分类研究 [J]. 江西社会科学，2013，33（11）：206-211.

思考问题

1. 杂技保护与传承的目的是什么?
2. 举例说明我国目前传统体育、游艺与杂技保护与传承工作的成功与不足。
3. 保护传统体育、游艺与杂技对中国传统文化的发展有哪些价值?
4. 新时代中国特色社会主义文化建设需要怎样继承传统体育、游艺与杂技?
5. 传统医药中太极、气功等与传统体育、传统音乐、传统舞蹈都有哪些交叉?

（王妮　秦璇）

第十一章　民俗文化

民俗是非物质文化遗产和生活文化的重要组成部分，是文化多样性的重要表征，是民族身份标志和身份认同的重要符号之一。民俗是民族个体与生俱来的文化胎记，族群的消失往往以其民俗文化的消失作为重要标志，民族个体无精神家园从根本上而言是民族民俗记忆的缺失。本章将简要介绍民俗的特征和分类，并以国家级非物质文化遗产代表性项目名录分类为标准，着重介绍中国民俗文化中社会精神民俗方面的民间信仰、物质民俗方面的生产民俗和生活民俗、秩序民俗方面的传统礼仪、娱乐民俗方面的节庆习俗等内容。

第一节　民俗特征与分类

一、民俗的特征

联合国教科文组织《保护传统文化和民俗的建议》关于“民俗”的定义是：“民俗（或传统的大众文化），是文化团体基于传统创造的全部，通过群体或个人表达出来，被认为是就文化和社会特性反映团体期望的方式。其标准和价值是通过模仿或其他方式口头流传的。其形式包括语言、文学作品、音乐、舞蹈、游戏、神话、仪式、习俗、手工艺品、建筑及其他艺术。”一般而言，我们所理解的民俗即民间风俗，指一个国家或民族中广大民众所创造、享用和传承的生活文化[①]。它是特定群体传统化、模式化、地域化、民族化的生活方式或生产方式，是民间传统文化的重要内容之一。民俗一般具有以下主要特点：一是民族性，不同的民族有不同的民俗文化，这也是民族身份标志的重要参考之一；二是地域性，主要体现为民俗文化空间的差异，“五里不同风，十里不同俗”是该特征的形象概括；三是历史传承性，民俗文化是代代相承下来的生活传统而非临时或较短时间内出现的文化活动，有别于流行时尚文化；四是变异性，民俗文化会因生活时空的差异发生变异；五是群体性，只有当一种生活文化成为众多的群体性的行为或观念时才能成为民俗文化，个体的或小集团的行为或观念不列为民俗文化考查的范畴；六是约束性，民俗文化对特定群体的民众言行及观念具有规范约束的作用。概言之，民俗文化凝聚着民间的智慧、信仰、情感、愿望，也渗透着民间的伦理规范与审美趣味，是民间物质文化、制度文化与精神文化的生动体现。

---

① 钟敬文. 民俗学概论［M］. 2版. 北京：高等教育出版社，2010：3.

二、民俗的分类

根据不同的研究视角可以把民俗文化分为不同类别。国外，英国民俗学家博尔尼把民俗事象分为三大类：一是信仰与行为，其中包括大地与天空、植物界、动物界、人类、人工制品、灵魂与冥世、超人的神灵、预兆和占卜、巫术、疾病和民间医术；二是习俗，包括社会制度和政治制度、人生礼仪、职业和工艺、历法、斋戒和节庆、游艺、体育和娱乐；三是故事、歌谣、俗语，包括故事、歌曲和民谣、谚语和谜语、有韵的俗语和俚语。美国民俗学家理查德·多尔森把民俗事象分为四大类：一是口头民俗，包括叙事民俗、民歌与民间诗歌、谚语和谜语等；二是物质民俗，包括饮食、服饰、建筑及各种民间手工制作的家具、用具等；三是民间社会风俗，包括人生礼仪（生老病死、婚丧嫁娶）、民间信仰、宗教、节日庆典、游戏及其他娱乐活动等；四是民间表演艺术，包括民间戏剧和仪式性的舞蹈、音乐等[①]。

国内，钟敬文把民俗主要分为物质生产民俗、物质生活民俗、社会组织民俗、岁时节日民俗、人生仪礼、民俗信仰、民间科学技术、民间口头文学、民间语言、民间艺术、民间游戏娱乐等内容与类别[②]。乌丙安则把民俗分为经济民俗、社会民俗、信仰民俗、游艺民俗[③]。高丙中采用纲目式分类方法，以民俗事象所归属的生活形态为依据将中国民俗划分为三大类八小项：一是物质生活民俗，主要包括生产民俗（农业、渔业、采掘、捕猎、养殖等物质资料的初级生产方面）、工商业民俗（手工业、服务业和商贸诸业等物质资料的加工、交易与服务方面）、生活民俗（衣、食、住、行等物质消费方面）；二是社会生活民俗，主要包括社会组织民俗（家族、村落、社区、社团等组织方面）、岁时节日民俗（节期与活动所代表的时间框架）、人生礼俗（诞生、生日、成年、婚姻、丧葬等人生历程方面）；三是精神生活民俗，主要包括游艺民俗（游戏、竞技、社火等娱乐方面）、民俗观念（诸神崇拜、传说、故事、谚语等所代表的民间精神世界）[④]。其他学者还根据其他的分类方法把民俗分为其他内容类别。目前，学术界一种较为普遍的分类方法是把各种民俗事象分为三大类：口头民俗、风俗民俗和物质民俗[⑤]。

三、民俗入选国家级非物质文化遗产代表性项目名录概况

列入国家级非物质文化遗产代表性项目民俗名录的主要标准是：体现中华民族优秀传统；具有促进中华文化认同的作用；在一定群体或族群中相沿承传的民俗活动表现形式；具有较悠久的历史，且在当代是以活态的形式存在。

截至2020年底，中国入选联合国教科文组织人类非物质文化遗产代表作名录的民

① 王娟．民俗学概论［M］．2版．北京：北京大学出版社，2011：30-31.

② 钟敬文．民俗学概论［M］．2版．北京：高等教育出版社，2010：目录页.

③ 乌丙安．中国民俗学［M］．沈阳：辽宁大学出版社，1985：目录页.

④ 高丙中．中国民俗概论［M］．北京：北京大学出版社，2009：9-10.

⑤ 王娟．民俗学概论［M］．2版．北京：北京大学出版社，2011：30-31.

俗文化项目有端午节（2009 年）、妈祖信俗（2009 年）、中国珠算（2013 年）、二十四节气（2016 年）、送王船（2020 年），入选急需保护的非物质文化遗产名录的有羌年（2009 年）。

第二节 民间信仰

民间信仰又称民俗信仰或民间信俗，是精神民俗的重要组成部分，是民众在长期生产生活过程中形成的、约定俗成的、促进民众某种民俗现象产生心理和行为认同的传统理念，是在长期的历史发展过程中产生和传承的一套神灵崇拜观念、行为习惯和相应的仪式制度等文化形态。其产生的重要源头之一是对神灵的崇拜，促进其传承不断的内在原因之一是祈福避害的愿望，其文化空间由各种民俗文化表现形式的集合构成。

关公信俗、保生大帝信俗、陈靖姑信俗、西王母信俗、潮神祭祀、东镇沂山祭仪、梅里神山祭祀、女子太阳山祭祀等是民间信仰的重要代表性项目。

一、主要类型

民间信仰的内容极其丰富，据不同的分类标准而有不同的类别，如钟敬文根据信仰对象将民间信仰分为灵魂信仰、自然神信仰、图腾信仰、祖先信仰、生育神信仰、行业神信仰等①。目前，国家级第一批至第四批非物质文化遗产名录选入的信仰习俗共 38 项均未作明确的分类，但大体上可参照此分类进行描述。

（一）灵魂信仰

灵魂信仰的观念根源是万物有灵。在科学尚不发达的远古时期，先民们对许多现象无法解释，认为世界上万物与人一样具有灵魂，为此产生了许多相关的信俗并衍生出了灵魂信仰的习俗。名录中的民间信俗尚无单一的灵魂信仰类别，可通过其他类别了解，如浙江省嵊州的“潮神节”是祭祀治理剡溪和海潮有功的南宋水利专家陈贤；湖北长阳土家族“撒叶儿嗬”（跳丧）是土家族为寿终正寝者举行的礼俗。灵魂信仰也表现为对自然现象的崇拜，如浙江的梅源开犁节举行的犒牛、祭神田仪式，壮族蚂𧊅节举行的祭祀青蛙（当地俗称“蚂𧊅”）仪式 、黑龙江山神节祭山的习俗以及湖北省土家族石匠、木匠建新房时的祭山习俗 、京族哈节的迎海神、祭海神、送海神仪式等。

（二）自然神信仰

自然神信仰是把自然现象视为神灵并加以崇拜的民间信俗。自然神主要有四类：一是天体神灵，主要包括天神、日神、月神、星神等；二是大自然神灵，主要包括风神、雨神、雷神、电神、火神等；三是无生物神，主要包括山神、土地神、水神、石神、海神、潮神等；四是生物神灵，主要包括动物神和植物神，前者如蛇神、熊神、鸟神、虎神、狐狸神等，后者如树神、草神、谷神、花神等。国家级非物质文化遗产代表性项目

① 钟敬文. 民俗学概论［M］. 2 版. 北京：高等教育出版社，2010：146-149.

名录中如黑龙江省黑河市古伦木沓节（祭祀火神习俗）、浙江省海宁市潮神祭祀、广东省广州市“波罗诞”习俗、广东省德庆县“悦城龙母诞”、福建省厦门市闽台送王船、山东省临朐县东镇沂山祭仪习俗等都属于自然神信仰习俗名录。

（三）图腾信仰

“图腾”原是北美印第安鄂吉布瓦人的方言，是“他的亲族”的意思，即某类动物或某种植物是他们的祖先，成为他们的图腾。后来，图腾成为各氏族的保护神、徽号和象征，如盘瓠、白虎分别是瑶族、土家族的图腾。图腾信仰在民间有很多表现，或祭拜或禁忌。同一图腾内禁止通婚，是图腾信仰禁忌行为的表征。有的信仰习俗属于图腾信仰。如贵州省石阡县坪山乡于每年的农历二月初一举行的仡佬族敬雀节是“鹰”图腾崇拜的信俗活动。每十二年（鸡年）举行一大祭，其余年岁举行小祭。祭祀仪式有对神鹰祖先膜拜以及将糍粑粘于树枝上供鸟享用以乞求风调雨顺等。又如湖北恩施有祭拜白虎的习俗。《后汉书·南蛮列传》记载：“廪君死，魂魄化为白虎。”为此，土家先民把虎奉为神灵，从窗台案几等装饰到小孩子戴虎头帽、穿虎头鞋等，都有期盼白虎保佑的表现①。

（四）祖先信仰

祖先信仰是对祖先的灵魂以及人格崇拜的文化现象。先民们认为祖先灵魂不死，是氏族、家族、家庭的保护神。远古祖先崇拜的神灵包括开天辟地始祖神、部落祖先神、民族祖先神等。各个民族都有自己的祖先神。大禹祭典、祭孔大典、成吉思汗祭典、徽州祠祭、凉山彝族尼木措毕祭祀、徐村司马迁祭祀、诸葛后裔祭祖等都被收入祖先信俗名录。伏羲、黄帝、炎帝是中华民族共同的祖先，至今受到隆重祭拜。甘肃省天水市、河北省新乐市、河南省淮阳县举行的太昊伏羲祭典都是纪念人类文明始祖伏羲的祭祀仪式。陕西省黄陵县的黄帝陵祭典是纪念中华民族始祖轩辕黄帝的祭祀信仰活动。陕西省、湖南省的炎帝陵祭典都是纪念中华民族的始祖炎帝神农氏尝草采药，为民治病的祭祀信仰活动。

（五）生育神信仰

古人认为冥冥之中存在着主宰生育大权的神灵，为此形成了多种形态的生育神信仰习俗。汉民族生育神崇拜的主要形态如较早的有葫芦崇拜、洞穴崇拜，之后有女娲崇拜、西王母崇拜、碧霞元君崇拜、妈祖崇拜、送子娘娘崇拜、催生娘娘崇拜等女性生育神崇拜以及伏羲崇拜、张仙崇拜、保生大帝崇拜等男性生育神崇拜。少数民族地区也有其独特的生育神崇拜，如壮族的花婆崇拜、侗族的萨岁崇拜、纳西族的千木女神崇拜等。生育神信仰往往体现于相关的祭拜仪式，如甘肃省平凉市泾川县每年农历三月二十都举行西王母祭典。在国家级非物质文化遗产代表性项目名录中，保生大帝信俗、西王母信俗、陈靖姑信俗等都是生育神信仰范畴。

---

① 曹征服．土家族图腾——白虎［EB/OL］.（2017-12-14）［2020-10-05］. http://www.enshi.cn/2017/1214/608562.shtml.

（六）行业神信仰

为了求得兴旺以及标示“正宗”，许多行业都有崇拜行业神的习俗，因而出现了如稷神、猎神、渔神、蚕神、畜牧神、农神、酒神等行业神。行业神既是行业祖神又是保护神，因而受到供奉，例如酿酒业供奉杜康、纺织业供奉黄道婆、工匠业供奉鲁班、行医业供奉华佗、茶行业供奉陆羽等。湖北省远安县嫘祖信俗是祭祀先蚕的行业神信仰习俗。

（七）神化人信仰

民间信仰中有的神灵是民众对历史人物神化而来的，如财神关公，茶神陆羽，武门神魏征、赵云、赵公明、穆桂英等。在非物质文化遗产代表性项目名录中属于“神化人”民间信仰的有妈祖信俗、关公信俗等。妈祖信俗是崇奉和颂扬妈祖的立德、行善、大爱精神的习俗，2009 年入选联合国人类非物质文化遗产代表作名录。公元 987 年，福建省莆田市湄洲岛的妈祖因在海难中救助百姓而献身，被该岛百姓立庙祭祀。如今妈祖是中国影响最大的航海保护神。河南省洛阳市关公信俗是神化了被尊为“武圣人”的关羽而形成的信俗，其核心内容是信义为本、忠诚为贵的传统观念。

二、传承特征

从民俗学研究视阈下考查，民间信仰具有功利性，其传承具有强烈的神秘性、保守性、封闭性，其信仰对象具有包容性、渗透性，其发展趋势具有俗信化趋势等多方面特征①。从非物质文化遗产保护实践角度而言，主要表现为仪式完整、历史悠久等特征。

（一）有相对完整的仪式

非物质文化遗产保护传承的原则之一是尽可能保持其本真，仪式完整是保持本真的重要策略之一。湖南省炎帝陵祭典的祭祀方式包括文祭、物祭、炎祭、乐祭、龙祭等；祭典分官方祭祀和民间祭祀两种。陕西省黄帝陵祭典的祭祀活动大致分为官（公）祭、民祭两种形式，公祭仪式庄严、肃穆。山西省沁水柳氏清明祭祖在清明前三天开始忌荤吃素，早上第一顿第一碗饭必献祠堂；清明日齐聚祠堂，以牲礼献祭先祖。福建省厦门市闽台送王船要举行隆重的送王船仪式：制造木船或纸王船—请王爷—送船至海边焚烧。湖北省土家族的“撒叶儿嗬”有报丧—跳丧—安葬等仪式。广西的京族哈节由迎接海神—祭拜海神—坐蒙宴饮（乡饮）—欢送海神等仪式构成。

（二）有悠久的历史

列入保护名录的民间信俗事象多数都具有传承上百年以至上千年的历史。陕西省宝鸡市炎帝祭典活动可追溯至黄帝时期。湖南省的炎帝陵祭典于宋代就有“三岁一举”的传统，到明代举行祭典不少于 15 次，清代甚至达到 38 次之多。妈祖信俗起源于北宋初期，至今已有一千多年的历史。广东的下沙祭祖至今也已经有近千年的历史。山西省沁

① 钟敬文. 民俗学概论［M］. 2 版. 北京：高等教育出版社，2010：158-159.

水柳氏清明祭祖习俗也已经有一千多年的历史。

特别值得一提的是，许多民俗信仰已经成为民众精神生活的重要组成部分，往往是借娱神之仪式以娱人。如河北省胜芳镇的火神信仰习俗初始目的是通过祭祀火神防控火灾，但如今的活动主要是为了娱乐及交流。此外，许多民间信仰产生于科学尚不发达的历史时期，先民们尚无法解释生产、生活中的迷惘现象，在现实生活中还是应该以科学为准绳。换言之，民间信仰更多的是集体文化记忆的遗产而不能作为现实生活的指导。

第三节　生产与消费民俗

生产与交换相关的观念及行为形成物质生产民俗和消费民俗。

一、主要类型

物质生产民俗反映人与自然的关系，包括直接的和间接的物质生产形成的一系列民俗文化现象。前者主要包括农业、渔业、狩猎业等习俗，后者主要包括工匠行业习俗。

物质消费民俗反映的是以物质交换为中介形成的人与人之间的关系，主要指商业民俗和交通民俗等。

（一）物质生产民俗

传统上，农业、渔业、狩猎业能够为民众生活提供直接的产品，在生产时令、生产意愿、生产过程、生产收获与娱乐等方面形成了丰富的物质生产民俗。工匠行业与上述不同的是以现成产品为基础生产出新的产品，具有间接生产的性质，为此形成了间接的物质生产民俗。

1. 农业（采集业、养蚕业）生产习俗

农业生产与自然密切相关，依四季规律播种与收获，为此形成了丰富多彩的农业生产民俗。

（1）生产时令习俗

传统上，农业生产在很大程度上依赖于大自然的恩赐。为此，形成了春耕夏锄、秋收冬藏等农业生产时令习俗，“一年之计在于春”“庄稼不等人”“植树造林，莫过清明”等农谚以及“打春牛”等民俗活动都是时令习俗的直接反映。“二十四节气”是我国先民们在长期的生产实践中顺应季节规律，掌握自然常识，适时发展农业生产而形成的农业生产时令习俗。中国古人将太阳周年运动轨迹划分为二十四等份，每一等份为一个节气，统称“二十四节气”。具体包括立春、雨水、惊蛰、春分、清明、谷雨、立夏、小满、芒种、夏至、小暑、大暑、立秋、处暑、白露、秋分、寒露、霜降、立冬、小雪、大雪、冬至、小寒、大寒。“二十四节气”指导着传统农业生产和日常生活，是中国传统历法体系及其相关实践活动的重要组成部分。该习俗于 2006 年被列入国家级非物质文化遗产保护名录，2016 年被列入联合国有关自然界和宇宙的知识和实践遗产领域名录。与之相关的扩展名录主要有九华立春祭、班春劝农、石阡说春等。其中九华立春祭是浙江省立春日的祈福习俗，主要活动有踏青、鞭春牛等。安仁赶分社是湖南省于每年农历春分前后举行的传统祭神祈谷的时令习俗。

（2）生产过程习俗

在农业生产过程中有关护理、施肥、杀虫、驱鸟兽、收割等环节形成了农业生产过程习俗。作物不同，风俗各异。四川省嘉绒藏族春耕仪式反映了春耕播种过程的习俗：播种之前选出撒种人、耕地者、牵牛人和背种人；耕种前一晚上在墙壁上画各种吉祥图案祈福；次日，于田地中央朗诵祈福经文后，播种才开始。湖南省张家界市永定区土家糊仓习俗主要包括开秧门、吃盖碗肉和糊仓三部分。其中开秧门时要推举一位德高望重的老者首先扯秧并由其念祝福语，打开嗓子喊"开秧门啰"！龙脊稻作文化[①]是广西桂林龙胜一带的稻作习俗，其中耕作工序主要包括耙秧田、播种、犁田、耙田、扯秧、插秧、耘田、修坎、割禾谷、打谷、铲田基、扶天基泥等。

（3）生产用具习俗

耕种作物千差万别，在农具的生产和使用上也各具特色。过去，我国曾出现北方依赖驴力耕作，南方依靠牛力牵引耕种的情况。如今，北方大多数地区用上了大型的机械设备，南方丘陵地区用上了小型的机械化设备。时过境迁，传统的农业生产工具习俗则成为色彩纷呈的重要回忆。广西南宁市隆安农具节已有三百多年的历史。农具节每年四月初八举行，期间展示销售的稻作生产农具常有四五百种，其中有传统农业用具的突出代表"大石铲"[②]。此外，广西龙脊稻作文化反映了当地民众使用锄头、铁锹、犁、耙、粪箕、锹、铲、铁钎、铁锤等农业用具的习俗。

（4）生产意愿习俗

农业生产高度依赖自然，辛勤劳作的结果可能是硕果累累、粮食满仓，也可能是颗粒无收。"种瓜得瓜，种豆得豆""春种一粒粟，秋收万颗子""风调雨顺，五谷丰登""瑞雪兆丰年"等是农业生产意愿的直接反映。其意愿既可能表达期盼，如祭祀田神、谷神，也可能是生产的禁忌，如禁止参观蚕房。国家级非物质文化遗产名录中，壮族蚂𧊅节尽管归类到节庆习俗，但其活动是表达求得风调雨顺、五谷丰登的农业意愿，其主要活动是祭祀和埋葬青蛙，以此来预测年景，祈求风调雨顺、六畜兴旺。

二维码 11-1

（5）生产娱乐习俗

传统的农业生产面朝黄土背朝天，乏味单调。劳作期间为了调节劳动情绪及协调生产节奏，提高生产率，往往组织一些带有娱乐性质的活动，生产丰收，往往举行敬神酬愿等活动，为此形成独特的生产娱乐习俗。如湖北省、四川省、浙江省等的薅草锣鼓尽管列入传统音乐名录，但其反映的是农业生产过程的娱乐习俗。过去，土家人在薅草季

① 桂林市文化新闻出版广电局. 桂林非物质文化遗产概览［M］. 桂林：广西师范大学出版社，2018：399-401.

② "大石铲"起源于新石器时期，是稻作民族的文化象征。当地目前发掘出的大石铲有石质，有玉质，数量达 300 多件。

节往往十乃至数百人集体劳动，为了缓解劳动疲劳，往往请两名歌手面对众人敲锣打鼓、边唱边舞进行表演；众人从旁和唱，以此活跃生产气氛。川北薅草锣鼓一般在清锄二道苞谷（玉米）草或黄豆草时进行。广西仫佬族依饭节是仫佬族人民庆贺丰收以及祈求来年风调雨顺、五谷丰登的重要娱乐习俗。依饭节，仫佬族语又称之为“做依饭”“敬依饭公爷”“还祖选愿”“喜乐愿”“贺香火”等。此外，壮族、侗族、苗族、白族、仫佬族、纳西族、佤族等民族的尝新节、新米节以及贵州省仡佬族的吃新祭祖习俗也是富有代表性的丰收娱乐习俗。从2018年起，我国将每年的秋分设立为中国农民丰收节（国函〔2018〕80号），这是在国家层面专门为农民设立的第一个节日，是新时代对农业生产娱乐习俗的传承与创新。

二维码 11-2

2. 渔业生产习俗

非物质文化遗产保护实践渔业习俗主要反映传统意义上围绕渔业生产形成的相关文化形态，如查干淖尔冬捕习俗、装泥鱼习俗等。渔业习俗主要包括海上渔业习俗、江河湖渔业习俗。渔业无论是过去还是现在以及将来都是重要的支柱产业。传统的渔业生产具有丰富多彩的习俗。如福建漳州等地的渔民过去出海前先要进行“五占”，即占天（看风雨）、占云（看阴晴）、占风（看潮汛、飓风）、占日（看晴风）、占雾（看雾雷）等，以保证出海的安全。浙江舟山的渔民也有类似的海祭仪式。此外，渔业还有许多禁忌，最有代表性的禁忌是与翻有关的举动，如吃鱼忌讳翻鱼，否则将预示着翻船①；外出的船上忌坐七名男性一名女性，否则会引来灾祸，据说这与八仙斗龙王的传说有关。

（1）生产时令习俗

当前随着科技的普及以及可持续发展理念深入人心，渔业生产依靠民众的自觉以及实行休渔制度。过去则主要是根据时令变化来判断渔业生产事项，为此形成了渔业生产时令习俗。查干淖尔冬捕习俗主要流传于吉林省前郭尔罗斯蒙古族自治县的查干湖、月亮泡周边地区。黑龙江省牡丹江市海林宁古塔满族捕鱼习俗也是冬季捕鱼的习俗，其中有祭网、醒网等祭祀仪式，以此祈求神灵保佑百姓生活吉祥安康、下网平安顺利、喜获丰收。

（2）生产过程习俗

如今规模稍大一些的渔业生产基本上依靠机械作业，过去则往往靠各种小帆船或者人力，为此形成了渔业生产过程中的许多习俗，如拉大网习俗、装泥鱼习俗等。拉大网是京族人民从事海洋捕捞，通过集体力量进行浅海作业的方式之一。拉大网的渔网包括大网、中网 、小网三种。其中拉大网需要30～40人，拉中、小网也要20～30人。广东省珠海市斗门区装泥鱼习俗是在河田浅滩进行的特殊的渔业习俗，该习俗主要有制作鱼笼、制作鱼篓、制作泥板、捕捉泥鱼四个过程。

（3）生产工具习俗

现在的渔业生产工具有吨位不一的渔船、大小不一的渔网。传统的捕鱼工具可能是简易的木排、木船、渔叉，也有可能是驯化的鱼鹰（鸬鹚）等。广西桂林的“漓江渔

① 陈华文．民俗文化学：新修［M］．杭州：浙江工商大学出版社，2014：126.

火”是渔民夜间用自训的鸬鹚捕鱼的习俗。渔火捕鱼时一般是三支以上的竹排协同进行，每支竹排带两只以上鸬鹚。作业中，渔火的作用是使鱼见光逃窜，鸬鹚借火光迅速噱衔、追逐鱼群。渔民同时不断大声吆喝，指挥鸬鹚作业。

（4）生产娱乐习俗

渔业生产娱乐习俗与缓解生产紧张及庆祝丰收有关。贵州省福泉市的杀鱼节是其中的代表之一。杀鱼节，苗语称“停米”，意为“杀鱼”，每年的农历三月在贵州福泉的清水江流域举行。杀鱼前都要举行相应的祭祀仪式。期间，人们走亲访友，青年男女们穿上节日盛装，吹木叶，唱情歌，谈情说爱。该习俗既是苗族远古先民渔猎社会在农耕时代的仪式性记忆，也是渔猎文化向农耕文化过渡的文化遗存。

3. 狩猎及驯养习俗

随着生产力的不断发展与社会分工的细化以及维护生态平衡观念的进步，过去依靠打猎为生的谋生手段已经逐渐消失，成为一种记忆，但是曾经的狩猎习俗却在民间遗存。国家级非物质文化遗产代表性项目名录中还列出了一些与狩猎及驯养相关的习俗的项目，如鄂伦春族狩猎文化、柯尔克孜族驯鹰习俗、鄂温克族驯鹿习俗、蒙古族养驼习俗，根本目的之一是体现文化传统的多样性。内蒙古根河市的鄂温克驯鹿文化是驯养习俗的重要代表。敖鲁古雅鄂温克族是鄂温克民族中人口最少的一支，历史上被称作“使鹿部”，有“中国最后的狩猎部落”和“世界级的狩猎部落”之称，是我国唯一以饲养驯鹿为生的民族。驯鹿习俗影响到他们现实生活及观念信仰的方方面面。民众以驯鹿作交通工具，以驯鹿的肉、奶为食，以驯鹿皮制衣，以驯鹿当婚姻彩礼，以驯鹿祭祀祖先，以驯鹿特征来形容人的性格、体貌。

4. 工匠习俗

工匠习俗是物品加工代表性习俗之一。工匠的出现由许多社会因素决定，其中重要的因素是社会生产分工的专业化、精细化。工匠习俗涉及多方面，仅工匠的分工及其祖师的认定就是丰富多彩的。根据工匠的工作对象有与之相应的名称，如以木头为原料生产加工家具的称为木匠，以此类推，有铁匠、泥水匠、鞋匠、理发匠等。再如，几乎所有的工匠都有追认尊称“祖师爷”的习俗，木匠、石匠尊称鲁班为祖师爷，泥水匠、油漆匠尊称鲁班妻为祖师。其他工匠还有陶匠——范蠡、铁匠——李老君、酒匠——杜康、造纸匠——蔡伦、屠宰匠——张飞、笔匠——蒙恬、盐匠——葛洪、醋匠——帝予、篾匠——泰山、画匠——吴道子、鞋匠——孙膑、裁缝匠——轩辕帝、理发匠——吕洞宾，如此等等①。

不同工匠的生产活动都有许多讲究。如湖北省恩施土家族在新起房屋建筑时石匠往往要举行择期、启水、开山、祭马、放马等仪式。石匠们开始取石打造新房的当天清晨，得先用雄鸡、刀头等物品举行祭马仪式，以此祭祀鲁班及祈求立房平安。待房屋修建结束，石匠与东家结算好工钱之后要举行放马仪式才能离开工场。此外，技艺是工匠的重要标志，保护名录中的传统技艺有许多项目其实是反映各行各业工匠习俗的。

① 陈华文. 民俗文化学：新修［M］. 杭州：浙江工商大学出版社，2014：128.

（二）物品交换习俗

物品交换催生了商业的发展，进而形成了物品交换习俗。传统上物品交换的习俗主要集中在集市、庙会等文化空间。

1. 集市习俗

集市指的是地点相对固定、有交易时间节律的时空场所，由此形成的习俗即集市习俗。集市，北方基本上叫“集”，南方则基本上叫“市”，也有叫“步”的，两广一带多称之为“墟”（圩），云南叫“街子”，四川、贵州叫“场”。集市大都在城镇边沿或一些集镇中进行。多数情况下集市有固定的时间①。

中药药市是集市习俗的缩影。历代形成的中药集散地有一百一十多处，其中在全国范围内有广泛影响，采、种、制、用功能齐全而且集散量大、交易活跃的有安国、樟树、百泉、禹城四大药市。河北省的安国药市被誉为“药都”和“天下第一药市”。江西省的樟树药市远在三国时就已经出现，到唐代开辟为药墟，至宋代已发展成规模较大的药市，发展到明代被誉为“药码头”。入清以后，樟树发展壮大成为南北川广药材总汇之所。现在，每届药市都有药材交易、药业信仰、中药炮制、中药膳食等药俗。河南省辉县市的百泉药会最初起源于隋代大业四年（608 年）卫源庙的河神祭祀活动，至唐高祖时祭祀规模进一步扩大。明代洪武八年（1375 年），庙会得到官方的认可与支持，药材交易日渐成为庙会的主要内容，庙会转变成为药会。如今，每年庙会都举行祭祀药王、送河灯等活动。

2. 庙会习俗

庙会在非物质文化遗产保护实践中是指在寺庙及其附近定期举行的一种民间信仰活动，如重庆市大足区的宝顶架香庙会及丰都县的丰都庙会，江苏省张家港市的金村庙会、无锡市的泰伯庙会、苏州市的苏州轧神仙庙会，河南省浚县的正月古庙会等。庙会具有集中性、群体性、固定性等多方面特征。庙会举办的时间约定俗成，或为某个传统农历节日，或为宗教活动日，或为民间信仰纪念日等。庙会不仅仅是作为交易的文化形态出现，更多的是以综合性文化空间存在。传统意义上的庙会具有祭祀、娱乐、交友以及交易等多方面的功能，庙会活动为产品交易提供了重要的平台。北京市门头沟区妙峰山庙会是华北最重要的庙会之一。庙会始于明代中后期，每年分别于四月和七月举办“春香”“秋香”。武当山庙会流行于湖北省十堰市的武当山地区，是由信徒们独特的朝山进香活动演化而成的一种民俗活动。

二、传承特征

（一）行业特征突出

农业和渔业以及种桑养蚕等这些行业在传统上更多地依赖自然的恩赐才获得较好的发展。因此，生产时令、生产用具、生产意愿、生产过程等方面都很明显地带上了人类

---

① 陈华文. 民俗文化学：新修［M］. 杭州：浙江工商大学出版社，2014：128-129.

与自然打交道的色彩。即使是丰收娱乐习俗，也很明显地体现出对自然的感恩倾向。至于工匠的技艺既需要从师傅那里得到指导，也需要在实践中长进提高，因此，工匠习俗名录更能体现出人和技术关系的特征。物质交换习俗则更多地体现为以商品为中心的人与社会关系的特征。

（二）功能发生变化

许多物质生产民俗和物质交换民俗，其初始的功能更主要强调的是实用性，与行业、生产、生活等紧密联系。可是，随着生产方式的改变、生活环境的变化以及技术手段的提高，许多功能或者丰富或者逐渐消弭。如“二十四节气”仍然在现实生活中发生作用，全国许多地方的民众安排农事仍然以其为重要依据，显示出其生机与活力。而一些意愿类的习俗，其原始功能主要是适用于技术不发达的时代。如今，科技不断进步，举行表达意愿的仪式活动多数只是一种象征，娱神基本上已经成为娱人的表演。又如一些狩猎习俗显然已经失去了当代的功能与活力。一些集市（庙会）习俗，其初始的以交易为主的功能已经变换成了娱乐与交易、交友等功能。

第四节　生活民俗

非物质文化遗产保护实践中的生活民俗指的是直接反映与现实生活紧密联系的物质生活习俗，主要包括饮食习俗、服饰习俗、居住建筑习俗等。

一、主要类型

当饮食、服饰、居住建筑具有区域性、集体性、模式化等特征时，其功能就已经超越了解决食饱穿暖和安居的物质意义而成为文化表征，成为饮食习俗、服饰习俗和居住建筑习俗。

（一）饮食习俗

“民以食为天”“柴米油盐酱醋茶”，这些都是饮食生活习俗的写照。

“五里不同风，十里不同俗”，不同地域的民众在饮食习俗上有很大的差别，难以用统一的标准对饮食习俗进行绝对的分类。根据非物质文化遗产保护名录的内容，在此以相对独立而又互相交叉的日常食俗、节日食俗、宴饮食俗等几类生活民俗作简要描述。

1. 日常食俗

老百姓的日常生活千姿百态，其饮食习俗丰富多彩，表现方式多样。仅对食品进行加工形成的特产以及各种菜系这些日常饮食习俗的表现就可谓令人眼花缭乱，前者如北京烤鸭、天津狗不理包子、四川麻婆豆腐、广西柳州螺蛳粉以及桂林米粉等，后者如京菜、川菜、粤菜、鲁菜、苏菜、湘菜等。在国家级非物质文化遗产代表性名录中，无饮食习俗专项，可通过传统技艺工艺名录之中与饮食相关的名录得以了解，如湖北蒸菜制作技艺、传统米食制作技艺、武昌鱼制作技艺，山东省孔府菜烹饪技艺等。

茶饮也是重要的饮食习俗。围绕着茶的品名、茶具、喝茶的顺序等形成了丰富多彩的茶饮习俗。湖南省城步苗族自治县的油茶习俗流传至今已有上千年的历史。当地民众一年四季之早晚在劳作之后都喝油茶，各种红白喜事、重大节庆活动中常举行油茶宴，油茶招待已经成为一种高规格的礼仪。湖南省桃源县民众称油茶为擂茶。擂茶主要由生米、生姜、生茶叶在擂钵中一起捣碎而成。

2. 节日食俗

节日习俗不仅体现为言谈举止、作息规律等异于平常，饮食上也与平时有较大差别，从而形成节日食俗。

春节食俗是节日食俗的突出代表，该食俗在全国各地各具特色。汉族地区春节的食俗以菜品丰盛且多义为特征：除夕晚上团圆饭中的鱼成为“年年有余”的象征；生菜、白菜与“生财”“百财”谐音，成为餐桌上的吉祥物。在北方，腊月初八喝腊八粥；腊月二十三祭灶，吃关东糖和糖粥；除夕夜以家庭为单位包饺子、包汤圆、做年糕、吃团圆饭。少数民族春节食俗有其独特性。黑龙江省海林市满族民间过年时的菜系是“满族八大碗”，分别是扣肉、小鸡炖蘑菇、猪肉酸菜炖粉条、豆腐泡配白菜、海带冻豆腐、木耳白菜、干豆角炖肉皮、黄花菜炖肉。西藏自治区有在藏历年旧年最后一个月的二十九日傍晚吃面疙瘩“古突”的习俗。太阳出来时，每家由两个人带上青稞酒和“竹素切玛”到各村相互拜年。回家时，全家聚在一起吃午餐、喝酒、唱歌、跳舞欢聚一堂。

3. 宴饮食俗

中国是礼仪之邦，招待客人要热情周到，佳肴的品种、上菜的顺序等是情感表达的重要体现之一，为此形成了丰富的宴饮食俗。湖北省恩施“土司十大碗”是当地民众在节庆、红白喜事聚会招待宾客的宴饮习俗。“十大碗”上菜时有固定的顺序，不仅每一道菜都有相应的祝词及菜名，而且上菜时先报恭贺词，第二句才报菜的雅名，如婚宴上的第三碗菜是炖土鸡，先说恭贺词“三阳开泰”，然后才报菜名“金鸡报晓”。百家宴是民间富有代表性的宴饮食俗，其风俗也是色彩缤纷的。广西柳州的侗族百家宴是三江侗族自治县民众在重大节庆或重要宾客来访时的最高款待礼仪。每逢村寨互访或有特别尊贵的客人来访时，全村各户自备酒菜，一起到侗寨鼓楼前的广场（鼓楼坪）“一”字型摆开长桌。客人可从第一桌到最后一桌随意品尝佳肴，你来我往、觥筹交错、热闹非凡。

（二）服饰习俗

随着时代的发展，衣服除了御寒蔽体的功能之外，已经成为标识性别特征、身份地位、年龄大小、民族信息等的特殊符号。衣服的缝制材料、制作过程、颜色搭配、图案装饰、款式风格等，无不成为服饰文化的重要表征。个人的穿着打扮是服饰文化的反映，但只有群体性的、具有明显的地域性的服饰才能成为服饰习俗。因此，保护名录中根据不同的民族列出相应的民族服饰项目。蒙古族服饰是游牧民族服饰中最具代表性的服饰之一，服饰有男女老幼、已婚未婚、四季服饰、礼仪服饰、日常服饰等区别，长袍、坎肩、皮帽、皮靴成为其核心符号。湘西苗族服饰主要体现为花保式、凤凰式、吉泸式三种样式，贵州安顺苗族妇女服饰则主要通过头饰、绾髻、发髻等的差异分为四种。广西金秀瑶族服饰分盛装、日常装、丧礼装三种，这些服饰都是瑶族妇女手工织绣而成。

（三）居住建筑习俗

居住建筑习俗包括居住习俗及民居建筑习俗，其内容涉及居住村落地点的选择及布局、民居材料的采集运用及民居建筑过程理念、居室内物品的添置以及布局等习俗。居住建筑习俗是综合性的文化空间，在非物质文化遗产各级保护名录中无此专项类别，可以通过其他（如信仰、传经技艺等）类别理解。

从宏观而言，居住习俗首先反映在选址上。传统上中国民众在村落或民居的选址上往往强调“左青龙右白虎，前朱雀后玄武”的理想空间，强调与自然和谐。如浙江省婺州传统民居很注重和周围自然环境完美结合：居宅大多依山傍水，背阴向阳，冈阜起伏，并有溪河蜿蜒流淌其间。又如广西三江侗族村寨的选址，传统上认为“鸭鹅卵蛋，泉水长流，鱼虾成群，浮萍滋生，是为宝地”。因此，往往以鸭、鹅卵蛋之地为寨址的首选。又如湖北恩施土家族村落讲究山形风水，一般靠山而建房屋。村落一般有高大社树，树种以枫树、银杏、楠木为多，其他有金钱松等。

一座村寨的存在除了要具备居民、民居等因素外，往往还要具备维系村寨发展的池塘、戏台、禾场、祖屋、祠堂（祖堂）等村落公共设施。尤其是喜欢聚族而居的民众，其村寨往往是户户相连成为数百户的大村大寨 ，公共设施尤其显得重要。如鼓楼及风雨桥是维系侗族村寨发展的重要公共设施，是侗族村寨的文化象征，侗寨建设强调“先有楼后有寨”。风雨桥，在贵州又称为花桥，在侗族观念中，花桥是沟通阴阳两界的“生命之桥”和护寨纳财的“福桥”。

中国传统民居外在结构形式丰富多样，主要类型有宫廷式、干栏式、碉房、阿以旺（阿依旺）、蒙古包、穴居、井干壁体等。民居建筑往往在文化交流互鉴中得到发展。如闽南传统民居俗称“皇宫起”，是借鉴中原文化、结合闽南本土文化而建的民居，主要盛行于闽南的泉州、漳州、厦门等地及东南亚等地区，是宫殿式的民居。

房子是人生中最为重要的栖息之所，民居建造不仅仅是个人的大事件，同时也关涉家族以至整个村落的兴衰。因此，从起造到竣工，每个环节往往都有约定俗成的建房习俗，往往都举行或隆重或神秘的各种仪式。如建侗族鼓楼要举行上梁仪式，由掌墨师唱祝福歌和上梁歌。在鼓楼和风雨桥的竣工庆典上，要举行盛大的开楼门和踩桥仪式，四方宾客抬着红猪、吹着芦笙、带领着歌队前来庆贺，几天几夜，欢声雷动，歌声不绝。湖北省咸丰县土家族吊脚楼在建造中往往要经过看风水、拜山神、祭鲁、砍梁木、说福事等仪式。

二、传承特征

（一）时空差异突出

饮食、服饰、居住是民众物质生活的重要基础条件，与日常生活紧密联系。因民众生活既有时空分布的差异，也有民族性的差异，因此相关项目反映了生活民俗文化空间的差异性。饮食习俗体现民众生存的客观条件，不仅反映着饮食的内容与时空，还反映着饮食的礼仪及社会人际关系，体现了“一方水土养一方人”的特征。此外，饮食习俗上的差异也体现于平时饮食习俗与宴饮习俗的差异。服饰习俗反映了服饰在御寒蔽体的前提下，从多方面传递着其在空间上的差异信息。如草原民众的服饰与南方丘陵地区民众的服饰各自都有适应于当地劳作的需要，同时也表征着不同的审美情怀，标志着民族身份及年龄等信息。民居建筑习俗反映了民居突破遮风避雨的物理空间成为富有地域特色的、与生产生活紧密相连的文化空间，这种空间的差异成为民居的民族风格。

（二）生活功能尚在

各类饮食、服饰、居住相关的习俗项目基本上都能够在现实中发挥积极的作用，仍然充满着生机活力，发挥着为生活服务的功能。“民以食为天”，一日三餐，凡夫俗子无一不依赖饮食而存在。因此，无论是日常食俗名录还是节庆食俗名录，都在现实生活中直接与民众的生活息息相关。同时，这些具有民族性、地域性的饮食习俗，甚至成为地方饮食文化的名片，往往成为非物质文化遗产开发性保护的重要代表。服饰习俗相比于饮食习俗，其面向区域外开发性保护的总体价值略显不足。不同的民族服饰各有其特色，在特定的场合仍然发挥着民族标记的功能。居住建筑物理空间涉及多方面因素，较大程度上受到城镇化的冲击从而发生较大的变化。除了部分民居如吊脚楼、鼓楼尚能发挥较大的生活服务功能之外，有的项目已经失去现实服务功能，如撒拉族篱笆楼。

第五节　传统礼仪

人生礼仪，人们习惯称之为传统礼仪或通俗礼仪，是标志个体社会化的重要事件。

传统礼仪，指在人生历程中某个关键节点举行的具有标志性的仪式，主要有诞生礼（包括求子仪式、怀孕礼）、成年礼、婚礼、寿礼（包括生日礼）、葬礼等。此外，如满月礼（酒）、百日礼（宴）、周岁礼、生日礼、职位升迁（包括退休礼仪）、开笔礼及毕业典礼等也都属于人生礼仪的范畴。

人生礼仪具有多种功能，发展历程标记功能和社会角色认定功能是其中两种重要的功能。首先，传统礼仪标志着人生进入新的征程，具有里程碑式的意义。例如，古代幼年时期无论男女都不结发，多为垂发。周代开始，一般情况下男子到了二十岁、女子到了十五岁就分别为他们举行冠礼、笄礼。现在各级学校举行的毕业典礼是传统人生礼仪的沿袭，标志着阶段性学业的结束和学习任务的完成。其次，传统礼仪具有社会角色认定功能。社会角色并非自我认定而是要通过一定的仪式得到公认才能获得。因此，传统礼仪也是自然人文化化的标志，是将个体生命加以社会化的程序规范和阶段性标志。一个人只有通过成年礼仪让族群成员认可，才能成为具有社会意义的成年人，从而享有相应的权利、承担相关的责任和履行相关的义务。例如，传统的丧葬礼仪在很大程度上并非为了逝者而是为了生者，是通过为逝者举行丧葬仪式重新强化和整理家族或宗族之间的关系和秩序，并期待得到社会的认可。

一、主要类型

诞生礼、成年礼、婚礼和葬礼是人生四大礼仪，各自承担的社会功能是互相联系同时又有所区别的：诞生礼是群体对新成员到来的欢欣；成年礼是对个体生命成熟的检验与庆贺，也是个体参与社会的仪式；婚礼郑重地宣告了两性结合对家族乃至人类繁衍的伟大意义；葬礼是群体对生命消亡的恐惧与哀痛。

（一）诞生礼习俗

诞生礼包含求子礼仪及出生礼仪。此外，由于在许多地方从母亲怀孕期间就已经开始进行各种如现代意义上的保胎的求子仪式、孕期习俗等，因此，怀孕礼亦可视为诞生礼的范畴。

1. 求子习俗

求子习俗因文化空间差异而异彩纷呈。在新婚夫妇床上撒上红枣、花生等，以此表达“早生贵子”的祝愿，这是较为常见的求子习俗。湖北土家族地区的婚俗中有用枣子、李子、石榴、花生等果实来表达乞子意愿的求子习俗。此外，在中秋节偷瓜祈子也是这种习俗的延伸。云南新平傣族人生礼仪包括求子礼、孕期礼、出生礼、取名礼、满月礼、周岁礼、少年礼、成人礼、文身礼、染齿礼、花街比美礼、婚礼和葬礼等礼俗。其中求子礼是向水神匹南求子的仪式。广西南宁市的花婆节和来宾市的壮族布伢习俗都是“花”图腾崇拜的遗风。前者主要的仪式是：到花婆庙供祭花婆神，到野外采花佩戴，以求花婆神赐花送子和保佑小孩健康成长；后者主要的仪式包括问花、安花、架桥、还愿等习俗。

2. 出生礼仪

十月怀胎，瓜熟蒂落。传统习俗中称生男婴为“弄璋之喜”，生女婴为“弄瓦之喜”。如今广西横县笔山人生礼仪中的出生礼包括孩子诞生后分别按当天、三朝、满月、百日、周岁五个阶段举行庆贺、祈福仪式，以及认寄父母仪式。云南新平傣族人生礼仪中的出生礼俗也颇有讲究。新生儿出生日要杀“认母鸡”庆贺。随后杀猪大办“祝米客”（庆贺酒席）。邻居、亲朋好友以及产妇的娘家人都要前来祝贺并馈赠鸡蛋、大米、红糖等礼品；产妇的娘家要送来小孩的衣服、背衫等物品。婴儿出生后三四天长辈为之取乳名，之后到上学年龄另外为之取学名。湖北省土家族生育习俗有报喜、洗三朝、打十朝、百晬、周晬等习俗。报喜即出生男婴抱一只公鸡报喜，出生女婴则抱一只母鸡报喜。洗三朝即婴儿出生后第三天母婴都要洗澡，之后由其祖父或父亲抱着拜家神，以求保佑其健康成长。婴儿出生后第十天左右举行庆祝仪式。婴儿满月后，家人便把产妇在月子里吃鸡蛋留下的蛋壳倒于十字路口昭示众邻：添丁之喜，新生儿满月，母子安康。

（二）成人礼习俗

传统上，个人参加了成人典礼意味着跨入了成年阶段，由被保护的对象成长为需要承担更多社会责任与义务的正式的社会人，成为可以成家立业的公民。现在，全国各地许多中学每年举行的成人典礼，是传统的成人礼在当代的表征。

传统的成人礼因文化空间不同而各具特色。四川省泸沽湖摩梭人成丁礼是在男女13虚岁时举行男孩穿裤子、女孩穿裙子的成人仪式。仪式举行时间在农历正月初一早晨，主持人由达巴占卜而定，与男孩、女孩属相一致的人才能主持这一仪式。男主持人为少男穿裤子，女主持人给少女穿裙子。仪式完毕要祭祀祖先、宴请村民、拜访生父。四川省丹巴县嘉绒藏族丹巴成人仪式是专门为女性举行的成年仪式。主持人、成年女子的父母或亲属分别向成年女子献哈达，成年女子也分别向主持人和父母回敬哈达，同时，分别向主持人、父母、亲朋好友敬酒。四川省彝族换童裙成人仪式是专门为彝族少女告别童年、步入成年所举行的仪式活动。贵州省从江县岜沙苗族的男孩到15虚岁要参加成人礼，其主要仪式之一就是要将头顶中部的头发挽成“户棍”（鬏鬏）并用黑底白花包头帕子包一圈，然后换上新装。

（三）婚礼习俗

婚礼对个体而言，是人生新的里程及家庭生活的新开端；对群体而言，是种族繁衍的保证和家族兴旺的重要前提。非物质文化遗产代表性项目名录中，婚姻习俗是最为丰富的名录之一。

汉族传统婚俗源远流长，自周代起，“六礼”（纳彩、问名、纳吉、纳征、请期、亲迎）成为一种规范性的习俗，在整个封建社会的婚姻生活中持续发挥着重要作用。进入近现代以后，随着社会的发展及婚姻观念的改变，传统的“六礼”只是在少数地区存在。如山西省孝义市的孝义贾家庄婚俗代表黄河流域的婚庆习俗，其以古代婚嫁“六礼”为基础并结合了当地文化与风俗。宁海十里红妆婚俗则代表着浙江民间特有的一种迎亲嫁女习俗，因每逢婚嫁往往会出现嫁妆队伍绵延数里的壮观场面，民间夸张地称之为“十里红妆”。“十里红妆”成了婚嫁的代名词及明媒正娶的标志。

湖北省部分土家族地区的婚俗中，新娘要用男方送来的两个煮熟的红蛋滚脸，即“开脸”，表示新娘从此由姑娘变成媳妇了。新娘出嫁上轿前，其母亲特意将红蛋放进新娘荷包。新人吃鸡蛋时每人碗里各盛两个，但要各吃对方碗里的一个，俗称吃“合抱蛋”，意为“夫妻合抱”“儿女双全”。广西崇左宁明瑶族婚俗是当地瑶族特殊的婚俗。男子迎娶新娘时，男女双方亲戚均由男方宴请，女方家不请喜酒。女子出嫁时男方亲戚在村口接亲。新娘进入夫家先“过桥”“洗尘”，再入中堂拜堂。

洞房花烛夜本是人生盛事。然而，全国许多地方都有女子出嫁时哭嫁的习俗。如贵州省道真仡佬族苗族自治县就有哭嫁的习俗。在广西南宁、贵港、钦州和百色等地区也有哭嫁的习俗。哭嫁习俗有许多讲究：姑娘出阁前数日，十姐妹每晚聚集在新娘闺房内唱哭嫁歌；新娘上轿前在厅堂上辞别祖先、父母时唱离别歌；姑娘出阁时，在祖堂前举行出阁仪式，哭唱感谢祖父（母）、父母养育之恩的歌，以表达依依惜别之情；出嫁之日，新娘唱着哭嫁歌离开娘家。

（四）寿礼（生日礼）习俗

寿礼（生日礼）是人生最为重要的礼仪之一。《尚书·洪范》分别强调的“五福”是“一曰寿，二曰福，三曰康宁，四曰攸好德，五曰考终命”，“寿”位居“五福”之首。健康长寿、寿比南山，是人的毕生追求。当人生历程发展到老年阶段时，人们往往会为此举行祝寿活动。因活动与生日合并，一般把生日礼也归于寿礼。全国各地不同的民族有丰富多彩的寿礼。

广西的横县笔山人生礼仪中的寿诞礼指的是从60周岁开始每整十年举办一次的祝寿礼仪。广西南宁的壮族添粮补寿习俗以及河池市的凤山壮族补粮习俗都是另一种形式的寿礼。“补粮”有多种称呼，常见的有“添粮补寿”“添粮补命”“盘粮补寿”等。壮族对老人的健康长寿仪式非常重视。一般认为，人到了六七十岁，命中注定的口粮将吃光耗尽，必须给他（她）添粮，为之带来新的生命力以延长寿命。当父母进入49岁以后，巴马县、田阳县民众的许多子女就要自觉为父母操办“添粮补命”的仪式。以后等老人到了61岁、73岁、85岁时再分别举行同样的添粮仪式。南宁市的马山县、兴宁区等地农村中，壮族子孙往往都为年过花甲的老人床头安置一个寿粮缸并在缸中装满寿米，其功能与上述现象相当。牡丹江市的朝鲜族花甲礼是朝鲜族民众专门为60周岁的老人举行生日宴会的人生礼仪习俗。

二维码 11-3

（五）丧葬礼俗

生老病死，是不可抗拒的自然规律。葬礼因文化空间的差异而千差万别，如从安葬的途径与形式而言，主要有土葬、水葬、火葬、天葬、风葬、鸟葬、树葬、悬棺葬、岩洞葬、崖葬、塔葬、二次葬、合葬、瓮葬等。

湖北省长阳土家族“撒叶儿嗬”、五峰土家族自治县“撒叶儿嗬”、巴东县“撒叶儿嗬”等项目尽管列入传统舞蹈名录，但其文化空间是跳“撒叶儿嗬”（又称“跳丧”）。跳丧是土家人怀念逝者、为逝者送终的礼俗。这种习俗历史悠久，据东晋史学家常璩（约291—361年）的《华阳国志》记载，巴人有“击鼓以道哀，其歌必号，其众必跳”的习俗。当地民众认为，生死犹如春夏秋冬的变化，是自然而然的，享尽天年后去世是顺应了自然的规律。因此当地为辞世老人举行跳丧仪式，把丧事当作喜事办：棺罩是红色的，有的挽联也是大红色的，孝家没有披麻戴孝，服饰的色调毫无忌讳。四川省凉山彝族“尼木措毕”祭祀仪礼是火葬仪礼的最后祭祀环节，通过将祖灵送归“祖界”的祭祀活动以祈求子孙繁衍、五谷丰登、六畜兴旺。

二、传承特征

（一）传统功能依然存在

尽管传统礼仪的许多表征可能被现代手段所取代，但其标识功能及社会化功能依然存在。如诞生礼中的报喜、洗三、周晬以及各种形式的成人礼、婚礼等，不论其以何种形式存在，其传统的标记依然存在。至于“添粮补寿”的习俗，尽管不可能通过给寿粮缸中装满寿米就使老人增寿，毕竟现代医疗保健的完善才是老人健康长寿的重要保障之一，但“添粮补寿”以及牡丹江市的朝鲜族花甲礼蕴含着晚辈对长辈尊敬的文化功能是值得肯定的。

（二）传统表征淡化或形式改变

传统礼仪中的习俗，例如怀孕习俗中的一些禁忌行为具有巫术性质，其目的是安胎保胎。但是，其他的习俗如偷瓜祈子、花婆习俗等在科学技术发达的当今，只能当作文化记忆而存在。至于传统婚礼习俗，更多的也只是作为一种娱乐形式存在，不能以此作为现代婚礼中过分“婚闹”的借口。传统婚礼的一些过程仪式正在淡化或被现代的新形式所取代。如传统的“六礼”除了有“亲迎”“迎亲”的程序，其他基本上都简化或消失了。

此外，“逝者为大”，这是亘古不变的理念。保留其观念不一定保留其形式，当代厉行环保以及丧事从简、节约土地等观念深入人心，因此，在非物质文化遗产保护名录中是不宜列出丧葬专项的。毕竟，对逝者的纪念与哀思的表达方式已经多元化。如河北省井陉县素有厚葬老人的传统习俗，一般包括装裹、停尸、戴孝、收殓、出殡、下葬等程序。随着时代的发展，当地已经推行火葬，成立农村红白事理事会，对丧葬礼俗进行改革。敬老、孝道以及传统文化特色的形式得以保存，吊唁、追悼、送花圈、戴黑袖标等礼俗融入当地丧俗。

第六节　节庆习俗

非物质文化遗产保护视阈下节庆习俗的文化表征主要集中为两方面：一是自发性、周期性地举行，集体参与，打破常规时空的民间文化传统，如春节、清明节、端午节和中秋节等。二是同一节庆因文化空间差异而表征不同，如湖南汨罗江畔端午习俗一般从五月初一开始，十五结束；而屈原故里端午习俗则是五月初五小端午挂菖蒲、艾叶，饮雄黄酒，五月十五大端午龙舟竞渡，五月二十五末端午送瘟船及亲友团聚。民俗节庆据不同的分类标准有多种类别。

一、主要类型

从活动结构而言，许多节庆习俗很难区分出单一的性质类型，更多的都是复合型的节庆。以节日的起源及其主导功能作参照，大体可将节庆习俗分为相对独立而又互为交叉的农事节庆、祭祀节庆、信仰节庆、纪念节庆、庆贺节庆、社交游乐节庆等类型。

（一）农事节庆

这类节庆节日主要是根据四季更替变化安排农业生产秩序而举行各类庆祝活动形成的，如清明、端午、中秋、冬至等。古人根据天象变化特设一些日子作为季节更替交接的标志，以此安排生产和调整生活节律，这类日子演变成了后来的农事节日，如傣族的泼水节。傣历为阴阳历，其主要精神是根据月亮的盈亏规律，把一年分为十二个月，以六月为岁首。傣历规定太阳进入金牛宫的那一天为泼水节，即每年 4 月 20 日或者 21 日谷雨时节，是收获季节与生产大忙季节的交接点。

当前，具有全国性影响的最大的农事节庆应当是“二十四节气”系列习俗，与之相关的系列扩展名录九华立春祭、班春劝农、石阡说春、三门祭冬、壮族霜降节、苗族赶秋、安仁赶分社等都有丰富的与农事相关的民俗节庆活动。九华立春祭的主要活动有：祭拜春神句芒、迎春接福赐求五谷丰登、供祭品、扮芒神、焚香迎奉、演戏酬神、踏青、鞭春牛等。壮族霜降节是广西大新、天等、德保、靖西、那坡等县于每年农历九月晚稻收割结束之后的霜降期间的农事节庆习俗，期间当地壮族民众用新糯米做成糍那和迎霜粽等招待亲朋好友。此外，黑龙江省的鄂温克族瑟宾节是每年公历6月18日举行的反映游牧和农耕生产习俗的传统节庆，期间有赛马、射箭、摔跤、歌舞、宴会等活动。

（二）祭祀节庆

事实上许多传统节庆都举行祭祀活动。此处的祭祀节庆主要是指以祭拜先祖或者其他神灵为主要特征的节庆。

黑龙江省宁安市在农历六月十五的朝鲜族流头节有到向东流的河水中洗头、沐浴的习俗，期间举行祭拜农神与祖先以及净身驱除杂鬼等活动，以此祈求丰收与健康等。广西贺州和广东韶关都有举办瑶族盘王节的习俗。活动期间举行祭祀瑶族祖先盘王（盘瓠）的仪式，以此祈求全族平安顺利，来年风调雨顺、五谷丰收。广西南宁市上林县壮族龙母节可谓是壮族最早的母亲节，是上林县各乡镇民众祭祀壮族龙母的民俗节庆。广西来宾市象州县社王节也是当地重大的祭祀节庆。当地壮族民众有“过‘社’大过年”之说。社日当天，全村男女老少敲锣打鼓祭敬社王。仪式结束后大家集中在社王牌位附近吃“社”饭分享“社猪肉”，然后把“社王”请回家祭供。浙江省的象山县、岱山县和山东省的荣成市、日照市等地的渔民开洋谢洋节是以祭海为主要内容的海洋祭祀节庆文化的典型代表。开洋节是渔民在渔船出海时举行的一种祈求平安与丰收的民俗活动，谢洋节则是渔船出海平安归来后渔民为感谢大海恩赐而举行的一种民俗活动。

（三）信仰节庆

这类节庆或是源于宗教信仰，或是因其他信仰而举行，如傣族泼水节、西塞神舟会、壮族蚂蚜节。

傣族的泼水节最初起源于印度，曾经是婆罗门教的一种宗教仪式。

西塞神舟会是湖北省黄石市传统信仰节庆。主要活动有制作神舟、唱大戏、巡游、送神舟下水等。每年五月十五日到十八日举行神舟巡游、神舟出宫、送神舟入江等活动，祈求神舟带走瘟疫，祈盼一年吉祥、幸福、安康。

广西河池市的毛南族分龙节是毛南族祈神保佑丰收的传统节日。活动于农历夏至后的第一个辰日（龙日）前后举行。“龙”主管着雨水，决定农业丰歉的命运，因此人们在龙日前后杀牛祭拜神龙，以求其均匀降雨以获得好收成。

壮族蚂蚜节是表达农业生产意愿的节庆习俗，同时也是信仰节庆。

京族哈节是京族最隆重的传统信仰节日。活动一般持续一周左右，大体分为迎海神、祭海神、坐蒙乡饮、送海神四个部分。其中第一天举行迎神活动，村民齐集哈亭，结队举旗擎伞，抬着神架到海边迎接海神回到哈亭接受供奉和祭拜。最后一天举行送神活动，在哈妹们跳着花灯舞的同时，人们将海神平安送回大海。

（四）纪念节庆

这类节庆主要是纪念传说人物、历史人物、历史事件或者重大的具有深远影响的事件的活动，如湖南汨罗江畔端午习俗、都江堰放水节等。

我国许多地方的清明节习俗都是踏青祭祖，但山西省的介休寒食清明习俗则是纪念介子推的节庆习俗。当地民间广为流传的故事说介子推蒙难于清明前一日，晋文公下令此日禁火寒食，此后演变为寒食节。节日习俗主要有：禁烟火、吃冷食、祭祀、扫墓、插柳、踏春、踢蹴鞠、荡秋千、放风筝等。

海南黎族三月三是黎族人民悼念勤劳勇敢的祖先、表达对爱情和幸福的向往之情的传统节日。传说节日起源是纪念南音和天妃兄妹。节日期间，黎族人民身着节日盛装，挑着山篮米酒，带上竹筒香饭，从四面八方汇集到一起，或祭拜始祖，或三五成群相会、对歌、跳舞、吹奏或打击乐器来欢庆佳节。

（五）庆贺节庆

此类节庆以庆贺丰收为主要特征，如羌年、仫佬族依饭节以及哈萨克族、蒙古族、藏族等民族多彩多姿的赛马节等。

春节俗称过年，是中国民间一年中最为隆重的，汉、壮、布依、侗、朝鲜、仡佬、瑶、畲、京、达斡尔等民族都欢度的传统节日。春节起源于殷商时期年头岁尾的祭神活动。自汉武帝改用农历以后，中国历代都以"二十四节气"中的立春日为春节，农历正月初一为新年。立春最早是祭天、祭农神、祭春神、鞭春牛、祈丰年的日子，古人常在此时举行朝贺以及进行各种娱乐活动，包括迎神祭祖、占卜气候、祈求丰收等，后来逐渐形成内容丰富的新春佳节。春节相关民俗活动要持续一个月。节前有祭灶、祭祖等仪式；节中有给儿童压岁钱、向亲友拜年等习俗；节后半月在元宵节吃元宵、赏花灯等。元宵节过后，春节才算结束。

少数民族过春节的民俗活动丰富多彩。湖南省湘西土家族苗族自治州土家年的特点是吃团年饭的时间先于汉族一天。广西柳州市融水苗年是苗族民众独特的过年习俗。苗族以农历十二月为岁首，农历十一月三十是除夕，腊月初一是新年。苗年在不同的村寨延续的时间不尽一致，五天、九天、十三天不等，但都取单数。过年前杀猪、喝开节酒以及做糯米糍粑、酿糯米酒、打油茶，意味着七色皆备、五味俱全。苗年里最盛大的活动是芦笙踩堂。侗年是侗族感谢祖先保佑的传统节日。藏历年是藏族人民一年中最为隆重的传统节日，从藏历元月一日开始，到十五日结束。四川省凉山彝族自治州彝族年是集祭祀祖先、游艺竞技、餐饮娱乐、服饰制度等诸多民俗事象为一体的祭祀和庆贺性民俗节日。

（六）社交游乐节庆

这类节庆以娱乐交友为主要特征，如各地的灯会以及恩施土家女儿会、苗族姊妹节、壮族歌圩等。农历七月初七俗称"七夕节"，又叫"乞巧节"或"女儿节"，起源于牛郎织女的神话，是中国最具浪漫色彩的传统节日。其主要习俗包括：拜牛郎织女，瓜棚下听"天语"；丢巧针，卜运气；七姊妹结盟；接露水，种生；祭七夫人、魁星、文昌、关公、天孙等。广西的壮族歌圩既指民众聚会唱歌的场所，又指民众在特定的时间、地点举行的群体性聚会——酬唱山歌的活动。歌圩举办的时间主要在春、秋两季。春季三、四月间为最盛，农历三月初三举办的次数最多；秋季歌圩集中于农历八、九月，尤以中秋节为盛。壮族歌圩的重要传统活动之一是青年男女对歌以娱乐、交友。仫佬族走坡节是仫佬族青年男女的传统社交节庆活动之一。走坡活动后，情侣双方互送定情信物，订下终身。女方一般是给小伙子送“同年鞋”（又称为“定情鞋”“鸳鸯鞋”）；男方则买手巾、丝绒作答谢。到八月十五中秋节，男方还买月饼（又称“同年饼”）送给女方，因而走坡节有“哥送月饼妹送鞋”的习俗。广西融水苗族“芦笙斗马”是以“斗马”为中心符号的典型的社交节日，参加人数少则几千，多则几万人。南宁市隆林县的德峨苗族跳坡节已经有600多年的历史。节日活动从正月初二到正月十四，参与跳坡的人数多达6万人。主要内容有喊坡、赶坡、闹坡、跳月亮等。跳坡节已经成为苗族青年男女相聚择偶的重要平台。

二、传承特征

（一）传统特征依然存续

一是节庆具有神圣性。尽管节庆活动分为不同的类别，但是各类节庆无一不举行各种主题的仪式活动，或娱神或娱人或二者兼之。而仪式的本质即是彰显神圣性。

二是节庆活动具有群体参与性。少数几个人的活动不能成为节庆活动。只有当神圣的活动成为区域性的约定俗成的群体参与的文化表达，才能成为节庆，其所衍生的系列行为才能成为节俗。推而广之，参与节庆活动的民众越多，其影响面越广，节庆就越具有生命力。如中国四大传统节日春节、清明节、端午节、中秋节以及少数民族年节如苗年、侗年等，其具有广泛的民众参与基础，因而总是保持着旺盛的节庆生命力。

三是节庆具有娱乐性。节庆本来是“日常时空以外的时空”，是协调生产生活节律的特殊日子的特别活动。尽管许多节庆名录中都有各种庄严的神圣仪式活动。但是，这些仪式多数仅是节庆活动中的一部分或只是其中一个小环节，更多的活动内容还是通过娱神而达到娱人的目的。其娱人的特征或通过娱乐活动，或通过交友甚至是为年轻人搭建对歌交友等平台得以体现。

四是节庆具有周期性。节庆活动周期无论长短必有其规律，否则节庆不能成为节庆，充其量不过是娱乐活动，也正因为其周期性使之成为传统文化。如我国从事农业的多个民族的节日大多在春季或者秋季，这是因为春社和秋社是古代祭祀周期的传承。非物质文化遗产其他节庆名录也都具有这些周期性特征。

换言之，如果缺乏神圣性，缺乏民众参与，缺乏周期性延续，仅是借非物质文化遗产节庆进行招商引资而缺乏愉悦身心的特征，那么，即使列入地方非物质文化遗产名录加以保护，也避免不了走向衰亡的命运。

（二）传统功能趋于综合性

尽管各种节庆习俗有其主导功能，但其功能已经多元化。如农业节庆习俗也会举行各种祭祀活动，因而也具有祭祀节庆的性质。如浙江省的抢猪节是景宁县大漈乡秋收时庆祝丰收、娱人娱神的综合性的民间节日。又如清明节可视为农事节庆，毕竟清明节是“二十四节气”之一，但全国许多地方的清明节同样是祭祀与交友的节日。七夕节表达牛郎织女相会的活动如拜牛郎织女、七姊妹结盟等在新时代的年轻人尤其是城市中的年轻人群体中已经淡化。在年轻人看来，七夕节已经成为富有浪漫色彩的情人节。同理，瑶族盘王节由祭盘王的主导功能丰富发展成为庆祝丰收的联谊会，青年男女借盘王节活动以歌道情，寻觅佳偶。湖北恩施的女儿会距今已有300多年的历史，原是土家族青年男女追求爱情、婚姻自由的节日盛会，如今已经被誉为“东方情人节”，成为集民族风情展演、篝火联欢和星空露营等“多点开花、时间交错、文旅融合、全民参与”于一身的节庆活动。其他节庆也多发生了类似的功能转换或内容丰富。

关键词

民俗特征　民俗类别　民俗信仰　生产民俗　消费民俗　生活民俗
人生礼仪　节庆习俗

核心观点

1. 民俗文化大体可以分为民间信仰、生产民俗、生活民俗、传统礼仪和节庆习俗等若干个小项。

2. 民间信仰属于影响长久的精神层面的内容，因此，相关的名录主要在仪式相对完整、历史悠久等方面特征突出。

3. 生产民俗反映的是民众生存的基本物质条件获得的民俗，涉及物质生产和物质消费两方面，因此都具有明显的行业特征，但功能很明显地发生了变化。

4. 生活民俗中饮食习俗、服饰习俗、居住建筑习俗等内容直接与温饱冷暖、安居乐业等相关，在时空上差异尤其明显，但这类项目基本上都发挥着现实功能。

5. 传统礼仪（人生礼仪）反映的是起到维护社会秩序作用的各种礼仪习俗，这些礼仪具有历程标记和角色认定等功能。因此，其传承上体现为传统功能保留，但表征形式已经发生了许多变化。

6. 节庆习俗是对生产生活节律起到调适作用的各类节日习俗。因此，总体而言，节庆传统的特征如神圣性、群体参与性等依然很明显，但其传统功能已经趋于综合。

延伸阅读

1. 钟敬文. 民俗学概论［M］. 2版. 北京：高等教育出版社，2010.
2. 乌丙安. 中国民俗学［M］. 沈阳：辽宁大学出版社，1985.
3. 高丙中. 中国民俗概论［M］. 北京：北京大学出版社，2009.
4. 邢莉，等. 民俗学概论新编［M］. 北京：北京师范大学出版社，2016.
5. 陈华文. 民俗文化学：新修［M］. 杭州：浙江工商大学出版社，2014.
6. 向云驹. 人类口头和非物质遗产［M］. 银川：宁夏人民教育出版社，2004.
7. 叶涛. 中国民俗［M］. 北京：中国社会出版社，2006.

思考问题

1. 举例说明非物质文化遗产民间信仰的内容特征。

2. 举例说明非物质文化遗产物质生产与物质消费民俗的内容特征。
3. 举例说明非物质文化遗产生活民俗的主要特征。
4. 举例说明非物质文化遗产传统礼仪的主要特征。
5. 举例说明非物质文化遗产节庆习俗的主要特征。

（岑学贵）

第十二章　文化空间

文化空间是非物质文化遗产的重要组成部分，是其活态展示和保护传承的空间。文化空间研究涉及类型学、地理学、人类学、社会学等学科范围，非物质文化遗产文化空间具有地域性和民族性等自然属性以及日常性和周期性等时间特性，制度性和精神性等社会属性以及综合性和活态性等人文性特征。在非物质文化遗产文化空间中，口头文化、民俗文化、宗教文化等综合文化事象与自然节奏、时序、地理环境以及民众日常生活紧密相融，并通过传承人得以展示、保护、延续和发展。文化空间对于地方的文化生态、民俗文化、历史文化、日常生活都具有重要的保护意义。博物馆、文化生态区、民族民间艺术之乡等文化空间保护形式对非物质文化遗产的有效保护起到了重要作用。

第一节　文化空间的概念、范围和特征

一、文化空间的概念表述

空间既是自然界的客观物质存在，又是人类生产生活的实践所在，文化也是一种空间实践，任何文化形态都是在一定的空间中形成的，并具有这种空间特征。从狭义角度来看，“文化空间”或“文化场所”(Culture Place)，是联合国教科文组织创立的一个专有名词，用来指称专门保护人类口头和非物质遗产代表作的一种形态。

联合国教科文组织颁布的《人类口头和非物质遗产代表作条例》中代表作的范围包括：口头传统，以及作为文化载体的语言；传统表演艺术，含戏曲、音乐、舞蹈、曲艺、杂技等；民俗活动、礼仪、节庆；有关自然界和宇宙的民间传统知识和实践；传统手工艺技能；与上述表现形式相关的文化空间。2003 年 10 月 17 日，联合国教科文组织颁布的《保护非物质文化遗产公约》中明确将文化空间作为非物质文化遗产保护的重要内容。非物质文化遗产指“被各社区、群体，有时是个人，视为其文化遗产组成部分的各种社会实践、观念表述、表现形式、知识、技能以及相关的工具、实物、手工艺品和文化场所”。其中文化场所就是文化空间。

从广义角度来看，文化遗产既依存于物理空间而存在，也依存于文化空间而存在。文化遗产分为有形文化遗产和无形文化遗产（人类口头和非物质文化遗产），相对应的，有形文化遗产的文化空间应该具备人造的文化实体，包括文化地域、文化物理空间、文化场所、文化地点等，如文化遗址、文化群落、宫殿庙堂、陵墓地宫、考古现场等；无形的人类口头和非物质文化遗产的文化空间，多从物与人的组合空间来给予界定。《人类口头和非物质遗产代表作条例》明确了文化空间是非物质文化遗产的表现形式，可以作为非物

二维码 12-1

质文化遗产代表作参加非物质文化遗产项目的评选。条例中将文化空间表述为"'文化场所'的人类学概念被确定为一个集中了民间和传统文化活动的地点，但也被确定为一般以某一周期（周期、季节、日程表等）或是以事件为特点的这段时间。这段时间和这一地点的存在取决于按传统方式进行的文化活动本身的存在"①。目前，学界对"文化空间"普遍认同的一种含义是基于物理空间（场所、地点、建筑等）的人类行为（传承演示、周期行为、节庆聚会）在场的自然空间和文化空间的组合空间形态。其内涵应该包括：①具有作为人类创作天才代表作的特殊价值；②根植于相应群体的文化传统或文化历史之中；③在该民族及文化群体中起着确认文化身份的作用；④作为灵感及文化间交流的源泉和凝聚各民族或各群体的手段所表现的重要性；⑤目前在该群体中所起的文化及社会作用；⑥超凡的实践技能和技术水平；⑦具有唯一见证某个鲜活传统文化的价值；⑧或因缺乏拯救和保护措施，或因变革过速，或城市化，或外来文化切入而面临消亡的危险②。

非物质文化遗产作为一种意义文化形态，具有在物理空间中借用非物质文化遗产文化实体和符号进行精神生产的特征，并由此将非物质文化遗产存在的物理空间转向以物理空间为实体的文化空间，以此表达非物质文化遗产的存在意义。

二、文化空间的特征

空间是一种独立于人而客观存在的物质形态，是一切物质存在的前提和必要条件，是人类一切活动的载体。人的存在赋予了自然空间存在的社会意义和价值，从而形成文化空间。文化空间具有自然与社会的双重属性。就其自然属性而言，是一个物理空间或场所，其表现形式，从大处来说，可以是一个国家、一个民族、一个行政区域、一个自然村落；从小处来看，可以是一个家庭空间、一个活动场所、一个项目场域，比如家庭祭祀堂、文化广场、宗教场所、议事中心。就其社会属性来说，它们是以人与人的经验、社会关系等为基础的使所有活动得以进行的物理场所，文化内容的注入是其存在和发展的核心。它的出现使人类行动不再仅仅是自然事实，而且也是社会事实；不再仅仅是被自然决定的，而且也是由个人和社会建构的。非物质文化遗产文化空间同样体现了自然时空与人文社会的双重属性，具体来说，文化空间具有地域性与民族性、日常性与周期性、制度性与精神性、综合性与活态性等特征。

（一）地域性与民族性

文化空间的自然属性主要是指文化生存的自然地理位置、空间条件及其生态环境。人是环境的动物，为适应各种不同的自然环境，人们在不同的文化空间创造了许多与之相适应的文化。一方面，受到一定地域自然环境、生产生活条件的制约，一定文化空间的文化体现出独特的地方色彩；另一方面，生活在不同自然环境中的民族，在不断进行

---

① 向云驹. 论"文化空间"[J]. 中央民族大学学报（哲学社会科学版），2008（3）：81-88.

② 张雷. 绿洲巴扎非物质文化空间及其保护研究：以喀什市巴扎为例 [D]. 乌鲁木齐：新疆师范大学，2009：10-11.

文化创造与积累的过程中，创造了属于自己的文化空间，体现了鲜明的民族特征，从而形成了不同地域和民族文化多样性与互补性并存的格局。

1. 独特的地域性

自然环境是影响文化产生、发展的第一重要变量，离开了人类生存、繁衍的自然生态环境，一切文化创造活动将不会有客观存在的基础。不同的自然环境形成不同的生产方式，不同的生产方式造就不同的地域文化。身处高山和高原的居民，与身居平原和湖区、沿海的居民，由于自然环境不一样形成了山地文化、高原文化、森林文化、稻作文化、草原文化、海洋文化等；由于地域不同，又形成了中原文化、黄土高原文化、东北文化、西北文化等。

地域性是非物质文化遗产文化空间所呈现的最基本特征，在这里地域可以是一个自然村、一个乡，乃至一个县，一个地区……但无论地域大小，它们都是一个独立的文化空间单元，在其中形成独特的地方文化。自然环境是决定非物质文化遗产地域性特征的重要因素。以民俗为例，民俗即民间风俗，指一个国家、一个民族或一个区域中广大民众所创造、享用和传承的生活文化，也是最能体现地方性特色的非物质文化遗产。比如，春节北方吃饺子，南方包汤圆；大理白族有本主，福建地区有家祠；藏族敬老要敬献哈达，壮族敬老要献米等，都是文化空间的地域性的最好显现。即便是同一类非物质文化遗产项目，由于地理环境不同，其活动形式也存在许多差异。比如同样是端午节划龙舟，在水资源比较充沛的湖北和湖南一带一般是水上赛龙舟，而在重庆市和江西省有些缺水地区则举行旱龙舟。即便是在同一地区，由于自然条件的变化也会发生变化，如湖北泽林以前依水而居，随着地理环境的变迁，渐渐远离水域，也就没有了水上赛龙舟的条件。于是，泽林人因地制宜，因时而变，采用了扎制旱龙舟巡游的方式取代了以水龙舟纪念屈原的传统。2014 年，泽林旱龙舟被列入第四批国家级非物质文化遗产代表性项目名录①。总之，由于自然环境条件造成的地域空间的不同，形成了非物质文化遗产文化内容和形式的种种差异，这既构成了非物质文化遗产文化空间的多样性，又构成了中华民族丰富多彩的地域文化世界。

2. 鲜明的民族性

民族是指经长期历史发展而形成的稳定共同体，即一群基于历史、文化、语言与其他人群有所区别的群体。各民族有其固定的生活地域，在不同民族文化的影响下形成了各民族极具差异化和极富魅力的民族文化空间。由于民族区域生活环境不同、社会和经济状况不同、文化积累和传播不同等，从而形成了各民族所特有的共同记忆，这种集体记忆成为凝聚这一集体的纽带，这一集体性的表现形态之一就是民族性。

中国是一个有着五十六个民族的国家，受不同民族传统的影响，形成了不同的民族非物质文化遗产文化空间，并体现出鲜明的民族性特点。首先，因不同民族社会群体性的生活和生产需要，形成了不同民族的文化空间特征。如西南地区的“壮族住田边，侗

① 端午节（泽林旱龙舟）［EB/OL］.（2014-12-03）［2020-10-05］. http://www.ihchina.cn/project_details/14925/.

族住水边，苗族住山尖”这首民谣就反映了不同民族居住空间的民族特征。其次，由于不同民族文化传统不同，在相同非物质文化遗产项目上有着不同的内涵和形式。比如圣诞节是西方的传统节日，西方 12 月 24 日的平安夜和 25 日的圣诞日，主要以家庭活动为主，即使在户外活动，大多也是非公共性的活动，商家几乎都早早歇业，整个城市安逸静谧。西方一直保持着这种传统的风俗习惯[①]。圣诞节传入中国后，中国人将它改造成为一个公共性的节日，各大城市商家抓住圣诞节时机积极促销，使其成为一个购物狂欢节。传统的民俗活动约定与当代商业活动的结合，使得这一传统习俗在当代中华民族得到了发展。

由此可见，非物质文化遗产文化空间是不同地域和民族主体在不同地方自然环境和社会环境背景下的文化建构，因此，它具有千差万别的地方性和民族性特征，成为民族灵魂安放之处和地方文化栖息之所。

（二）日常性与周期性

非物质文化遗产的时间性是指非物质文化遗产在历史发展过程中在时间上的纵向延续性、具体文化事象内在的时间秩序性，以及普通日常生活事象在一定时空中被赋予文化内涵之后的价值增值性。因此，从时间性角度审视非物质文化遗产文化空间，它具有日常生活的节奏性和周而复始的周期性特征。

1. 日常生活的节奏性

非物质文化遗产的文化空间是非物质文化遗产发生和发展的重要场所，是民众具体直观的、初始的、生活性文化的载体。不同历史时期民众的全部生活是非物质文化遗产文化空间形成、维系和发展的现实基础、重要主体和关键因素，它既是民众日常实践的领域，也是蕴含着普通人共同的本源性文化意义和价值的领域。任何文化、任何社会都必须为生活创造出某种节奏感，而通过赋予时间以不同价值或重要性，就很容易产生出类似于“平常”时间和“非常”时间相互交替的节奏[②]。非物质文化遗产为普通的日常生活时空在不同时间段赋予了不同文化价值，使其价值高于其他时间段。比如，日常生活中的各种禁忌常常与特殊的时间或特殊的空间相联系。如民俗禁忌中的“破五”习俗：农历正月初五，俗称“破五”，许多地方有在这一天“赶穷鬼”的习俗。人们黎明即起，放鞭炮，打扫卫生。鞭炮从每间房屋里往外放，边放边往门外走。俗信这样可以将一切不吉利的东西、一切妖魔鬼怪都轰出去，让它们离我们越远越好。由于腊月三十到正月初五一般是不允许大范围做卫生的，只扫扫地，且只能在屋里扫，垃圾只能先放在屋里的拐角处，如果动了就有可能将好运气弄丢了。可到破五那一天，却非彻底地做一回大扫除不可了。这就是民俗禁忌与时间节点的紧密联系。尽管禁忌的设置还离不开

① 刘恩芳．习俗文化与公共空间：英国卡迪夫城市公共生活空间与节日习俗场景的分析［J］．建筑学报，2009（A1）：89-92．

② 周星．关于“时间”的民俗与文化［J］．西北民族研究，2005（2）：121-139．

其他一些原因，但深层次看，禁忌与时空有着一定的关系，适者生存。因此，人类在走向文明的进程中给自己设置了重重藩篱，约束偶尔可能迈错的步子，并将其理所当然地世世代代延续下去——这就是我们今天知其然不知其所以然的禁忌①。

二维码 12-2

2. 周而复始的周期性

文化空间（场所）是一个地点、场所或空间，但不是静态的，是有时间因素、有周期性文化活动、反复演示的时空，是有人类活动、有文化表演、有文化行为的地点。比如岁时性的民间节日、神圣性的宗教仪式和民间庙会、娱乐性的歌会舞节，以及盛大的祭祖祭祀场所，都是以在一个固定时间内反复表现的活动为特征②。以节日文化为例，节日文化一般都有周期性。一年四季交替，确实是自然节律，但它被文化化之后成为不断循环的岁时节庆，却又是文化节律了，同时这种文化节律大大提高了普通时间的意义和价值。例如，中国人（主要是汉族人）过春节，每年除夕和正月初一，游子应归家团聚，团圆的意蕴赋予了这个时点很高的文化价值。再比如，汉族每年的正月十五元宵节庆典，有各种花会 、歌舞、灯彩、灯谜等；每年端午节有赛龙舟 、吃粽子、插艾蒿等活动。这些民俗时间节点上的文化内容，使节日具有非同寻常的意义和价值，它连接着生与死、天与地、神圣与世俗……时间节点之内是自己所处的熟悉的环境，临界点之外却是一个陌生的不可捉摸的领域③。

值得注意的是，不同非物质文化遗产文化空间的时间性是不一样的，有些可能具有常年性，比如黄帝陵就是一年四季祭拜黄帝的空间，显然具有明显的长时段特点，但其中的黄帝祭祀大典只是一年一次，具有明显的短时段特征。而有些特定文化场所只有在举办文化活动时才是特定的文化空间，活动一结束，便不再是文化空间，如一年一度的马街书会的活动地址。这类文化空间在时间的延展性上显然具有明显的短时段特征。仅从时间角度来说，这里的文化空间在时间的延展性上，无论是其中的哪一种，它们的循环性和神圣性在时间延展的过程中或多或少地都会被体现出来④。

（三）制度性与精神性

人作为一个活生生的个体，在这个世上存在，一方面，作为社会的存在物（social being）有想要满足自己本能欲望的渴求；另一方面，人的本性又是道德的存在物（moral being），于是在许多方面，如社会的、制度的、习俗的力量就会有多方面的规矩来制约人的本能欲望，力图求得在个人、家庭、社会和国家之间的协调。非物质文化遗产文化空间就是这种既能满足人愉悦身心的欲望又能制约人的越矩行为，具有制度性与精神性的空间。

---

① 何华湘. 民俗时空观研究 [D]. 温州：温州大学，2007：16.

② 宋超. 西安鼓乐文化空间保护 [J]. 音乐天地，2011（3）：45-48.

③ 何华湘. 民俗时空观研究 [D]. 温州：温州大学，2007：17-20.

④ 苑利，顾军. 文化空间类遗产的普查申报以及开发活用 [J]. 原生态民族文化学刊，2009（4）：63-71.

1. 深层的制度性

按照制度学派的观点，人们日常生活中占有重要地位的规则多数是在社会中通过一种渐进式反馈和调整的演化过程而发展起来的，并且多数制度的特有内容都渐进地循着一条稳定的路径演变①。非物质文化遗产文化空间的深层结构表现在民间既有现代社会的理性规制，也有传统习俗的自然积淀。首先，非物质文化遗产文化空间具有制度化组织形态。如农村公共空间组织、民间自愿组织和志趣群体是社（地方神信仰组织春社和秋社，地方文人的诗社、书社、琴社），会（庙会、香会、青苗会、水利会、同乡会、兄弟会、老人会），族（家族、宗族、民族）的展开或延伸。更多的农村公共空间组织结构表现为血缘关系、亲属关系，这仍是社会关系网络的基础，因而农村公共空间是典型的熟人社会——互识、直接交往、情感交流、信息透明。其次，非物质文化遗产文化空间具有制度化活动形式。不同非物质文化遗产文化空间制度造就出各自的地方色彩，每一个地方的民间都具有自己的特殊色泽、样态和形式，如节日、庆典、仪式、禁忌、戒律等；有不同的公共空间和物品，如家庙、宗庙、村庙及家族公共产业、建筑、文物，家谱、族谱、地方志等；有不同的民间艺术，如地方戏、绘画、书法、雕塑、建筑、剪纸、剪花等②。其三，非物质文化遗产文化空间具有制度化文化传统。在农村公共空间的再造中，传统与现代、自发伦理原则与人为理性规制、非物质文化遗产制度与市场制度的对接，贯穿在方方面面。如民间信仰中，鬼神崇拜、祖先崇拜、自然崇拜、图腾崇拜等神灵崇拜观，以及民众自发的行为习惯和仪式活动等内容中，都充分体现了不同非物质文化遗产的文化制度传统。

2. 内在的精神性

人从诞生之日起，就生活在两个空间，一个是客观存在的物理空间，这是我们赖以生存的基础，是一个可以感知与触摸的空间；一个是主观创造的精神空间，这是我们体现生存价值与意义的场所，是一个虽然不可触摸但却可以感知的精神世界。非物质文化遗产除了物理空间之外，还有一个超越人类时空的精神空间。人们在物质世界不能满足的东西，通过展开想象在精神世界中追寻，沉浸在精神的享受之中，给予情感慰藉。对未知世界的敬畏是无论哪个时代的人都无法排除的情感体验，这种情感集中体现为时间节点在人们头脑中引起的种种神秘联想③。弗雷泽说："这两种思维的基本规律就是空间或时间中的'相似联想'和'接触联想'。"④ 在中国民俗中，诸如求雨习俗等试图控制天气的巫术中，时空观尤占显要地位。人们求雨，实际上是寻求对现有环境状况的改变，而这个改变（雨水），理所当然是来自另一个时空的。这种时空观也可以看作当时环境中人们具有的朴素的系统概念，即一个时空与另一个时空可以互相作用，来自另一

---

① 杨敏."活着的过去"和"未来的过去"：民俗制度变迁与新农村建设的社会学视野［J］.学习与实践，2007（11）：11-22.

② 杨敏."活着的过去"和"未来的过去"：民俗制度变迁与新农村建设的社会学视野［J］.学习与实践，2007（11）：11-22.

③ 何华湘.民俗时空观研究［D］.温州：温州大学，2007：13.

④ 詹·乔·弗雷泽.金枝［M］.徐育新，等译.北京：中国民间文艺出版社，1987：76.

个时空系统的信息可以改变这一个时空系统的状态（降雨）①。阿尔多·罗西致力于思索建筑与人类集体记忆之间的联系，在他的研究中，“城市是集体记忆的场所，城市首先是思维的记忆之城，其次才是三维的物质之城，一座城市正是由这样的记忆密码而与过去的时空和血脉相连”②。包括非物质文化遗产在内的各种文化要素在情感空间形态中的表现也正是这诸多的集体记忆的一种形式，成为城市内在凝聚力的重要的一部分，这种表象背后蕴含了这一群体的集体意识的部分。

（四）综合性与活态性

文化空间作为文化载体，既是固定的又是变动的，固定的是其物理空间，变动的是流动的传承人。在传统封闭的社会中，大多数人长期生活在一个相对固定的区域，文化经过一代又一代人的创造与传承，沉淀成本地文化基因；在现代社会中，大多数人处于流动状态，从一个区域到达另一个区域，他们既传播自己携带的本土文化，又在新的环境中接受新的文化。因此，非物质文化遗产文化空间呈现出固定性、综合性与变异性相结合的特点。

1. 空间的固定性

在传统社会环境中，乡村里的农民生活在村落，都市里的居民生活在社区，民众生活流动性不大，人们一般被限制在一个相对固定的群体或者某个区域，生活空间总的说来，没有大的变化。非物质文化遗产文化空间就是在这样一个特定的自然环境和人文生态中长期形成的相对固定的文化活动场所，如中国乡村聚落中的庙会、祠堂和广场等就是固定性民间文化场所。黄帝陵就是一个典型的固定民俗文化空间，许多与黄帝祭祀有关的活动都在这里举行；汉族的龙王庙也是一个典型的固定民俗文化空间，许多祀龙祈雨有关的仪式活动多在这里举行；侗族大歌唱歌的场所——鼓楼也是一个固定的民俗文化空间。对于划龙舟习俗而言，特定的地段、特定的时间内的江河也是一个特定的文化空间。进入这样一个特定的文化空间的人有着特别的文化要求和选择性。比如祈雨时，龙王庙不但女人不能进入，就是属虎的男人也同样不能进入；在特定的文化空间一般都会贴有或树有特定的标志性符号，如黄帝陵前的下马石、龙王庙的大门、村落的寨门以及拦门用的禁绳子等，其目的是强调文化空间的神圣性和严肃性③。

2. 文化的综合性

鲁春晓认为：“文化空间向社会提供的是一个正在生活着的社区的环境、经济、文化的整体，是一个正在生活着的社会的活标本。”④ 非物质文化遗产文化空间往往呈现

① 何华湘. 民俗时空观研究［D］. 温州：温州大学，2007：14.

② 转引自刘恩芳. 习俗文化与公共空间：英国卡迪夫城市公共生活空间与节日习俗场景的分析［J］. 建筑学报，2009（A1）：89-92.

③ 苑利，顾军. 文化空间类遗产的普查申报以及开发活用［J］. 原生态民族文化学刊，2009（4）：63-71.

④ 鲁春晓. 新形势下中国非物质文化遗产保护与传承关键性问题研究［M］. 北京：中国社会科学出版社，2017：210.

的是口头文化、民俗文化、宗教文化等综合文化事象，这些文化与民族民间信仰、民众日常生活紧密联系，其中往往包含了多样化的民族民间文化类型。如民间技艺、民间美术、民间音乐、民间曲艺与戏剧、杂耍与竞技往往较为集中地在某一文化空间中进行展示。非物质文化遗产文化空间显示了民间文化的综合特性，口头文学、音乐、舞蹈、祭祀、信仰、礼仪、风俗、游艺、工艺、建筑等，几乎是完全有机地联结在一起。比如我国侗族的鼓楼及其广场，就是集侗族大歌、祭祀、舞蹈、节庆活动于一体的文化空间；土家族的摆手堂，是每年或几年一次大型祭祖的场所，届时有祭仪、祭歌、摆手舞、戏剧表演等。文化空间是非物质文化遗产最集中、最综合、最典型、最生动的展示，这也是非物质文化遗产文化空间的魅力和意义所在。

3. 传承的活态性

人类在文化传递的过程中，一方面是上一代把经验、知识、技术、思想、理论、方法等传递给下一代；另一方面，下一代又通过自己的实践不断补充、发展、丰富原有的经验、知识、技术、思想、理论和方法等，进行新特质文化的创造和积累。非物质文化遗产同样是不同时代的传承人在自己独特的文化空间中对非物质文化进行传承、创新、融合、发展的结果。比如许多传统民间文化活动，历经长时间的代代传承和发展，在现代仍在发挥重要作用。现代社会经济的发展以及文化的传播交流，不断打破传统文化区域封闭性体系，而正在形成和造就与传统文化区域性质和面貌完全不同的新的文化区域。随着生产方式的改变，传统的生活方式正在让位于新的生活方式，随之而来的则必然是人们的风俗、习惯、情趣等文化心理的深刻变化。因此，非物质文化遗产是流动的、向前的，其不断创新发展的动态性正是其强烈生命力的保障。

第二节 文化空间保护的意义

文化空间是包含多种多样非物质文化遗产具体事象的文化场所，对文化空间进行保护既具有一般意义上非物质文化遗产保护的意义，又因文化空间的特殊性而具有更广泛的文化生态学意义、更深刻的民俗文化意义、更全面的历史文化意义和更基本的日常生活意义。

一、文化空间保护的文化生态学意义

文化生态是指文化所处的总体生态环境。1998 年，方李莉教授在北京大学社会学人类学所主办的人类学高级研讨班上提出文化生态失衡的问题，并在此后的系列文章中，对文化生态问题进行论述与意义阐发，其中的文化链类比于自然界的生物链，而文化空间自然是文化链中最完整的、最具代表性的一环：在特定的文化空间中进行的仪式、器物、特定的时间节点等都是文化发展到一定阶段的产物。随着生活环境和自然环境的改变，许多传统文化物象正在逐渐消失，因此才迫切需要对非物质文化遗产进行保护。但单项目的非物质文化遗产保护往往只能单一地对某一项口头文学作品、某一项技艺等进行记录与传承的保护，其保护在生态链上属于某一个节点的保护，文化空间保护

需要考虑文化链的整体环节情况，对空间中的所有非物质文化事象均给予同等重视、全面保护，并为了达到保护的效果，对与非物质文化相伴相生的物质文化，如山川、水域、建筑等也要进行同步保护。以文化空间中最常见的节日文化为例，节日的仪典既包括仪典进行的物理空间，也包括仪典器具、仪典的主持和参与者等。整体性保护既包括对特殊时间点在特殊空间里进行的仪式的保护，也包括对物理空间的日常维护以及仪典制作技艺、主持者的文化修养等方面的全面保护，而这一系列事象的保护都是在日常生活中与其他更多更复杂的文化与物质的生产紧密联系在一起的。因此，文化空间的保护是物质文化与非物质文化保护的一体化，更有利于文化生态的良性循环。

二、文化空间保护的民俗文化意义

文化空间是集民间文学、表演艺术、传统工艺技术、传统节日、传统仪式、生产知识与技能、生活知识与技能等民俗文化于一体的综合性民俗文化空间。文化空间的民俗文化蕴含丰富，是当地民众日常生活的重要组成部分，包含着地域、语言、经济、宗教等多种因素，是物质文明与精神文明的集合体。文化空间中的民俗事象是发展中的民俗事象，因此，在发展中赋予民俗文化以新的时代内涵，是传统文化能够有活力地传承下去的应有之意。民俗是地区或民族内部人们经过长期的历史积淀才逐渐形成的生活文化，人们的信仰与生活都是通过民俗得以承载与展现的。当特定的文化空间得以保护时，人们在其中重复与发展的民俗才能得以沟通过去、展现现在、预示未来，才能在特定的时空里，不断重复民族记忆，同时展现时代精神和个体价值。

文化空间的保护是现代社会文化发展中，民俗得以继续承前启后的重要途径。文化空间的保护往往是包括祭典、民族服饰、习俗、庙会、灯会、歌会、书会等在内的保护，各地域和民族的传统节日不仅在文化空间内得到较为原真性的保存，而且往往在生产性保护、整体性保护的原则与方式下，能够不断融汇时代精神于其中，同时承载精神的传统民俗事象也会既有承继也有变异。如传统节日的产生与劳动生产密切相关，具有鲜明的对自然、神鬼、祖先崇拜的色彩和人伦色彩，而一定文化空间中的传统节日最重要的就是“怎么过”与“和谁过”，“怎么过”多涉及器物等物质性的对象，较易随着时代的变化而发生变化，“和谁过”则多属于文化精神层面，与社区和家庭、家族关系密切，往往更具有传承性，从而在表象的变化中传承联络家族情感的传统节日文化精神。单一民俗事象的衰微与生产性保护往往是具象的，尤其是在缺乏保护动力与再生产的促进力的情况下，单一民俗事象的保护显得势单力薄，而被纳入一定文化空间内的单一民俗事象往往更加具有吸引力，从而形成良性循环。

三、文化空间保护的历史文化意义

中国的史学发达，传统史学主要是以典籍对正史进行文字记录，而芸芸众生的历史往往隐没在一代又一代普通大众的日常生活中。文化空间中的节日庆典、祭祀礼俗等往往承载着民众历史发展的记忆，正如鲁春晓指出的：

文化空间的概念具有时间和空间的双重含义，在空间上它是从事文化活动的场所，在时间上只有在举行非物质文化遗产活动及仪式的特定时间，文化空间才能形成。文化空间是非物质文化遗产赖以生存的特定环境，它一方面关系到其空间内承载各项文化遗产的保存和传承，同时它自身也是一种特殊的非物质文化遗产，具有时间性、区域性、承载遗产复杂性的特点，具有十分重要的文化价值。①

纳入非物质文化遗产保护视野的文化空间、传统节日及围绕传统节日展开的相关民俗文化活动是最常见的蕴含内容，如蒙古族的那达慕大会、汉族的春节等。在特定文化空间中传承的传统节日通常具备以下特征：一是有悠久的历史，且多是从远古祭祀仪式发展而来的；二是以活态形式传承至今；三是这样的传统节日是该民族传统节日中的精品，在民族民众的日常生活中有着重要的功能与作用。对文化空间进行保护，能够有效保护其中凝聚着历史文化的传统节日等民俗事象。苑利、顾军认为保护非物质文化遗产具有以下当代意义：

保护非物质文化遗产是我们以更高的标准、更多的渠道认识本民族历史的需要。
保护非物质文化遗产是文化创新、艺术创新、科技创新的需要。
保护非物质文化遗产是保护人类文化多样性的需要。
保护非物质文化遗产是建设人际关系和谐、环境关系友好型社会的需要。②

非物质文化遗产保护是在对本民族、本地域的民族文化历史和地域文化历史进行充分认知和重视的基础上才能完成的。刘朝晖认为，任何一个文化空间类项目所反映出来的文化特质，至少具有以下四个特点：一是传统文化色彩比较浓厚，并且多表现为与宗教活动有关的祭祀、礼仪、音乐等；二是以某一文化特色作为主要的文化表现形式，“文化丛”中的各文化成分之间存在着较强的内在逻辑性和关联性；三是文化表现形式的历史悠久；四是周期性的表演和活态的存续形式③。文化空间作为时间与空间一体的非物质文化遗产的综合呈现，更是较为全面地了解民众真实历史与现状、保护民众历史记忆的重要载体；保护文化空间，就是在保护一地、一族民众的历史文化记忆，并传承历史文化知识。同时，对文化空间进行整体性保护、生态博物馆式保护等，也是及时保存这些历史文化知识，为更长久的历史文化研究保留有价值的活态资料。

四、文化空间保护的日常生活意义

“文化空间”作为非物质文化遗产学的专有名词，是指每年固定地、周期性地举办

---

① 鲁春晓. 新形势下中国非物质文化遗产保护与传承关键性问题研究［M］. 北京：中国社会科学出版社，2017：211.

② 苑利，顾军. 非物质文化遗产保护前沿话题［M］. 北京：文化艺术出版社，2017：31-36.

③ 刘朝晖. 中俄非物质文化遗产保护比较研究：基于文化空间的分析视野［J］. 中南民族大学学报（人文社会科学版），2010（1）：24-29.

具有规模的民间传统综合文化活动的场所。这些综合性的文化活动既是文化意义上的“这一次”与“这一个”，对于生活于这一空间中的群体而言，又是其年复一年的日常生活状态之一。联合国教科文组织重视文化空间的特殊历史价值、艺术价值和人类学价值等。有些地方的各类非物质文化遗产极为独特且相对集中、比较丰富、相互关联、密不可分，如多米尼加共和国孔果圣灵兄弟会文化空间、爱沙尼亚基努文化空间、俄罗斯塞梅斯基文化空间、乌兹别克斯坦博逊文化空间，这些文化空间的共性特点是：在一个相对独特的古老社区有着独特的文化传承，有独特的信仰和独有的音乐、舞蹈，用神圣的乐器演奏并主持其神圣的宗教节日。这些文化空间中的人群过着属于他们自己的日常生活与传统节日，其衣食住行无一不是具有民族和地域特性的“这一个”。从外部视角来看，保护文化空间就是保护文化的多元化，然而从文化空间的享用主体，即空间中的民众而言，外界强调的保护对象即是他们自身的日常生活。对文化空间进行整体性保护，即是尊重其文化的传统意义与价值，并保护该空间中民众的日常生活。

文化空间是重要的传承教育知识的空间，保护文化空间，即保护文化空间中各民俗事象的传承，是对其承载的知识进行保护。中国有着丰富的庙会文化空间、民俗节日文化空间，如北京妙峰山庙会、山东泰山岱庙庙会、佛山北帝祖庙庙会、天津天后宫妈祖庙会等。这些庙会文化空间与民俗节日文化空间在民众的日常生活中有着重要的生活意义，是民众日常信仰的集中展现。对这些文化空间的保护，就是对民众日常生活念想的保护，也就保护了民众的日常生活。

第三节　文化空间保护的方法

文化空间中往往包含了多样化的民族民间文化类型，如民间技艺、民间美术、民间音乐、民间曲艺与戏剧、杂技与竞技往往较为集中地在文化空间中进行展示，这些民间文化活动往往又有相应的神话、传说和民间故事流传与支撑，文化空间中包含的各项文化类型本身又是生活于其中的群体所传承与享用的生活文化。因此，前述种种非物质文化遗产类型的保护是文化空间保护的基础，每一个文化类型的具体保护方法适用于文化空间中相应的文化事象，且文化空间的保护必然包括以上诸类非物质文化遗产类型的保护。但文化空间由于自身的特殊性，它的地理环境或场所，没有硬性的景观性要求或实在性要求，有的甚至并不一定在某一个固定的地方；而文化空间中的文化却一定是活态的，具有生态性与生活性，在展现的时间上又具有季节性与周期性，因而文化空间的保护除了所在地要求个别文化事象的具体保护，其保护方法也具有特殊性。

一、博物馆式保护

博物馆式保护又称文化生态博物馆式保护，主要是以建立文化生态博物馆的方式，保持非物质文化遗产原有生存环境的稳定，以保证非物质文化遗产在适合的环境里有着持续的生命力。

1971 年，法国博物馆学者乔治·亨利·里维埃和于格·戴瓦兰提出“生态博物馆”的概念。“‘生态博物馆’这一概念，事实上是基于对传统博物馆将生活中仍在发挥作用的传统文化事项搬进博物馆，从而使那些活态文化遗产变成僵死文物的做法而提出的。其基本做法是，将文化遗产、自然景观、传统建筑、生产及生活工具，甚至包括传统民俗保存较好的地方，直接指定为生态博物馆，并对上述传统实施就地保护。”① 对文化空间进行博物馆式保护，主要是对文化遗产的权利归属和诠释权保存、保护在原地和原住民中间。生态博物馆是将文化遗产原状地保存和保护在其所属的社区及环境之中。鲁春晓认为：“生态博物馆强调文化遗产原状地、动态地、整体地保护和保存在其所属的环境中，包括自然景观、建筑、生产生活服务器等物质（有形文化遗产）和风俗习惯等非物质（非物质文化遗产）的所有文化因素均在保护之列。采用生态博物馆这种保护模式，非物质文化遗产的基本形式、内容、风格、特点等才得以保留下来、存续下去。”② 传统博物馆的“见物”与传统文化保护的“见人”在文化生态博物馆中均得到重视，这无疑是对文化空间的及时、有效的保存与保护。

1995 年，中国政府和挪威政府合作，在贵州省六盘水市由多位博物馆学者指导，建立了中国第一座生态博物馆——六枝梭戛生态博物馆，该馆于 1998 年 10 月 31 日建成，它是中国第一座民族文化生态博物馆，也是亚洲第一座民族文化生态博物馆，主要是保护长角苗族的生活生产习俗、消费习俗、人生礼俗、岁时节令、民间信仰和传统工艺美术以及表演艺术等文化事象。六枝梭戛生态博物馆对长角苗族文化空间的保护分为两个部分，一是建立资料信息中心，记录和储存梭戛苗族社区的文化信息，包括录音记录口述史、存放该社区民俗文化的文字资料、登记文化遗产清单等，同时陈列展览实物并保存相关物品的文化记忆；二是对梭戛村落进行保护，保存其古老的建筑及生活于其中的独特的长角苗族文化传统。该生态博物馆的建立以长角苗族的历史文化传说、女性盘发艺术、蜡染技艺及苗装制作、三眼箫和牛角等苗族乐器及音乐、苗族的丧葬仪式及各种祭礼等日常生活文化、跳花坡及耗子粑节等节日文化为基础。

整个博物馆既有原生状态的梭戛十二村寨，也有建立在陇戛寨脚的资料信息中心，这是较为典型的以实体空间为依托进行的博物馆式的文化空间的保护。在这一保护过程中，政府（中国与挪威）、学者和文化空间的使用与传承人（梭夏长角苗族）合作，进行较为长期的共建，达到了部分保护该地域长角苗族独特的古老文化遗产的目标。但目前也存在一些问题，如生态博物馆的建立与周边环境的冲突、传统文化保护与当代文明对梭戛长角苗族生活的冲击等。如何持续并将该文化空间与周边环境更好地融合，如何在文化的发展变迁中保护其传统的精神等，是文化生态博物馆式保护今后长期需要研究和探索的问题。这些问题的解决同样需要政府、学者和文化传承人的良好合作。与六枝梭戛生态博物馆对长角苗族生活的文化空间保护类似的还有黎平堂安生态博物馆、锦屏隆里生态博物馆、花溪镇山生态博物馆等，分别保护苗族、布依族、侗族、瑶族、蒙古

① 苑利，顾军．非物质文化遗产保护前沿话题［M］．北京：文化艺术出版社，2017：282.

② 鲁春晓．新形势下中国非物质文化遗产保护与传承关键性问题研究［M］．北京：中国社会科学出版社，2017：212.

族和汉族等不同民族的文化空间。

文化生态博物馆式保护是在传统文化行将消逝之际，及时地通过政府、学者与文化传承和享用者之间的合作，以较为静态的方式尽可能地保存空间中的文化样式，吸收传统博物馆的部分做法保存相关文化信息、展现该文化空间传统文化，属于消极、被动的保护。

二、文化生态保护区

文化生态保护区又称国家级民族民间文化生态保护区（Eco-cultural Protection Aea or Eco-cultural Preservation Area），是指在一个特定的区域中，通过采取有效的保护措施，修复非物质文化遗产（口头传统和表述，包括作为非物质文化遗产媒介的语言，表演艺术，社会风俗、礼仪、节庆，有关自然界和宇宙的知识和实践，传统的手工艺技能等以及与上述传统文化表现形式相关的文化空间）和与之相关的物质文化遗产（不可移动文物、可移动文物、历史文化街区和村镇等）。文化生态保护区是与人们的生活生产紧密相关，并与自然环境、经济环境、社会环境和谐共处的生态环境。

2006 年，《国家“十一五”时期文化发展规划纲要》针对民族文化保护提出“确定 10 个国家级民族民间文化生态保护区”的要求。经过多年的建设，2019 年 10 月，非物质文化遗产司组织国家级文化生态保护实验区建设成果验收，并公布了《国家级文化生态保护区名单》，分别为闽南文化生态保护区、徽州文化生态保护区、热贡文化生态保护区、羌族文化生态保护区、武陵山区（湘西）土家族苗族文化生态保护区、海洋渔文化（象山）生态保护区、齐鲁文化（潍坊）生态保护区。

对文化空间进行保护，既要保护非物质文化遗产的内涵与形式，保护传承人的生存环境，也要保护与之相关的物质文化遗产和自然文化遗产。特定的某一文化空间往往是该地区、该民族非物质文化遗产蕴含量最为丰富的地区。区别于非物质文化遗产中一般单一项目的保护，文化生态区对非物质文化遗产的保护是一种着眼于多项非物质文化遗产所处环境的全面保护，是一种整体性的保护。刘魁立曾撰文指出：

> 任何文化的表现形式都不是孤立存在的，就其内部构成而言，是混元的；就其存在方式而言，又是与其他多种文化表现形式共生的。对文化遗产的保护不应使之成为“碎片”或“孤岛”。①

文化生态保护区的建设即是整体性保护的重要途径和成功经验。从 20 世纪 90 年代以来，文化生态保护的观念在中国越来越受到重视，并被视为整体性保护在非物质文化遗产中的重要实践。文化生态保护区作为既具有自然属性又具有文化属性的非物质文化遗产，其保护天然地属于文化生态保护范畴，对文化空间的文化生态保护相对完整地展现相应区域内的民族民间文化，既保护其自然属性，也保护其文化属性。文化生态保护

---

① 刘魁立．文化生态保护区问题刍议［J］//浙江师范大学浙江省非物质文化遗产研究基地．非物质文化遗产研究集刊（第一辑）．北京：学苑出版社，2008：2.

区对非物质文化遗产的多项目、多方位的整体保护，要求既见人也见物，重视非物质文化遗产所在地的人文环境，以求民众受益和非物质文化遗产的可持续发展。鲁春晓认为："文化空间向社会提供的是一个正在生活着的社区的环境、经济、文化的整体，是一个正在生活着的社会的活标本。"① 只有采取整体保护措施，才能将文化空间保存并展示出来。整体性保护既重视文化空间的自然属性，即其空间的、物质的特征，又重视文化空间的文化属性，即其时间的、非物质的特征，充分考虑文化空间较之一般非物质文化遗产事象的独特性，突破目前非物质文化遗产保护大多强调时间的、非物质的特征，如口传心授的技艺，而对于在特定时间进行的文化活动本身所具有的直观可感的空间存在则采取忽视或割裂的方法。整体性保护是在强调非物质文化遗产的无形文化传承特性的同时，同样重视物质文化遗产对非物质文化遗产具有的作用与影响。其保护的具体措施上，如向云驹强调既要重视非物质文化遗产保护过程中的民俗普查、专项调查，记录时的文字、录音、摄影多项记录、全程记录等，也要注重"物质文化遗产与非物质文化遗产相结合的保护。一方面要在保护中既关注物质文化遗产，也关注非物质文化遗产；另一方面要在保护中将物质文化遗产的保护方法（登记、维修、定级、定性、保藏、保管、防蛀、防腐、分类等）和非物质文化遗产的保护法相结合，形成综合有效的呈现和保护"②。

文化生态保护区既要考虑传统文化的有效传承，也要使文化生态区所保护范围内的经济、社会、文化协调发展，不能与当下社会隔绝或被遗弃，需要妥善处理、合理协调文化空间区域与相关区域的经济、文化发展之间的关系。目前的整体性保护与大环境下社会发展的潮流、城市化的加速等仍存在不可调和的矛盾，如传统农业社会的文化空间里，各种非物质文化遗产的具体项目内容的传承人面临着后继无人的困境，传统的技艺面临着失传的危险，要想使文化空间得以保护、传承，必然要解决传承人与技艺传承的问题。而在城市化加剧、工业化日盛的当下，年轻人往往为解决经济问题而外出务工，其返乡伴随着生态观念、价值体系的巨大改变，也往往与传统文化产生隔膜，与父辈和祖辈产生代沟，传统的文化经验对于已经更多接触异文化的年轻人而言，往往是失效的，尤其是当传统文化只是一种记忆，而温情文化无法转换为直接影响其现实生活的物质力量时，传统文化的吸引力就更加微弱了。文化空间的整体性保护必然要既考虑非物质文化遗产的精神文化价值，也考虑非物质文化遗产的物质文化价值，通过多种途径，直接或间接地与生活在文化空间中的人的精神需求与物质需求关联起来。在整体性保护原则的指导之下，各级文化生态保护区逐渐建立、完善，为非物质文化遗产提供尽可能活态的生存和发展环境，如果能够最终走向文化空间自我运转的良性循环，无疑才是非物质文化遗产保护的理想状态。

① 鲁春晓. 新形势下中国非物质文化遗产保护与传承关键性问题研究 [M]. 北京：中国社会科学出版社，2017.

② 向云驹. 论"文化空间" [J]. 中央民族大学学报（哲学社会科学版），2008 (3)：81-88.

三、民间文化艺术之乡

“民间文化艺术之乡”本意是指称某一乡镇拥有杰出的民间文化艺术的文化空间。1987年以来，由国家文化部门对拥有某一项或多项民间文化资源或特殊的艺术形式，并仍然在创新发展中广泛参与群众文化生活的县（县级市、区）、乡镇（街道）进行命名，以促使其逐渐形成推动非物质文化遗产事业发展的文化品牌，命名周期为3年。2008年，文化部颁布《中国民间文化艺术之乡命名办法》；2018年，文化部办公厅印发《“中国民间文化艺术之乡”命名和管理办法》取代2008年的文件。能入选“中国民间文化艺术之乡”的地方，必须是具有某一特色鲜明、群众喜闻乐见并广泛参与的民间文化艺术形式，同时在全国产生较大影响的特定区域，主要指乡镇（街道），也包括部分县（县级市、区）。截至2018年，“中国民间文化艺术之乡”共有964个。

在2019年1月公布的2018—2020年度“中国民间文化艺术之乡”名单中，天津有“天津市西青区杨柳青镇杨柳青木版年画”“天津市津南区葛沽镇葛沽宝辇”“天津市滨海新区大沽街道大沽龙灯”被列入该名单。闻名于世的非物质文化遗产天津杨柳青木版年画的保护已经开展多年，但是至此方正式列入“中国民间文化艺术之乡”，表明以木版年画为主体的杨柳青镇已经形成一个良性循环的文化空间。从单一项目的角度保护杨柳青年画，主要保护其制作工艺，包括制版、上色等工序，但是杨柳青年画除木版的制作、上色工序等技艺性保护外，年画的内容、年画完成后的走向等也是持续保护所必须考虑的，如果不从更加广阔的视角对其进行更全面的思考，从而进行整体性的保护，必然只能将其存入博物馆中。杨柳青年画所在的天津市西青区杨柳青镇的年画传承人、政府和当地学者等进行多方面合作，既有天津市政府建立的杨柳青年画艺术中心，也有传承人自发筹建的“古一张”年画博物馆，还有行业协会和大大小小的民间作坊。目前杨柳青年画的场馆式保护重点区域在天津市西青区杨柳青镇，有大大小小五十余家年画作坊，杨柳青镇乃至天津市的各高校都将其纳入乡土教育体系之中。此外，在河西区、南开区等还建设有年画博物馆和展览中心，天津大学冯骥才文学艺术研究中心有一批青年学者进行年画的研究，并设有专门的年画厅展现天津杨柳青年画的制作工艺及成品。杨柳青年画的保护既包括传承人的保护、研究，又包括年画产品的推广与创新，在年画题材与年画制作方面进行不断研发，传承传统技艺的同时，与天津保存良好的年节风俗相结合，进行杨柳青年画生存空间的整体性保护，为杨柳青年画的生存与发展提供了良好的生态环境，形成了既立足于大的文化环境又突出重点的杨柳青年画的文化空间保护系统。

在非物质文化遗产的保护过程中，很长一段时间是只见树木不见森林，着眼于非物质文化遗产的单一事象，对民间技艺、民间美术等非物质文化遗产项目的专项保护，具有较强的针对性，也具有单一性，从而成为被保护的“碎片”与“孤岛”。从作为“民间文化艺术之乡”的杨柳青年画文化空间保护的历史进程和现状来看，生产性保护在其间起到十分重要的作用。生产性保护又称开发式保护，2005年，国务院颁布《关于加强我国非物质文化遗产保护工作的意见》，提出“保护为主、抢救第一、合理利用、传承发展”的工作方针，王文章主编的《非物质文化遗产概论》提出了包括“转化为经济效益和经济资源，以生产性方式保护”在内的非物质文化遗产保护五种基本方式。

在文化生态博物馆式保护和文化生态保护区保护的基础和原则之上，民间文化艺术之乡更多地运用了生产性保护的方式，也是更为积极的保护方式。生产性保护的实施是在社会和政府的扶持之下，以国家立法作为保障，传承人进行个性化创造的基础上进行的。“生产性保护理念的提出与探索就是力图在非物质文化遗产传承保护与社会经济发展良性互动中尝试建立一种有效机制，使相关的非物质文化遗产项目能够在现当代社会中找到合理的定位。如此便可在实现相关非物质文化遗产项目社会功能的同时，使相关非物质文化遗产项目自身也得到传承保护。”①

文化空间的生产性保护与一般非物质文化遗产项目的保护之间的区别：一般非物质文化遗产项目的生产性保护通常在传统技艺、传统美术、传统医药等非物质文化遗产领域实施，如国家文化部批准的第一批国家级非物质文化遗产生产性保护示范基地共41个项目企业或单位，其中的北京景泰蓝制作技艺、河北衡水内画、山西老陈醋酿制技艺等均是传统技艺与美术类非物质文化遗产，其保护对象可以最终凝聚成某一固态的物质来参与生产、销售，从而能够转换成产品而产生经济效益，促进相关产业发展，使非物质文化遗产在生产实践中得到积极保护，实现非物质文化遗产保护与经济社会协调发展的良性互动。

保护传统节日文化的仪式，做好对外宣传和对内教育的工作，在不过度干扰文化空间内生活的民众的前提条件之下进行相应的商业化动作，政府、专业的科研工作者、商业活动参与者要适度而有效地参与到文化空间的生产性保护中来，既保持传统文化在特定空间的特殊性和民众的精神需求，又扩大文化的经济影响和收益，从而使文化空间内部的人与文化空间外部的造访者能够互动交流，得到双赢。如邵媛媛指出，彝族“打歌”（民间歌舞）的根基和土壤是当地民众生活的文化空间，它的舞台在郊野、寺庙和百姓家的庭院，必须从文化空间理念出发对其整体性地加以保护和利用，既要留住民族和地方的文化之根，又可以尝试走高端旅游路线，即通过将游客带入“打歌”的原生情境，就地实现“打歌”的舞台化（前提是游客数量需控制在当地生态负载力允许的范围内）。文化空间的保护是一个系统工程，牵涉广泛，保护好文化空间，能够创造一个有利于文化健康而又可持续发展的传统文化的生态环境。生产性保护文化空间，既包含其他非物质文化遗产项目的文化产品开发式的保护，更要加强和注重文化的可持续性，尤其是当文化空间的生产性保护与旅游文化产品的开发结合在一起的时候，更要预先考虑和防范文化的过度商品化对传统文化本身的侵害。

关键概念

文化空间　非物质文化遗产文化空间　文化空间的属性

① 张兆林，齐如林，束华娜. 非物质文化遗产保护领域社会力量研究［M］. 北京：中国社会科学出版社，2017：271.

主要论点

1. “文化空间”是基于物理空间（场所、地点、建筑等）的人类行为（传承演示、周期行为、节庆聚会）在场的自然空间和文化空间的组合空间形态。它是联合国教科文组织创立的一个特有名词，是专门保护人类口头和非物质遗产代表作的一种文化形态。

2. 联合国教科文组织颁布的《保护非物质文化遗产公约》中明确将文化空间作为非物质文化遗产保护的重要内容。

3. 基于类型学、地理学、人类学、民族学、社会学等不同学科的视角，研究文化空间的类型划分、文化空间的地方特色挖掘、文化空间的再造利用、现代语境下非物质文化遗产传承人及文化空间的活化利用等内容，对于非物质文化遗产参与地方经济发展、公共文化建设、助推脱贫致富以及非物质文化遗产的保护和传承具有重大意义和价值。

4. 文化空间的主要特征：具有自然时空与人文社会双重属性，具有地域性与民族性、日常性与周期性、制度性与精神性、综合性与活态性等特征。

5. 文化空间保护的意义：文化生态学意义，民俗文化意义，历史文化意义和日常生活意义。

6. 文化空间保护的方法：建立文化生态博物馆，开辟文化生态保护区，命名民间文化艺术之乡。

延伸阅读

1. 邹启山：人类口头和非物质遗产代表作的保护历程［EB/OL］. 中国文物报，2005-09-23.

2. 白凯，等. 社会文化地理学在中国近10年的进展［J］. 地理学报，2014（8）：1190-1206.

3. 王恩涌，赵荣，等. 人文地理学［M］. 北京：高等教育出版社，2000.

4. 王德刚. 空间再造与文化传承：栖霞古镇都村“非遗”保护工程实验研究［J］. 民俗研究，2014（5）：13-25.

5. 桂胜，等. 文化空间再造与少数民族“非遗扶贫”的路径探析：基于鄂西恩施市的田野考察［J］. 西南民族大学学报（人文社科版），2019（1）：29-35.

6. 乌丙安. 民俗文化空间：中国非物质文化遗产保护的重中之重［J］. 民间文化论坛，2007（1）：98-100.

7. 向云驹. 论“文化空间”［J］. 中央民族大学学报（哲学社会科学版），2008（3）：81-88.

思考问题

1. 什么是文化空间？什么是非物质文化遗产空间？请举例说明。

2. 文化空间的类型划分及其划分依据是什么？

3. 文化空间的特征是什么？

4．文化空间保护有什么意义？

5．文化空间保护的方法有哪些？

（刘文颖　李丽丹）

第十三章　非物质文化遗产传承人

非物质文化遗产传承人保护是非物质文化遗产存续的根本。我国开展非物质文化遗产保护以来，十分重视非物质文化遗产传承人的保护。“与物质文化遗产相比，非物质文化遗产在保护的手段、方式上存在不同，即非物质文化遗产作为一种‘活态’文化，除了需要收集整理保存那些物质性的载体，或通过记录等手段将其物质形态化外，更重要的是要对掌握、表现优秀非物质文化遗产技艺或形态的人加以有效保护，使之通过个人、群体、民族之间的传承在现今以至未来社会中得以不断延续和发展。从这个意义上说，对非物质文化遗产的‘保护’就不仅仅是一种物质形态‘保存’，而更多体现为对那些作为传承载体的传承人的活态的保护。”[①] 当前我国进行的非物质文化遗产传承人保护，就是一项以民众当代生产生活为中心的文化建设工程。

第一节　非物质文化遗产传承人的界定

我国建立非物质文化遗产传承人认定和保护制度相对较晚，对于非物质文化遗产传承人的界定和管理尚需经验积累和实践探索。国际社会关于非物质文化遗产及其传承人的保护具有先行性和可参考性，积极吸收和借鉴其行之有效的方式方法，并结合中国的实际情况，建立和完善我国非物质文化遗产传承人认定和保护制度，有助于我国非物质文化遗产传承人的保护和管理。

一、国际上关于非物质文化遗产传承人的界定

2003 年 10 月 17 日，联合国教科文组织大会通过《保护非物质文化遗产公约》。其第十五条强调非物质文化遗产保护过程中的“社区、群体和个人的参与”，“缔约国在开展保护非物质文化遗产活动时，应努力确保创造、延续和传承这种遗产的社区、群体，有时是个人的最大限度的参与，并吸收他们积极地参与有关的管理”。但《保护非物质文化遗产公约》并未对“非物质文化遗产传承人”提出专门的英文称谓，仅在第二条、第十三条中使用“transmission”，第十五条中使用“transmit”，以指代“传承”。同年发布的《建立“活的人类财富”国家体系指南》[②] 对“活的人类财富”进行了界定，即“在表演和创造非物质文化遗产具体要素时所需的知识和技能方面有着极高造诣的人，

---

① 林继富. 保护非遗关键在于保护传承人［N］. 光明日报，2018-06-02（12）.

② 建立“活的人类财富”国家体系指南（2003）［EB/OL］.（2008-06-03）［2020-10-05］. http://www.ihchina.cn/zhengce_details/15717.

二维码 13-1

是已经被成员国挑选为现存的文化传统之见证，也是生活在该国国土上的群体、团体和个人之创造天赋的见证”。由此可见，“活的人类财富”就是具有特定知识技能，体现文化传统价值的传承人。

日本与韩国在联合国教科文组织发布《保护非物质文化遗产公约》前，已经提出“无形文化财”的概念，以“文化财”的定位赋予非物质文化遗产较高的社会地位，相应地建立传承人保护制度。日本和韩国的经验对《保护非物质文化遗产公约》《建立“活的人类财富”国家体系指南》的形成具有一定影响。在 1993 年联合国教科文组织执行委员会的第 142 次会议上，韩国建议联合国教科文组织实施“活的人类财富”计划，委员会通过决议，鼓励成员国在各自的国家建立这样的体系。其后，为了促进了解和鼓励“活的人类财富”体系的建立，国际上举行了多次有关主题会议，对非物质文化遗产及其传承人的保护发挥了推动作用。

日本创立的“人间国宝”认定制度是第一个“活的人类财富”体系，韩国于 1964 年建立了“活的人类财富”体系，菲律宾、泰国、罗马尼亚、法国、捷克和保加利亚，在《建立“活的人类财富”国家体系指南》发布之前也已形成内容各不相同的“活的人类财富”体系。

“对于个体传承人的重视是由日本的‘人间国宝’政策开创的。”① 日本于 1950 年正式颁布实施《文化财保护法》，通过立法方式建立保护非物质文化遗产的国家体系。1954 年的修订版提出了重要无形文化财的指定和保持者认定制度。日本对重要无形文化财保持者的认定方式分为各个认定、综合认定和保持团体认定。其中各个认定指能高度体现或掌握被指定为重要无形文化财的艺术者或工艺技术者。通过各个认定方式认定的重要无形文化财保持者，被日本大众媒体和国民称为“人间国宝”。“人间国宝”这一颇为流行的称谓一开始并不是学术概念，最初是媒体的造语，用来表示对重要无形文化财保持者的尊崇。日本民众认为，在美术及工艺品领域，“国宝”的称呼远比“重要无形文化财”易懂且更贴切，更能反映并提高“身怀绝技者”的社会地位，甚至不仅仅是技艺得到承认，更多的是其本身所具有的高尚人格得到承认，于是出现了“人间国宝”这一被重视和使用的新概念。但“人间国宝”并不能指代整个非物质文化遗产传承人群体，它在一定程度上等同于我国对国家级非物质文化遗产项目代表性传承人的认定。

日本的“人间国宝”认定制度出台后迅速为国际社会和周边国家所借鉴和吸收。从 20 世纪 60 年代起，韩国、泰国、法国等国家都相继采取了类似的传承人保护制度作为非物质文化遗产保护体系中的重要一环。由于历史原因，韩国的无形文化财保护制度受日本的影响较大。韩国于 1962 年正式颁布施行《文化财保护法》，并于 1964 年开始开展重要无形文化财的保护工作。1970 年的修订版提出重要无形文化财保有者认定制度，并以能正确学习、保存、体现重要无形文化财原型为保有者的认定标准，以原型的维持

① 吕静，薄小钧. 关于非物质文化遗产传承人保护概念的再思考［M］//上海市社会科学界联合会.“四个自信”：新起点、新思想、新作为——上海市社会科学界第十五届学术年会文集（2017 年度）. 上海：上海人民出版社，2017：229.

与传习为重要无形文化财的保护原则。1982 年的修订版增设重要无形文化财的传习教育制度和保持团体认定制度，进一步强化重要无形文化财的保有者团队。2001 年的修订版在保有者、保有团体认定制度的基础上，增设名誉保有者，从而对真正具有传习教育能力的保有者进行追加认定。根据 2018 年 12 月 24 日韩国文化财厅最新修订的《关于无形文化财保存和振兴的法律》，韩国已经形成包含保有者、名誉保有者、保有团体、传授教育助教、履修者等人或团体在内的无形文化财传承者体系。韩国的“传承者”相对于日本的“人间国宝”范围更广，涉及领域更多，构建了包括无形文化财保有者、助教、学徒等诸方面主体在内的文化传承系统。

日韩经验对国际及我国非物质文化遗产传承人的保护工作具有重要参考价值，对我国非物质文化遗产传承人保护制度的形成亦具有借鉴意义。但是，日韩的传承人保护制度均以精英式的“人间国宝”和“人间活珍宝”为主，这种政策性的保护虽颇有成效，不过这些传承人只是传承人群体中的代表，并不能指代所有的非物质文化遗产传承人。

二、中国关于非物质文化遗产传承人的界定

非物质文化遗产通过人与人之间的口头语言、身体行为、心理影响等方式得以传续，并且表现出“文以化人”的活态性。在非物质文化遗产传承发展过程中，人的主体性及其作用体现得尤为突出，非物质文化遗产传承人保护成为我国非物质文化遗产保护体系的核心内容之一。

我国施行的关于非物质文化遗产传承人的各项政策措施均未明确定义非物质文化遗产传承人，仅有对国家级非物质文化遗产项目代表性传承人的界定。2008 年 6 月 14 日起正式施行的《国家级非物质文化遗产项目代表性传承人认定与管理暂行办法》[①] 指出，“国家级非物质文化遗产项目代表性传承人”是指“经国务院文化行政部门认定的，承担国家级非物质文化遗产名录项目传承保护责任，具有公认的代表性、权威性与影响力的传承人”。2020 年 3 月 1 日起正式施行的《国家级非物质文化遗产代表性传承人认定与管理办法》[②] 对《国家级非物质文化遗产项目代表性传承人认定与管理暂行办法》中的“国家级非物质文化遗产项目代表性传承人”概念进行了继承、调整和修正，认为“国家级非物质文化遗产代表性传承人”是指“承担国家级非物质文化遗产代表性项目传承责任，在特定领域内具有代表性，并在一定区域内具有较大影响，经文化和旅游部认定的传承人”。《国家级非物质文化遗产代表性传承人认定与管理办法》将“公认的”更换为“特定领域”和“一定区域”，并删去“权威性”要求，范围更加精准，界定更加合理。然而，代表性传承人不能指代整个传承人群体，传承人与代

二维码 13-2

二维码 13-3

① 国家级非物质文化遗产项目代表性传承人认定与管理暂行办法［EB/OL］.（2008-05-14）［2020-10-05］. http://www. gov. cn/gongbao/content/2008/content_1157918. htm.

② 国家级非物质文化遗产代表性传承人认定与管理办法［EB/OL］.（2019-11-29）［2020-10-05］. http://www. gov. cn/zhengce/zhengceku/2019-12/25/content_5463959. htm.

表性传承人之间是一种包含与被包含的关系，互为依托。代表性传承人来自传承人群体，传承人群体不仅是孕育代表性传承人的环境和土壤，也是非物质文化遗产传承发展的主体和关键力量。

当前，国内学界关于“非物质文化遗产传承人”的定义讨论成果较为丰富。“传承是最先用于民俗学研究的一个基本概念，指民间知识，特别是口承民俗文化的传授和传承。”[①] 乌丙安在《中国民俗学》中将传承性定义为民俗具有普遍性的主要特征，“传承性是民俗发展过程中显示出的具有运动规律性的特征。这个特征对民俗事象的存在和发展来说，应当说是一个主要特征，它具有普遍性”[②]。张紫晨在《中国民俗与民俗学》中将传承性认定为民俗文化的重要特征，“传承性是指民俗在约定俗成之后，即人相袭，代相传，今俗袭古，古俗沿今，具有承袭性和相对稳定性。它往往反映着对历史上某种经济形式及其残余的依存性”[③]。钟敬文的《民俗学概论》将“传承性”理解为时间维度的概念，“指民俗文化在时间上传衍的连续性，即历时的纵向延续性，同时也是指民俗文化的一种传递方式”[④]。林继富、王丹的《解释民俗学》将传承性视为民俗的基本特征，“民俗在社会中一旦形成，它就成为一个自控的独立系统，成为一种活态的生活文化现象，并以相对的稳定性代代相承。优良的习俗也好，恶习陋俗也罢，它们都是以相对稳固的形态被不同的民众继承和传习”[⑤]。

传承性是民俗的基本特征，传承人保护是非物质文化遗产保护体系的核心，也是迫在眉睫的保护重点。张紫晨在1991年出版的《中外民俗学词典》中曾对“传承者”进行界定，指“通过常民的生活经验而具有丰富的传承知识的人。是否具备传承者资格，既不论其年龄，亦不看其有无学问，主要看其是否适于在民俗调查中回答调查者提出的问题。女性当中传承者型的人一般说来比男性中的要多。因为女性生活的世界狭窄，她们每每带有静观生活、留心细微之处的特性，于是在不自觉中具备了传承者的性格，能够比较客观地论人论事。传承者型多取决于个人的素质，但环境也起重要作用，如在趋于没落的旧式家族后代中就有不少很好的传承者。传承者的态度受其经历、家世、职业、信仰等左右。传承者依其掌握的传承知识和传承作品的数量与质量，而分成不同的等级”[⑥]。这里的“传承者”可以理解为传承人，但该定义主要从民俗调查的角度，将是否具备传承者资格局限于与调查者的互动上，而没有强调传承者对其掌握的知识和技能的传承能力。

祁庆富在《论非物质文化遗产保护中的传承及传承人》中系统梳理了有关传承和传承人的研究论述，认为“非物质文化遗产传承人应是：在有重要价值的非物质文化遗产

① 祁庆富．论非物质文化遗产保护中的传承及传承人［J］．西北民族研究，2006（3）：114-123.
② 乌丙安．中国民俗学［M］．沈阳：辽宁大学出版社，1985：36.
③ 张紫晨．中国民俗与民俗学［M］．杭州：浙江人民出版社，1985：44.
④ 钟敬文．民俗学概论［M］．2版．北京：高等教育出版社，2010：12.
⑤ 林继富，王丹．解释民俗学［M］．武汉：华中师范大学出版社，2006：83-84.
⑥ 张紫晨．中外民俗学词典［C］．杭州：浙江人民出版社，1991：225.

传承过程中，代表某项遗产深厚的民族民间文化传统，掌握杰出的技术、技艺、技能，为社区、群体、族群所公认的有影响力的人物。传承人受相关法律保护”①。这一定义从文化传统的继承和相关技艺的掌握，以及代表性和影响力等方面界定传承人，指出传承人受到法律保护，界说较为成熟和完善，不过没有规定传承人自身的责任和义务。刘锡诚在《传承与传承人论》中强调：“传承人是非物质文化遗产的重要承载者和传递者，他们以超人的才智、灵性，贮存着、掌握着、承载着非物质文化遗产相关类别的文化传统和精湛的技艺，他们既是非物质文化遗产的活的宝库，又是非物质文化遗产代代相传的‘接力赛’中处在当代起跑点上的‘执棒者’和代表人物。”② 这一定义着重于传承人的品质、技艺及其在文化传承中的位置和作用，见解独到。刘魁立认为，非物质文化遗产传承人是历史的创造者③，是一群为保护和传承非物质文化遗产作出积极贡献的志愿者，他们掌握着非物质文化遗产的丰富知识和精湛技艺，是承载和传递优秀传统文化的有功之臣④，因而他们具有“公产意识”和“契约精神”⑤。这些观点在科学把握非物质文化遗产定义的前提下，更加深入并拓展了对传承人历史地位、责任意识和文化自觉的肯定和理解。

综上所述，非物质文化遗产传承人的定义为：长期从事非物质文化遗产传承实践，熟练掌握其传承的项目知识和核心技艺；在一定区域内具有影响力和号召力，并能在非物质文化遗产传承中发挥作用，自觉开展传承活动，培养后继人才的人物。

第二节　非物质文化遗产传承人的特征

非物质文化遗产传承人掌握所从事的非物质文化遗产的知识和技能，进行相应的传承实践活动，且具有感召力和引领作用，其特征主要表现在个体性与群体性、传统性与创新性等方面。

一、个体性与群体性

“非物质文化遗产的传承主体，是指民间文化艺术的优秀传承人，即掌握着具有重大价值的民间文化技艺、技术，并且具有最高水准的个人或群体。”⑥ 现阶段，我国非物质文化遗产传承主要存在两种方式：一种是个体传承人的传承，如民间文学、传统技艺、传统美术、传统医药等；另一种是集体传承，如民俗中的婚丧嫁娶、传统节日等，为民众集体创造和共享，须民众集体遵循并传承。又如进行集体性表演的传统舞蹈、传

① 祁庆富．论非物质文化遗产保护中的传承及传承人［J］．西北民族研究，2006（3）：114-123．

② 刘锡诚．传承与传承人论［J］．河南教育学院学报（哲学社会科学版），2006（5）：24-36．

③ 刘魁立．非物质文化遗产传承人的历史价值［N］．贵州民族报，2016-11-28（A03）．

④ 刘魁立．非遗保护，还须多些“契约精神”［N］．贵州民族报，2018-06-22（B01）．

⑤ 刘魁立．非遗传承人的三个关键词［N］．中国民族报，2017-06-09（11）．

⑥ 王文章．非物质文化遗产概论［M］．北京：文化艺术出版社，2006：347．

统音乐、传统戏剧等，也需要集体的分工和配合以传承发展，其中个体传承人的表现和作用亦十分重要。因此，非物质文化遗产传承人具有个体性与群体性相结合的特点。

当前，我国处于非物质文化遗产保护的建设发展阶段，系列政策制度和法律均以代表性传承人为关注重点，体现出非物质文化遗产传承人个体性的特征。如《国家级非物质文化遗产代表性传承人认定与管理办法》以代表性传承人为主体，明确了国家级非物质文化遗产代表性传承人认定与管理的指导思想和工作原则，对国家级非物质文化遗产代表性传承人的认定条件和程序、传承活动及动态管理进行了规范和完善。在政府主体层面施行"精英化"的行政管理保护思路，这在非物质文化遗产保护初级阶段是富有成效的，能够切实地实现非物质文化遗产项目的保护和发展。截至2020年底，我国确定并公布五批国家级非物质文化遗产代表性传承人共计3068人，均是以个人形式进行的申报与认定。

在国家层面制定非物质文化遗产项目代表性传承人相关制度的同时，各级政府也展开了地方层面非物质文化遗产项目代表性传承人的认定工作，形成了国家、省、市、县四级非物质文化遗产项目代表性传承人认定机制。地方各级的认定和管理均侧重指向在特定非物质文化遗产领域内具有精湛技艺和较大影响力，并能积极开展传承活动的个体传承人。被命名的个体传承人享有官方认定的荣誉和实际利益，同时承担相应的传承非物质文化遗产的责任和义务。当前，我国非物质文化遗产传承人的认定体系并未指向群体或集体的传承主体，也未体现非物质文化遗产所具有的群体性。在众多集体传承的非物质文化遗产项目中，传承人相互合作、彼此协助、共同参与，这种情形常见于传统舞蹈、传统音乐、传统戏剧等需要多人协作表演的非物质文化遗产项目中。以贵州省级非物质文化遗产项目苗族多声部情歌传承人为例："一般情况下，苗族多声部情歌的演唱需要至少两男两女共同来完成，而且整个团体中的每个人在演唱中所发挥的作用具有互补性，很难判断所谓的'哪个更重要，哪个不重要'。"① 在诸如此类的非物质文化遗产项目中，传承人的群体性特征鲜明，只有这些传承人一起合作，非物质文化遗产才能有序、有效传承。

相当数量的非物质文化遗产为民众集体创造和享有，通过集体性的传承方式世代相传。"群体传承，有的时候是指在一个文化区（圈）的范围内，有的时候则是指在一个族群的范围内，众多的社会成员（群体）共同参与传承同一种非物质文化遗产门类或形式，或反过来说，某一种众多社会成员（群体）参与其中的非物质文化遗产，显示了组成这个群体的共同的文化心理和信仰。"② 这些非物质文化遗产的保护和传承关键不在于传承人个体掌握技艺的精湛与否，而重在社区的认同和参与。例如，春节、清明节、端午节、七夕节、中秋节、重阳节等被纳入国家级非物质文化遗产代表性项目名录的传统节日，基本上无法确定个体的传承人，其传承依靠的是社会的投入和群体的实践，应

---

① 田艳. 非物质文化遗产代表性传承人认定制度探究［J］. 政法论坛，2013（4）：81-90.

② 刘锡诚. 传承与传承人论［J］. 河南教育学院学报（哲学社会科学版），2006（5）：24-36.

注重节日文化的生活化和大众化，关注非物质文化遗产传承人的群体性。

我国非物质文化遗产传承人保护制度长期以来缺乏对传承人的群体性特征给予应有的重视。《国家级非物质文化遗产代表性传承人认定与管理办法》针对的传承主体基本是传承人个体，并未关照非物质文化遗产传承人个体性与群体性相结合的特征。当前我国的非物质文化遗产代表性传承人保护需进一步扩大代表性传承人的内涵，使其囊括传承人个体与传承人群体，并在保护政策中予以明确。同时，应在现有非物质文化遗产传承人认定和管理制度的框架内，平衡代表性传承人与普通传承人之间的关系，从观念意识、政策表达和舆论宣传上提高对整个传承人群体的认可、肯定和重视。

二、传统性与创新性

国务院办公厅《关于加强我国非物质文化遗产保护工作的意见》指出："非物质文化遗产是各族人民世代相承、与群众生活密切相关的各种传统文化表现形式和文化空间。"非物质文化遗产以活态形式被民众不断实践、不断传承、不断发展。对于非物质文化遗产传承人而言，传承的第一要义在于习得，即通过学习相对稳定的文化传统或文化模式获得非物质文化遗产的知识和技艺；第二要义是在时代背景下创造性地发展这些知识和技艺，使非物质文化遗产因创新发展而有所增益。作为传承主体的非物质文化遗产传承人具有传统性与创新性相结合的特征。

非物质文化遗产被视为传统的、历史的、过去的、濒危的、需要抢救的文化事象。这与非物质文化遗产的基本定义、保护宗旨、工作目标密切相关。我们要通过全社会的努力，逐步建立起比较完备的、有中国特色的非物质文化遗产保护制度，使我国珍贵、濒危并具有历史、文化和科学价值的非物质文化遗产得到有效保护，并得以传承和发扬。

非物质文化遗产传承人重在承继传统文化的品格和精髓。"传统"与"文化"相结合主要涉及两个概念，即"传统文化"和"文化传统"。"一般说，'传统文化'是相对现代文明而言的，这里的'传统'只是一个时间性的概念，'传统文化'的意义大致相当于过去的文化，它可以包括过去的一切文化现象。而'文化传统'的意义是指历史文化中影响深远、以至对现代仍有重大影响的内在因素。"[①] 在非物质文化遗产语境中，"传统性"涉及与现代相对的"传统文化"，也包括对现代有重大影响的"文化传统"。非物质文化遗产传承人通过继承传统文化，延续植根于民众生活实践中的文化传统。

非物质文化遗产是流动的、活态的，传承人在保护、传承、发展非物质文化遗产的实践过程中不断增补新的时代内容，使其具有鲜明的生活性和时代感。下堡坪民间故事代表性传承人刘德方在继承传统故事的同时，善于结合时代发展和现场情境创作新故事。"优秀的新故事作者能使故事的各种母题在现代故事中再生、新生，可以把他们视为现代的故事家，应予以高度评价。换言之，继续活生生地存在于新故事中的母题，是

① 张岱年，姜广辉. 中国文化传统简论［M］. 杭州：浙江人民出版社，1989：4.

中国民间故事顽强生命力之所在。”[①] 刘德方适应社会生活变迁，遵循故事发展规律，以自己独特的感悟和方式进行新故事的创作，比如源于当代市民生活的《坐双层公交车》《公交车打卡》，以及以传统故事类型反映现代社会主题的《三佬姨》故事等，一方面体现了刘德方对民间叙事传统的娴熟把握，另一方面展示了他高超精湛的创作能力，这也是民间故事在新的时代焕发新生机的自在表现。刘德方的故事讲述“总是扎根于其所属社会阶层的经验圈和生活圈，以此传承民间叙事传统，建构立足现实的故事社会，从而使民间故事文本的文化层次更加多样化，更加绚丽夺目”[②]。

在现代化进程中，传统性与现代性常被视为一组二元对立的文化模式。非物质文化遗产蕴含着丰富的历史积淀、民众智慧和创新力量，在强调非物质文化遗产历史传统的同时也应注重它与时代生活的紧密关系。“在非物质文化遗产的发展进化中，自然淘汰可能并不是无足轻重、微不足道的，反倒是十分重要的手段。对于民众来说，非物质文化的发展嬗变不可能听任一种权威力量的指挥，而靠的是自然淘汰，即民众的自愿选择，故自然淘汰也可以称为文化选择。”[③] 传统文化在与现代生活的交流碰撞中必然会经历或快或慢、或激烈或缓和的历史嬗变，这是民众日常生活实践选择的结果，也是文化发展的必然。江苏的吴歌、云南的四季生产调、甘肃的河西宝卷、吉林的满族说部、湖北的董永传说、浙江的梁祝传说、贵州的苗族古歌等民间文学类非物质文化遗产传承人面对当今生活方式的改变和娱乐方式的多样化，既遵照民间文学创作传承的基本规则，又探寻新的方法路径，充分融合时代元素，无论在内容上还是在表达上，均使传统民间文学在新的时代呈现新的面貌。

传统与创新在非物质文化遗产领域不是相互对立的，而是相辅相成、彼此成就的。建立在生活性和时代性基础上的非物质文化遗产传承行为无法消匿传统张力的影响，无法离开传统文化的土壤，更不能割裂历史、摒弃传统。非物质文化遗产传承人自身就具备这样的特质，他们在延续传统文化基因的基础上，充分挖掘、继承和弘扬中华优秀传统文化，感应时代脉搏，实现非物质文化遗产的创造性转化和创新性发展。

保护非物质文化遗产，其核心就是保护承载着非物质文化遗产知识和技艺的传承人。非物质文化遗产传承人具有个体性与群体性、传统性与创新性相结合的特征。非物质文化遗产是植根于文化传统的活态文化，依靠传承人的生活实践传承发展，它由集体创造，又保存于集体中，具有凝聚力的集体则由鲜活的个体组成，个体传承人离不开民众集体，他们在生活需求的驱动下继承并创新着非物质文化遗产。因此，非物质文化遗产的传统承继和时代创新决定性因素在于传承人。

---

① 加藤千代. 新故事与当代传说——试论故事作者的功能 [C] //吴同瑞，等. 中国俗文学七十年：“纪念北京大学《歌谣》周刊创刊七十周年暨俗文学学术研讨会”文集. 北京：北京大学出版社，1994：251.

② 林继富. 民间叙事传统与故事传承：以湖北长阳都镇湾土家族故事传承人为例 [M]. 北京：中国社会科学出版社，2007：294.

③ 刘锡诚. 传承与传承人论 [J]. 河南教育学院学报（哲学社会科学版），2006（5）：24-36.

第三节　非物质文化遗产传承人保护制度

非物质文化遗产传承人的作用和价值不仅需要得到肯定和研究，而且需要进行实实在在的有效保护。当前，非物质文化遗产传承人保护体系已初步形成，并正在完善一系列保护政策和措施，包括传承人的认定、管理及待遇等，涉及其社会地位的认可、经济生活的保障、社会福利的给予和精神情感的关怀等层面，日益构建起一套非物质文化遗产传承人保护制度。

一、国际非物质文化遗产传承人保护制度

国际社会对非物质文化遗产传承人的保护开展得较早，特别是日本、韩国等国家立足本国实际，制定了较为完整、系统的传承人保护方案，出台了相应的法律法规，且在文化建设实践中发挥了很好的保护作用。联合国教科文组织从世界的高度和人类文化多样性的角度倡导并提出对非物质文化遗产传承主体的重视、尊重和保护。

（一）《建立“活的人类财富”国家体系指南》

2003 年，联合国教科文组织在通过《保护非物质文化遗产公约》后，考虑到非物质文化遗产及其保护工作的重要性，以及从业者的减少、资金的匮乏、全球化的负面影响等原因，发布了《建立“活的人类财富”国家体系指南》。“活的人类财富”国家体系的建立背景中提及“非物质文化遗产的保护应从被保护的非物质文化遗产的要素以及具体表达这些要素的个人和团体的认定开始，将各种行动结合在一起。一个重要的、初步的方法是通过拟定并定期更新一份或数份国家名录来确保认定工作的实施”。《建立“活的人类财富”国家体系指南》旨在呼吁各成员国保护“在表演和创造非物质文化遗产具体要素时所需的知识和技能方面有着极高造诣的人”，进而保护非物质文化遗产，以及制定、表演和创造文化表现形式方面所需的知识和技能。各成员国认定和任命“活的人类财富”时，推荐提名个人、认定集体和认定团体三种形式，对非物质文化遗产某个领域的知识和技能方面造诣较高的个人进行个人提名；在某些类型的非物质文化遗产中，当掌握有关知识和技能的集体比个人的作用更重要时，即可进行集体认定；在某种情况下通过认定一个团体的领导者来认定某一团体，在某些非物质文化遗产中，整个团体的贡献比个人的作用更加重要时，即可进行团体认定。《建立“活的人类财富”国家体系指南》建议了“活的人类财富”的评选标准，在提名个人或团体作为“活的人类财富”时，各成员国的专家委员会应考虑以下因素：“展示出知识和技能运用上的卓越性；该个人和团体的贡献；该个人或团体进一步开发其知识和技能的能力；该个人和团体将知识和技能传给受训者的能力。”这表明联合国教科文组织对“活的人类财富”的认定和保护主要重视个人或团体对非物质文化遗产知识和技能的掌握、运用、传承和创新的能力及情况。

（二）日本《文化财保护法》

日本主要通过立法方式推动非物质文化遗产及传承人认定程序逐渐规范化、制度

化。自1950年颁布实施《文化财保护法》后，日本对文化遗产的保护走在了世界前列，经过70年的反复实践和修订，现已形成一套严密、规范、可持续的文化遗产保护法制。

1954年，日本《文化财保护法》修订版中规定了重要无形文化财的指定以及保持者的认定制度，并规定指定个案需同时认定保持者，没有适当的保持者则指定不能成立。这是日本首次将人纳入无形文化财保护制度中，保持者被定位为无形文化财再现与传承的必要媒介，同时也是官方保护的对象。1954年修订后创设的重要无形文化财保持者认定制度只以个人为对象，而由集体或团体共同呈现的技艺或技能则指定一名代表为保持者。这种认定方式使得某项重要无形文化财的保持者死亡时，该项重要无形文化财必须依法解除指定，不再受到国家行政保护。依据此问题，1975年《文化财保护法》再次修订时增设了重要无形文化财的保持团体认定制度。2014年最新修订的《文化财保护法》共有十三章203条，附则7条，共计210条，其中第四章第七十一条至第七十七条主要介绍了无形文化财，大体相当于我国非物质文化遗产界定的相关内容。根据《文化财保护法》第二条，"无形文化财"是指那些在历史和艺术上均有很高价值的演剧、音乐、工艺技术等无形的文化遗产。日本文化厅认为，无形文化财是人的技能本身，具体来说，是由掌握了该技能的个人或个人的集团来体现的。日本将无形文化财中的重要部分指定为重要无形文化财，同时将高度体现这些技能的人或集团认定为保持者或保持团体，以求继承其传统技艺。

《文化财保护法》第七十一条指出，文部科学大臣可以将无形文化财中的重要内容指定为重要无形文化财，重要无形文化财的传承人可被国家认定为保持者或保持团体。日本关于重要无形文化财保持者的认定方式分为三类，分别是各个认定、综合认定和保持团体认定（昭和二十九年文化财保护委员会告示第55号）。

各个认定，指能高度体现或掌握被指定为重要无形文化财的艺术者或工艺技术者可被认定为重要无形文化财保持者。重要无形文化财保持者（个人）被日本大众媒体和一般国民称为"人间国宝"。"1955年，在修改了《文化财保护法》之后公布了首批无形文化遗产的保持者及保持团体名单。当时使用了'无形态国宝'及'活文物'等用语。此后在公布第二批认定名单时，媒体使用了'人间国宝'这一颇为流行的称谓。"[①] "人间国宝"在艺能表演领域是指那些获得该称号的表演艺术家，在工艺制作领域则指那些得到该荣誉的"身怀绝技者"（艺人），他们都师传弟（子）承，沿袭宗名。

综合认定，指作为重要无形文化财的艺能或者工艺，需由两人或两人以上的人员进行演艺或体现共同特色的工艺技术，这些人员可被综合认定为保持者。部分日本音乐演技者、歌手以及乐器演奏者往往需要两人以上进行合作才能完成舞台演出。以日本重要无形文化财组踊为例，传统组踊保存会会员被综合认定为组踊的保持者。上述各个认定和综合认定都是对保持者的认定，前者是特定个人的认定，后者是"××保存会"等保持者团体的成员的综合认定。

保持团体认定是1975年《文化财保护法》修订后开始实施的，将社团法人等团体

① 冯树龙. 日本："人间国宝"认定制度［N］. 人民日报（海外版），2002-12-13（8）.

自身作为认定对象。部分被指定为重要无形文化财的艺术或者工艺技术在性质上个人特色较为薄弱，且保持拥有该艺术或工艺技术人数较多的情况下，可将上述团体进行保持团体认定。在戏剧、音乐等娱乐领域主要进行各个认定和综合认定，在工艺技术领域主要进行各个认定和保持团体认定。

为了保护重要无形文化财，日本除了向各个认定的保持者发放特别补助金（年金额200万日元）外，还对保持团体、传承者培养事业和文化财产公开事业补助了一部分经费。一般只有各个认定的保持者被称为“人间国宝”，综合认定中的团体成员以及持有团体认定中的该团体及其成员不被称为“人间国宝”。

重要无形文化财保持者或保持团体的认定流程：首先由日本文部科学省下属文化厅在咨询文化财专门调查会成员的基础上筛选出认定名单，然后提交至文化审议会审议，经审议通过后，由文部科学大臣最终批准并颁发认定书。重要无形文化财保持者或保持团体正式认定后，政府对其活动、技能和成果组织实施记录、公开、保存等工作，同时可提出保存重要无形文化财所需的建议或劝告。《文化财保护法》第七十二条对重要无形文化财保持者及保持团体的解除认定进行了相关规定，当保持者或保持团体发生诸如死亡、团体解散，或者保持者因身心故障等问题不再适任，或保持团体因人员构成变动不再适任等法定事项时，文化科学大臣有权进行解除认定。

日本《文化财保护法》通过法律形式确定重要无形文化财保持者和保持团体的认定标准、认定程序、解除程序以及保持者和保持团体所享有的荣誉、所承担的法定责任和义务。其在对重要无形文化财保持者及保持团体的认定上确保政府及相关部门的主导地位，促使重要无形文化财保持者及保持团体得到全社会的关注和重视，因而日本的重要无形文化财得到了很好的保护和传承。

（三）韩国《文化财保护法》

1961年10月，韩国成立文化财产管理局，并于1962年正式颁布《文化财保护法》。该法由正文七章，附则三条组成，是韩国关于文化财保护的第一个全面的国家法律，确立了有关文化财制定、管理、保护、利用、调查的制度体系。颁布《文化财保护法》不仅为文化遗产的保护和传承提供了法律保障，也使无形文化财的保护、传承、开发工作取得了长足进步。

韩国《文化财保护法》第一章第二条规定，所谓“文化财”，即“由人为地或自然地形成的国家、民族或世界遗产，在历史、艺术、学术或景观等方面拥有巨大的价值”。文化财具体分为四大类，分别为有形文化财、无形文化财、纪念物和民俗文化财。其中无形文化财指戏剧、音乐、舞蹈、工艺技术等无形的文化产物，并在我国的历史上或艺术上具有高度价值者。

1970年修订的《文化财保护法》正式推行重要无形文化财保有者认定制度，俗称“人间文化财”或“人类活珍宝”，主张改善其社会福利，并以能正确学习、保存、体现原型为保有者的认定标准，确立以原型的维持与传习作为无形文化财保护的核心原则。保有者需要向他人传授技艺，同时需要定期向社会公开自己拥有的技艺。

1982年修订的《文化财保护法》增设重要无形文化财的传习教育制度，并在保有者认定制度的个人认定基础上增加保有团体的认定，强化了重要无形文化财传承方面的制度性保障。1983年，韩国正式推进由国家主导的传习教育制度，教育经费由国家财政拨款，传习教育的主体由重要无形文化财的保有者担任，进修证书由文化公报部门审核并发放。

到21世纪初，韩国无形文化财保护制度面临诸多问题，如保有者高龄化等原因引起的传承活动迟缓、传承人更换不顺畅，导致传承活动失去生机。为促进保有者队伍更新，2001年《文化财保护法》再次修订，在保有者、保有团体认定制度的基础上，增设名誉保有者制度，规定将由于健康或体力等原因无法进行传习教育活动的保有者，更改认定为名誉保有者，通过这项举措对真正具有传习教育能力的保有者进行追加认定。根据《文化财保护法》的相关规定，中央主管机关在保护和传承无形文化财的过程中负责记录相关个案并要求其保有者、保有团体对该无形文化财履行传承传习之责任，并根据预算支持相关费用。

依据韩国文化财厅2011年1月公布的《重要无形文化财指定、保有者（保有团体）认证、传授教育助教选拔的相关规定》，在进行无形文化财保有者的考评认定时主要参考传承价值、传承能力和传承环境等指标。在传承价值方面，分为历史性（已传承时间、无形文化财形态延续程度、历史依据的可信度），艺术性（固有性标准，形式美、内在美水平，表现美水平，技艺度），学术性（对韩国文化研究的贡献度、作为学术研究资料的可能性），地域性（地域传统文化的代表性、韩国传统文化的代表性）；在传承能力方面，主要依据传承技能（该项目的实际能力、对该项目专业术语的理解程度），传承活动（从事传承活动时期、入行时间点、独立从事传承活动的时期、传承系统的明确性、传承活动内容）；在传承环境方面，分为传承现状（传承教育形态、社会关注度、同一项目传承者数量），传承基础（设施现状、资金情况、传承者从业水准、对传承者的评价、传承者讲课状况），传承意志（传承者的传承意志）等。该规定中的细化考核指标出台后，韩国重要无形文化财的保有者及保有团体的认定工作更加标准化、科学化、客观化和公开化，认定结果也更加公正、可靠。韩国《文化财保护法》规定，只有重要无形文化财及其保有者的两项认证同时审核通过才能被指定为国家重要无形文化财，其中一项认定被否决则不予通过，可见，保有者（保有团体）的认定对重要无形文化财的指定至关重要。

由于历史原因，韩国的无形文化财保护制度受到日本的影响较大。但自1962年颁布《文化财保护法》以来，韩国通过不断地摸索实践，逐渐形成了独具特色的保护传承体系。2015年3月，韩国将无形文化财从《文化财保护法》中独立出来，命名为《关于无形文化财保存和振兴的法律》，并于2016年3月开始实施。该法律几乎每年都进行修订，促进了无形文化财传承人体系的良性发展。韩国的传承人体系以保有者为中心，无形文化财的保有者拥有直接掌管无形文化财保护发展的权利。韩国政府和民间各司其职，相辅相成，传承人体系的确立、施行和完善，确保了韩国无形文化财的有效传承和发展。

二、中国非物质文化遗产传承人保护制度

中国政府、学界和社会各界向来关注和重视民众的生产和生活，尤其是对文化传承人更为关注。20世纪80年代以来的全国民族民间文艺十套集成志书的采集、整理及出版工作期间，大批民族民间文化传承人被发现、被记录和被保护。21世纪非物质文化遗产保护工作开展以来，我国逐步建立起非物质文化遗产传承人的保护体系，包括有关政策、措施、法律、法规及其实践工作。

（一）《关于加强我国非物质文化遗产保护工作的意见》

“传承人”是21世纪之后在中国学术界逐渐普及开来的新概念，相关官方正式文件使用这一概念始于2005年国务院发布的《关于加强我国非物质文化遗产保护工作的意见》①。该意见提出“建立科学有效的非物质文化遗产传承机制。对列入各级名录的非物质文化遗产代表作，可采取命名、授予称号、表彰奖励、资助扶持等方式，鼓励代表作传承人（团体）进行传习活动”。同时发布的《国家级非物质文化遗产代表作申报评定暂行办法》首次提出保护传承人享有的权益，即采取切实可行的具体措施，以保证该项非物质文化遗产及其智力成果得到保存、传承和发展，保护该项遗产的传承人（团体）对其世代相传的文化表现形式和文化空间所享有的权益，尤其要防止对非物质文化遗产的误解、歪曲或滥用。保护和传承国家级非物质文化遗产，鼓励和支持非物质文化遗产传承人开展传习活动。

（二）《国家级非物质文化遗产保护与管理暂行办法》

国家级非物质文化遗产传承人在官方文件中认定条件的提出，源自2006年10月25日文化部部务会议审议通过，于2006年12月1日起正式施行的《国家级非物质文化遗产保护与管理暂行办法》②。该暂行办法第十一条提出：“国家级非物质文化遗产项目保护单位根据自愿原则，提出该项目代表性传承人的推荐名单，经省级人民政府文化行政部门组织专家评议后，报国务院文化行政部门批准。”第十二条对国家级非物质文化遗产项目代表性传承人的认定提出以下条件：“（一）完整掌握该项目或者其特殊技能；（二）具有该项目公认的代表性、权威性与影响力；（三）积极开展传承活动，培养后继人才。”第十三条对国家级非物质文化遗产项目代表性传承人的责任和义务进行了补充规定：“国家级非物质文化遗产项目代表性传承人应当履行传承义务；丧失传承能力、无法履行传承义务的，应当按照程序另行认定该项目代表性传承人；怠于履行传承义务的，取消其代表性传承人的资格。”

（三）《关于推荐国家级非物质文化遗产项目代表性传承人的通知》

2007年4月6日，为了有效保护和传承国家级非物质文化遗产，鼓励和支持非物

---

① 关于加强我国非物质文化遗产保护工作的意见［EB/OL］.（2005-08-15）［2020-10-05］. http://www.gov.cn/zwgk/2005-08/15/content_21681.htm.

② 国家级非物质文化遗产保护与管理暂行办法［EB/OL］.（2006-11-02）［2020-10-05］. http://www.gov.cn/gongbao/content/2007/content_751777.htm.

质文化遗产传承人开展传习活动，根据《国家级非物质文化遗产保护与管理暂行办法》精神，文化部决定开展第一批国家级非物质文化遗产项目代表性传承人的申报和推荐工作。按照国家级非物质文化遗产项目代表性传承人评审工作规则和文化部办公厅《关于推荐国家级非物质文化遗产项目代表性传承人的通知》[①] 要求，国家级非物质文化遗产项目代表性传承人“（一）必须是已列入第一批国家级非物质文化遗产名录的各项目的代表性传承人，并符合下列条件：1.完整掌握该项目或者其特殊技能；2.具有该项目公认的代表性、权威性与影响力；3.能够积极开展传承活动，培养后继人才。（二）以下情况暂不推荐：1.目前在项目领域内有争议的传承人；2.丧失传承能力、无法履行传承义务的传承人；3.群体性较强的项目，如民俗类项目，目前难以确定其代表性的传承人”。该项工作得到了地方各级人民政府的响应和高度重视，文化部组织有关专家对全国 31 个省、自治区、直辖市及相关部门推荐申报的十大类共 1138 名国家级非物质文化遗产项目代表性传承人的材料，分门别类逐项进行审议。专家评审会和评审委员会根据其掌握技能情况、代表性、传承能力等进行认真评审和科学认定[②]。经专家评审委员会评审、社会公示和复审，最后确定第一批民间文学、杂技与竞技、民间美术、传统手工技艺、传统医药等 5 大类的 226 名国家级非物质文化遗产项目代表性传承人，并于 2007 年 6 月 5 日正式予以公布。第一批国家级非物质文化遗产项目代表性传承人的公布，对促进非物质文化遗产保护工作，弘扬我国优秀的传统文化具有重要意义。

（四）《国家级非物质文化遗产项目代表性传承人认定与管理暂行办法》

2008 年 6 月 14 日起正式施行的《国家级非物质文化遗产项目代表性传承人认定与管理暂行办法》[③] 正式界定了“国家级非物质文化遗产项目代表性传承人”的概念，即“经国务院文化行政部门认定的，承担国家级非物质文化遗产名录项目传承保护责任，具有公认的代表性、权威性与影响力的传承人”。该暂行办法第四条提出，国家级非物质文化遗产项目代表性传承人应符合以下条件：“（一）掌握并承续某项国家级非物质文化遗产；（二）在一定区域或领域内被公认为具有代表性和影响力；（三）积极开展传承活动，培养后继人才。从事非物质文化遗产资料收集、整理和研究的人员不得认定为国家级非物质文化遗产项目代表性传承人。”第十三条指出国家级非物质文化遗产项目代表性传承人应承担以下义务：“（一）在不违反国家有关法律法规的前提下，根据文化行政部门的要求，提供完整的项目操作程序、技术规范、原材料要求、技艺要领等；（二）制定项目传承计划和具体目标任务，报文化行政部门备案；（三）采取收徒、办学等方式，开展传承工作，无保留地传授技艺，培养后继人才；（四）积极参与展览、演

---

① 关于推荐国家级非物质文化遗产项目代表性传承人的通知 [EB/OL].（2011-08-19）[2020-10-05]. http://www.sdfeiyi.org/document/66.html.

② 关于公示第一批国家级非物质文化遗产项目代表性传承人推荐名单的公告 [EB/OL].（2007-05-23）[2020-10-05]. http://www.gov.cn/zwgk/2007-05/23/content_623301.htm.

③ 国家级非物质文化遗产项目代表性传承人认定与管理暂行办法 [EB/OL].（2008-05-18）[2020-10-05]. http://www.gov.cn/gongbao/content/2008/content_1157918.htm.

示、研讨、交流等活动；（五）定期向所在地文化行政部门提交项目传承情况报告。”第十六条对国家级非物质文化遗产项目代表性传承人的资格取消和重新认定进行了规定：“国家级非物质文化遗产项目代表性传承人无正当理由不履行传承义务的，经省级文化行政部门核实后，报国务院文化行政部门批准，取消其代表性传承人资格，重新认定该项目的代表性传承人。国家级非物质文化遗产项目代表性传承人丧失传承能力的，经省级文化行政部门核实后，报国务院文化行政部门，重新认定该项目的代表性传承人。”国家级非物质文化遗产项目代表性传承人制度是非物质文化遗产保护的基本制度，是非物质文化遗产保护体系的重要组成部分。全国各地区、各部门按照国务院有关非物质文化遗产保护的精神和要求，认真贯彻“保护为主、抢救第一、合理利用、传承发展”的工作方针，鼓励和支持国家级非物质文化遗产项目代表性传承人开展传习活动，切实做好非物质文化遗产保护工作。

（五）《中华人民共和国非物质文化遗产法》

2011 年 6 月 1 日，《中华人民共和国非物质文化遗产法》[①]（以下称《非物质文化遗产法》）正式实施。这标志着我国非物质文化遗产的保护和传承正式进入有法可依的时代。与物质文化遗产相比，非物质文化遗产最大的特点是依托于人而存在，它以声音、形象和技艺等为表现手段，以口传心授为延续方式，是一种活态文化，因此需要以传承为核心，把传承人保护放在首位，推动非物质文化遗产延续发展。在此背景下，《非物质文化遗产法》第四章对非物质文化遗产的传承和传播作出详细规定，是这部法律与《中华人民共和国文物保护法》最大的区别。该法第四章第二十九条对代表性传承人的认定主体和认定条件进行了规定：“国务院文化主管部门和省、自治区、直辖市人民政府文化主管部门对本级人民政府批准公布的非物质文化遗产代表性项目，可以认定代表性传承人。”非物质文化遗产代表性项目的代表性传承人应当符合下列条件：“（一）熟练掌握其传承的非物质文化遗产；（二）在特定领域内具有代表性，并在一定区域内具有较大影响；（三）积极开展传承活动。”第三十一条进一步明确了非物质文化遗产代表性项目的代表性传承人应当履行的义务：“（一）开展传承活动，培养后继人才；（二）妥善保存相关的实物、资料；（三）配合文化主管部门和其他有关部门进行非物质文化遗产调查；（四）参与非物质文化遗产公益性宣传。”同时规定：“非物质文化遗产代表性项目的代表性传承人无正当理由不履行前款规定义务的，文化主管部门可以取消其代表性传承人资格，重新认定该项目的代表性传承人；丧失传承能力的，文化主管部门可以重新认定该项目的代表性传承人。”但是，《非物质文化遗产法》主要是对代表性传承人的认定条件和履行义务进行了规定，并未以法律条文的形式明确界定代表性传承人，也没有详细规定代表性传承人的权利。

澳门特别行政区于 2014 年 3 月 1 日起正式施行《文化遗产保护法》，将非物质文化

① 中华人民共和国非物质文化遗产法（2011 年 2 月 25 日第十一届全国人民代表大会常务委员会第十九次会议通过）［EB/OL］.（2011-02-25）［2020-10-05］. http://www.gov.cn/flfg/2011-02/25/content_1857449.htm.

遗产正式作为保护对象。该法第七十九条“非物质文化遗产名录”中提到“建立《非物质文化遗产名录》，以确认对澳门特别行政区具重要价值的非物质文化遗产项目”。第八十条“非物质文化遗产传承人”中指出：“非物质文化遗产传承人，是指负责保护和推广列入《非物质文化遗产名录》的项目的社群、群体或个人。”第八十一条规定了非物质文化遗产传承人的义务：“应组织旨在保护非物质文化遗产的活动，尤其是宣传活动，并应定期向文化局提交报告。如非物质文化遗产传承人不履行或放弃其义务，文化局经咨询文化遗产委员会的意见后，可指定其他的社群、群体或个人履行该等义务。”澳门特别行政区的《文化遗产保护法》明确了文化遗产的定义、保护范围以及文化遗产的评定程序及标准等，对澳门文物保护工作的执行和开展具有深远影响，但有关非物质文化遗产的内容有待加强和深化。

（六）《国家级非物质文化遗产代表性传承人认定与管理办法》

2019 年 11 月，在《国家级非物质文化遗产项目代表性传承人认定与管理暂行办法》的基础上，文化和旅游部正式印发《国家级非物质文化遗产代表性传承人认定与管理办法》[①]，并于 2020 年 3 月 1 日起施行。该办法中，国家级非物质文化遗产代表性传承人是指“承担国家级非物质文化遗产代表性项目传承责任，在特定领域内具有代表性，并在一定区域内具有较大影响，经文化和旅游部认定的传承人”。该办法第三、四条从指导思想和非物质文化遗产主体方面对国家级非物质文化遗产代表性传承人的认定与管理进行了进一步规定：“国家级非物质文化遗产代表性传承人的认定与管理应当以习近平新时代中国特色社会主义思想为指导，坚持以人民为中心，弘扬社会主义核心价值观，保护传承非物质文化遗产，推动中华优秀传统文化创造性转化、创新性发展。”“国家级非物质文化遗产代表性传承人的认定与管理应当立足于完善非物质文化遗产传承体系，增强非物质文化遗产的存续力，尊重传承人的主体地位和权利，注重社区和群体的认同感。”

该办法第五条对国家级非物质文化遗产代表性传承人的品格和意识提出要求：“传承人应当锤炼忠诚、执着、朴实的品格，增强使命和担当意识，提高传承实践能力，在开展传承、传播等活动时遵守宪法和法律法规，遵守社会公德，坚持正确的历史观、国家观、民族观、文化观，铸牢中华民族共同体意识，不得以歪曲、贬损等方式使用非物质文化遗产。”该办法立足技艺精湛程度、代表性和社会影响力、传承活动开展、品质修养等方面，对国家级非物质文化遗产代表性传承人认定条件作出了细化规定：“（一）长期从事该项非物质文化遗产传承实践，熟练掌握其传承的国家级非物质文化遗产代表性项目知识和核心技艺；（二）在特定领域内具有代表性，并在一定区域内具有较大影响；（三）在该项非物质文化遗产的传承中具有重要作用，积极开展传承活动，培养后继人才；（四）爱国敬业，遵纪守法，德艺双馨。从事非物质文化遗产资料收集、整理和研究的人员不得认定为国家级非物质文化遗产代表性传承人。”

---

① 国家级非物质文化遗产代表性传承人认定与管理办法［EB/OL］.（2019-11-29）［2020-10-05］. http://www.gov.cn/gongbao/content/2020/content_5480488.htm.

该办法第十八条规定，国家级非物质文化遗产代表性传承人承担下列义务："（一）开展传承活动，培养后继人才；（二）妥善保存相关实物、资料；（三）配合文化和旅游主管部门及其他有关部门进行非物质文化遗产调查；（四）参与非物质文化遗产公益性宣传等活动。"该办法鼓励、支持国家级非物质文化遗产代表性传承人更好地开展传承活动，并明确了传承人退出机制。第二十二条提出了取消国家级非物质文化遗产代表性传承人资格的具体情形，"（一）丧失中华人民共和国国籍的；（二）采取弄虚作假等不正当手段取得资格的；（三）无正当理由不履行义务，累计两次评估不合格的；（四）违反法律法规或者违背社会公德，造成重大不良社会影响的；（五）自愿放弃或者其他应当取消国家级非物质文化遗产代表性传承人资格的情形。"第二十三条规范了对去世国家级非物质文化遗产代表性传承人的管理，充分体现人文关怀："国家级非物质文化遗产代表性传承人去世的，省级文化和旅游主管部门可以采取适当方式表示哀悼，组织开展传承人传承事迹等宣传报道，并及时将相关情况报文化和旅游部。"

综上所述，21 世纪以来，我国非物质文化遗产传承人保护制度的确立和完善经历了一个从无到有、从提出到成熟的发展历程，形成了具有中国特色的非物质文化遗产传承人认定和管理体系。自 2008 年起施行的《国家级非物质文化遗产项目代表性传承人认定与管理暂行办法》对于鼓励和支持国家级非物质文化遗产代表性传承人开展传承活动、规范国家级非物质文化遗产代表性传承人管理发挥了重要作用。随着国家、社会对非物质文化遗产保护的日益重视以及新时代非物质文化遗产保护形势的发展，该暂行办法与有关法律和非物质文化遗产保护传承实际存在部分不相适应之处，在《国家级非物质文化遗产代表性传承人认定与管理办法》中进行了修订完善。这一办法全面总结了十多年来我国非物质文化遗产代表性传承人认定与管理的经验和做法，将工作中形成的一系列理念成果和行之有效的经验予以固定和规范，激励国家级非物质文化遗产代表性传承人进一步做好传承工作，着力培养好传承人。

第四节　中国非物质文化遗产传承人群研修研习培训

2015 年以来，在《国家"十三五"时期文化发展改革规划纲要》指导下，中国非物质文化遗产传承人群研修研习培训计划（以下简称"研培计划"）成为文化发展建设的重要指标和任务，也成为非物质文化遗产保护事业的一项基础性、战略性工作。"研培计划"以非物质文化遗产传承人为重点关注人群，将传承人与高校、企业相结合（以高校为主），利用高校教育优势对传承人群进行培养、培训，增补非物质文化遗产的传承方式，突破代际传承、秘而不传等传承方式的局限，为传承人群新知识的学习和创造性的表达提供契机和条件，可适当解决当前非物质文化遗产传承人群老龄化与后继无人的危机。截至 2019 年 6 月，全国参与"研培计划"项目建设的高校共计 110 余所，举办研修、研习、培训 670 余期，培训传承人群近 2.8 万人次；加上各地延伸培训，全国参与人数达 9.7 万人次。

一、传承人群研修研习培训计划的实施

2015年11月17日，文化部办公厅、教育部办公厅联合发布《关于实施中国非物质文化遗产传承人群研修研习培训计划的通知》（办非遗函〔2015〕581号），决定正式在全国范围内实施“研培计划”，从传统工艺传承人群入手，逐步扩展到非物质文化遗产保护的各个领域。该通知明确规定了计划目的、培训对象、时间规模、课程要求、实施机制、工作步骤及要求等。根据不同的培训对象和传承人群体，“研培计划”分为研修、研习和普及培训三个层次：研修指委托相关高校对具有较高技艺水平的传统工艺传承人或资深从业者进行研修培训，推动跨界交流，提高其文化艺术修养、审美能力和创新能力；研习指组织中青年传承人进入高校工作室、实验室及设计企业研究学习，通过手工实践与设计、学术、高新技术的跨界交流，开阔眼界，互汲营养，解决非遗保护传承中的瓶颈问题；普及培训指委托相关高校对传统工艺项目学徒或从业者进行普及培训，以提高其文化素养、学习和领悟能力，提高传统工艺的审美水平和实用程度①。“研培计划”每期时长在1～2个月，具体时间由高校或企业根据实际情况设置，各高校每年可组织3～5期。规模上，研修班每期不少于20名学员，普及培训班每期不少于60名学员，研习每期不超过8名学员。在课程设置上，要求“各高校应充分发挥相关学科专业优势，构建‘通识课＋专业课＋参观交流＋实践’的教育教学体系，完善课堂教学、实践训练、考察观摩、交流研讨、作品展示的培训模式”②。2016年1月，文化部办公厅公布了2016年度中国非物质文化遗产传承人群“研培计划”首批参与院校名单，清华大学、北京工业大学、北京服装学院等共计57所院校参与其中③。各省依托首批参与“研培计划”的高校，积极开展具有针对性的非物质文化遗产传承人群培训活动。

2017年1月21日，文化部印发了《中国非物质文化遗产传承人群研修研习培训计划（2017）》④ 通知。该通知指出，2017年“研培计划”的重点在于扩大传承人群的覆盖面，提高研培工作的系统性、规范性、针对性和有效性。结合《中国传统工艺振兴计划》，落实“构建中华优秀传统文化传承体系，加强文化遗产保护，振兴传统工艺”的精神，“研培计划”一方面主要面向传统工艺项目开展工作，另一方面探索其他门类非物质文化遗产传承人群的研培。2017年度参与中国非物质文化遗产传承人群“研培计

---

① 关于实施中国非物质文化遗产传承人群研修研习培训计划的通知［EB/OL］.（2015-11-17）［2020-10-05］. http://zwgk. mct. gov. cn/zfxxgkml/fwzwhyc/202012/t20201206_916836. html.

② 关于实施中国非物质文化遗产传承人群研修研习培训计划的通知［EB/OL］.（2015-11-17）［2020-10-05］. http://zwgk. mct. gov. cn/zfxxgkml/fwzwhyc/202012/t20201206_916836. html.

③ 关于公布2016年度中国非物质文化遗产传承人群研修研习培训计划首批参与院校名单的通知［EB/OL］.（2016-01-14）［2020-10-05］. http://zwgk. mct. gov. cn/zfxxgkml/fwzwhyc/202012/t20201206_916837. html.

④ 中国非物质文化遗产传承人群研修研习培训计划（2017）［EB/OL］.（2017-01-21）［2020-10-05］. http://zwgk. mct. gov. cn/zfxxgkml/fwzwhyc/202012/t20201206_916840. html.

划”的高校增补为78所，北京大学、北京师范大学等高校名列其中。2017年3月14日，为加强对“研培计划”的专业性指导，文化部非物质文化遗产司公布了咨询专家库名单，专家主要承担“研培计划”的专业咨询和审核职能。

2018年，为全面贯彻党的十九大精神，“研培计划”实施范围进一步扩大，更多非物质文化遗产门类被覆盖，更多传承人群被惠及，全国共有112所院校参与研培。2018年4月26日，文化和旅游部、教育部、人力资源社会保障部联合印发《中国非物质文化遗产传承人群研修研习培训计划实施方案（2018—2020）》（文旅非遗发〔2018〕4号）[①]，提出未来三年的工作任务：“2018年至2020年，文化和旅游部、教育部、人力资源和社会保障部在全国范围内遴选约100所本科高校、职业院校（含技工院校）、科研机构和相关单位，每年组织开展约200期研修、研习和培训；各省级文化行政部门会同本级教育、人力资源和社会保障行政部门，组织实施本地区的研培计划；年度参与研培人数约2万人次。”该方案要求“研培计划”继续配合《中国传统工艺振兴计划》，以传统工艺类非物质文化遗产项目为实施重点，亦开展传统表演艺术类非物质文化遗产项目研培，同时探索并扩大其他门类非物质文化遗产项目的研培工作。

二维码 13-4

2018年6月，文化和旅游部办公厅发布《关于大力振兴贫困地区传统工艺助力精准扶贫的通知》（办非遗发〔2018〕40号），提出加强贫困地区非物质文化遗产传承人群的培养。“以面向面广量大、从业人员较多、有助于带动就业增收、培育品牌的传统工艺项目为重点，实施中国非遗传承人群研修研习培训计划。各省（区、市）要将贫困地区和贫困家庭的非遗传承人群作为重点推荐研培学员，支持各省（区、市）将贫困地区和贫困家庭的非遗传承人群作为本省份研培计划的实施重点。支持研培高校结合精准扶贫，面向国家贫困县开展整建制培训，为贫困地区有意愿、有一定基础的非遗传承人群提供免费研修研习培训，帮助他们强基础、拓眼界、增学养，增强文化自信，提高可持续发展能力。”[②] 同年7月11日，文化和旅游部办公厅、国务院扶贫办综合司印发《关于支持设立非遗扶贫就业工坊的通知》（办非遗发〔2018〕46号）[③]。该通知以深度贫困地区“三区三州”为重点，兼顾部分少数民族地区国家级贫困县，公示并确定了第一批“非遗＋扶贫”重点支持地区。通知明确了通过非物质文化遗产开展扶贫工作的具体形式：成立非遗扶贫就业工坊；组织开展传统工艺培训，帮助当地建档立卡贫困户学习传统工艺，掌握相关技能；组织专家团队，对传统工艺产品进行专业设计和改造提升；搭建平台，支持电商企业等通过订单生产、以销定产等方式，助力销售非遗扶贫就业工坊生产的传统工艺产品，形成扶贫就业、产业发展和文化振兴的多赢格局。

---

① 中国非物质文化遗产传承人群研修研习培训计划实施方案（2018—2020）[EB/OL].(2018-04-26)[2020-10-05]. http://zwgk.mct.gov.cn/zfxxgkml/fwzwhyc/202012/t20201206_916846.html.

② 关于大力振兴贫困地区传统工艺助力精准扶贫的通知 [EB/OL].(2018-06-27)[2020-10-05]. http://zwgk.mct.gov.cn/zfxxgkml/fwzwhyc/202012/t20201206_916849.html.

③ 关于支持设立非遗扶贫就业工坊的通知 [EB/OL].(2018-07-11)[2020-10-05]. http://zwgk.mct.gov.cn/zfxxgkml/fwzwhyc/202012/t20201206_916850.html.

二、传承人群研修研习培训计划实施的成效

2018年11月，上海高校非物质文化遗产研培新设计成果在首届中国国际进口博览会上展出，主题为“生活中的上海非物质文化遗产”。同年12月，9所“研培计划”参与院校研培成果亮相2018上海国际手造博览会，手工艺展示和互动活动覆盖了刺绣、编织、布艺、陶艺、木艺、竹艺等众多手工艺行业。

2019年3月，“研培计划”成果展“额吉牧歌”首次亮相中国国际时装周，重点展示了内蒙古自治区文化和旅游厅与北京服装学院共同开展的“非遗+扶贫”阿尔山市树皮画和蒙古族刺绣两个项目的研培成果。4月，山东工艺美术学院2019年首期培训班——织绣技艺培训班结业仪式暨教学成果汇报展览举办，共遴选出200余件（套）优秀作品参加创作成果展；4月底，河北省曲艺传承人群研培班结业仪式暨汇报演出在河北艺术职业学院举行，是河北省首期曲艺类非物质文化遗产研培班。5月，怀化学院“研培计划”侗锦织造技艺研培成果展在通道县举行，并进行怀化学院侗锦文化创意产业开发研究基地挂牌仪式和侗锦特色服装秀表演。6月，为期一个月的中国非物质文化遗产“研培计划”中南民族大学剪纸研修班顺利结业，并在光谷美术馆举办结业成果展，29位来自湖北省各地的剪纸艺术传承人学员参与；中国非物质文化遗产“研培计划”织造研修班和木艺研修班在上海大学上海美术学院举办结业典礼暨成果展览，汇聚了37名学员研修培训的创新作品。8月，贵州民族大学2019年度中国非物质文化遗产传承人群“研培计划”成果汇报暨结业典礼在贵州省美术馆举行，两期传承人群培训分别是贵州少数民族刺绣技艺普及培训班和刺绣技艺拓展创新应用研修班。8月25日，“生根·迭代——浙江高校非遗研培的实践‘浙江对话’暨展览活动”在中国美术学院象山中心校区民艺博物馆举办新闻发布会，总结梳理了浙江省高校自2015年来非物质文化遗产研培的特色成果，聚焦研培新思路、新话题。9月，上海美术学院与丹麦国家历史博物馆合作举办的“风从海上来——非遗传承与现代设计作品展”走出国门，在丹麦国家历史博物馆开幕，旨在推广中国非物质文化遗产传承人的传统手工艺创新作品，让世界看到中国传统手工艺在新时代焕发的生机与活力。11月，非物质文化遗产“研培计划”蒙古族服装制作技艺——毡艺项目结业成果展及结业典礼在内蒙古农业大学举办，此次展览作品均为本期培训班学员在培训期间制作，作品涵盖服装、服饰、文创产品、五畜玩偶等260余件。12月，陶艺研修班教学成果展在湖北美术学院进行，本次展览以“心手互师”为主题，汇聚了湖南、湖北两地43位传承人的近100件作品。

2019年年底，文化和旅游部办公厅、国务院扶贫办综合司发布《关于推进非遗扶贫就业工坊建设的通知》(办非遗发〔2019〕166号)[①]，提出以传统工艺为重点，在“非遗+扶贫”重点支持地区，选取具有较好市场潜力的非物质文化遗产代表性项目，进一

---

① 关于推进非遗扶贫就业工坊建设的通知［EB/OL］.（2019-12-27）［2020-10-05］. http://zwgk.mct.gov.cn/zfxxgkml/fwzwhyc/202012/t20201206_916891.html.

步扩大非物质文化遗产扶贫就业工坊建设范围，依托“研培计划”，开展针对国家级贫困县的非物质文化遗产传承人群培训，帮助当地传承人群掌握工艺技能，提高技艺水平。

二维码 13-5

非物质文化遗产传承人群研修研习培训是中国非物质文化遗产保护，尤其是传承人保护的一种工作模式。在当下非物质文化遗产传承发展中，人的主体性及其作用体现得十分突出，“研培计划”以“强基础、拓眼界、增学养”为目标，推进传承人能力建设，增强其文化自信和文化自觉。

关键概念

非物质文化遗产传承人　传承人特征　保护制度　传承人群研修研习培训

主要论点

1. 对非物质文化遗产的保护，不仅仅是一种物质形态的保存，而更多体现为对那些作为传承载体的传承人的活态的保护。

2. 保护非物质文化遗产，其核心就是保护承载着非物质文化遗产知识和技艺的传承人。从本体论的角度而言，传承人的存在根本上决定了非物质文化遗产的存在；从价值论的角度来看，传承人的价值集中体现了非物质文化遗产的价值；从功能论的角度看，传承人的延续有效保证了非物质文化遗产的存续。

3. 非物质文化遗产传承人具有个体性与群体性、传统性与创新性相结合的特征。

4. 当前，非物质文化遗产传承人保护体系已初步形成，并正在完善一系列保护政策和措施，包括传承人的认定、管理及待遇等，涉及其社会地位的认可、经济生活的保障、社会福利的给予和精神关怀等层面，日益构建起一套非物质文化遗产传承人保护制度。

5. “研培计划”以非物质文化遗产传承人为重点关注人群，将传承人与高校、企业相结合（以高校为主），利用高校教育优势对传承人群进行培养、培训，增补非物质文化遗产的传承方式，突破代际传承、秘而不传等方式的局限，为传承人群新知识的学习和创造性的表达提供契机和条件，解决当前非物质文化遗产传承人群老龄化与后继无人的危机。

延伸阅读

1. 联合国教育，科学及文化组织. 建立“活的人类财富”国家体系指南［Z］. 2003 年.

2. 日本. 文化财保护法［Z］. 2014 年修订版.

3. 韩国. 文化财保护法［Z］. 2001 年修订版.

4. 文化和旅游部. 国家级非物质文化遗产代表性传承人认定与管理办法［Z］. 文化和旅游部令第 3 号，2019-11-29.

5. 文化和旅游部. 中国非物质文化遗产传承人群研修研习培训计划实施方案（2018—2020）[Z]. 文旅非遗发〔2018〕4 号，2018-04-26.

思考问题

1. 非物质文化遗产传承人保护具有哪些重要意义？
2. 非物质文化遗产传承人的主要特征是什么？
3. 试述我国国家级非物质文化遗产代表性传承人认定的基本条件。
4. 举例说明非物质文化遗产传承人群研修研习培训的重要作用。

（王丹　张瑜）

后　记

非物质文化遗产作为古老的生命记忆和活态的文化基因，是一个民族或群体的文化根脉和灵魂，也是其走向未来的精神家园和力量源泉。20 世纪 70 年代以来，非物质文化遗产被逐步纳入全球整体资源和人类共同利益的框架下加以认识和思考，并在世界范围内经历了一个逐步认识和启动保护的过程。我国直至 2004 年成为联合国教科文组织《保护非物质文化遗产公约》第六个缔约国后，才正式采用这一专业术语，加入到跨国的全球保护行动中。经过十多年来卓有成效的工作，中国非物质文化遗产保护和研究已走在世界前列。抢救、保护、利用、研究好非物质文化遗产，对于继承和发扬中华民族优秀传统文化、提升中华文化软实力和影响力、增强民族自信心和凝聚力、增进民族团结和维护国家统一、涵养社会主义核心价值观、促进社会主义精神文明建设、实现中华民族伟大复兴都具有重要而深远的意义。

随着国际国内非物质文化遗产保护工作的深入，非物质文化遗产学作为一门非常年轻的新兴交叉学科应运而生并逐步兴起。在国家现行学科体系里，还没有任何一门学科可以完全取而代之。它与民俗学、民间文学、艺术学、人类学、民族学、历史学、语言学、宗教学等传统学科有着密切的学术联系，甚至与建筑学、考古学、医学、生物学等相关联，具有自己的独特视野与研究体系，同时它也具有很强的应用性和实践性，为正在实施的中华优秀传统文化传承发展工程、中国民族民间文化保护工程提供理论和实践的指导。

当前，非物质文化遗产保护工作逐步进入专业化、常态化，总体来看学界研究队伍壮大、研究机构林立、研究著作频出、研究论文丰富、人才培养火热，呈现一片欣欣向荣的景象。然而学科建设任重而道远，在国家学科分类体系中构建起完善的学科框架，形成独立自主的学术知识体系、人才培养体系，成为一门真正意义上的“显学”，还有相当长的路要走。基于此，华中师范大学原副校长、国家文化产业研究中心主任黄永林教授和贵州师范大学校长肖远平教授共同发起组织编写了这部新时代的非物质文化遗产学教程，以适应新形势下非物质文化遗产教学与研究的需要，为非物质文化遗产学学科建设、教材建设做出力所能及的贡献。从 2018 年 11 月初联合湖北省非物质文化遗产保护中心、华中师范大学出版社在湖北民族大学召开教材编写工作会议以来，两位主编带领全国 22 所高校、32 位中青年学者，不算前期多年的酝酿，历时两年，凝心聚力，集思广益，汇聚成了这本智慧的结晶。

全书由主编确定章节结构内容，统一写作体例，统稿审读修订。徐金龙副教授承担组织协调管理工作。本书各章具体分工如下：徐金龙（华中师范大学）、邓清源（华中师范大学）负责撰写绪论；肖远平（贵州师范大学）、王伟杰（贵州民族大学）、刘宸

（贵州民族大学）负责撰写第一章非物质文化遗产的范畴；毕曼（湖北民族大学）、池永文（湖北民族大学）负责撰写第二章非物质文化遗产的特征；侯姝慧（山西大学）、孙佳（商丘师范学院）负责撰写第三章非物质文化遗产的价值；黎学锐（广西艺术学院）、林安宁（南宁师范大学）负责撰写第四章非物质文化遗产的保护；张国超（武汉轻工大学）、高旸（吉林大学）负责撰写第五章非物质文化遗产的利用；高艳芳（安阳师范学院）、桑俊（长江大学）负责撰写第六章非物质文化遗产的研究；张武桥（贵州财经大学）、马培红（中央民族大学）负责撰写第七章非物质文化遗产的田野作业；李琳（湘潭大学）、纪军（安阳师范学院）负责撰写第八章民间文学；庄黎（华中师范大学）、纪明明（许昌学院）负责撰写第九章传统艺术；王妮（武汉纺织大学）、秦璇（东南大学）负责撰写第十章传统技艺、技能与技术；岑学贵（广西师范大学）负责撰写第十一章民俗文化；刘文颖（大理大学）、李丽丹（天津师范大学）负责撰写第十二章文化空间；王丹（中央民族大学）、张瑜（中央民族大学）负责撰写第十三章非物质文化遗产传承人。邓斯博（江汉大学）参与统稿校对。

本教程在广泛参阅现有非物质文化遗产研究成果基础上，基于田野调查和保护工作经验，注重理论与实践相结合，运用新兴技术手段，重点探讨非物质文化遗产的内涵与分类、特征与价值、保护与利用、田野作业与理论研究等方面的理论与实践问题，并深入研究民间文学、民俗、表演艺术、传统工艺美术、传统生活知识与生产知识、传统节日与仪式、文化空间和传承人等非物质文化遗产的重要类别和内容。

本教程尽可能吸收最新研究成果，毕竟非物质文化遗产学涉及众多学科知识，体系尚在建构之中，限于学识和视野，难免存在疏漏之处，恳请各位方家、读者不吝赐教，以使此书不断完善。

本教程得以顺利付梓，要感谢华中师范大学文学院“双一流”建设项目的资助，以及国家文化产业研究中心、社科处、发展办、出版社的大力支持，还要特别感谢华中师范大学文学院刘守华先生从本书的立项到编写和定稿给予的全面指导和帮助、本书的责任编辑鲁丽女士的辛勤工作。

《非物质文化遗产学教程》编写组

2021 年 3 月 8 日